空海読み解き事典

小峰彌彦【編著】
阿部貴子・小林靖典・小林崇仁・小峰智行・
佐々木大樹・佐藤裕彦・鈴木晋怜・山本匠一郎

柏書房

東寺講堂《とうじこうどう》の立体曼荼羅《りったいまんだら》　写真提供・便利堂

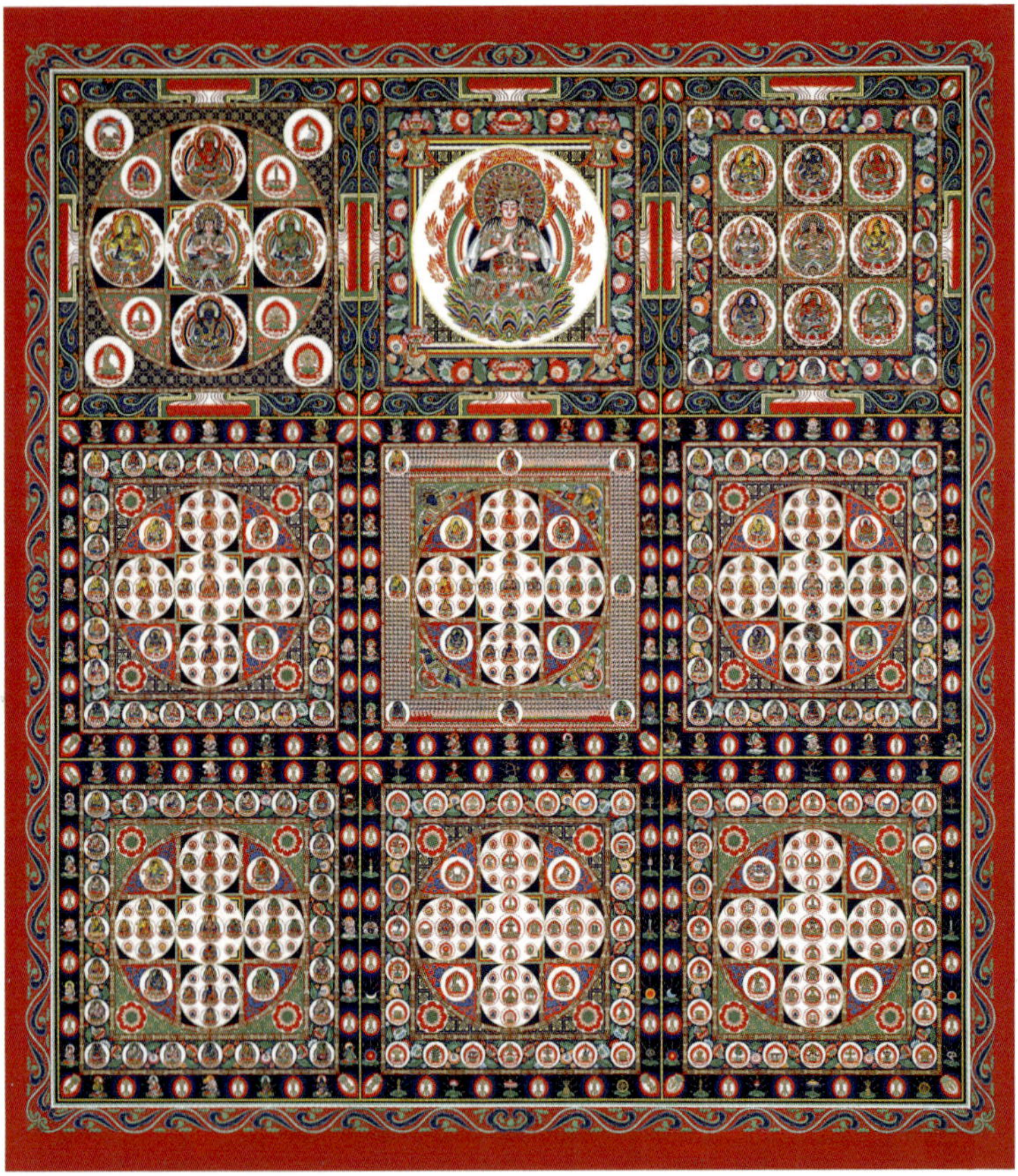

上　金剛界《こんごうかい》曼荼羅　染川英輔画、観蔵院蔵
左　胎蔵《たいぞう》曼荼羅（部分）　染川英輔画、観蔵院蔵

空海像（真言《しんごん》八《はっ》祖《そ》像《ぞう》のうち）　奈良国立博物館蔵

はじめに

真言宗の開祖空海は、日本仏教の基礎を築いた偉大な宗教者である。学問の道を捨てて仏門を志した空海は、唐に渡って密教を学び、日本にもたらした。人が仏になるには永遠に近い年月がかかるとする従来の仏教の教えに対し、空海はこの身このままで仏になれるという「即身成仏《そくしんじょうぶつ》」の教えを説き、これを密教の核とした。

空海が伝えた密教は、独自の経典や法具、あるいは曼荼羅《まんだら》や画期的な修法《しゅほう》などとともに、当時の日本の人々に大きな衝撃と希望を与えた。

空海はまた、優れた能筆家《のうひつか》として知られるとともに、綜藝種智院《しゅげいしゅちいん》を開設し、満濃《まんのう》池《いけ》の修築を指揮するなど、芸術・教育・土木など多方面にその才能を発揮した。国際的な視野と優れた知識や技術をもって古代日本を牽引した彼は、仏教という枠を越えた、日本史上、屈指の存在である。

本書『空海読み解き事典』は、空海について様々な視点から取り上げた一冊の事典である。執筆にあたっては、学術的水準を保ちながら、わかりやすい表現を心がけた。

本書を編むにあたっては、気鋭の若手研究者である阿部貴子・小林靖典・小林崇仁・小峰智行・佐々木大樹・佐藤裕彦・鈴木晋怜・山本匠一郎の各氏に執筆を分担していただいた。各氏の献身的なご努力に敬意を表したい。

本書のために曼荼羅画をご提供いただいた染川英輔氏、八祖像をご提供いただいた金順子氏に、厚くお礼申し上げる。また、図版の掲載にご協力くださった諸寺院、諸機関の関係者の方々には、心より感謝申し上げたい。

二〇一四年一月

編者　小峰彌彦

【空海読み解き事典⊙目次】

凡　例

一　本書は、空海の教えや事績などを、第1部「空海と出会う」、第2部「空海を学ぶ」、第3部「空海と歩く」で紹介するとともに、空海に関わる重要な事項について、第4部「空海関係用語集」において五十音順に配列し、解説した。

一　本文の記述は、常用漢字を原則とした。

一　本文中、特に説明を要する言葉は、＊を付して下に説明を示すか、その言葉に関する項目のページ数を示した。

一　執筆者名は、各部または各章の末尾に示した。

一　「空海」をはじめ、人名の尊号や敬称は原則として用いない。

序

今なぜ空海なのか

空海と現代

空海は、真言宗という一宗派の枠を越えて、現在も多くの人々の信仰を集めている。空海の最も大きな業績は、平安時代、密教を中心に日本仏教を再構築することによって、その後の日本仏教発展の基礎を築き、後世の多くの人々に様々な恩恵をもたらしたことにある。

そうした空海の業績は、どのような思想のもとに成し遂げられたのであろうか。

空海が基盤とした密教が出現したのは七世紀ころ、すなわち大乗仏教《だいじょうぶっきょう》の後期とされる時代である。仏教の歴史から見れば、釈尊《しゃくそん》の弟子たちによる部派アビダルマ仏教（悟りを目指す僧たちによる仏教）の後、大乗仏教（悟りよりも民衆救済に重きを置く仏教）が広まり、さらにその後、密教が登場したことになる。そのことは、密教を総合的な視点を持つものにするとともに、逆に複雑でわかりにくいものにもした。つまり、異質な要素をも取り込んだことから、密教は正当な仏教ではないという誤解さえ生み出したのである。

密教が正当な仏教であることはいうまでもない。釈尊の没後、様々な仏教が展開したが、いかなる宗派であっても、仏教である以上は、いずれも釈尊の一生を見つめ直し、その原点をとらえるものとなっている。原点とは、釈尊の得た悟り、いわゆる「縁起《えんぎ》の法」である。

釈尊は出家した後、六年間の苦行を行った。しかし悟りは得られず、悩みを解決できなかったため、苦行をやめた。その後、村娘のスジャータから乳粥の供養を受けて体力を回復し、菩提樹の下で静かに瞑想《めいそう》し、縁起の法を悟った。

伝記には、なぜスジャータの話が挿入されているのだろうか。私は、ここに重要な意味が秘められていると考える。なぜなら、スジャータの供養があったからこそ、スジャータが大きな縁《えん》となったからこそ、釈尊が悟りへと導かれたからである。

釈尊が必死に苦行をしても悟れなかった理由は、その目的が自分自身の悩みの解消にあって、他を顧みることがなかったことにある。スジャータの供養は、「他者の支えがあって、自己が存在する」という縁の大切さを釈尊に示唆するものであった。いいかえれば、釈尊は、スジャータの供養によって、他者との関わりの大切さに気づいたのである。釈尊は、社会性に目覚めたことにより、縁起の法を悟る機縁を得たのである。

さて、釈尊が悟った「縁起」は、「因縁《いんねん》」ともいいかえられる。因縁とは、「あらゆる存在は、直接原因とである『因《いん》』と、間接原因である『縁《えん》』という関係性で成り立っている」とする考えである。すなわち因は自分の考えであり、縁は環境ということになる。つまり、私たちの存在は、環境を無視してはあり得ないのである。

たとえ自分の考えがあっても、それだけでは自己の内部のことであって社会性はない。他者との関係性がなければ、自分の考えを実現することは不可能である。

後述する空海の曼荼羅《まんだら》理論も、釈尊の縁起の法を基盤に据えたものなのである。

空海が誕生したころの日本では、国家の支援をもとに建立された奈良の寺々を拠点に、中国からもたらされた経典の研究が行われていた。とにかく仏教の知識を吸収することを優先する時代であり、難解な教学をしっかり理解し受けとめることが、僧侶に課せられた仕事であった。そのため、人々の救済を行う宗教活動はどうしても不十分となり、仏教はまだ、救いを求める人々の生きる支えとはなっていなかった。

奈良仏教と呼ばれるこのような学問仏教に対し、社会の要請に応えようとして実践する僧たちもいた。山岳修行者《さんがくしゅぎょうしゃ》と呼ばれる僧たちである。彼らは山岳に分け入り、深い宗教体験を得ようと修行実践に励んでいた。山岳修行で得た呪力《じゅりょく》を駆使し、無《む》病息災《びょうそくさい》などの現世利益《げんぜりやく》を願う人々に、福徳を与えようとしたのである。しかし彼らには大きな課題があった。それは、彼らに確立した教学がなかったことである。

こうしたなか、新たな仏教の必要性を感じ取った空海は、唐に渡って密教を学び、日本に密教を伝えた。密教はまたたく間に日本に広がり、平安時代の仏教は真言教学として体系化され、密教一色に染められていった。

密教普及の原動力となった教学が、空海の提示した曼荼羅理論であった。曼荼羅とは、言葉にできない悟りの世界を図像に表したものである。曼荼羅は、大日如来を中心として、その周囲に如来・菩薩・明王・ヒンズー教の神など、あらゆる存在が描かれる。これらは異質な存在がそれぞれ個性を主張しつつ、互いに関わり合いながら、全体として調和している。

曼荼羅理論は、総合的な視点から個と全体との関係性を示したもので、「個性を尊重し調和をはかる」ことを意図している。つまり曼荼羅理論自体が、当時の日本にあった信仰や思想のすべてを包み込んで位置づける、柔軟な論理構造を有していた。つまり、曼荼羅理論であればこそ、奈良仏教の様々な教学をはじめ、山岳修行者の実践や、日本の神々の信仰、あるいは儒教や道教までも包含し、これらを体系的、有機的に結びつけることができたのである。この曼荼羅理論は、明治維新まで続いた仏と神との連携をはかる神仏習合《しんぶつしゅうごう》の歴史をも支えてきたのである。

空海の著作『十住心論《じゅうじゅうしんろん》』は、様々な人間のありようを総合的な視点から考察している。ここでは、当時の代表的な思想を十段階に分け、密教以外の諸宗教を顕教《けんぎょう》ととらえ、密教とは区別する。しかし、それは他宗教を批判し自らを高く評価することではない。すべては大日如来《だいにちにょらい》の働きであり、顕教もまたその働きの一つとして曼荼羅の一員とし、密教のうちに取り込むのである。

曼荼羅理論は、すべてをやみくもに統合するわけではなく、そこには共通した理念が必要である。自分の考えを押しつけることではなく、個々の存在意義を尊重しつつ、全体を見据え、思考するところに特徴がある。だからこそ曼荼羅思想は、神と仏という異教の者同士であっても、争うことなく和合連携するのである。

空海は、曼荼羅理論をもって諸思想を包含し、体系化し、人々に和合連携の大切さを説き、これを日本人の精神の支柱とすることをはかった。日本人の精神性は、こうした和合連携の思想のもとに高められてきたのである。

たとえば、二〇〇四年にアフリカ女性で初のノーベル平和賞を授与されたワンガリ・マータイさんは、「もったいない」という言葉に、日本人の優れた精神性があることを指摘した。また、東日本大震災のとき、「日本人はなぜ略奪をしないのか」という外国からの驚きの声を耳にした。これらは、日本人が意識しないまま自然に身につけていることであり、それがそのまま日本人の高い精神性を示している。

このような精神の根源をたどれば、遠く「縁起の法」に行き着く。「縁起の法」は自己を主張するのではなく、他者を尊重する教えである。つまり差異をあげつらうよりは、共通点を探ることを大切にする考えである。そしてこの理念を、総合的な視点から組み立てたものが、空海が主張する曼荼羅理論である。

人間はだれも一人で生きていくことはできない。私たちを取り巻く環境がある限り、他者との関係性を否定することはできないのである。私たちは常に、ある関係性のなかに生きており、その意味では曼荼羅に似た世界のなかにいると考えられる。家庭には家庭の、国には国の、世界には世界の、曼荼羅的宇宙が広がっている。しかしそれを曼荼羅と称するには、そこに共通の理念がなければならない。曼荼羅の理念は、他を優先する心、すなわち「慈悲」にほかならない。

今や世界はいよいよ狭くなってきている。世界には多くの民族があり、宗教がある。それぞれの違いは個性であり、それぞれに存在意義がある。そこに共通の理念を持つことができれば、曼荼羅が成立するのである。

空海が望んだのは、多くの人々がともに幸福に生きる曼荼羅世界の実現であったのではないかと、私は考えている。

（小峰彌彦）

第1部

空海と出会う

空海の生涯

空海誕生

誕生の地

真言宗の開祖である空海は、奈良時代末の宝亀五年（七七四）六月十五日、讃岐《さぬきの》国《くに》多度郡《たどのこおり》方田郷《かただのごう》の屏風ヶ浦《びょうぶがうら》（現在の香川県善通寺《ぜんつうじ》市善通寺御影堂《みえどう》の地）で、地方の長官であった佐伯直田公《さえきのあたいたぎみ》と、阿刀《あと》氏の娘の三男として誕生した。幼名を真魚《まお》といった。

両親の名については、父を佐伯善通《よしみち》、母を玉依姫《たまよりひめ》とする伝承もあり、生誕の地とされている善通寺は、空海が佐伯家の邸宅を改めて伽藍《がらん》（寺院の建物）とし、善通の名を冠したものと伝えられている。

また誕生の地については、享和年間（一八〇一～一八〇四）に善通寺と海岸寺《かいがんじ》*との間で係争があり、さらに近年では、四国ではなく畿内地方とする学説が提出されていることもつけ加えておきたい。

＊香川県仲多度郡多度津町の海岸寺奥の院を生誕の地とする説。現在、善通寺を「誕生所」、海岸寺を「産湯所」という。

神格化された幼年期

さて、幼年期の空海、すなわち真魚の消息は明らかでない。

しかし、後世に成立した絵伝や伝記には、母の懐妊《かいにん》から真魚が都に上って大学に入るまでの間について、いくつかの伝説・伝承が挿入されている。

すなわち、真魚の母が、天竺《てんじく》（インド）の僧が飛来して自身の懐《ふところ》に入る夢を見て、真魚を懐妊するという霊瑞《れいずい》があったこと。五、六歳のころには、仏とともに蓮華の台《うてな》に座して語り合う夢を真魚がたびたび見ていたこと。幼き真魚は、子どもたちがするような遊びをあまりせず、もっぱら泥土で仏像を作ってはお堂に納めて礼拝していたこと。あるときには当地を訪れた都の役人が、四天王に守護されている真魚の姿を見て、その尊さに下馬して合掌礼拝したことなどである。さらには、捨《しゃ》身ヶ嶽《しんがたけ》（善通寺市我拝師山《がはいしやま》）に登った真魚が、「将来仏門に入り、多くの民を救いたいと考えております。この願い果たすことができるのならば、どうか私をお救いください」と念じて山頂から身を投げたところ、天女が現れて真魚の身を受けとめること三度に及んだという。真魚を間近で見ていた両親は、彼を「貴物《とうともの》」と称して大変慈《いつく》しんでいたとも伝えられている。

いずれも伝説の域を出るものではないが、このように神格化された幼年期の真魚の様子が挿入されたことは、空海に対する後世の民衆の信仰の深さを物語るものといえよう。

四天王に守護される真魚
『高野大師行状図絵』正保年間（一六四四～一六四八）の版本。国立国会図書館ホームページ（以下同）

修学と出家

学問の道へ

延暦七年（七八八）、真魚《まお》（以下「空海」とする）が長じて十五歳になると、当時の貴族の子弟同様、出世のために学問の道を志すようになる。

都で伊予《いよ》親王の侍講《じこう》（天皇や皇太子に講義をする官職）を務めていた母方の伯父である阿刀大足《あとのおおたり》に師事し、大学への入学を果たすために漢籍を学び、十八歳のときに、官吏《かんり》の養成機関であった大学の明経科《みょうぎょうか》に入学を果たし、寝る間も惜しんで勉学に励んだことを、空海自らが『三教指帰《さんごうしいき》』に記している。大学での修学については、大学寮の教官であった味酒浄成《うまざけのきよなり》から、『詩経《しきょう》』『春秋左氏伝《しゅんじゅうさしでん》』『書経《しょきょう》』の講義を受け、明経《みょうぎょう》博士であった岡田牛養《おかだのうしかい》には重ねて『春秋左氏伝』の教えを受けたことが伝えられている。

また、空海が大学在籍中の延暦十一年（七九二）には、朝廷によって続けざまに学制と僧制とにおいて、呉音《ごおん》から漢音《かんおん》へと、習得の変革があったことが知られる。このことは、後に仏法を求めて入唐《にっとう》する空海の密教の授法と修学にとって、唐において実際に使用されていた漢音による語学の習得につながり、大変有益かつ有利なものとなったことが推察される。

ところで、ここでいう大学（槐市《かいし》）は、長岡京、平城京のいずれにあったのであ

学問に励む空海
『高野大師行状図絵』

ろうか。空海が大学に入ったのは、長岡京に遷都《せんと》していた時期（延暦三年～十三年〈七八四～七九四年〉）に相当するが、遷都とともに大学も平城京から移転したという事実は見いだしがたい。次第に仏教へと傾倒していく空海の行動から推察するならば、大学の地は、当時の仏教の中心であった平城京の可能性が高い。また十八という遅い入学の年齢をめぐっても、問題があることが先学により指摘されている。すなわち当時の大学入学には、「五位以上の貴族の子孫で歳は十三以上、十六以下の者」という規定があり、空海の十八という年齢はその規定に抵触してしまうからである。ただ往々にして特例が認められており、空海の場合もおそらくそうした例であったと推察される。

私度僧《しどそう》としての山岳修行

さて、大学に進んだ空海は官吏への道を歩むように見えたが、やがて官許を得ることなく自ら出家した私度僧《しどそう》として、山林幽谷での修行に身を投じることとなる。その情況を、空海は次のように記している。

　ここに一《ひとり》の沙門《しゃもん》あり。余《われ》に虚空蔵聞持《こくうぞうもんじ》の法を呈《しめ》す。その経に説《と》かく「もし人、法によってこの真言一百万遍を誦《じゅ》すれば、すなわち一切の教法の文義《もんぎ》、暗記することを得《う》」と。ここに大聖の誠言《じょうごん》を信じて飛燄《ひえん》を鑽燧《さんすい》に望み、阿国大滝嶽《たいりゅうのたけ》に躋《のぼ》り攀《よ》ぢ、土州室戸崎《むろとざき》に勤念す。谷響《たにひびき》を惜しまず、明星来影《らいごう》す。或いは金巌《かねのたけ》に登りて雪に遇《あ》うて坎壈《かんらん》たり。或いは石峯《いしのたけ》に跨《またが》って、以て粮《かて》を絶って轗軻《かんか》たり。（『三教指帰《さんごうしいき》』）

すなわち空海は、ある沙門（修行僧）と出会うことにより、ただちにすべての経典を暗記し、その内容を即座に理解できるようになるという虚空蔵求聞持法を伝授され、大学のある都を離れて山林幽谷での修行に身を投じる。その地は吉野の金《きん》峯山《ぶせん》や四国は伊予《いよ》国の石鎚山《いしづちさん》、阿波《あわ》国の大滝嶽《たいりゅうのたけ》、土佐《とさ》国の室戸崎《むろとざき》などの地であり、それらの山林をめぐっては、断食や様々な行を修し、ついに虚空蔵菩薩の化身《けしん》である明星（金星）が身中に飛び込んで一体となるという神秘体験を得て、虚空蔵求聞持法を成就したというのである。

この「ある沙門」については、三論宗《さんろんしゅう》の僧である石淵寺《いわぶちでら》（または大安寺《だいあんじ》）の勤操《ごんそう》（七五八〜八二七）であったとも、大安寺の戒明《かいみょう》（生没年不詳）であったともいうが、確かなことはわからない。ただこのころ吉野の比蘇寺《ひそじ》などでは、山林幽谷に分け入って虚空蔵求聞持法などによる修行を重ねて、「自然智《じねんち》」を獲得せんとする集団が存在しており、空海の仏道への傾倒は、おそらくそのような集団との交流が機縁となっていたのではないかと推測されている。

山岳修行に励む空海
『高野大師行状図絵』

仏道に帰依《きえ》する

このように大学に入学した後、いつしか山林修行に身を投じるようになっていた空海は、二十四歳の延暦十六年（七九七）十二月一日、処女作である『聾瞽指帰《ろうこしいき》』（その後、一部を改訂のうえ、改題し『三教指帰』とする）を著述する。そのなかで空海は、儒教と道教と仏教の三教を比較し、その優劣を論じたのであるが、その論述の意図するところは、大学を退学し、官吏になるのをやめたことに対する弁明と、三教のなかから仏教への帰依《きえ》と出家を表明することにあった。

　当時、官吏となるには二十五歳以下の者との規定があり、同書の著述が任官期限の直前の二十四歳の暮れであったことは大変示唆《しさ》的である。また仕官することをやめて出家するにあたり、当然のことながら、近親者からは翻意を迫られたり、反対があったことは、「ここに一多の親識《しんしき》（親族や友）ありて、我を縛《ばく》するに五常《ごじょう》＊の索《なわ》を以てし、我を断ずるに忠孝に乖《そむ》けるを以てす」（『三教指帰』）と空海自ら記しているとおりである。

　しかし空海は、決然として仏道を歩み始めるのである。

空白の六年余

　その後、正式な官度僧《かんどそう》として得度受戒《とくどじゅかい》する延暦二十三年（八〇四）までの約六年半の間（後に触れることとなるが、得度受戒は延暦二十二年との説もある）、空海の事績を示す確かな記録がまったくなく、知ることができない。ただ、私度僧であった空海が、この間も勤苦して仏法を学び、山林幽谷に分け入って修行を続けていたことは想像にかたくない。

　空海自身の言葉によれば、「私空海は仏教に深く帰依し身を投じたのであるが、悟《さと》りへの道筋がわからず、どの道を進んだらよいか途方に暮れることがしばしば

＊儒教で説かれる、人として常に守るべき仁・義・礼・智・信の五つの道徳。

であった。しかし真の道を知りたいとの思いがようやく通じて、秘門《ひもん》（秘密の教え）にめぐり会うことができた。しかし、悲しいことにその内容を理解することができない、そこで教えを請うために師がおられるであろう唐に渡らんことを願い、桓武《かんむ》天皇の思《おぼ》し召《め》しによって唐に渡ることができた」（『性霊集《しょうりょうしゅう》』）というのである。

おそらくこの記事をもとにしたのが、弟子の真済《しんぜい》（八〇〇〜八六〇）が撰述したとされる『空海僧都伝《くうかいそうずでん》』などが記す、空海空白の六年半の間に挿入された秘経感《ひきょうかん》得《とく》の話である。これは、空海が「仰ぎ願わくは、諸仏、我に至極（最高の教え）を示したまえ」と至心に祈っていたところ、ある晩、大和国高市郡久米寺《やまとのくにたかいちのこおりくめでら》の東塔のもとにある『大日経《だいにちきょう》』こそ、汝《なんじ》が求めている経であるとの夢告を受け、『大日経』を感得することができた。しかし空海は、その内容を完全には理解することができず、そこで唐に渡ることを決意したというものである。ここで空海のいう秘門が具体的に『大日経』を指しているのか、いささか疑問であるが、空海の唐においての速やかな密教の受法を鑑《かんが》みれば、仏の教えのなかでも特に進むべき道は、おそらく秘門、すなわち密教のほかにはないと見定めていたのが、この空白の六年半の間であったのではないだろうか。

入唐求法《にっとうぐほう》

出家・入唐《にっとう》をめぐる諸説

久米寺東塔
『高野大師行状図絵』

ときは流れて延暦二十年（八〇一）八月十日、桓武《かんむ》天皇の朝廷は、久しく途絶えていた遣唐使の派遣を決定した。空海は、在唐期間をおおむね二十年とする留学僧《るがくそう》（留学生《るがくしょう》の僧）として、この遣唐使に加わった。延暦二十二年（八〇三）四月十六日、唐に向けて出港した遣唐使の船団は、暴風雨に遭い、やむなくいったん渡航を中止し、翌二十三年の五月十二日にふたたび出港した。

ここで空海が遣唐使に加わるまでの状況を、あらかじめ確認しておく必要がある。空海が入唐《にっとう》するには、それまでの私度僧《しどそう》の身分ではなく、正式に出家し、国家に公認された官度僧《かんとそう》とならなければならない。そこで、いつ空海が出家したのかが問題となるからである。しかし空海の出家の時期については、従来、二十歳・二十二歳・二十五歳・三十歳・三十一歳など、多くの説が存在しており一定していない。しかし現在では、三十歳の延暦二十二年説と三十一歳の延暦二十三年説の二つに集約され、なかでも三十一歳の説が有力視されている。ただ、そのどちらを採用するかによって、空海の入唐の経緯も違ったものとなる。

すなわち、三十歳の延暦二十二年説によるならば、空海は二十二年四月七日に出家得度し、二日後の九日に東大寺戒壇院《とうだいじかいだんいん》において受戒をし、正式な官度僧となって、同月十六日に難波津《なにわつ》を出港した一度目の遣唐使船に、すでに乗船していた可能性も出てくる。

これに対し、三十一歳の延暦二十三年説によるならば、二十二年の一度目の遣唐使の出港には間に合わない。しかし、この一度目の船団が暴風雨に遭っていったん

渡海入唐
『高野大師行状図絵』

中止となったことから、乗員に遭難者が出たこと、そして戒行の遵守による航海安全祈願という呪術的役割をも担っていた留学僧は、生還こそはしたが、その戒行が疑われ、再度の乗船が許されなかったことが考えられる。結果として欠員が生じて補充が必要になり、改めて留学僧の選抜が行われ、ここに空海が選ばれるに至ったと考えられるのである。

いずれにせよ、空海の出家受戒は、大変慌ただしいものであり、入唐するにあたっての臨時の措置であったと思われる。空海自身は、その事情の一端として、人員の不足があったことを簡潔に記しているだけである。

このときには、もちろんすでに真魚《まお》ではなく「空海」を名乗っていたようである。それ以前の名について、二十歳出家説を記す『御遺告《ごゆいごう》』には、「空海」と名乗る以前には、大安寺《だいあんじ》の勤操《ごんそう》にしたがって和泉国《いずみのくに》の槙尾山寺《まきおのさんじ》にて沙弥戒《しゃみかい》を受けた際、「教海《きょうかい》」から「如空《にょくう》」へと改名したことや、『聾瞽指帰《ろうこしいき》』を撰述した際に「無空《むくう》」へと改名したことが伝えられているが、その真偽は不明である。

遣唐使船の渡航

遣唐使船は、藤原葛野麻呂《ふじわらのかどのまろ》を大使、石川道益《いしかわのみちます》を副使として、延暦二十二年（八〇三）四月十六日、準備を整え、唐に向けて出港した。しかし洋上で暴風雨に遭い、やむなく渡航のいったんの中止を見た。そこで改めて船団を整え、翌二十三年の五月十二日に摂津国難波津《せっつのくになにわつ》（大阪市）を出港した。途中、一度目の船団に乗船し、一年ほど九州の筑紫《つくし》にて待機していた短期滞在の還学生《げんがくしょう》として入唐する最澄《さいちょう》（七六七～八二二）と合流し、七月六日に肥前国松浦郡田浦《ひぜんのくにまつらのこおりたのうら》（長崎県平戸市）を四隻の船団をもって出港した。

しかしまたも洋上で激しい暴風雨に遭い、船団は四散、空海の乗った第一船は八月十日に福州《ふくしゅう》長渓県《ちょうけいけん》の赤岸鎮《せきがんちん》（福建省）に漂着し、ようやく空海は唐土を踏むことができたのである。ちなみに最澄の第二船は明州鄮県《みんしゅうぼうけん》（浙江《せっこう》省）に着岸し、九月十五日、最澄は義真《ぎしん》（七八一～八三二）を伴い、台州《たいしゅう》の天台山《てんだいさん》（浙江省）へと向かっている。また第三船は難破したとの記録があり、第四船については確かなことがわかっていない。

入国待機

さて、第一船の一行は赤岸鎮に漂着したが、折悪しく州の知事に相当する福州刺《し》史《し》の柳冕《りゅうびん》が病のために辞任し、新任の刺史である閻済美《えんさいび》がいまだ福州に着任していなかった。また、空海の一行が天皇の国書を携えていないことなどにより、当地の役人では一行の処遇を決めることができず、約五十日、当地での待機を余儀なくさせられた。その滞在場所は、砂地上に十三棟の簡素な小屋を建てただけのものであったという。

そこで空海が、藤原大使のために上陸の嘆願書を代筆したのが、「大使、福州の観察使《かんさつし》に与うるが為の書」（『性霊集《しょうりょうしゅう》』巻五）である。その言辞美麗、教養にあふれ

福州で嘆願書を書く空海
『高野大師行状図絵』

た説得力のある文章により、一行は日本国からの正式の使節であると認められて上陸が許され、十月三日に州都の福州に廻航している。そこで観察使である閻済美の長安への奏上と処置によって、藤原大使以下二十三人に限り長安への入京が許されている。しかし、その一員に含まれなかったことから、空海は、自身の入京の許可を願う嘆願書である「福州の観察使に与えて入京する啓《けい》」（『性霊集』巻五）を提出し、入京を許されて、十一月三日に福州を出発し、十二月二十三日、目的地である唐の都長安（陝西《せんせい》省の西安）に至ったのである。

　福州での空海の足跡は、後年、仁寿三年（八五三）に入唐した天台僧の円珍《えんちん》（八一四〜八九二）が次のように伝えている。福州の開元寺《かんげんじ》を訪ねたとき、寺主の恵灌《えかん》から「五筆和尚《ごひつおしょう》＊（空海）はお元気でしょうか」と尋ねられ、円珍が「お亡くなりになられた」と答えると、恵灌は号泣悲嘆し、空海の筆さばきの類い稀なことを讃えることしきりだったというから、短期間の滞在にもかかわらず、空海の異才ぶりは、当地において多くの耳目を集めていたことが知られるのである。

　ようやく長安に到着することができた空海は、当初は宣陽坊《せんようぼう》にあった官舎に止住している。

　徳宗《とくそう》皇帝への朝賀《ちょうが》の役目を終えた藤原大使等は、翌延暦二十四年（八〇五）二月十一日には帰国の途につく。このとき空海は大使に「一行阿闍梨碑文《いちぎょうあじゃりひぶん》」を託しているが、このことは二か月にも満たない間にも、貪欲に資料の収集に励んでいたことを物語っている。またこのとき、宝亀八年（七七七）に入唐留学していた永忠《えいちゅう》＊も

＊「ごひつわじょう」とも。空海が両手両足と口に筆をとって文字を書いたことによる尊称。

＊七四三〜八一六。「ようちゅう」ともいう。平安前期の三論宗の僧。入唐中は西明寺に住み、延暦二十四年に帰国後、近江国（滋賀県）の梵釈寺に住す。空海と親交がある。

空海の入唐・帰国経路　延暦23年5月に平安京をたち、7月に田浦から出港。8月に赤岸鎮に漂着し、12月に長安に到着。延暦25年8月に明州を出港、10月に太宰府に到着した。

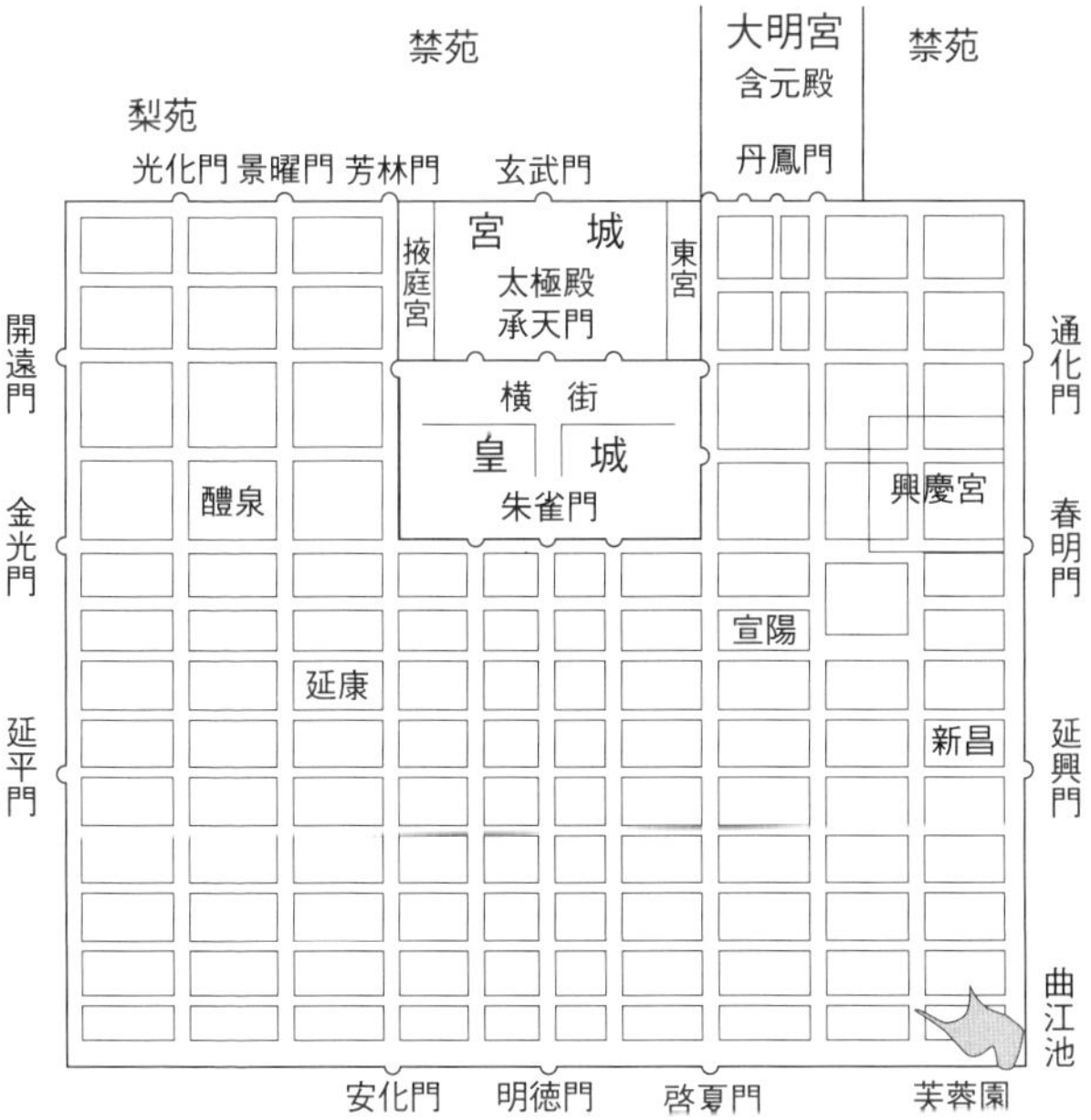

唐代の長安　空海は、当初は左街（図の右側）の宣陽坊の官舎に寄宿し、後に延康坊にある西明寺に移った。密教を学んだ青龍寺は左街の新昌坊にあり、その北方には、玄宗皇帝が政務をとった興慶宮があった。「唐代の長安」（『大漢語林』大修館書店）を参考に作成。

藤原大使とともに帰国しているが、空海は徳宗の勅《ちょく》により、宣陽坊の官舎から永忠がいた延康坊《えんこうぼう》の西明寺《さいみょうじ》に、入れ替わるように移っている。

　このころの空海は、『秘密曼荼羅教付法伝《ひみつまんだらきょうふほうでん》』『御請来目録《ごしょうらいもくろく》』によると、醴泉坊《れいせんぼう》にあった醴泉寺《れいせんじ》に出かけて、カシミール出身の般若三蔵《はんにゃさんぞう》や牟尼室利三蔵《むにしりさんぞう》＊などに師事し、梵語《ぼんご》（サンスクリット語）悉曇《しったん》を学び、インドにおける密教に関する知識を得ていたことが知られる。さらに般若三蔵からは梵語の経典等をも授けられている。このとき、醴泉寺には恵果《けいか》和尚の弟子の義智《ぎち》がおり、空海は当然、義智から師の恵果和尚や長安における密教に関する情報を得ていたものと思われる。

＊インド出身の僧。護国思想を説く密教経典の『守護国界主陀羅尼経』十巻を般若三蔵とともに訳した。

恵果《けいか》からの密教受法

恵果《けいか》との出会い

空海は、長安の青龍寺《しょうりゅうじ》の東塔院《とうとういん》で、その生涯において重大にして運命的な出会いを果たした。それは真言密教の師である恵果《けいか》和尚（七四六～八〇五）との出会いである。

　そのときの状況を空海は、

　和尚に見《まみ》ゆ。和尚たちまちに見て笑みを含み、喜歓《きかん》して告げて曰《いわ》く「我れ先に汝《なんじ》が来らんことを知りて相《あい》待つこと久し。今日相見《あいまみ》えること大《はなは》だ好《よ》し、大だ好し。報命竭《つ》きなんと欲《ほっ》すれども付法《ふほう》に人無し。必ず須《すべか》らく速やかに香華《こうげ》を弁《べん》じて灌頂壇《かんじょうだん》に入るべし」と。　（『御請来目録《ごしょうらいもくろく》』）

と自ら記している。

　青龍寺での恵果和尚との出会いは、恵果和尚の「速やかに香華を弁じて灌頂壇に入るべし」という言葉と、六月上旬には灌頂壇に入っていることから、おそらく延暦二十四年（八〇五）の五月ごろのことかと思われる。

　このとき恵果和尚に「相待つこと久し」と言わせたものは、ある種の霊感とでもいうべきものであったのか。それとも「報命竭きなんと欲すれども付法に人無し」とあるように、恵果自身の寿命を悟ってのことか。また正嫡《しょうちゃく》たる器量をそなえた弟子がいなかったのか。その理由はともあれ、密教を相承《そうじょう》する法器《ほうき》たるにふさわしい資質と能力とを空海がすでにそなえていたことに尽きる。そして、その後の恵果和尚の病状の悪化と入滅《にゅうめつ》とを見れば、この二人の出会いと密教の授受は、まさに奇跡ともいうべきものであった。

密教の授受

　『御請来目録』によるならば、恵果和尚と空海との間で行われた密教の授受は、まず密教の戒である発菩提心戒《ほつぼだいしんかい》（三昧耶戒《さんまやかい》）から始められた。この戒は、行者と仏と衆生《しゅじょう》とが本来平等であることを自覚し、これを戒として「持《たも》つ」ことを誓うものであり、この受戒《じゅかい》をもって空海は灌頂壇に入ることが許され、六月上旬には、真言密教所依の経典の一つである『大日経《だいにちきょう》』に基づく胎蔵法《たいぞうほう》の学法《がくほう》灌頂壇（受明《じゅみょう》灌頂・

持明《じみょう》灌頂ともいう）に入る。その灌頂の実際は、壇上に敷かれた胎蔵諸尊を図絵した曼荼羅《まんだら》に対して、目隠しをして華《はな》を投げ、華が落ちたところの仏尊の真言と手に結ぶ印契《いんげい》が授けられるものであり、これを投華得仏《とうけとくぶつ》という。次いで、五智の瓶水を頭頂に灌《そそ》がれて、その儀式を終えるのである。

そこで空海はというと、投げた華が曼荼羅中央に座している大毘盧遮那如来《だいびるしゃなにょらい》（大《だい》日如来《にちにょらい》）上に落ち、それを見た恵果和尚は「不可思議なり、不可思議なり」と感嘆の声を上げたという。ここに胎蔵法に関するすべての法の伝授が許され、事実、この灌頂の後の一か月間は、恵果和尚から胎蔵部に属する経軌《きょうき》＊の伝授、胎蔵諸尊の瑜《ゆ》伽《が》の法を学んでいる。

次いで七月上旬には、真言密教所依の両部《りょうぶ》経典のもう一方である、『金剛頂経《こんごうちょうぎょう》』に基づく金剛界《こんごうかい》の学法灌頂壇に入り、このときも華を大日如来上に投げ入れ、またも恵果和尚は感嘆の声を上げたという。その後の一か月間も同様に、金剛部に属する経軌の伝授、金剛界諸尊の瑜伽の法を学んでいるのである。

伝法阿闍梨《でんぼうあじゃり》となる

そしてついに、八月上旬には伝法阿闍梨位《でんぼうあじゃりい》の灌頂を受けるに至り、ここに空海は真言密教両部の大法の正統な継承者たる、阿闍梨の位につくことになったのである。すなわち大日如来――金剛薩埵《こんごうさった》――龍樹《りゅうじゅ》菩薩――龍智《りゅうち》菩薩――金剛智三蔵《こんごうちさんぞう》――不空《ふくう》三蔵《さんぞう》――恵果《けいか》阿闍梨、そして空海へと密教が相承されたのである。このように恵果

＊密教の経典と儀軌。儀軌は、図像作成や儀礼についての方法や規則。

和尚より金胎両部すべての灌頂を受法し、正嫡となったのは空海のほかに、恵果和尚より青龍寺を継いだ義明《ぎみょう》だけであった。

　また、この一連の灌頂において、恵果和尚より大日如来の密号（秘密の名）である「遍照金剛《へんじょうこんごう》」の灌頂名が空海に授けられている。これに基づいて、現在の真言宗徒は「南無大師遍照金剛」と空海の御宝号《ごほうごう》をお唱えするのである。

　このようにすべての灌頂を終えた空海は、自ら御斎《おとき》の席を設けて、青龍寺や大興《だいこう》善寺《ぜんじ》の上座の僧はもちろんのこと、総勢五百人もの出家者と在俗者を招いている。

　その後も引き続いて、恵果和尚より真言密教を受学するが、恵果和尚の在俗の弟子であった呉慇《ごいん》の記録によれば、まさにその様子は、瓶から瓶へと水をあますことなく移すがごとくであったという。またそのなかで恵果和尚は、重要な教示を空海に与えている。

　すなわち、真言密教の授受は、紙上に記された文字による教えだけでは十分ではなく、図画によって示された両部の曼荼羅や密教の法具をもってなされなければならなかった。それゆえ、密教の経軌の書写はもとより、当代の宮廷画師である丹青《たんせい》や李真《りしん》等には曼荼羅、鋳物師《いもじ》である趙呉《ちょうご》等には密教法具の制作を命じ、天竺《てんじく》伝来にして先師不空三蔵より相承した仏舎利《ぶっしゃり》等、さらに密教正嫡者の証である犍陀穀子《けんだこくし》袈《のけ》裟《さ》一領（東寺《とうじ》蔵）をも恵果和尚より授けられている。これらの内容は、空海が帰朝した際に朝廷へ提出した目録、すなわち『御請来目録』にあますことなく記されているとおりである。また、空海からは恵果和尚に対し、感謝の意を込めて袈裟と香

袈裟の授与
『高野大師行状図絵』

炉を献じている。

恵果《けいか》の入滅《にゅうめつ》

恵果和尚の病状は悪化の一途をたどり、あるとき空海に対して遺命をする。

和尚、告げていわく「いまこの土に縁尽きて、久しく住《とど》まること能《あた》わじ。宜《よろ》しくこの両部大曼荼羅、一百余部の金剛乗の法および［不空《ふくう》］三蔵転付《さんぞうてんぷ》の物、並びに供養の具等、請う本郷に帰りて海内《かいだい》に流伝《るでん》すべし。纔《わずか》に汝《なんじ》が来《きた》れるを見て、命の足らざらんことを恐る。今すなわち法の在りとし有るを授く、経像功畢《きょうぞうこうおわ》んぬ。早く郷国に帰って以て国家に奉じ、天下に流布して蒼生《そうせい》の福を増せ。然ればすなわち四海泰《やす》く、万人楽しまん。これすなわち仏恩を報じ、師恩を報ず。国の為に忠あり、家に於ては孝あらん。義明供奉《ぐぶ》は此の処にして伝えよ。汝はそれ行矣《さけん》これを東国に伝えよ。努力《つとめ》よ、努力よ」と。

（『御請来目録』［　］筆者補筆）

間もなく自らの寿命が尽きるであろうことを悟った恵果和尚は、自身の密教のすべてを授け尽くしたことを弟子の義明と空海の二人に伝え、義明には唐土において密教を後世に伝えていくべきことを、空海には早く日本に帰って密教を伝え広めるべきことを命じた。この年の十二月十五日、恵果和尚は青龍寺の東塔院にて、頭北面西に伏し、六十年の生涯を閉じたのであった。翌月の十六日には、長安城の東の地に葬られている。

恵果の入滅
『高野大師行状図絵』

空海は、恵果和尚が入滅した日の晩に不可思議な夢を見た。すなわち、恵果和尚が空海にお告げをしたという。そのお告げとは、空海は我が師である不空三蔵の生まれかわりであり、恵果と空海は、あるときは師となり弟子となり、代わるがわる互いに師弟となって密教を弘通《ぐずう》してきたのであるという。それゆえ、日本の地に生まれかわって、必ずや空海の弟子となるというものであった。

現在、真言宗では六月十五日に「青葉まつり」と称して空海生誕の日を祝う行事が催されている。この日は、真言密教第六祖の不空三蔵（七〇五〜七七四）の入滅日に相当し、後世、空海が見たこの夢告に基づき、この日を空海の誕生日と定めたものである。

明けて延暦二十五年（八〇六）一月、恵果和尚の多くの弟子たちを代表し、空海は恵果和尚を追悼する碑文「大唐神都《だいとうしんと》青龍寺《しょうりゅうじ》故《もとの》三朝国師《さんちょうこくし》灌頂阿闍梨《かんじょうあじゃり》恵果和尚《けいかわじょう》碑《ひ》」（『性霊集』巻二）を撰し、「虚《むな》しく往《ゆ》きて実《み》ちて帰る」と師恵果和尚の恩徳に対し、深く感謝の意を表している。

帰朝、そして入京

帰国

恵果《けいか》和尚が入滅したちょうどそのころ、すなわち延暦二十五年一月、遣唐判官《けんとうほうがん》の高階遠成《たかしなのとおなり》が長安に到着した。これを千載一遇の機会ととらえた空海は、先の恵果和尚の遺命を果たすべく、すぐさま日本への帰国を遠成に申し出ている。そのときの書状が「本国の使に与えて共に帰らんことを請う啓」（『性霊集《しょうりょうしゅう》』巻五）である。その結果、帰国が許され、高階遠成等とともに長安を後にする。それは三月下旬のころのことと思われる。

高階の一行の目的は、前年帝位についた順宗《じゅんそう》への朝貢礼謁《ちょうこうらいえつ》のためではないかとされているが、確かなことはわからない。ただ重要なのは、この高階遠成の一行が、恵果和尚が入滅した直後に長安に至ったという事実である。なぜなら、この後の遣唐使は、空海入定《にゅうじょう》後の承和五年（八三八）のことであり、もしこの機会を逃したならば、空海の帰国はかなわず、空海による真言密教の日本国への弘通《ぐずう》はなかったかもしれないからである。

その後、一行は四月には越州《えつしゅう》（浙江省）に至り、空海は当地の節度使《せつどし》に書状「越州の節度使に与えて内外《ないげ》の経書を求むる啓」（『性霊集』巻五）を送って、仏教や外教に関する経書を蒐集《しゅうしゅう》している。この越州には、一年前に最澄と弟子の義真が、霊巌寺《れいがんじ》の順暁《じゅんぎょう》阿闍梨より三種悉地《さんしゅしっじ》の真言と三部三昧耶《さんぶさんまや》の灌頂を受けた龍興寺《りゅうこうじ》がある。越州滞在の約四か月間には、おそらく空海も同寺を訪れているはずであり、ならば最澄の唐での動向も知り得たと思われる。

八月には渡航の準備が整い、遠成等一行とともに明州（浙江省）を出港し、途中困難に遭いながらも十月ごろまでに無事、九州は筑紫国《つくしのくに》太宰府《だざいふ》（福岡県太宰府市）に到着している。

太宰府《だざいふ》待機

十月二十二日、到着するやいなや、空海は新たに日本に請来《しょうらい》した経典や論書、曼《まん》荼羅《だら》や密教法具などを記した目録を、高階遠成に託し朝廷に進献した。これが『御《ご》請来目録《しょうらいもくろく》』であり、その進献の意図するところは、二十年と定められていた留学僧の身分で唐へ渡った空海が、わずか二年あまりで帰国したという闕期《けつご》の罪に対する弁明と、自身が授法した密教こそが正統であることを主張し、唐より請来した密教の公認と、国内宣布の許可を朝廷から得るためであった。

しかし、朝廷からは何の返答もないまま、在唐期間よりも長い三年近くも太宰府の観世音寺《かんぜおんじ》（福岡県太宰府市）にとどまることを余儀なくされたのである。

空海の入京が許されなかった理由とは、いかなるものであったのか。一つには、空海の闕期の罪に対し、どのように処分すべきかの結論を朝廷が決めかねたことにある。すでに最澄《さいちょう》が延暦二十四年（八〇五）に、不完全とはいえ密教を唐より持ち帰り、同年九月一日には、高雄山寺《たかおさんじ》において我が国初の灌頂壇《かんじょうだん》を開き、同月十七日には、殿上において毘盧遮那法《びるしゃなほう》を修しており、空海の伝えた密教との間で判断がつかなかった。また、空海が帰朝した年の三月に桓武《かんむ》天皇が崩御《ほうぎょ》し、平城《へいぜい》天皇の御代となったばかりで政情が安定しておらず、翌年十一月には、藤原宗成《ふじわらのむねなり》の陰謀により、平城天皇の異母兄である伊予《いよ》親王が母とともに幽閉され、自害する事件などが起こっている。さらに、平城天皇による桓武天皇の政治からの転換による新来の

九州に着く
『高野大師行状図絵』

仏教に対する無関心によることなどが考えられている。いずれにせよ、帰朝した空海に対する朝廷の沈黙は、これらの事情が複雑にからみ合ってのことではなかったのか。

空海の、九州は筑紫国における活動についての記録は皆無に等しく、大同二年（八〇七）二月十一日、太宰府少弐《しょうに》の田中朝臣八月麻呂《たなかのあそんやつきまろ》の亡母の一周忌に際し、千手千眼観音像など十三の尊像を図絵し、『法華経』や『般若心経』を書写し、願文《がんもん》「田少弐《でんのしょうに》が先妣《せんぴ》の忌齋《きさい》を設くる為の願文」（『性霊集』巻七）を撰して供養の意を表し、法要の席に列《つら》なっていること。同年四月二十九日、太宰府から観世音寺での止住《しじゅう》を命じられていることによって、その動静がわずかに知られるだけである。

ただ、この三年もの観世音寺滞留は、空海にとって、密教の行法を修することを日課とし、新たに請来した密教をはじめとする経軌《きょうき》の読解、研究など、後の教義の確立と活動にはなくてはならない時間であったことであろう。

京へ

大同四年（八〇九）四月十三日、平城天皇の病気の悪化により嵯峨《さが》天皇へと譲位が行われた。この年の七月十六日、和泉《いずみ》の国司《こくし》に宛てて、空海を平安京に入住せしめる旨の官符《かんぷ》が下されている。この官符によって、確かな時期は不明であるが、空海は筑紫の太宰府を離れて、平安京にほど近い和泉国に滞在していたことが知られ、一説によるとそれは槇尾山寺《まきおのさんじ》（大阪府和泉市の施福寺《せふくじ》）であったという。空海は朝廷のこの命にしたがい、ほどなく入京し、高雄山寺（京都市右京区の神護寺《じんごじ》）に入住している。

三年もの沈黙からは唐突にも思える朝廷の空海への入京許可には、どのような背景があったのであろうか。それについてはいくつかの事由が、先学によって指摘されている。その一つは、新来の仏教に対して冷淡であった平城天皇から、密教に対して好意的であった嵯峨天皇へと譲位が行われたことが挙げられる。すなわち、平城天皇が新来の天台に対して冷淡であったように、空海の真言密教に対しても同様であったと思われる。これに対し嵯峨天皇は、入京も間もない十月三日には空海に勅を下して、劉義慶《りゅうぎけい》の撰述した『世説新語《せせつしんご》』*の文を書した屏風《びょうぶ》二帳を空海に進献せしめ、その後、終生にわたって両者の関係は大変良好であった。これらのことによって、平城天皇から嵯峨天皇への譲位が、空海の入京につながったのではないかと推察されている。

もう一つは、朝廷や和気《わけ》氏に対する最澄の働きかけによって入京が実現したのではないかとするものである。すなわち、空海が入京した際に入住した高雄山寺は、和気氏の氏寺《うじでら》であるが、和気氏と最澄との間には深い関係があった。また最澄は、唐で自身が受法した密教が不十分であることを自覚し、空海から密教を受学しようと望み、空海の入京を働きかけたのではないかというものである。空海から最澄に宛てられた書状『風信帖《ふうしんじょう》』（東寺《とうじ》蔵、国宝）は、このころのものと推定されている。

＊中国南北朝時代の宋・劉義慶が集めた後漢末から東晋ころまでの著名人の逸話集。

空海と最澄《さいちょう》

最澄《さいちょう》との交友

大同五年（八一〇）九月十日、藤原薬子《ふじわらのくすこ》と藤原仲成《なかなり》等によって平城《へいぜい》上皇の重祚《ちょうそ》を謀《はか》った、いわゆる薬子の変が起こり、その結果、上皇は出家、薬子は毒を仰いで自害、また高丘《たかおか》親王も皇太子を廃され出家し真如《しんにょ》と号して、後に空海の十大弟子の一人となっている。その動揺がいまだ収まりきらない弘仁元年（八一〇）十月二十七日、空海は高雄山寺《たかおさんじ》で鎮護国家の法を修することを朝廷に願い出ている。この後も空海は、旱魃《かんばつ》や長雨、また疫病などに際して、そのつど護摩《ごま》などを修法《しゅほう》することによって効験を示し、朝廷からの信頼を得ていったのである。

かねてより空海からの真言密教の受法を望んでいた最澄《さいちょう》は、弘仁二年（八一一）二月十四日、遍照《へんじょう》一尊の灌頂壇《かんじょうだん》が開かれることを知り、その受法を請うたが、この灌頂は簡略なものであり、また空海の弟子たちへの教授を目的としたもので、自身の弟子と、すでに一宗をなしていた最澄とを同列に扱うことはできず、それがために空海は丁重にそれを断り、改めての授法を最澄に約束している。

弘仁三年（八一二）十月、最澄は南都興福寺《こうふくじ》の維摩会《ゆいまえ》に出向いて、その帰途の同月二十六日、前年十一月九日の官符により別当《べっとう》として乙訓寺《おとくにでら》に移っていた空海に書状を送って、『金剛頂真実大教王経《こんごうちょうしんじつだいきょうおうきょう》』の借覧を請うた。翌日、最澄が実際に乙訓寺を訪れた際、空海は「宜しく持する所の真言の法を最澄［阿］闍梨に付属（付《ふ》嘱《しょく》。授与すること）すべし」との確約を最澄に与えている。この言葉のとおり空海は、二日後の二十九日に乙訓寺を辞して高雄山寺に還住し、十一月十五日、空海は同寺において金剛界《こんごうかい》の灌頂を開壇した。最澄、和気真綱《わけのまつな》、和気仲世《なかよ》等が入壇し、最澄は金剛因《こんごういん》菩薩と縁を結んでいる。十二月十四日には胎蔵法《たいぞうほう》の灌頂を開壇、最澄をはじめ百九十を超える僧俗が入壇を果たし、最澄は東方の宝幢《ほうどう》如来と縁を結んでいる。この灌頂には、近江国高島《おうみのくにたかしま》の塔院《とういん》に住していた泰範《たいはん》（七七八〜没年不詳）も入壇している。このときの空海自筆による入壇の記録が『灌頂歴名《かんじょうれきめい》』（神護寺蔵、国宝）である。

この二度の灌頂は、多くの在家の者が入壇していることを考えると、おそらく投《とう》華《げ》によって曼荼羅《まんだら》諸尊と縁を結ぶ入門の結縁《けちえん》灌頂であったと思われるが、ただ、最澄らの高位の僧侶に対しては、密教受学の許可を得るための学法《がくほう》灌頂（受明《じゅみょう》灌頂）として行われたものでもあったと考えられている。

またこの月、空海は高雄山寺に、一山の管理運営の責務を担った三種の役僧である三綱《さんごう》を置くことを決め、上座に杲隣《ごうりん》（七六七〜没年不詳）、寺主に実慧《じちえ》（七八六〜八四七）、都維那《ついな》に智泉《ちせん》（七八九〜八二五）を選び職につかしめている。これによりこのころの空海には、ある程度の規模をもった宗団が整いつつあったことが知られるのである。

訣別

年が明けた弘仁四年（八一三）一月十八日、最澄は空海に宛てて、空海が唐より持ち帰ったすべての経論の書写を請う書状を送っており、また、最澄はさらに最高次の灌頂、すなわち両部《りょうぶ》の大法《だいほう》が伝えられる伝法阿闍梨位《でんぼうあじゃりい》の灌頂を、空海から早期に受けられることを願った。これに対し、師資相承《ししそうじょう》にして面授《めんじゅ》を重んずる空海は「三年にして功を畢《おえ》なん」と返答した。天台一宗を率いる最澄には、三年間も比叡山を離れることなど不可能なことであり、この空海の返答は、先に交わした乙訓寺での約束を反故《ほご》にされたように感じたことであろう。

同年二月、空海は、最澄から差し向けられた円澄《えんちょう》、光定《こうじょう》、そして泰範《たいはん》等数名に対し、同寺にて『成就妙法蓮華経王瑜伽観智儀軌《じょうじゅみょうほうれんげきょうおうゆがかんちぎき》』（『法華儀軌』）の一尊法を伝授しており、三月六日、十九名のために金剛界の灌頂を開壇し、入壇させている。この後、泰範だけが高雄山寺の空海のもとにとどまり、円澄等はすべて比叡山に帰山している。

その後も空海と最澄との間には、経軌の貸借等を介してのやりとりが数年続いていたが、空海のもとにとどまり続けた弟子の泰範に対し、弘仁七年（八一六）五月一日、最澄が比叡山への帰山を促した書状によって、両者の間に横たわる埋めがたい溝があらわになる。すなわち、最澄は、あくまでも天台の教えと真言の教えとは同等であり両立可能であるはずだと主張し、強く泰範に帰山を迫った。この書状に対して空海が返書を代筆し、その文中で、「真言の醍醐《だいご》に耽執《たんしゅう》して、未だ随他《ずいた》の薬を瞰嘗《たんしょう》するに遑《いとま》あらず*」と、泰範が真言密教を選び、その道を歩む旨を最澄に伝え

＊真言の教えに心酔していて他の教え（天台）を学ぶ暇がない。

ている。この前年、空海は『勧縁疏《かんえんしょ》』と『弁顕密二教論《べんけんみつにきょうろん》』を撰し、天台の義を顕《けん》教《ぎょう》であると規定し、真言密教と顕教との優劣を明確に論じていた。空海と、天台と真言とを同列に扱う最澄と、その根本において両者は相容《い》れず、ここに平安仏教の二大祖師は完全に袂《たもと》を分かつこととなったのである。

真言密教の宣布

旺盛な著述活動

弘仁六年（八一五）のころから空海は、南都仏教や天台宗に対して、真言密教の優位性を説く著作を撰し、真言密教の宣布《せんぷ》を積極的にはかるようになる。すなわち、同年四月一日、四十二歳となっていた空海は、全国に密教の流布を期するため、甲《か》斐《い》国の国守の藤原真川《まかわ》、常陸《ひたち》国の法相宗《ほっそう》の徳一《とくいち》に対し、弟子の広智《こうち》を派遣した。このほか、武蔵《むさし》国・上野《こうずけ》国・下野《しもつけ》国・陸奥《むつ》国などの東の諸国、また筑紫などの西の諸国に、弟子の康守《こうしゅ》・安行《あんぎょう》・真栄《しんえい》らを派遣して、『大日経《だいにちきょう》』や『金剛頂経《こんごうちょうぎょう》』そして『菩提心論《ぼだいしんろん》』などの密教経軌《きょうき》書写の勧進《かんじん》を行っている。このときに送り添えた趣意書ともいえる書状が「諸の有縁の衆を勧めて秘密の法蔵を写し奉るべき文」、いわゆる『勧縁疏《かんえんしょ》』（『性霊集《しょうりょうしゅう》』巻九）である。また同様にこのころ、『弁顕密二教論《べんけんみつにきょうろん》』を撰し、密教と顕教（真言密教以前の仏教）とを比較し、その優劣を判じて、真言密教こそがまさに成仏の直道《じきどう》であることを宣言している。

また、弘仁七年（八一六）六月十九日、空海は朝廷に上表《じょうひょう》して、密教修行の道場建立のために、以前、私度僧として山林幽谷で修行していたとき、足を踏み入れていた高野《こうや》の地（和歌山県伊都郡高野町）の下賜《かし》を願い出ており、これが「紀伊国《きいのくに》伊《い》都郡《とのこおり》高野《こうや》の峯において入定《にゅうじょう》の処《ところ》を請け乞うの表」（『性霊集』巻九）である。これに応えて朝廷は、七月八日に勅許《ちょっきょ》を与え、高野の地を下賜《かし》している。これは真言密教の優位性を宣言した先の両書の著述と合わせて、名実ともに真言宗の確立を意味するものであった。

高野の地をめぐっては、唐からの帰途、空海が日本に向けて投げた三鈷杵《さんこしょ》の、海を越えて着いた先が高野の地であったという飛行《ひぎょう》三鈷杵の話、高野山の地主神であった狩場明神《かりばみょうじん》（高野《こうや》明神）より高野の地に案内され、丹生都比売《にうつひめ》からはその地を譲渡されたという伝承がある。

弘仁九年（八一八）から十年にかけてのころは、密教の立場をもって『般若心経』を解釈した『般若心経秘鍵《はんにゃしんぎょうひけん》』を、また大日如来《だいにちにょらい》の教えである真言密教を相承した祖師たちの伝記を記すことによって空海が相承した密教の正当性を示した『秘密曼《ひみつまん》荼羅教付法伝《だらきょうふほうでん》』と『真言付法伝《しんごんふほうでん》』を著した。

これ以後、天長年間の初め（八二四年ころ）にかけて、空海の思想の中核をなす『即身成仏義《そくしんじょうぶつぎ》』『声字実相義《しょうじじっそうぎ》』『吽字義《うんじぎ》』が順に著されたと考えられている。また同様の時期に、詩文を創作する手引き書である『文鏡秘府論《ぶんきょうひふろん》』を撰し、弘仁十一年五月には、それを抄録した『文筆眼心抄《ぶんぴつがんしんしょう》』を撰している。また、天長五年（八二八）

のころ、日本最初の字書である『篆隷万象名義《てんれいばんしょうみょうぎ》』三十巻を撰している。

空海五十七歳の天長七年（八三〇）のとき、淳和《じゅんな》天皇は勅を下して、南都の四宗と天台宗および真言宗に対し、各宗における教義の綱要書《こうようしょ》、いわゆる「天長勅撰《てんちょうちょくせん》六本宗書《ろっぽんしゅうしょ》」を提出させている。三論宗は玄叡《げんえい》の『大乗三論大義鈔《だいじょうさんろんたいぎしょう》』、法相宗《ほっそうしゅう》は護命《ごみょう》の『大乗法相研神章《だいじょうほっそうけんしんしょう》』、華厳宗《けごんしゅう》は普機《ふき》の『華厳一乗開心論《けごんいちじょうかいしんろん》』、律宗《りっしゅう》は豊安《ふあん》の『戒律伝来記《かいりつでんらいき》』、天台宗は義真《ぎしん》の『天台法華宗義集《てんだいほっけしゅうぎしゅう》』をそれぞれ献上した。

真言宗の空海は『十住心論《じゅうじゅうしんろん》』（『秘密曼荼羅十住心論《ひみつまんだらじゅうじゅうしんろん》』）を著し献上したが、その内容が長大かつ難解であったため、改めて『秘蔵宝鑰《ひぞうほうやく》』を著し、朝廷に献上している。

この空海の両書は、心のありようを十の段階に分け、第一～第三の心は外道《げどう》や世間の心、第四～第五の心は小乗仏教、第六～第九の心は大乗仏教、第十の心は真言密教と規定した。そのうえですべては平等であるという視点（これを秘密曼荼羅《ひみつまんだら》という）に立つならば、第一～第九の心もまた、第十の真言密教の心にほかならないことを明かすものである。

この両書の著述に至って、空海による真言密教の教義が完成したものといえる。

高野山《こうやさん》開創と諸事業

満濃池《まんのういけ》

弘仁七年（八一六）に朝廷より高野山下賜《こうやさんかし》の勅許《ちょっきょ》を得ていた空海は、翌年には弟子の実慧《じちえ》や泰範《たいはん》らを派遣して高野山上の整地作業の指揮を行わせ、弘仁九年（八一八）十一月中旬、空海は勅許後初めて高野に登り、一冬を高野山上で過ごしている。翌年五月、空海は高野山にて結界《けっかい》を行い、七日間にわたって作壇法《さだんほう》を修し、伽藍《がらん》の建立に着手している。

弘仁十二年（八二一）五月二十七日、空海は讃岐《さぬき》国の満濃池《まんのういけ》（香川県仲多度郡まんのう町）修築の別当《べっとう》（責任者）に任ぜられ、わずか三か月でその難工事を完遂させている。この前年より始まっていた築堤の工事は、人員不足等により困難を極めていた。そこで讃岐国司は朝廷に上申して、讃岐国の民の間で特に人望が厚い空海を工事の責任者に迎えることにより、工事の進展と完成をはかっている。これによりこのころには、京はもちろん生国の讃岐においても空海の名声がすでに高かったことが知られるのである。

東大寺《とうだいじ》・東寺《とうじ》

弘仁十三年（八二二）二月には、太政官符《だじょうかんぷ》により東大寺《とうだいじ》における灌頂《かんじょう》道場として真言院《しんごんいん》が建立され、空海は命を受けて鎮護国家のために修法している。旧来の奈良仏教の中心でもある東大寺において、新来である密教の灌頂道場が造られたことは、いくら朝廷からの命であったとしても、同寺の上席僧侶の同意が得られなければ実現不可能なことであったと思われる。そこからは、奈良仏教界と空海との間に良好な関係が築かれていたことが看取できるのである。

弘仁十四年（八二三）一月十九日、朝廷より東寺《とうじ》を賜り、「八幡山《はちまんさん》教王《きょうおう》護国寺《ごこくじ》」と称して鎮護国家の道場と定めている。その後、官符が下され、真言宗の僧侶五十人を常住させ、他宗僧侶との雑住を禁じている。これに伴い同年十月十日空海は、真言密教の僧侶のために、修学すべき経《きょう》・律《りつ》・論《ろん》の書を定めた『真言宗所学経律《しんごんしゅうしょがくきょうりつ》論目録《ろんもくろく》』を上進している。

翌年の天長元年（八二四）六月には、造東寺《ぞうとうじ》の別当に補せられ、翌年の四月には講堂の建立に着手し、完成後、堂内に密教経軌に基づき立体曼荼羅《りったいまんだら》を安置している。また、天長三年（八二六）三月二日、東大寺において三宝に供養し、同月二十六日には、少僧都《しょうそうず》に任ぜられて僧綱《そうごう》（僧尼を管理する僧官）に名を連ねている。そして、同年十一月には、東寺にて五重塔の建立に着手しているが、その完成は空海入定《にゅうじょう》後の元慶元年（八七七）のことであった。

綜藝種智院《しゅげいしゅちいん》・高野山《こうやさん》

天長五年（八二八）年十二月十五日、かねてから親交のあった前中納言《さきのちゅうなごん》藤原《ふじわらの》三《み》守《もり》から土地と建物との寄進を受け、日本最初の庶民のための私立学校である綜藝種《しゅげいしゅ》智院《ちいん》創立の宣言（「綜藝種智院の式」）をしている。その設立開校の精神は、校名にあるように、仏道に限ることなく、総合的な教育を目指すものであり、学ぶ場所（処）と学ぶべき教え（法）と教える師（師）と学生が学ぶことのできる状況（資）の四条件をもって民衆を利することを理想とした。実際、多くの寄進に支えられ、学

高野山を開く　『高野大師行状図絵』

生の衣食住は完全給付であった。しかし残念なことに、空海入定後の承和十四年（八四七）、伝法会《でんぽうえ》の運営費捻出のため、綜藝種智院は売却されて閉校となっている。

その一方、高野山上での伽藍の建立整備は遅々として進まず、天長九年（八三二）八月、ようやく一部の伽藍が完成し、高野山で最初の法要となる万灯万華会《まんどうまんげえ》を修している。その願文《がんもん》に「虚空尽《こくうつ》き、衆生《しゅじょう》尽き、涅槃《ねはん》尽きなば、我《わ》が願いも尽きなん」（『性霊集』巻八）と、衆生済度《しゅじょうさいど》の誓いを心から吐露《とろ》したのは、齢《よわい》五十九のときのことであった。

ただ、空海の総合計画にあった仏塔二基などの完成は、空海入定後のこととなる。

生き続ける空海

弟子への付法《ふほう》

弘仁から天長年間（八一〇〜八三四）にかけて、諸々の事業に着手し、順次完遂していく空海であったが、もう一つの柱である、真言密教の担い手となる人材の育成も怠りなく進めている。

天長年間の初めごろから晩年にかけて、順次、弟子たちに対して付法《ふほう》を行い、なかでも泰範《たいはん》・実慧《じちえ》・杲隣《ごうりん》・円明《えんみょう》（生年不詳〜八五一）・道雄《どうゆう》（生年不詳〜八五一）・真《しん》済《ぜい》・真雅《しんが》（八〇一〜八七九）・真然《しんぜん》（八〇四〜八九一）・真如法親王《しんにょほうしんのう》（生没年不詳）・忠《ちゅう》延《えん》（生没年不詳）の、後にいわゆる十大弟子と称される者ほかに対し、両部阿闍梨《りょうぶあじゃり》

弟子への付法
『高野大師行状図絵』

位《い》の印信《いんしん》や両部の秘印などを授けている。そのようななかで、天長二年（八二五）五月十四日、空海の甥の智泉《ちせん》が高野山《こうやさん》東南院にて入寂《にゅうじゃく》したことは、空海にとって痛恨の極みであり、その胸中を「亡弟子智泉が為の達嚫文《たっしんもん》」（『性霊集』巻八）で吐露している。

さて、承和元年（八三四）十二月には、毎年一月に宮中で行われている鎮護国家の法会である最勝会《さいしょうえ》とともに、密教による鎮護国家の法会を行うことを願い、宮中の真言院で後七日御修法《ごしちにちみしゅほう》を行う勅許を得、承和二年（八三五）一月八日から七日間、初めて修し、以後、毎年恒例となった。その後、現在でも東寺に道場を移して修せられている。さらに一月二十二日には、真言宗の年分度者三名を申請し、これを許されている。翌二月には金剛峯寺《こんごうぶじ》が官寺に準ずる定額寺《じょうがくじ》と定められている。

入定《にゅうじょう》

承和二年（八三五）の一月から体調を崩していた空海は、三月十五日、弟子たちに遺誡《ゆいかい》を与え、さらに入定《にゅうじょう》の日時までも予告した。それから間もない三月二十一日午前四時ころ、高野山にて入定した。六十二年の生涯であった。またこのとき、朝廷からは使者が遣わされ、仁明《にんみょう》天皇より喪料が、淳和《じゅんな》上皇からは弔辞が贈られている。

その後、東寺《とうじ》は実慧が、高野山金剛峯寺《こんごうぶじ》は真然が二世となり、空海の法灯を受け

入定
『高野大師行状図絵』

継いでいる。空海入定後の延喜二十一年（九二一）十月二十七日、般若寺《はんにゃじ》の観賢《かんげん》（八五三〜九二五）の奏表《そうひょう》をもって、醍醐《だいご》天皇より「弘法大師《こうぼうだいし》」の諡号《しごう》を賜っている。

今も息づく大師信仰

この醍醐天皇と観賢とをめぐっては、次のような伝承がある。

ある晩、醍醐天皇の夢枕に空海が立ち現れ、「たかの山　むすぶ庵《いおり》に　袖朽《そでく》ちて苔《こけ》の下にぞ　有明《ありあけ》の月」と、歌を詠んだ。

これに驚いた天皇は、ただちに檜皮《ひわだ》色の僧衣を用意し観賢に託した。観賢は僧衣を持って高野に登り、御廟を開けたが霧がかかって大師の姿が見えない。そこで一心に祈ったところ、霧が晴れて姿が現れたが、その姿はまさに歌のとおりであり、天皇より拝領した僧衣に替えてさし上げた。

このとき、観賢に帯同していた弟子の淳祐《しゅんゆう》（八九〇〜九五三）には、残念なことに大師の姿が見えなかった。そこで観賢は淳祐の手をとり、大師の膝に触れさせると、淳祐の手にかぐわしい香りが移り、その移り香《が》は終生消えることがなかったという。また、髪の毛が伸び放題となっていたので、観賢は慎重に剃ってさし上げ、「淳祐でさえお姿を見ることができなかったのであるから、他の者も同様に見ることができず、大師の御入定を疑う者が現れかねない」と考え、御廟を厳重に封印したと伝えられている。

弘法大師空海は高野の地にとどまり、衆生《しゅじょう》を済度《さいど》し続けているという。今もなお

江戸時代の高野山奥の院
『紀伊国名所図会』

大師信仰が息づいているのである。

（小林靖典）

参考文献

高木訷元『空海――生涯とその周辺』吉川弘文館、一九九七年
頼富本宏『空海と密教』ＰＨＰ新書、二〇〇二年
武内孝善『弘法大師空海の研究』吉川弘文館、二〇〇六年

空海の思想

密教の教義と空海

大乗仏教《だいじょうぶっきょう》から密教へ

空海の思想の基盤は密教であり、密教の理解なくしては空海教学の体系を論ずることはできない。逆に、密教を知ることは空海の思想の特徴を浮かび上がらせることになり、空海の理解につながるものと考えられる。しかし、実際に密教を語ることは、そう簡単ではない。密教は初期密教から後期密教まで含めると、歴史的にも内容的にも多岐にわたるので、すべてを論ずることは困難である。密教は多様な要素を持っているため、様々な受けとめ方があり、曲解されて受けとめられている現実もある。たとえば密教も後期に至ると、修行方法に生理的なことまで含むようになり、ついには性的な行法を取り入れた左道《さどう》密教まで現れるようになる。日本密教においても左道密教の経軌《きょうき》の漢訳の一部は伝えられており、実際に立川流《たちかわりゅう》なる一派も出てくるが、少なくとも空海の密教には採用されていないことを付しておく。

そこで本章では、密教に対する誤解を避ける意味もあり、ただちに空海の密教教学そのものを論ずるのではなく、空海がよりどころとした密教とはどのような存在なのか、ほかの仏教とはどのように違うのか、といった基本的な問題から述べておきたい。

最初の問題は密教の位置づけである。つまり密教は大乗仏教《だいじょうぶっきょう》なのか、それとも大乗仏教とは別と見るべきなのか、という最も基本的な問題から述べなくてはならない。具体的にいえば、密教を後期の大乗仏教ととらえ、大乗仏教の発展系と考えるのか。あるいは大乗仏教とは質的に異なるもので、大乗にはない新たな問題提起をして興起した仏教運動ととらえるのか、である。この問題は、仏教史のなかで密教をどう位置づけるのか、という根本的な問いであり、避けることはできない。

結論を先に述べれば、密教は大乗仏教の延長線上にあるのではなく、大乗仏教を反省した上で興起した新たな仏教運動の展開とするべきである。なぜなら密教は、大乗仏教とは根本的に異なる新たな視座を持っているからこそ、密教独自の思想や活動が展開されたと考えるほうが自然だからである。大乗仏教と密教の視座の相違が何を意味するのか、この基本問題の認識が正しくなされなければ、密教を正確にとらえることは難しい。とすれば、密教と大乗仏教の基本的な視座の相違はどこにあるのか、という点から話を進めなければならない。

釈尊《しゃくそん》の教えを車輪にたとえて「法輪」といい、その大きな変革運動を「転法輪《てんぼうりん》」という。密教を新たな仏教運動の展開と見れば、それは旧来の仏教に対して大乗仏教が第二の「転法輪」を掲げたように、密教にも同じく転法輪の意識がなければならない。そうでないとすれば、密教は大乗仏教を単に継承しているだけ、となってしまう。密教が大きな変革を起こそうとしたことは、大乗仏教が『般若経《はんにゃきょう》』や『法華経《ほけきょう》』などの大乗経典を掲げ、これを旗標《はたじるし》として運動を展開したことと同じ思いを持っていることなのである。密教が大乗経典とは別個の視点をもって制作した、『大日経《だいにちきょう》』や『金剛頂経《こんごうちょうぎょう》』などの密教経典を旗標として掲げたことから見ても、密教が転法輪の意識を持っていたことは明白である。

いうまでもないが、仏教が今日このように存在していることは、釈尊の初転法輪《しょてんぼうりん》を起点として、その後の仏教徒のたゆまぬ法輪の営みであり、その積み重ねの結果である。その法輪の倦《う》むことのない歩みのなかで、特に大きな変革をもたらしたときがある。その大変革を「転法輪」と呼び、具体的には三つの転法輪が考えられる。まずは釈尊によって初めて法が説かれた「初転法輪」（紀元前五世紀ころ)、次が『般若経』で宣言された第二の転法輪（紀元前後ころ）であり、これが大乗仏教運動であり後世にも大きな影響を与えた。そして最後が密教による第三の転法輪（七世紀ころ）であると理解できる。

転法輪についてのこれまでの説によれば、釈尊による初めての仏教開示を初転法輪、次の『般若経』を掲げて展開した大乗仏教運動を第二として、これを照法輪《しょうほうりん》と呼んだ。さらに『解深密経《げじんみっきょう》』*の教範を第三とし、これを持法輪《じほうりん》と称した。伝統的にはこの初転法輪・照法輪・持法輪を三法輪とするのだが、この三法輪のなかに密教が加わっていない。その理由としては、持法輪を掲げた玄奘三蔵《げんじょうさんぞう》の時代には、

＊玄奘（六〇二～六六四）が訳した唯識派の経典の一つで、西暦三〇〇年ころに成立した。

確立した教理体系を持つ密教が、まだ認識されていなかったことがある。しかし現代は密教を含めた仏教史を概観できる。その認識に立ち、また転法輪の意義と密教の存在とを考え合わせると、密教をあえて第三の転法輪としてもよいと考える。

初転法輪をなした釈尊が入滅《にゅうめつ》した後は、仏教の法灯は仏弟子である声聞《しょうもん》*に継承され、アビダルマ*仏教として形作られた。いわゆる小乗仏教《しょうじょうぶっきょう》と称される教団である。声聞は釈尊の法灯を遵守《じゅんしゅ》するため、経・律・論の三蔵《さんぞう》*を作り、仏・法・僧の三宝《さんぼう》を旗標とし、教団中心の仏教組織を作り上げた。ここに釈尊の教えを誤りなく伝承しようとした声聞たちの努力によって、仏教の基盤が確立したのである。経論の制作が釈尊の滅後になされるべき重要な仕事であるだけに、それに専念せざるを得ず、結果的に出家者の比重が多くなった。どうしてもアビダルマ仏教は、阿羅漢果《あらかんか》*を目指す出家者が中心となってしまうのである。釈尊の教えを継承する念が強いだけに、声聞によって維持された仏教は、僧院を中心とした出家者仏教の枠内を越えられなかったのである。

このアビダルマ仏教の枠を打破し、新たな仏教運動を展開したのが、『般若経』などの大乗経典を掲げて興起した大乗仏教であった。彼らは僧院に籠もり仏教を護るのではなく、積極的に社会と関わりを持ち、教えを広める行動を選択した。すなわち大乗仏教は利他《りた》*を旗標とし、衆生《しゅじょう》救済を目指し、出家・在家がともに歩む運動を展開したのである。その実践活動を担う働きをなした人々を、声聞ではなく菩薩と呼んだのである。社会に眼を向けた菩薩行の実践により、大乗仏教が広く社会

*悟りを得ることに専念することから、大乗仏教では、彼らを小乗と呼んだ。

*釈尊の説いた法を研究することや、その論書。

*規則・規範をまとめた律蔵、釈尊の教えをまとめた経蔵、それらの解釈を集成した論蔵などを合わせた、仏典の総称。

*原始仏教や部派仏教での四向四果と呼ばれる修行の最上位。もはや学ぶべきことがなく、今生の終わりに悟りに至るという位。

*他の人々を救済し、他の福利を図ること。

に支持されることとなり、仏教は世界宗教となり得るまでに成長した。そして大乗仏教は独自の仏教教理体系を構築し、盤石な大乗仏教組織を作り上げたのである。

このように、大乗仏教は第二の転法輪を展開し、菩薩行による新たな仏教運動を展開していった。菩薩行とは「あえて悟らず人々のために尽くすことを誓願とする」という理念に基づいた実践であり、悟りを得ることよりは利他行《りたぎょう》を第一義としたのである。

悟りを目指す密教

密教は、大乗仏教の利他の精神を中核に据えながら、大乗の転法輪とは別の独自の転法輪を試みている。もとより密教は、アビダルマ仏教や大乗仏教を否定するものではなく、その運動の意義と価値を評価した上で新たな展開を示した。いいかえれば、大乗仏教の利他の精神を尊重しながらも、大乗菩薩行の限界を越えるべく、悟りを目指す方向を強く打ち出したのである。空海のいう即身成仏《そくしんじょうぶつ》思想*がそれである。

仏教が今日あるのは、釈尊が「甚深《じんじん》の法を得たこと」と「法輪を転じたこと」、その二つの事実が原点となっている。釈尊が甚深の法を悟らなければ仏教の教えは存在しないし、釈尊が教えを説かなければだれもその恩恵に浴することができない。釈尊の菩提樹下で得た宗教体験と、その後の教えの公開が仏教存続の根源なのである。

＊大乗仏教では三劫という永遠に近い時間が必要とされる成仏を、密教では修行によって現世においても可能であるとした。90ページ参照。

しかしその悟りを得るためになすべきことと衆生救済の行動とは、目的とするものがまったく異なる。つまり悟りを得る方向は自らの精神を磨き高める修行が必須で、それを可能にするには出家者としての厳しい姿勢が要求される。逆に教えの公開を重視した利他教化を優先すれば、「甚深の法」の獲得は難しくなる。大乗仏教は利他を旗標とする後者を選択し、現象世界における衆生救済活動を本旨としたのである。「あえて悟らない」との菩薩の誓願は、そのことを如実に物語っている。

これに対して密教は、利他の精神は確保しつつ、その上で悟りの獲得を第一に目指した。もとより悟りの獲得は自分のためではなく、より深い宗教体験に基づいた衆生救済活動を行うためである。すなわち自利利他円満の可能性を志向し、その上で大乗菩薩道との差別化をはかったのである。釈尊が仏陀《ぶっだ》*と呼ばれるのは、甚深の法を獲得したからである。その経験があるからこそ、その教えに重みと価値がある。声聞も菩薩もあくまでも仏陀の継承者ではあるが、彼らは甚深の法を得るには至っていない。密教は甚深なる釈尊の体験を得ることを願い、その境界を「秘密」と表現して密教の転法輪の根源に据えたのである。

密教とは秘密仏教のことであり、秘密の世界は奥深く、釈尊のみが実体験できた甚深の境地である。それゆえに「秘密」なのである。密教は、その秘密の世界の体験は可能であるとし、その獲得を目標にした修行法を経典に示した。いいかえれば、その修行は菩提樹下での釈尊の悟りの追体験を目指すことであり、そのための実践方法である。密教経典はそれを教示したものであり、それを体系的に説示したのが

*目覚めた人。覚者。釈尊や釈尊以前に出現した過去七仏などをいう。

この後に紹介する『大日経』と『金剛頂経』である。そして空海は、この二つの密教経典をもとに、即身成仏論を展開し、秘密の体験こそが密教の神髄であることを提示したのである。

空海以前の密教

密教は、空海が唐より帰朝して、初めて日本に伝えたのではない。密教と称されるものは、それ以前つまり奈良時代には日本に入っていたのである。しかし奈良時代に伝わった密教は、空海の密教のような教学体系が整っていなかった。もとより奈良時代の仏教の主流は密教ではなく、東大寺《とうだいじ》や興福寺《こうふくじ》などに代表される南都六《なんとろく》宗《しゅう》と呼ばれる仏教であった。南都の仏教はいわゆる小乗仏教も大乗仏教も含む。この時代は日本が仏教を積極的に取り入れたときであるから、南都の僧たちは仏教経典の整理や教義の理解を深める「学問仏教」を主たる仕事としていた。それゆえ、衆生救済といった宗教活動にはそれほど力を注ぐ余裕がなかったともいえる。だからといって、奈良の官僧たちが宗教活動に目を向けなかったのではない。ただ、一部の僧たちも、ときには寺を出て宗教活動を行っていたが数は少なく、宗教者としての実践をしていた僧侶は雑密《ぞうみつ》と呼ばれる山岳修行者《さんがくしゅぎょうしゃ》であった。

山岳修行者の目的は、山岳を跋渉《ばっしょう》し陀羅尼《だらに》を唱えるなどの修行を行うことで、宗教的呪力《じゅりょく》を身につけることであった。その山岳修行者が呪力を身につけるために行う代表的な行法が、「虚空蔵求聞持法《こくうぞうぐもんじほう》」である。これは、虚空蔵菩薩の真言を一日一万回唱え、それを百日間続けるもので、全部で百万回唱え続ける激しい行である。求聞持法は空海も経験したことがある行法であり、山岳修行者はこのような修行を実践することで、宗教的呪力をそなえ霊力を得て、その力を人々が望む現世利益《げんぜりやく》にふり向けたのである。つまり修行者は、修行で身につけた宗教的呪力をもって、人々に治病や除災招福《じょさいしょうふく》などの現世利益を祈ったのである。

このように、奈良時代の密教は宗教活動として有効に機能したのであるが、空海密教とは質的に異なっていた。つまり山岳修行者の段階では、密教の教義は手探りの段階で、体系的な密教教学に眼を向けるまでには至っていなかった。換言すれば、自己の内奥《ないおう》を深く考察し、いかにしたら秘密の境界に至ることができるか、といった密教の神髄に触れるには、空海の出現を待たねばならないのである。

密教経典

経典というものは仏陀《ぶっだ》の教えを記したものであるから、どれも基本的には同じと思いがちである。しかし内容的にはそれぞれ異なっており、たとえば大乗経典と密教経典では編纂《へんさん》された意図や目的がまったく違っているし、形式も異なっている。大乗経典は利他を旗標とするので、社会に発信する姿勢が明確である。逆に密教経典はいかにしたら成仏ができるかが目的であるので、修行を優先することから自利《じり》行的《ぎょう》になる。

成仏することを意図して作られた密教経典は、膨大な経典群を生み出したが、全体構想を持って体系的な教義と修行方法を説示したものは『大日経《だいにちきょう》』と『金剛頂経《こんごうちょうぎょう》』である。密教経典といえば、この二大経典が最も重要であり「両部《りょうぶ》の大経《だいきょう》」といわれている。このほか読誦《どくじゅ》経典として『理趣経《りしゅきょう》』がある。もちろん空海もこれらの経典を最重視し、これらの経典を基盤にして真言教学を作り上げたのである。次にこの三経を紹介しておきたい。

『大日経《だいにちきょう》』

『大日経《だいにちきょう》』の正式名は『大毘盧舎那成仏神変加持経《だいびるしゃなじょうぶつしんぺんかじきょう》』という。経の構成は七巻三十六品《ほん》からなっているが、最後の第七巻五品は別個の「供養次第法」と見られている。経名が示しているように、本経は大毘盧舎那如来*が自ら成仏した内容を神変《しんぺん》加持《かじ》して経として著したものである。大乗経典では如来は黙して語らず、菩薩などの介在者が代わりに説法する形式なのだが、『大日経』は法身*《ほっしん》の大日如来《だいにちにょらい》自らが説法する形をとっている。

本経の特徴は、第一章「住心品《じゅうしんぼん》」において教理的・思想的な説示がなされ、第二「具縁品《ぐえんぼん》」以下の章で曼荼羅《まんだら》・灌頂《かんじょう》・真言《しんごん》・印契《いんげい》などを用いた密教独自の修行論が展開されている。『大日経』は、執金剛秘密主《しゅうこんごうひみつしゅ》が質問し、大日如来がこれに応ずる対話形式で仏の内証《ないしょう》が語られる設定となっている。すなわち法身大日如来は甚深《じんじん》の法そのものであるから、『大日経』の所説はまさに悟りの内証の顕現なのである。

＊大日如来と同体とされる。

＊仏の真理そのもの、あるいはそれを身体とするもの。

「住心品」では「一切智智を獲得するための教理・理論」を様々な角度から説示しているが、その根幹となる教義は「菩提心《ぼだいしん》を因《いん》とし、大悲《だいひ》を根《こん》とし、方便《ほうべん》を究竟《くきょう》とする」との言葉にあり、これを「三句《さんぐ》の法門《ほうもん》」という。住心品ではこの三句の法門の実践が、大日如来の智慧《ちえ》である一切智智の獲得につながることを説いている。本経が大乗仏教的といわれるのは、菩提心・大悲・方便という大乗思想に点在する重要概念を的確にまとめ、大乗的あり方を踏まえて説いていることにある。この三句の法門をいかに体得できるかが真言行者の課題であり、そのためには曼荼羅行《まんだらぎょう》*の実践が必要であると『大日経』は説示するのである。

　本経が密教経典として位置づけられるのは、悟りを成就するためになすべき曼荼羅行、すなわち「三密瑜伽行《さんみつゆがぎょう》」が明確に具体化されて説かれていることである。三とは身《しん》（行為）・口《く》（言葉）・意《い》（心）のことで、私たちの動きのすべてを指している。人間の身・口・意の働きを三業《さんごう》といい、その三業が、すべて仏と一体となったとき三密《さんみつ》という。三密を得るための修行方法を顕著に提示しているのが、「住心品」の次に説示されている「具縁品」以下の章である。「具縁品」では三密瑜伽のために必須の曼荼羅が説かれ、続いてそれに基づく実践体系が詳説されている。すなわち教主大日如来の教示された自内証《じないしょう》*の境地は、三密瑜伽行を修する修行者が目指すものであり、それが胎蔵《たいぞう》曼荼羅として表現されているのである。

＊93ページ参照。

＊自らの心で悟ること。

『金剛頂経《こんごうちょうぎょう》』

『金剛頂経《こんごうちょうぎょう》』の正式名は『金剛頂一切如来真実摂大乗現証大教王経《こんごうちょういっさいにょらいしんじつしょうだいじょうげんしょうだいきょうおうきょう》』である。略して『金剛頂大教王経《こんごうちょうだいきょうおうぎょう》』あるいは『三巻教王経《さんかんきょうおうきょう》』などともいう。単に『金剛頂経』というと、「十八種ある金剛頂経経典群」の総称を指す場合と、十八会《じゅうはちえ》の初会《しょえ》にあたる『教王経』を『金剛頂経』と呼ぶ場合がある。ここでは前者をさす。

『金剛頂経』の特徴は、釈尊が菩提樹下で甚深の法を得た事実に即した成仏の過程に焦点があてられていることである。経典の説示は、「一切義成就菩薩《いっさいぎじょうじゅぼさつ》が如来から悟りを獲得するための修行方法を教授され、それを実践成就したことで金剛界如来《こんごうかいにょらい》となった」という構想で話が進んでいく。一切義成就菩薩とはゴータマシッダールタに擬した名称であり、修行の結果に金剛界如来となったことは、シッダールタがブッダと名を変えたことに重ね合わされている。すなわち『金剛頂経』は大日如来が悟りの世界を衆生に示すため、「自らを一切義成就菩薩として顕現《けんげん》し修行して金剛界如来となった」とし、その状況を次のように説示している。概略を述べておきたい。

そのとき、一切如来はことごとく雲集し、一切義成就菩薩摩訶薩《まかさつ》*が菩提道場に座しているところへ近づき、菩薩の前に姿を現し次のように言った。

善男子よ、あなたがいかなる難行に耐えたとしても、無上菩提を証することはできない。なぜならあなたは一切如来の真実を知らないで、ただ諸の苦行を忍んでいるのみであるから……。

＊「摩訶薩」は「偉大な」の意味の尊称。

その言葉を聞いて一切義成就菩薩摩訶薩は、一切如来の驚覚《きょうがく》によってはっと我れにかえり、苦行をやめ一切如来に礼拝して申し上げた。
世尊如来よ、我れに教示したまえ。いかなる修行をし、いかなる真実を求めたら悟ることができるのでしょうか。

このようなやりとりの後、一切如来は悟りに至る最高の修行方法として「五相《ごそう》成身観《じょうじんがん》」を示したのである。五相成身観とは、五相にわたって仏身を真言行者の身体に一体化させ、悟りを顕現させる修行方法である。五相とは真言行者の修行が高まり完成するまでの五つの心の変化であり、具体的には「通達菩提心《つうだつぼだいしん》・修金《しゅうこん》剛心《ごうしん》・成《じょう》金剛心・証《しょう》金剛身・仏身円満《ぶっしんえんまん》」である。

このうち通達菩提心とは、「オン　シッタハラチベイトウ　キャロミ」という真言を唱え、自らの心を洞察し、そこに月輪《がちりん》を見る。修金剛心は「オン　ボウチシッタボダハダヤミ」という真言を唱えて、月輪を観じて菩提心を起こす。成金剛心は「オン　チシュタ　バザラ」という真言を唱え、月輪上に金剛杵《こんごうしょ》を観じ菩提心を堅固にする。証金剛身は「オン　バザラ　タマクマン」という真言を唱えて、月輪上の金剛杵が一切如来の智慧の象徴であり、それがそのまま自心であると確信する。仏身円満は「オン　ヤタ　サラバタタギャタタサ　タタカン」という真言を唱えて、これらの瑜伽観法《ゆがかんぼう》により悟りを成就する。

『金剛頂経』は、この五相成身観を成就したことで、一切義成就菩薩は仏となることができて金剛界如来と称せられる、とするのである。もちろん五相成身観を完全になすためには、行法の修練が大前提であることはいうまでもない。

『理趣経《りしゅきょう》』

不空《ふくう》訳の『理趣経《りしゅきょう》』（『般若理趣経《はんにゃりしゅきょう》』）の正式名は、『大楽金剛不空真実三摩耶経《たいらきんこうふこうしんじつさんまやけい》般《はん》若波羅蜜多理趣品《にゃはらみたりしゅぼん》』という。漢訳だけでも七種あるが、それはこの経典が幅広く支持され読誦《どくじゅ》されていたことを示している。七訳のなかで最初に漢訳された『般若理《はんにゃり》趣分《しゅぶん》』は『大般若経』六百巻の第十会に配され、この時点では『般若経』と見なされていた。しかし『般若理趣分』は玄奘《げんじょう》が初めて漢訳したもので、『般若経』としてはかなり遅い成立である。そして正当な『般若経』と比較しても、内容と形式にかなり異質な面がある。たとえば『般若経』の説処は霊鷲山《りょうじゅせん》＊などの釈尊が実際に説法した場所であるのに対し、『般若理趣分』は他化自在天《たけじざいてん》という架空の場所となっている。そのほかにも異なる点があり、『理趣経』は、密教経典と見なしてよい。

『理趣経』はこの七訳の一つであるが、真言宗で読誦経典とする経典で、法要儀礼など日常的に最も利用している経典の一つである。『理趣経』の骨子は、大日如来が金剛手菩薩たちに示した「十七清浄句《じゅうしちしょうじょうく》」にある。十七清浄句とは、人間の一切の欲望を十七に集約して示したものである。大乗仏教では欲望は煩悩《ぼんのう》と見なして否定されるが、『理趣経』では欲望は肯定されるべきものとし、性欲でさえも菩薩の清浄な働きであると大胆に表明している。

人間は生命ある限りは、生きようとする活力・精力が根源としてなくてはならな

＊インドのビハール州中央にある山。釈迦が『無量寿経』や『法華経』を説いたとされる。

い。密教では、根源としての活力それ自体は、善でも悪でもない生命力としてなくてはならないものとする。生きんとする力が煩悩で汚染されれば悪となり、悟りに振り向けられれば善となるのである。欲それ自体は生命あるものはすべて持っているもので、生きるための原動力と考えるべきである。

菩薩の誓願は衆生救済のために立てられたものであり、当然ながら自欲のためではない。自欲でない欲は仏法にかなったものであるから、仏教ではこれを善法欲《ぜんぼうよく》あるいは大我《だいが》と称して積極的に認めている。自分の我にとらわれてしまえば我欲となり、衆生利益を願う欲は大我となるのである。『理趣経』における欲望が、男女の欲をたとえとしているので、性愛の欲望というところに焦点があるような誤解を生み出す原因となっている。しかし夫婦の愛・親子の愛・恋人の愛はどれも清浄であり、人として失ってはならない欲である。それゆえ、『理趣経』は現実社会に眼を向け、菩提に向かう欲は善法欲であるとし、現世を積極的に生きる力とするのである。

曼荼羅《まんだら》の意義

空海の教学の基盤は曼荼羅《まんだら》にある。サンスクリット語の曼荼羅の語意が「核心を有する」という意味を持つことからも察せられるように、形像《ぎょうぞう》曼荼羅は密教の悟りの内証の具象化である。曼荼羅の最大の特徴は、仏教経典のように文字で教えを示すのではなく、一切の日常言語を用いずして教えを表しているところにある。曼荼羅が仏・菩薩などの尊格や仏具などの形ある具象で描くのは、悟りの内実は日常言語では表現し尽くし得ないからである。密教ではその具象表現したものを幖幟《ひょうじ》という。幖幟とは漢字の意味は旗標であるが、密教では本誓《ほんせい》とする。本誓は諸尊の身《しん》・口《く》・意《い》の三密《さんみつ》の内証の現れであり、単なる表示ではない。幖幟されたものは、すべては仏・菩薩そのものなのである。それゆえ、曼荼羅に描かれた図像は単なる偶像ではなく、それぞれがそれぞれの真理の現れであり、それゆえ幖幟なのである。いいかえれば、曼荼羅は大日如来《だいにちにょらい》という悟りの当体とその働きが一つひとつの図像に表現されたものといえる。まさに曼荼羅は、大日如来の壮大な理念に基づく個別の教えの総合的表現なのである。

つまり曼荼羅は、眼に映らず言葉でも語れない悟りの実体を見据え、その世界を図像として幖幟したものである。その曼荼羅の理解のためには、古来より三つの視点を踏まえることが必要とされている。それが自性《じしょう》曼荼羅・観想《かんそう》曼荼羅・形像《ぎょうぞう》曼荼羅の三つである。

自性曼荼羅は、密教の悟りの世界の現出であるから姿や形で示すことができない。人間の思議を超えた世界であるため、深い三昧《さんまい》*に入らなければ見ることができないのである。観想曼荼羅とは、真言行者が自性曼荼羅と一体となることを目指し修行する、そのときに行者自身の心に描く曼荼羅である。そして形像曼荼羅とは、自性・観想の曼荼羅を幖幟し視覚化したもので、私たちが普通に思い浮かべる曼荼羅がこれである。私たちが密教の世界に触れるためには、この形像曼荼羅を介することが

＊精神を鎮めて対象に集中し、乱れない状態。

最も有効なのである。

四種曼荼羅《ししゅまんだら》

形像《ぎょうぞう》曼荼羅には四種《ししゅ》の形態があって、これを四種曼荼羅という。四種曼荼羅とは、大《だい》曼荼羅・三昧耶《さんまや》曼荼羅・法《ほう》曼荼羅・羯磨《かつま》曼荼羅のことで、真言宗では四種曼荼羅を大《だい》・三《さん》・法《ほう》・羯《かつ》と略称して呼んでいる。これら四種の形像曼荼羅は、大日如来《だいにちにょらい》の自在無礙《じざいむげ》なる営みである自性曼荼羅を標幟《ひょうじ》すべく、四種の視点から形像曼荼羅として具象化したものである。空海はこの四種曼荼羅を非常に重視し、自著『即身成《そくしんじょう》仏義《ぶつぎ》』で次のように述べている。

四種曼荼羅とは、一には大曼荼羅をいう。これは一々の仏・菩薩にそなわっている優れた特徴を尊形で示したもの、これが大曼荼羅である。またその形像を絵として描いたものも大曼荼羅と名づける。これは五相成身観《ごそうじょうじんがん》の修行をもって本尊と一体となったことを示したものであり、これを大智印《だいちいん》とも名づけるのである。二には三昧耶曼荼羅である。すなわち諸尊の持っている、刀剣・輪宝・金剛《こんごう》・蓮華などの類がこれである。またこれを描いたものも三昧耶形《さんまやぎょう》である。また両手をもって様々な印契《いんげい》を作るのも三昧耶形である。たとえば、金《こん》剛縛《ごうばく》*に結んだ印から、様々な印契を作り出すこと。これを三昧耶智印《さんまやちいん》と名づけるのである。三には法曼荼羅で、本尊の種子《しゅじ》や真言《しんごん》をいう。たとえばその種子

尊形（無量寿如来）
染川英輔画

三昧耶形（無量寿如来の蓮華）
染川英輔画

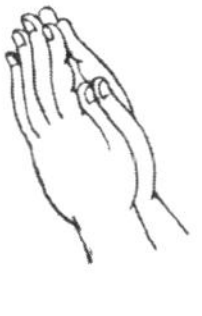

三昧耶形（無量寿如来の印契・蓮華合掌）
染川英輔画

*右手の指が上になるように両手指をからめた状態。

をそれぞれ諸尊に相当するところに書けば、それも法曼荼羅である。また悟りの状況を書き記したすべての経典や文章などは、みな法曼荼羅である。これを法智印《ほうちいん》ともいう。四には羯磨曼荼羅である。すなわち諸の仏・菩薩などの種々の活動する姿がこれである。またこれを鋳造したり、粘土でこねて造ったものも羯磨曼荼羅である。これを羯磨智印《かつまちいん》ともいう。

空海はこれらを、大曼荼羅は大智印、三昧耶曼荼羅は三昧耶智印、法曼荼羅は法智印、羯磨曼荼羅は羯磨智印と、それぞれに「智印」という呼称を付している。ここでいう印《いん》とは、いわゆる印を結ぶ印契のことではなく「印璽《いんじ》」すなわち印鑑のことである。たとえば国王の印璽が押してあるもの、それがあることは国王が存在しているのと同じ意味がある。そのように大日如来の現れである大智印は、大日如来そのものを標幟しているのである。すなわち大いなる智慧《ちえ》の印璽とは、まさに大日如来の智慧そのものなのである。

大曼荼羅《だいまんだら》

大曼荼羅は、以上の「三・法・羯」の曼荼羅の総合体である。大曼荼羅の大は様々な解釈がなされているが、実際に大曼荼羅といわれているものは、空海の指摘のように仏・菩薩などの諸尊の姿を描いている曼荼羅を指す。たとえば印を結び、あるいは法具を持つなどの、尊像で描かれている曼荼羅のことである。

大曼荼羅の大の解釈の代表的なものが、「六大《ろくだい》の曼荼羅」である。大とは一般に

種子（無量寿如来）
アン　サン

いう大きいという意味ではない。サンスクリットではダーツといい、漢訳では大のほかに種・界・性などの語が訳語としてあてられている。ダーツは多義を含む言葉であり、仏教では重要な意味を持っている。六大とは、地《ち》・水《すい》・火《か》・風《ふう》・空《くう》・識《しき》のことである。密教では私たちを含めた一切の現象を、これら六大の所成とする。すなわちこの宇宙のあらゆる存在は、突き詰めればすべてこの六大で成り立っているとするのである。ちなみに六大については、次のような理解がなされている。

地とは、堅さを本質とし、その働きは保持することである。
水とは、湿気であり、その働きは摂《あつ》めることである。
火とは、煖《あたた》かさを本質とし、その働きは成熟させることである。
風とは、動きであり、その働きは成長させることである。
空とは、無礙《むげ》であり、その働きは障《さわ》りがないことである。
識とは、心であり、その働きは認識である。

これら六大は、物質の構成要素といった分析的な観点からのみとらえれば、極めて無機的に感じられる。しかし現実には、一切の存在は「生生流転《せいせいるてん》」「有為《うい》転《てん》変《ぺん》」しており、そこには動きがある。ことに人間には心と心の働きがあるわけだから、人間も六大の所成とみれば、当然六大は有機的にとらえなくてはならない。密教は六大を「識」を有する存在とし、その六大の営みを「如来の活動する姿」ととらえ、これを大日如来と人格的に表現したのである。すなわち六大は宇宙の根源であり、全体相であり、そして現象世界の原動力であるとともに、大きな意思を有しているのである。私たちも大日如来も六大よりなっているのであるから、本質的には大日如来も私たちも同等なのである。換言すれば、六大の働きとしてこの世界のあり方をとらえることは、一切の現象はすべて縁起として展開しており、それがそのまま仏の営みそのものなのである。

空海はこの六大を重視し、『即身成仏義』において持論を展開している。*

*90ページ参照。

三昧耶曼荼羅《さんまやまんだら》

三昧耶とは、サンスクリットのサマヤの音写語で「本誓《ほんせい》」という意味である。本誓とは、如来や菩薩が衆生救済のために立てた誓願である。諸仏・菩薩の心の誓いを象徴的な形で表現したもの、それが幖幟であり三昧耶曼荼羅なのである。すなわち大曼荼羅が悟りの全体相を表したものなら、この三昧耶曼荼羅はその心の思いを示したものである。三昧耶曼荼羅が意密《いみつ》の曼荼羅といわれるのは、深い三昧に入り衆生救済の誓願の念を表したものだからである。実際の三昧耶曼荼羅の形像は、仏塔をはじめ仏・菩薩の持ち物である刀剣・輪宝・金剛杵《こんごうしょ》・蓮華などの法具、あるいは印契などで表現されている。なぜこのような表現が必要なのであろうか。

釈尊の入滅は、人々が人間としての釈尊に二度と見《まみ》えることができなくなったことを意味する。しかし釈尊を慕い救いを求める人々は、釈尊に代わる具体的な礼拝対象を望み仏塔信仰を生み出した。仏塔を礼拝する人々には、仏塔こそまさに釈尊そのものであった。彼らは仏塔やその周りの欄楯《らんじゅん》（石垣）などには蓮華・菩提樹・

法輪などの釈尊を象徴する様々なものを刻み、これも釈尊に見立てて礼拝した。そしてこれらには教義的な意味が加えられ、たとえば仏塔は釈尊そのものであり、蓮華・菩提樹などの具象は釈尊がそなえていた慈悲や智徳・福徳といった様々な仏徳を示したもの、と意義づけされるようになっていった。大乗仏教を信奉する人々は、こういった象徴的なものを姿を変えた釈尊と想い、これを礼拝供養することで釈尊の救済に与《あずか》ろうとしたのである。

密教が一般の大乗仏教と異なるところは、これらが仏の立場から示されていることである。たとえば初期大乗仏教の菩薩たちは、仏塔を礼拝して釈尊の再来を願ったが、それは自分たちの方から救済を求める行為であった。しかし三昧耶には逆の立場も加わる。すなわち大日如来が衆生救済のため、仏塔をはじめ金剛杵などの法具に誓願を込め様々な三昧耶形を示現した、如来の側からの働きかけという点と、修行者が三昧耶形となった尊格と一体となることを目指したことにある。これが三昧耶曼荼羅の存在意義であり、諸仏・菩薩の衆生利益の誓願の表現にほかならないのである。

法曼荼羅《ほうまんだら》

三昧耶曼荼羅が意密の曼荼羅とすれば、法曼荼羅は言葉で表現した曼荼羅、つまり語密《ごみつ》の曼荼羅ということができる。法という場合、仏教では様々な意味に用いる。たとえば、存在、仏陀《ぶっだ》の教え、悟りそのもの等々である。しかしこれらの法を記した経典などは、説明するだけでも膨大な量となる。これを一言で表現するには、日常言語ではとうてい不可能である。だれしも言葉のもどかしさ、むなしさを、肌で感じることも多々あるはずである。そこで真如《しんにょ》・真理を表すものとして考え出されたものが、日常言語を超えた言葉すなわち法曼荼羅なのである。法曼荼羅といえば、実際には「種字《しゅじ》」で表したいわゆる種字《しゅじ》曼荼羅をいう。種字曼荼羅とは、諸尊を一字の梵字《ぼんじ》で標幟したものである。

　種字は種子と書くのが本来である。なぜなら種子とはサンスクリットのビージャの訳で、植物の種を意味するからである。密教では、この種子に教学的意味を付して宗教的価値を与えた。すなわち種子には二つの意味があるという。一つは「含《がん》蔵《ぞう》」、もう一つは「出生《しゅっしょう》」である。植物の種子は、これから伸びてくる根や茎などのあらゆる要素を含み保つように、梵字の一字のなかに無量の功徳を含んでいるとし、これを「含蔵」といったのである。また、太陽の光に照らされ、雨の恵みを受けるなど、ほどよい縁《えん》によって種子から芽が出、根が広がり、葉が伸びてくる。このように、梵字の一字から仏の無量の功徳が出生するのである。それぞれの諸尊のサンスクリットの名称や真言などの頭文字をとって、その梵字で表記したことから種子をあえて種字とも書くのである。

　言葉とは、一般には何かを伝えるための日常言語を意味する。しかし如来の悟りの内容を伝えるためには、日常言語ではその本質を語ることは難しい。というよりむしろ、多くの言葉を駆使すればするほど真実から遠ざかることにもなる。議論の

種字曼荼羅
小峰智行筆

ための議論、説明のための説明は何万語費したとしてもむなしいものである。だからといって私たちは言葉の世界に存在する限り、また仏が法を説いた以上、言葉は避けることができない重要な働きを持つので、言葉での表現は重要である。それゆえ、密教は法曼荼羅を登場させ、聖語である梵字の種字で表すことで、日常言語を超えた内容を含む言語として、これを位置づけたのである。空海はこれを「法曼荼羅とは本尊の種子・真言なり」と述べ、種字のみならず真言や陀羅尼《だらに》といった祈りの言葉も法曼荼羅であるとするのである。

種字や真言は、まさに仏の金口《こんく》そのものである。大乗仏教においても人々は金口を記した経あるいは陀羅尼を読誦《どくじゅ》し、仏の救いを願った。種字はこれらを一点に集約したものである。それゆえこの種字のたった一字のなかに、百千万という無量の言葉が込められているのである。

羯磨曼荼羅《かつままんだら》

三昧耶曼荼羅が意密、法曼荼羅が語密を表した曼荼羅とすれば、羯磨曼荼羅は身《しん》密《みつ》、すなわち如来の行為を表現した曼荼羅といえる。羯磨とはサンスクリットのカルマンの音写語で、業《ごう》とか作業《さごう》などと訳され「行為」を意味する言葉である。動くこともできないように疲れているときなど、黙って席を譲ってくれる人の行為は言葉以上に嬉しいものである。そういった行為の大切さを示したものが羯磨曼荼羅である。ここでいう行為とは一人の人間ではなく、宇宙の一切の動きをいう。密教的にいえば、大日如来の威儀事業なのである。すなわち羯磨曼荼羅は、様々な仏・菩薩の動きや働きを表現したものであり、それはそのまま衆生利益のための行為を示しているのである。

空海も述べているように、具体的には羯磨曼荼羅は木像・鋳像《ちゅう》・塑像《そ》など立体的に造られたものをいうが、それはこれらは動きを強調することがしやすいからである。たとえば東寺《とうじ》の講堂に祀られる二十一体の彫像群は*、羯磨曼荼羅の代表といわれている。あるいはボロブドゥールの仏教遺跡も、金剛界の羯磨曼荼羅であるとの指摘もある。このように立体的に造られたものは動きを表現しやすいが、平面的な図絵でこれを表そうとする場合は難しい。特に羯磨曼荼羅と大曼荼羅との区別は、一目見ただけではわかりにくいものである。それゆえ実際に羯磨曼荼羅と称されるものは、動きを強調した象徴を描くなど、何らかの工夫がなされているのである。なお、東寺の講堂に荘厳《しょうごん》されている羯磨曼荼羅は、『仁王経《にんのうきょう》』と『金剛頂経《こんごうちょうぎょう》』に基づいたものである。

人間の行為行動は二種に大別できる。一つは自利行《じりぎょう》であり、もう一つは利他行《りたぎょう》である。いずれにしてもこれらの行為は、大悲《だいひ》に基づかねばならないことはいうまでもない。この自利・利他円満が大乗仏教の精神であり、普賢《ふげん》菩薩や文殊《もんじゅ》菩薩などがこれを実践する理想の菩薩として掲げられ、真の菩薩行が提示された。これを密教的に表現すると、私たちの行為が大日如来の威儀事業と結びついたとき、本当の羯磨曼荼羅が示現されたことになるのである。

＊口絵「東寺講堂の立体曼荼羅」参照。

曼荼羅《まんだら》の種々相

曼荼羅《まんだら》の四種の表現については、以上述べたとおりであり、大・三・法・羯などの視点から様々な形像《ぎょうぞう》曼荼羅が形づくられたのである。そして曼荼羅は密教に限ることなく、顕教《けんぎょう》にも大きな影響を与えている。日本では密教はもとより、ほかにも様々な形像曼荼羅が制作されていくのである。それらを整理すれば次のように四種に分類できる。

①両部《りょうぶ》曼荼羅　②別尊《べっそん》曼荼羅　③浄土《じょうど》曼荼羅　④垂迹《すいじゃく》曼荼羅

このうち「両部曼荼羅」は密教が最も重要とする曼荼羅で、空海が恵果阿闍梨《けいかあじゃり》から授かり、初めて日本に請来《しょうらい》した、形像曼荼羅の基本となるものである。両部曼荼羅は大日如来《だいにちにょらい》を中心に据え、その働きを諸尊で表現したものである。密教の教理を体系的に示しているので、「都会《とえ》曼荼羅」（都《すべ》てを会《え》している曼荼羅）ともいう。密教の教えを体系的に図絵で示した曼荼羅は、この胎蔵《たいぞう》曼荼羅と金剛界《こんごうかい》曼荼羅の二つが代表である。この二つを両部曼荼羅あるいは両界《りょうかい》曼荼羅といい、特に空海が請来したものを「現図《げんず》曼荼羅」という。真言宗の本堂などに荘厳されているのは、この現図曼荼羅である。胎蔵曼荼羅は「理《り》の曼荼羅」と呼ばれ、金剛界曼荼羅は「智《ち》の曼荼羅」と称されている。

次の別尊曼荼羅は、大日如来以外の尊格を中心に構成された曼荼羅である。真言行者は人々の病気平癒・息災《そくさい》・安産などの願いの成就のため祈り、修法《しゅほう》する。その本尊として祀る曼荼羅である。現世利益《げんぜりやく》を施すことを目的としたものである。

浄土曼荼羅は、浄土教でいう極楽浄土の世界を描いた曼荼羅である。当麻《たいま》曼荼羅や智光《ちこう》曼荼羅が有名である。そして最後の垂迹曼荼羅は、仏教だけの世界ではなく、神と仏が融合した世界を描いた曼荼羅である。熊野《くまの》曼荼羅・春日《かすが》曼荼羅・日吉山王《ひえさんのう》曼荼羅・白山《はくさん》曼荼羅などが有名である。神仏融合の信仰は明治初年の神仏分離令が施行される前まで、当然のように日本人に受け入れられていた。その神仏融合思想の要となっていたのが、曼荼羅理論なのである。垂迹曼荼羅の存在は、密教と神信仰のつながりを見る上で貴重な資料といえる。

胎蔵曼荼羅《たいぞうまんだら》

胎蔵曼荼羅の名称は、正しくは「大悲胎蔵生曼荼羅《だいひたいぞうしょうまんだら》」という。胎蔵とは、女性が胎内に生命を宿し成長を見守っている、その様相に重ね合わせた名称である。いいかえれば、母親は自分の胎内に授かった生命を大悲心をもって接し育み、十月十日後に生み出すまで大切に養育する。この名称からだけでも、胎蔵曼荼羅は大悲の理念を基盤にしていることがわかる。つまり私たちは、大日如来という存在に包含され生かされているのだが、胎内の子どもと同様に現状はだれもそれに気づかずにいる。その者たちの教導のために、大悲心をもって曼荼羅をこの世に示現したのである。生まれ出た子どもが一人前の成人となり社会に貢献することを願うように、

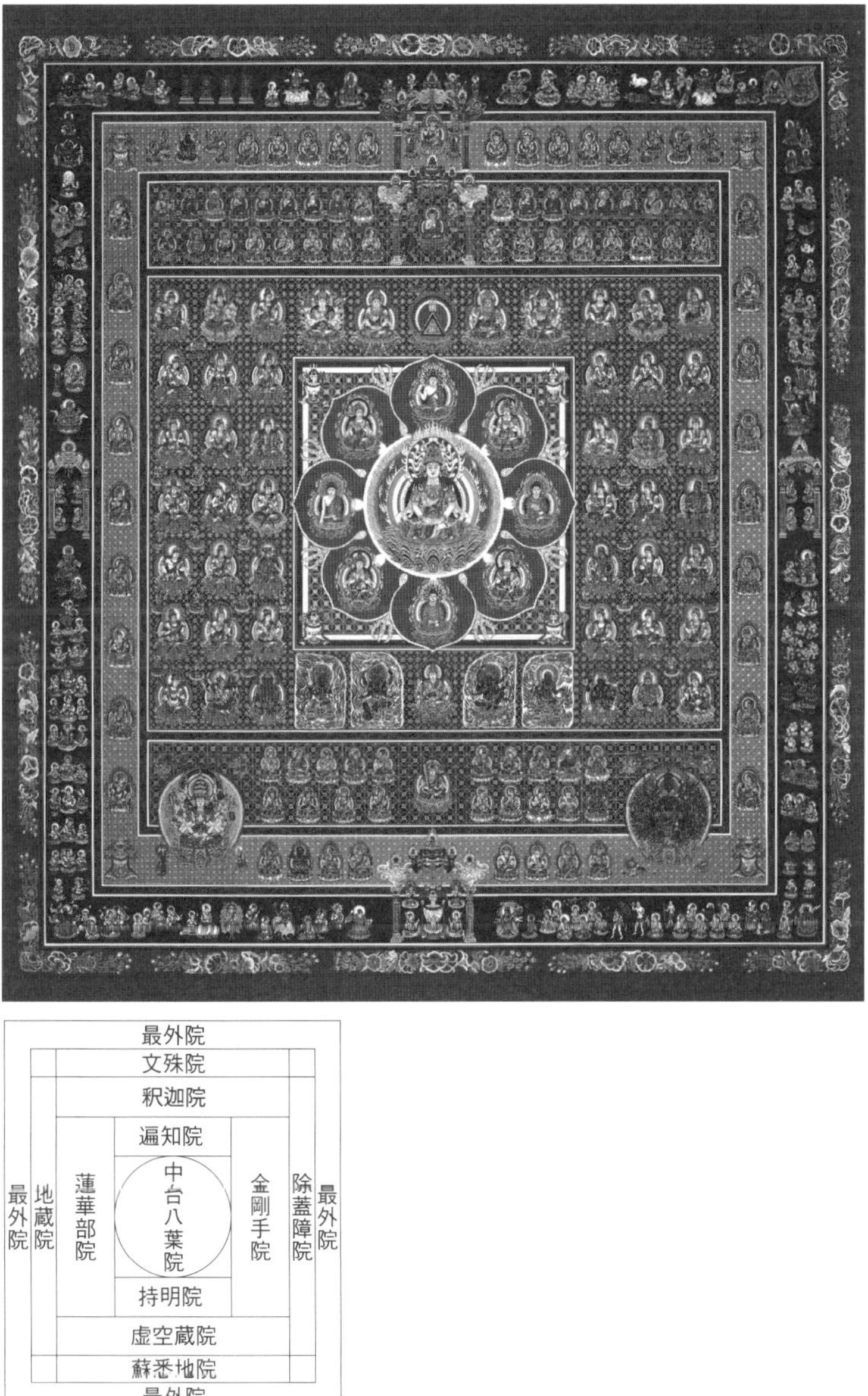

胎蔵曼荼羅とその構造　染川英輔画、観蔵院蔵

密教は曼荼羅を標幟して人としての生きるあり方を示したのである。そして胎蔵曼荼羅が理の曼荼羅といわれるのは、現象世界のすべてを視野に入れ、総合的・組織的に大日如来の摂理を示したからである。

胎蔵曼荼羅の理の世界は、中央に中台八葉院《ちゅうだいはちよういん》を据え、これを囲む三重の枠で構造的に示されている。核心となる中台八葉院には、中心に大日如来が描かれ、その周辺に四仏・四菩薩が配されている。大日如来の姿は、秘密の境界すなわち悟りの実体を標幟している。その大日如来の周辺には四仏・四菩薩が配されている。四菩薩は大乗仏教《だいじょうぶっきょう》の菩薩道の理想の姿を示したものであり、四仏は四菩薩が目指す理想の結果を現している。つまり四仏・四菩薩によって、「菩提心に基づく大悲行の意義と具現化」という密教の核心理念が描かれているのである。そして中台八葉院を囲む三重の枠は、この根本理念を多様な視点をもって現実世界へ展開する実際を示している。つまり密教の自利・利他行の様々な方便を示しているのである。初重は真言行者が、中台八葉院の菩提心と大悲を世界を観想し、これを自分のものとしてどう体現するかが示される。第二重は釈尊の教えを継承する声聞や菩薩が、これを現実世界でどう実践してきたか、今後どうなすべきかを示唆している。そして第三重はヒンズーの神々を描くことで、宗教の枠を越えて連携することの大切さが示されているのである。

中台八葉院
染川英輔画

金剛界曼荼羅《こんごうかいまんだら》

金剛界曼荼羅は、智の曼荼羅といわれるように、釈尊が菩提樹下で得た悟りの体験に焦点をあてた曼荼羅である。金剛界曼荼羅は、八十一尊曼荼羅などがあり一様ではないが、ここでは現図金剛界曼荼羅について述べる。現図金剛界曼荼羅は九つの会《え》からできているので、九会《くえ》曼荼羅ともいう。九会とは、成身会《じょうじんえ》・三昧耶会《さんまやえ》・微《み》細会《さいえ》・供養会《くようえ》・四印会《しいんえ》・一印会《いちいんえ》・理趣会《りしゅえ》・降三世羯磨会《ごうざんぜかつまえ》・降三世三昧耶会《ごうざんぜさんまやえ》である。

金剛界曼荼羅の名称は、『金剛頂経《こんごうちょうぎょう》』の「一切義成就菩薩が一切如来から悟りを獲得するための修行方法を教授され、これを修して悟りを獲得し灌頂名《かんじょうめい》を授かり、金剛界如来となった」との記述に由来する。その金剛界如来の悟りの内容を示した曼荼羅であるから、金剛界曼荼羅という。もとより金剛界如来とは大日如来の異名である。

ここで金剛界曼荼羅の全体像をとらえるため、まず九会の内容を略説する。方位は上方が西であり、胎蔵曼荼羅が東を上方とするのに対して逆の方向となる。九会曼荼羅の中心は中央の「成身会」である。成身とは、五相成身観《ごそうじょうじんがん》により「如来の身を成じた」という意味である。この会は九会の中心なので根本会《こんぽんえ》ともいわれ、智《ち》慧《え》が活動していることから羯磨会《かつまえ》とも称される。この一会で、金剛界九会曼荼羅の根本教理が語られている、といってよい。成身会の構造は、九会曼荼羅の上段の三会を除いた五会、すなわち三昧耶会・微細会・供養会・降三世羯磨会・降三世三昧耶会、と基本的には同じである。

成身会の部分
染川英輔画

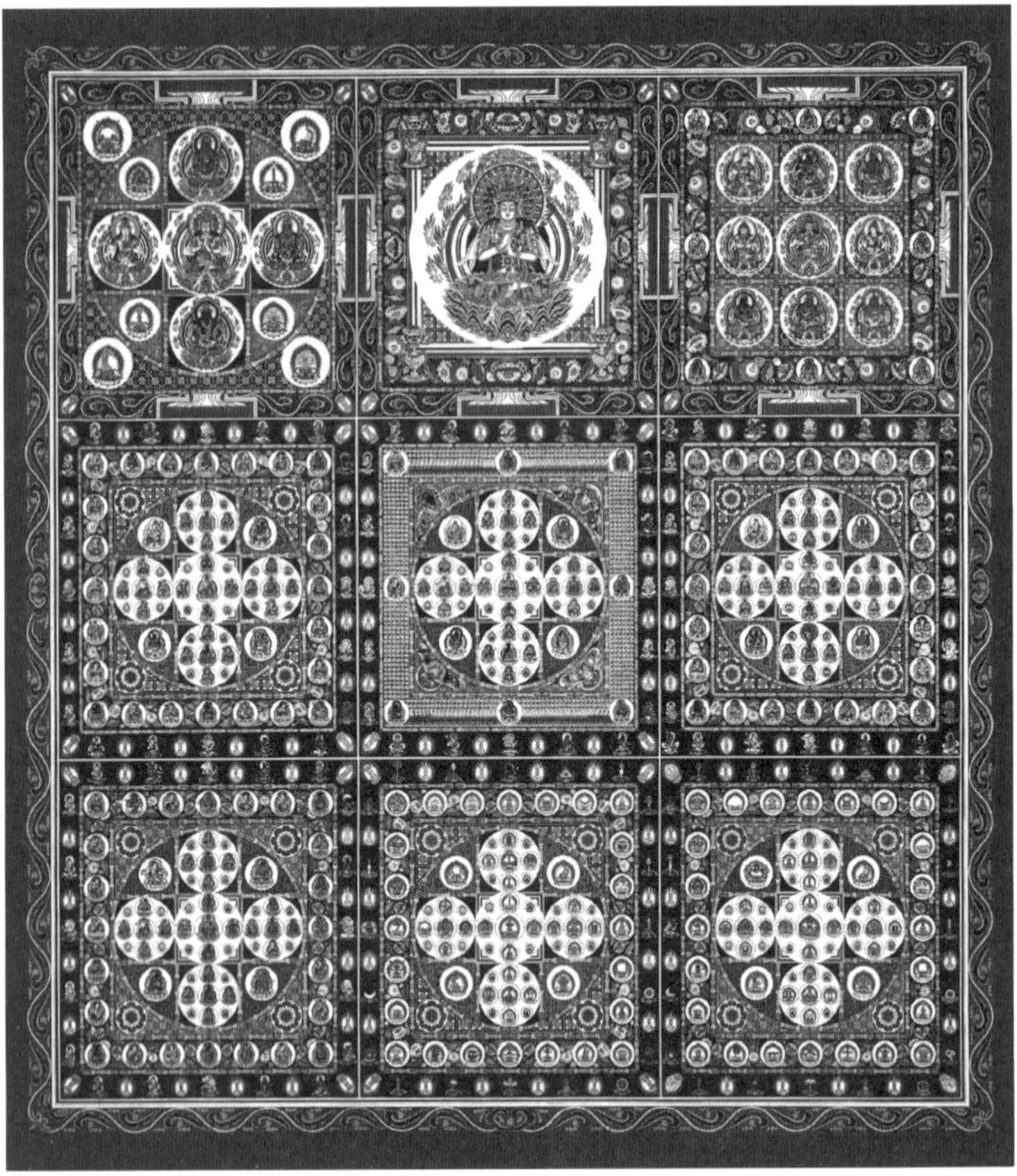

		西		
	四印会	一印会	理趣会	
南	供養会	成身会	降三世羯磨会	北
	微細会	三昧耶会	降三世三昧耶会	
		東		

金剛界曼荼羅とその構造　染川英輔画、観蔵院蔵

成身会で示された智慧は、次に三昧耶形をもって意密の曼荼羅として描かれている。三昧耶会は大日如来の心秘密を示したものとされ、前述したように様々な仏具や印契によって描かれている。この三昧耶形は経軌《きょうき》に明示されていない場合もあり、そのときは深い宗教体験をなした阿闍梨の意志によるとされている。それゆえ三昧耶形は、必ずしも一定していないことが多い。なお、三昧耶については、前述した「四種曼荼羅」の三昧耶曼荼羅の説明を参照されたい。

九会曼荼羅の向かって左下に位置するのが微細会である。微細会とは、仏の智慧は微細であり、またいかなるところへも行きわたっているのでこの名がある。諸尊はすべて金剛杵《こんごうしょ》を背にして描かれているが、それは衆生が微細にして堅固なる智慧に抱かれていることを表している。三鈷杵《さんこしょ》はまさに大日如来の働き・意思・言葉、つまり心《しん》・口《く》・意《い》の三密の標幟そのものなのである。

微細会の上方には供養会がある。供養会とは、金剛界四仏の働きを示す十六大菩薩が花を携え、大日如来を供養する姿が描かれている。供養とは他のために己を尽くす行為のことである。供養会での供養は大日如来に供養することとともに、大日如来からの働きも意味するので、供養会は大日如来の智慧と功徳《くどく》が、衆生に対して降り注いでいる活動が示されている。

四印会は供養会の上方に描かれている。四印会は、成身会を簡略化したものである。成身会は総合的ではあるが、逆に複雑でわかりにくい。それでは初心の修行者にとっては甚深《じんじん》にして得がたいので、内容を簡略に示したものである。一印会は九

三昧耶会の部分
染川英輔画

微細会の部分
染川英輔画

会曼荼羅の上段の中央に位置している。一印会は、大日如来一尊のみが大きく描かれている。金剛界曼荼羅の一切を、単独の大日如来の姿に集約して示したものである。

理趣会は一印会に向かって右側である。理趣会は、『理趣経』をもとに描かれた曼荼羅で、大日如来の活動が現実世界でどう展開しているかを示している。この会のみ大日如来は描かれず、金剛薩埵《こんごうさった》*が中心となることで、現世における菩薩の働きが示される。次の降三世羯磨会は理趣会の下部に位置し、単に降三世会と呼び習わされている。降三世羯磨会は、大日如来の活動がさらに現実に展開することを示している。ここでは金剛薩埵が描かれず、金剛薩埵が降三世明王に変身し大自在天《だいじざいてん》を踏みつける姿となっている。大自在天を教導しがたい衆生に見立て、これを教化する内容を描くことで、大日如来の強い衆生教化の意志を示したものである。降三世羯磨会の下部にあるのが降三世三昧耶会である。降三世三昧耶会は、降三世羯磨会の強い意志を三昧耶形として描いたものである。

金剛界曼荼羅は上部の三会を除くと、基本的には同じ構造、同じ構成となっている。構造的には、中央には大金剛輪《だいこんごうりん》という名の大円輪が置かれ、そのなかに解脱輪《げだつりん》という中円輪があり、さらにそのなかに月輪《がちりん》という小円輪がある。そして月輪のなかには諸尊が描かれていて、構成の中心となる三十七尊の尊格が配されている。これら各尊に関しては「空海の密教芸術」で述べるので、ここでは三十七尊の紹介だけにとどめておきたい。

一印会
染川英輔画

＊167ページ参照。

三十七尊

金剛界曼荼羅の中核は、五解脱輪《ごげだつりん》の中央に座す五仏《ごぶつ》である。中央の解脱輪には、大日如来がいてその四方には「四波羅蜜菩薩《しはらみつぼさつ》」が描かれる。東の解脱輪には阿閦《あしゅく》如来、南の解脱輪には宝生《ほうしょう》如来、西方の解脱輪には無量寿《むりょうじゅ》如来、北方の解脱輪には不空成就《ふくうじょうじゅ》如来が配され、それぞれの如来の四方には同じく四菩薩が配されていて、合計十六の大菩薩で構成されている。尊名は次のとおりである。

大日如来……金剛波羅蜜《はらみつ》・宝《ほう》波羅蜜・法《ほう》波羅蜜・羯磨《かつま》波羅蜜
阿閦如来……金剛薩埵・金剛王《おう》菩薩・金剛愛《あい》菩薩・金剛喜《き》菩薩
宝生如来……金剛宝《ほう》菩薩・金剛光《こう》菩薩・金剛幢《とう》菩薩・金剛笑《しょう》菩薩
無量寿如来……金剛法《ほう》菩薩・金剛利《り》菩薩・金剛因《いん》菩薩・金剛語《ご》菩薩
不空成就如来……金剛業《ごう》菩薩・金剛護《ご》菩薩・金剛牙《げ》菩薩・金剛拳《けん》菩薩

そして大金剛輪の内側の四隅には、金剛嬉《き》菩薩・金剛鬘《まん》菩薩・金剛歌《か》菩薩・金剛舞《ぶ》菩薩が描かれ、これを「内《ない》の四供養《しくよう》菩薩」という。また大金剛輪の外側の四隅には、金剛香《こう》菩薩・金剛華《け》菩薩・金剛灯《とう》菩薩・金剛塗香《ずこう》菩薩の「外《げ》の四供養《しくよう》菩薩」が配される。一番外側の東・南・西・北の四方には、金剛鉤《こう》菩薩・金剛索《さく》菩薩・金剛鎖《さ》菩薩・金剛鈴《れい》菩薩の「四摂《ししょう》菩薩」が描かれている。これら以外にも「四大神・賢劫千仏《げんごうせんぶつ》・二十天」などの尊格がいるが、基本的にはこれら三十七尊が金剛界曼荼羅の中心者である。

別尊曼荼羅《べっそんまんだら》

両部曼荼羅は、密教の教理を都て会しているので都会曼荼羅ともいうが、別尊曼荼羅は大日如来を本尊とせず、大日如来の眷属《けんぞく》の一人を本尊として描いた曼荼羅であり、現世の人々の願いに応じて利益を施すことを目的としたものである。それゆえ、別尊曼荼羅は「雑《ぞう》曼荼羅」「諸尊《しょそん》曼荼羅」などと称されている。

別尊曼荼羅は即身成仏《そくしんじょうぶつ》を目指すためというより、人々に現世利益の祈りを捧げるための曼荼羅である。即身成仏の成就のため修行し、深い宗教体験をなした真言行者が、身につけた宗教的呪力を駆使し、人々の願いに応えるためのものである。

大日如来はあらゆるものの総合という存在であり、個別の働きは他の曼荼羅諸尊の役割である。衆生利益をなすためには、具体的な実践をなす大日如来以外の他の諸尊でなくてはならず、その要請が数々の別尊曼荼羅を生み出したのである。

密教が行った現世利益のための修法《しゅほう》の内容は、「増益《そうやく》法」「息災《そくさい》法」「敬愛《けいあい》法」「調《ちょう》伏《ぶく》法」と称されるものである。この四つは人間が本来持っている欲求を集約したものので、これを四種《ししゅ》法あるいは四種壇《ししゅだん》法といい、実際の修法は護摩《ごま》法である。護摩供《ごまく》は密教の特徴であり、真言行者の利他行《りたぎょう》と位置づけることができる。四種法を修法するための本尊として、人々の願いに応じた尊格が必要であり、その本尊を中心として作られた曼荼羅が別尊曼荼羅である。

四種法のための修法は、経軌《きょうき》に則《のっと》った密教の行法に沿ったものであり、そこでは曼荼羅の形や色までも定められており、もとより真言行者のみが可能な修法である。護摩供を修法する場合などは、その祈願の目的によって護摩炉の形や色までが決められている。ちなみに四種法と形・色の関係は次のようになっている。

内容	形	色
息災	円形	白色
増益	四方形	黄色
敬愛	半円形（蓮華形）	赤色
調伏	三角形	黒色

四種法のうち、初めの息災法とは災いを息《ひそ》めることを意味し、そのための修法をいう。基本的には自然の災害、戦禍、病気平癒などの種々の災厄の鎮断《ちんだん》を願い、さらには家内安全や社会平和を願うこと、すなわちあらゆる除難を目的とする現世利益として行う修法である。また『滅罪」「滅苦」「除難」「悉地《しつじ》」を四種息災《ししゅそくさい》という。

増益法は、現在与えられたものを、さらに促進することを祈願し行う修法である。具体的には人々の望む福徳の増進や繁栄を願うものである。四種の増益として「福徳」「勢力」「延命」「悉地」が数えられている。たとえば延命祈願・商売繁盛・子孫繁栄・合格祈願などを祈願するのである。

敬愛法とは、特に男女の仲を和合させることに焦点を絞った修法である。基本的に人間社会は男性と女性とで成り立っているのであって、両性のよい関係が重要であり、これを望むことは人間としての最も大切な望みである。敬愛法は人々の和合・

親睦を祈願する法で、増益法の一つともされる。良縁成就や夫婦円満を祈願するものである。

調伏法は降伏法あるいは折伏《しゃくぶく》法などともいわれる。調伏とは、心身を調《ととの》え悪心を抑える意味である。実際には不動明王をはじめ、降三世《ごうざんぜ》・軍荼利《ぐんだり》・大威徳《だいいとく》・金剛夜叉《こんごうやしゃ》・愛染《あいぜん》などの各明王を本尊として選び、障害を及ぼす魔などの見えない敵を降伏させることを祈願した修法である。現在では戦争や環境破壊に加え人種差別に至るまで、様々な問題を引き起こす悪心を降伏することも含まれよう。

様々な曼荼羅や護摩炉の形の色は、これらの四種の内容を象徴的に示したものである。円形は欠けることのない仏の円満の世界を意味するので、一切の災厄の滅尽を表す。四角は安定を示すとともに、功徳が四方に発展展開する可能性を意味している。半円形は三日月が次第に満月となるように、これから円に進んでいく動きを示すもので、和合や成就を示している。最後の三角形は、貪《むさぼり》・瞋《いかり》・癡《おろかさ》を滅する智慧を意味し、諸魔を退散させる働きを表している。そして白・黄・赤・黒の四色は、これらの働きを色で象徴的に示したものである。

空海の密教

空海は、密教を単なる大乗仏教《だいじょうぶっきょう》の継承ではなく、転法輪《てんぼうりん》であるという認識を持っていたといえる。それは『十住心論《じゅうじゅうしんろん》』＊において仏教の歴史を鳥瞰《ちょうかん》し、すべてを視

＊124ページ参照。

野に入れたうえで、仏教を顕教《けんぎょう》と密教とに分類し、そして密教が大乗仏教の範疇《はんちゅう》を超えていると認識し、密教が新たな教えであることを明言していることからも理解できる。このように密教を位置づけたことは、空海がただ身びいきで密教を特別視しているのではなく、大乗仏教との質的な違いに気づいていたからである。

空海は、密教が大乗仏教を超脱している証左《しょうさ》として、『弁顕密二経論《べんけんみつにきょうろん》』において次の四点を指摘し論じている。すなわち密教の特徴は、「能説《のうせつ》の仏身」「所説《しょせつ》の教法」「成仏《じょうぶつ》の遅速」「教益《きょうやく》の勝劣」の四つにあると論じている。このうち「能説の仏身」とは、顕教と密教の最も相違するところを指摘したものである。すなわち顕教の教えは変化身《へんげしん》である釈尊の説示した教説であるが、密教は法身《ほっしん》たる大日如来《だいにちにょらい》の説であるとする。それゆえ密教が説示した教えである「所説の教法」も甚深《じんじん》たる悟りを語るものであり、必然的に優劣・浅深が生じる。したがって教えの中身も「教益の勝劣」という関係になる。そして「所説の教法」は、そのまま「成仏の遅速」の問題と関連すると述べている。

空海の密教に対するこのような理解は、『弁顕密二教論』に強く表れている。たとえば、今述べた四つの指摘のなかで、空海は「能説の仏身」を第一に取り上げ、これを即身成仏思想構築の理論に関連させる。それについて空海は『弁顕密二教論』の冒頭で次のように述べている。

夫《そ》れ仏に三身有り、教えは則ち二種なり。応化《おうけ》の開説を名づけて顕教という。言顕《ことば》略にして機に逗《かな》えり。法仏の談話《だんかい》、これを密蔵《みつぞう》という。言秘奥にして実説なり。
（『定本弘法大師全集』第三巻、密教文化研究所、一九九四年、七五頁）

空海は大乗仏教の三身説《さんしんせつ》を依用《いよう》し、そこに顕教と密教の違いがあると述べている。三身説とは、仏陀《ぶっだ》を法身・報身・変化身に分けてとらえる考えである。法身は甚深な悟りの世界で、密教ではこれを大日如来で標幟する。報身は修行の結果如来となったという意味で、阿弥陀如来などの大乗仏教の如来を指す。変化身は具体的に現象世界で説法する如来で、歴史上存在した人間としての釈迦如来を指したものである。

密教の密教たるゆえんは法身仏が説法すること、換言すれば「法身説法」であると空海は主張し、さらに次のように述べる。

問う。応化身の説法は、諸宗共に許す。彼の法身は無色・無像にして言語道断・心行処滅・無説無示なり。諸経共にその義を説き、諸論また是の如く談ず。今如何《いか》がなんじ法身の説法を談ずるや、その証安《いずくん》ぞ在るや。
答う。諸経論中に往々にその義あり。然りと雖《いえど》も文は執見に随って隠れ、義は機根を遂《お》って現ずるのみ。譬《たと》えば天鬼の見別、人鳥の明暗の如し。
（『定本大師全集』第三巻、七六〜七七頁）

法身は無色・無像、すなわち色も形もない存在であるため、言語で語ることも姿形で表し示すこともできない。それゆえ顕教では応身（報身）と変化身の説法を説くのである。それなのに密教では、なぜ法身の説法を可能とするのか。いうまでもなく法身説法は、釈尊と同様な悟りに達すれば聞くことは可能となる。しかし現象世界にあって煩悩《ぼんのう》に囲まれている状態にあるままでは、菩提樹下で得た釈尊の追体験は不可能なのである。

問う。もし汝が説の如くならば、諸教の中にこの義あり。もし是の如くならば、何が故にか前来の伝法者はこの義を談ぜざる。

答う。如来の説法は病に応じて薬を投じ、根機万差なれば針灸千殊《しんきゅうせんしゅ》なり。随《ずい》機《き》の説は権《かり》多く実《じつ》少なし。経にしたがって義を演《の》べてあえて異越せず。

（『定本大師全集』第三巻、七七頁）

このように空海は、顕教の場合はいかなる説であっても人の願いに応じた教えであって、人に応じた説法の枠を越えるものではない。あくまでも対機《たいき》説法＊である。それゆえ、説ける範疇は限られており、仏自内証の究極のところは説示できないのである、と述べている。そして顕教では説くことは不可能とする果分《かぶん》の世界を見ること、それが真言密教では可能であるとする。

仏自内証の境地は、釈尊が菩提樹下で悟りを得た、それと同様の体験なくしてはあり得ない。阿羅漢果《あらかんか》を目指す声聞《しょうもん》、そして如来とならないことを誓願とする菩薩は、甚深の法の体験を得ることができない。すなわち声聞や菩薩の立場は、甚深の法を得た釈尊とはまったく異なるのである。密教が大乗菩薩《だいじょうぼさつ》を超えた存在として、密教を担う新たな「金剛手菩薩《こんごうしゅぼさつ》」という存在を掲げた理由はここにある。「所説の教法」の違いは、甚深の法を体験できたか否かにある。

空海は密教の転法輪を意識し、法相《ほっそう》・三論《さんろん》・天台《てんだい》・華厳《けごん》の四家大乗の説と比較し、

＊聞く者の資質・能力に合わせた説法。

密教の教理的特徴を論じている。この「所説の教法」を如実に知るためには、法身それ自体との融合が不可欠である。それが「成仏の遅速」を掲げた理由である。それは、大乗仏教では成仏するには三劫《さんごう》という永遠に近い時間が必要なのに、密教は修行によって現世において成仏が可能であるとの即身成仏論である。空海は『即身《そくしん》成仏《じょうぶつ》義《ぎ》』を著し、即身成仏論を鮮明に論じている。このように自内証の境地より説示された真言密教の利益は、当然「教益の勝劣」に現れることは自明の理とするのである。

即身成仏論《そくしんじょうぶつろん》

空海は、「能説の仏身」の境界に入るためには、大日如来と一体となることを目標とし、そのための修行が必要であるとした。そして成仏とは何か、成仏するためにはいかなる実践方法があるのか、という問題を『即身成仏義』を著して論述したのである。

『即身成仏義』では、空海は即身成仏を示す経論として「二経一論」があるとし、これを自ら掲げた即身成仏論の根拠としたのである。二経一論とは、『金剛頂経《こんごうちょうぎょう》』『大日経《だいにちきょう》』『菩提心論《ぼだいしんろん》』であり、これらを典拠とし「八箇《はっか》の証文」と称する八つの証を提示して、即身成仏論を展開した。たとえば八箇の証文の一つを挙げておけば、すなわち「龍猛《りゅうみょう》菩薩の『菩提心論』に説く。『真言法の中にのみ即身成仏するがゆえに、これ三摩地《さんまじ》の法を説く。諸教の中において闕《けつ》して書せず』と。是れ三摩地とは、法身自証の三摩地なり。諸教とは他受用身所説《たじゅゆうしんしょせつ》の顕教なり」と述べ、密教のみが秘密の三昧《さんまい》の教えであり即身成仏の道を説くものとしている。

そして次の頌《じゅ》を掲げ、即身成仏がいかなるものかについて持論を展開した。空海はこの頌を「二頌八句《にじゅはちく》」と称し、この二頌をもって「即身成仏」の何たるかを示したのである。『即身成仏義』において、空海は次のように述べている。難解であるが、まずは空海自身の言葉を味わっていただきたい。

此の二頌八句を以て即身成仏の四字を歎《たん》ず。即ち是の四字は無辺の義を含《がん》ず。一切の仏法は此の一句を出でず。故に略して両頌を樹《た》て無辺の徳を顕《あらわ》す。頌の文は二に分《わか》つ。初の一頌は即身の二字を歎ず。次の一頌は成仏の両字を歎ず。初の中に又四あり。初の一句は体《たい》、二には相《そう》、三には用《よう》、四には無礙《むげ》なり。後の頌中に四あり。初には法仏の成仏を挙げ、次に無数を表し、三には輪円を顕わし、後に所由《しょゆ》を出す。

即身
六大《ろくだい》無礙《むげ》にして常に瑜伽《ゆが》なり――体
四種曼荼《ししゅまんだ》 各《おのおの》 離れず――相
三密《さんみつ》加持《かじ》すれば速疾《そくしつ》に顕《あらわ》る――用
重重帝網《じゅうじゅうたいもう》なるを即身《そくしん》と名づく――無礙

成仏
法然《ほうねん》に薩般若《さはんにゃ》を具足《ぐそく》して――法仏の成仏

心数心王刹塵《しんじゅしんのうせつじん》に過ぎたり――無数
各《おのおの》五智《ごち》無際智《むさいち》を具《ぐ》す――輪円
円鏡力《えんきょうりき》の故《ゆえ》に実覚智《じっかくち》なり――所由

この二頌のうち、最初の一頌が即身を明かし、後半の一頌が成仏の世界を示している。まず最初の句であるが、空海は宇宙まで含めた現象世界は、地・水・火・風・空・識の六大《ろくだい》から成立しているとする。すなわち「一切の仏・一切の衆生・環境世界そして精神世界までを含めたあらゆる存在はすべては六大の所成である」とし、現象世界の一切の根源は六大に起因するとした。六大とは宇宙の根源であり全体である。しかも人の思議《しぎ》では測れない、大きな意思をもって活動している存在であり、密教ではそれを大日如来と呼んでいる。大日如来の働きは自在で礙《さまたげ》がなく、しかもすべてと常に有機的に関係（瑜伽《ゆが》）している。人間のように、絶えず迷いと障害に見舞われる世界とは質を異にしている。この六大無礙の世界を体現することが即身成仏につながり、これが体である。

次の句は、この六大の実体を目に見える形、すなわち「相《そう》」として具象化したのが曼荼羅であることが述べられている。四種《ししゅ》曼荼羅とは大《だい》曼荼羅・三昧耶《さんまや》曼荼羅・法《ほう》曼荼羅・羯磨《かつま》曼荼羅であり、これら四曼《しまん》についてはすでに述べたように、＊大日如来の智慧《ちえ》の働きを四つの観点から考察し具象化したものである。このように曼荼羅の表現は、大・三・法・羯などのように異なってはいるが、すべては共通の理念に基づいたものである。

＊67ページ参照。

真言行者が曼荼羅と一体となるための修行を三密行《さんみつぎょう》といい、「即身」の偈頌《げじゅ》では「用」に配している。用とは働きであるから、三密の実践が真言行者の道であることを示している。三密行の三とは、身《しん》・口《く》・意《い》の三つの働きを指したものである。具体的にいえば、たとえば身密行《しんみつぎょう》は「行者が曼荼羅に描かれた仏・菩薩の印契《いんげい》を結ぶことで身体に同化し、その行為行動が大日如来になりきる修行」である。そして行者は身密行を修しつつ、自分の発する言葉からも仏になりきろうとし、そのための真言を唱えるのである。真言は仏・菩薩の真実の言葉であるから、これを誦することで言語を介して仏と入我我入する。真言を唱える実践であることから、これを口密行《くみつぎょう》という。さらに心においても仏すなわち諸仏・菩薩の誓願との一体化がなされねばならない。これを意密行《いみつぎょう》という。この身・口・意が一体となる修行の実践を三密行といい、真言行者はこの行を修することで即身成仏の道を開くことができるのである。

即身成仏を目指し、身・口・意の働きを一つにする修行が三密行であるが、それを行法化したものの代表が曼荼羅行《まんだらぎょう》である。たとえば大悲胎蔵生曼荼羅法《だいひたいぞうしょうまんだらほう》、略して胎蔵法《たいぞうほう》の行法がそれである。この行法は胎蔵の大日如来を本尊に掲げ、行者がその世界に到達することを目的とする。そのために真言行者は、大日如来の働きである曼荼羅の諸尊を儀軌《ぎき》や次第に沿って順次観想《かんそう》し、その境地になりきるための修行を行うのである。胎蔵法とともに代表的な行法は、金剛界法《こんごうかいほう》である。前述した五相《ごそう》成身観《じょうじんがん》を修し、金剛界曼荼羅の諸尊と一体化を願う行法である。密教はこのような行法を繰り返し実践することで、大日如来に近づき即身成仏を目指すのである。

即身成仏の目的は、自分自身の悟りのみを目指すものではなく、あらゆる人々のために密厳仏国土《みつごんぶっこくど》を実現することにある。この世界は密厳国土・密厳浄土・密厳世界などともいい、三密行が実現した世界である。この世界では個々の智慧と慈悲の徳の光が発せられ、それがお互いに輝き合う。まさに徳によって荘厳され、そこには一切の障害も断尽された世界が顕現する。その密厳国土を現実世界の人々に実現させるためには、まず自分自身がその世界を体験しなくてはならない。それが即身の行為である、と空海は論じているのである。

後半の四句の頌は、成仏した結果を述べたもので、いわば密厳国土が実現した世界である。「法然に薩般若を具足し」とは、法身大日如来の智慧（薩般若《さはんにゃ》＝一切智）が重々無尽に働いている状態をいう。「心数心王刹塵に過ぎたり」とは、大日如来の智慧の働きは無限無数であることを示している。そして「各五智無際智を具す」とは、法界体性智・大円鏡智・平等性智・妙観察智・成所作智の五智が辺際なく無量であることである。最後の「円鏡力の故に実覚智なり」とは、成仏の世界は鏡のごとく真実のみを写し出し、まさに欠点のない智の世界の顕現なのである。

相承《そうじょう》の意義

即身成仏は、釈尊が悟りを得た実体験に重ね合わせているので、行法を修すればだれでもが即座に悟りの境地に達するわけではない。即身成仏成就の修行は、秘密の法を得るための特化した行であるため、師匠から弟子へとすべてが確実に引き継がれたものでなくてはならない。甚深秘密の法の継承が確実になされること、それこそが即身成仏への道の第一歩なのである。それゆえ、師から弟子へと秘密の法を伝持《でんじ》するためには、「瓶から瓶へと、一滴の漏れもなく完全に写しかえる」（「写瓶」と表現される）、それほどの完璧さが求められる。そのためには優れた師僧から選ばれた弟子へと、直接の伝授がなされなくてはならない。すなわち秘密の法を受け継ぐためには、師僧はもとより弟子にもそれだけの度量、すなわち授けられた法の受け皿である法器《ほうき》が要求されるのである。空海もまた師の恵果阿闍梨《けいかあじゃり》から法器ある弟子と認められ、秘密の法を相承《そうじょう》できたのである。

『大日経《だいにちきょう》』には、阿闍梨の資格をそなえるためには、いくつかの条件を満たさねばならないことが説示されている。その説示内容をかいつまんでいえば、「菩提心があること。慈悲と智慧を持ち、般若波羅蜜行《はんにゃはらみつぎょう》を成就し、真言の真実を理解していること。そして曼荼羅を描く資格があり、灌頂《かんじょう》を受けた者」である。密教の阿闍梨となるには、このような内容の高いハードルを越えなくてはならない。たとえば大乗の菩薩であっても初心の菩薩では不可能で、かなり智徳・福徳を積み上げた不退転菩薩の境地、そこに至らなければ得られない厳しいものである。

当然伝授される弟子にも、高度な教えを受けとめるだけの条件が求められる。弟子にとっての最も重要な条件は、「法器」がそなわっているか否かである。弟子は未完成であるから、当然ながら阿闍梨のような深い宗教体験を得るには至っていない。それゆえ、弟子に求められることは宗教的素質であり、それが法器である。弟子にとっては法器を有することが大前提なのである。『大日経』では、法器ある弟子について「罪を犯さず、深い信仰心があり、他を優先する心を自分のものにしている」と説示している。このような行為と心をそなえた人が弟子となり得るのであるが、弟子の法器の有無の判断は阿闍梨が下すのである。

八祖相承《はっそそうじょう》

法の相承《そうじょう》は、これらの条件を満たした上で灌頂の儀式を経てなされる。空海は密教が正統な仏教の本流であることを、広略二本の「付法伝《ふほうでん》」を著し系譜を明らかにしている。付法伝では、「顕教は生身仏である釈迦如来が説いたものであるが、釈迦如来はすでに入滅しているので甚深《じんじん》の法の付法は絶えている」と述べている。しかし「密教は法身仏である大日如来が説くのであるから、その教えは永遠不滅である」とするのである。そして秘密の法は滅することなく、密教において今日まで正しく相続されているとし、その証として付法の七祖を挙げている。

①大日如来―②金剛薩埵《こんごうさった》―③龍猛《りゅうみょう》―④龍智《りゅうち》―⑤金剛智《こんごうち》―⑥不空《ふくう》―⑦恵果

この七祖に恵果から灌頂を授かった空海を加えて、付法《ふほう》の八祖《はっそ》という。付法の八祖のうち大日如来と金剛薩埵は悟りとその智慧の人格化であるので、いわば開示された秘密の法そのものである。換言すれば、初祖と二祖に大日如来と金剛薩埵が掲げられているのは、密教が深い秘密の教えに起点を置いていることの標幟《ひょうじ》である。

龍猛
以下、金順子画「八祖像」

龍智

金剛智

そして第三祖と第四祖の龍猛・龍智は伝説上の人物であり、この二人を掲げることで秘密の法が密教独自であることを標幟している。そして次の第五祖の金剛智以下の相承が歴史上確認される人物であり、継承されてきた密教が生きた形で示されたものである。

この付法の八祖とともに、日本では伝持《でんじ》の八祖あるいは住持《じゅうじ》の八祖、という理解もなされた。伝持の八祖が立てられた理由は、付法の八祖は『大日経』系の相承者が少ないことによる。なぜ『大日経』系の相承者が求められたかといえば、空海の真言密教は『金剛頂経《こんごうちょうぎょう》』と『大日経』の両部《りょうぶ》の大経《だいきょう》に基づくとともに、金胎《こんたい》不二《ふに》を基本理念においた教理体系を構築しているからである。空海教学は、『大日経』や『大日経疏《だいにちきょうしょ》』に依拠することが多い。つまり『大日経』を漢訳し『大日経疏』を著した善無畏三蔵《ぜんむいさんぞう》、その善無畏を助けた一行《いちぎょう》禅師を加えた相承があってしかるべきと考えたのである。ちなみに伝持の八祖は次のような系譜とされている。

①龍猛―②龍智―③金剛智―④不空―⑤善無畏―⑥一行―⑦恵果―⑧空海

灌頂《かんじょう》の意義

密教の相承は自分勝手にできるものではなく、選ばれた阿闍梨《あじゃり》と弟子とによる灌《かん》頂《じょう》の儀礼が伴うのである。灌頂は真言密教を相承する証として、なさねばならない儀礼である。前述したように、空海もまた恵果《けいか》阿闍梨から「五部灌頂《ごぶかんじょう》」を授けられ、

不空

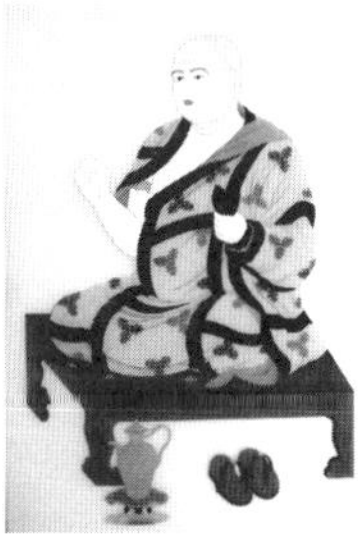
善無畏

一行

密教を正式に継承する印可《いんか》を授かったのである。五部灌頂とは五瓶のなかの智水を、弟子の頭頂《とうちょう》に灌《すす》ぐ儀式である。五部とは大日如来《だいにちにょらい》とその周りに住する四仏《しぶつ》のことであり、五仏はそのまま五智《ごち》すなわち「法界体性智・大円鏡智・平等性智・妙観察智・成所作智」を表している。つまり五部灌頂とは、基本的には五智を相承する総体的な名称である。しかし五智を灌頂されても、すべての受者が悟りを体得することは実際的にはあり得ない。それゆえ、灌頂の儀礼も相手の資質によって変える必要があり、実際には様々な名称の灌頂が存在している。

　そもそも灌頂の儀式は、最初から密教独自のものとして行われていたものではない。灌頂の儀式は、古代インドにおいて国王の即位式あるいは立太子のときに行われていたという。つまり灌頂は最初から仏教儀礼としてあったのではなく、国王の威権を国民に示すためになされたのである。その方法は、須弥山《しゅみせん》*を囲む四大海の水を汲《く》みとって来て、その水を頭頂に注ぐことで、国王の資格を天下に知らしめたのである。その灌頂の儀礼が大乗仏教に取り入れられ、宗教的な意味が付されたのである。

　大乗仏教では菩薩の修行段階を五十二の位に区分けし、そのなかで第四十一位から五十位までを十地《じっち》とした。十地とは菩薩が不退転の聖者の位に入ったときをいい、十地の上に等覚《とうがく》と妙覚《みょうがく》という、仏陀《ぶっだ》に等しい位がある。十地思想にもいくつの説があるが、代表的なものを挙げておけば歓喜《かんぎ》地・離垢《りくじ》地・発光《はっこう》地・焔慧《えんねん》地・難勝《なんしょう》地・現前《げんぜん》地・遠行《おんぎょう》地・不動《ふどう》地・善慧《ぜんね》地・法雲《ほううん》地である。このなかで最後の第十地にあ

恵果

＊宇宙の中心をなす、頂上に帝釈天の宮殿がある巨大な山。

空海

たる「法雲地」を「灌頂地」ともいう。つまり菩薩が修行を積み重ねて最終段階に入ったとき、その地位を灌頂地と称したのである。灌頂地は菩薩行の究極の場であり、菩薩の目標とするところである。密教の阿闍梨は、この灌頂地に達した者でなければばならない。つまり秘密の法の伝授は、大乗の菩薩の最高位の段階に至っていなければ不可能ということになる。それゆえ、灌頂の儀式は名実ともに重要な密教儀礼に位置づけられるのである。

空海と灌頂《かんじょう》

灌頂を授かることは、密教の相承者として自他ともに認識されたことであり、真言行者としての認定を得たことになる。それゆえ、密教こそが自分が求めた最高の教えと確信した空海は、どうしても入唐《にっとう》して灌頂を受ける必要があった。空海の入唐の目的は多々あると思うが、そのなかでも灌頂を授かり密教を相承することと、密教の確証であり灌頂の儀式に欠かせない曼荼羅の入手、この二つは最も大事な懸案事項であった。

空海が青龍寺《しょうりゅうじ》の恵果阿闍梨を訪ねたのは、貞元二十一年（八〇五）の五月の末から六月初旬と伝えられている。そして六月十三日には胎蔵法《たいぞうほう》の灌頂を受け、七月上旬には金剛界灌頂を受けたのである。さらに八月十日には「伝法《でんぽう》灌頂」を得て、阿闍梨位となったのである。

恵果阿闍梨は空海に密教のすべてを授け、その年の十二月十五日に、恵果は青龍寺の東塔院《とうとういん》にて入滅《にゅうめつ》した。

　空海の密教受法は、まさに劇的なできごとだったのである。二十年の留学生だった空海が三年足らずで帰国を決意したのは、前述の「汝はそれ行きてこれを東国に伝えよ」という恵果の言葉の影響が少なからずあったためである。いずれにせよ、空海は大同元年（八〇六）十月ころ帰朝したのだが、理由はともあれしばらくは九州にとどまっていた。その後、京都に入った空海は、高雄山寺《たかおさんじ》（現在の神護寺《じんごじ》）に入住する。そして間もなく高雄山寺で灌頂儀礼を行った。高雄山寺は、最澄が日本で最初に灌頂を実施した場所である。その最澄も空海が開壇した灌頂の受者に名を連ねている。

　空海による最初の灌頂は、弘仁三年（八一二）十一月十五日の金剛界灌頂であり、引き続きその年の十二月十四日には胎蔵法灌頂が開壇されたのである。この二回の灌頂は僧俗ともに授かったものであり、「結縁《けちえん》灌頂」であったと伝えられている。結縁灌頂とは、曼荼羅の諸尊と縁を結ぶことが目的で、秘密の法の伝授ではない。しかし次の弘仁四年に実施された灌頂は、名簿に僧侶のみが記されていることから、「伝法灌頂」ではないかといわれている。

　いずれにせよ、曼荼羅を前に本格的な灌頂を主宰することで、空海が日本密教の頂点に立ったことは自他ともに認められたことになる。

神護寺の石段と金堂

灌頂《かんじょう》の種類

灌頂は護摩供《ごまく》の修法《しゅほう》とともに、空海密教を他宗と区別する大きな特色といえる。その灌頂について、空海の『略付法伝《りゃくふほうでん》』によれば、これが基本的な理解である。大日如来の秘密の法脈を相承するための厳儀とされており、即身成仏を目指す真言行者のためのみと相承だけに限ってしまえば、灌頂の儀式は即身成仏を目指す真言行者のためのみとなってしまう。それでは密教が出家者のみに限定され、利他的な働きが縮小されてしまう。密教を広めるためには一般在家者に向けた働きかけが必要であり、実際にはそのための灌頂も行われたのである。

ここまでにも金剛界灌頂・胎蔵法灌頂・結縁灌頂・伝法灌頂などといった様々な灌頂名を用いたように、灌頂にはいくつもの種類があり、名前だけでは意味不明である。もちろん多種類ある灌頂も、人々を密教に教導するためにある、という目的には変わりはない。密教の阿闍梨となったからには、少しでも多くの人と縁を結び、さらに弟子を養成することが大切な役割となる。阿闍梨は密教を流布《るふ》するためにこそ教えを継続させねばならず、仏種《ぶりしゅ》を絶やすことがあってはならないのである。

灌頂は、仏種を植え育てるためになす重要な儀式であり、縁ある者には積極的に行うべきである。しかし密教の法を求める者といっても、彼らが必ずしも法器を満たした求道者ばかりであるとは限らない。もし弟子の能力を見誤ってしまい、非器の者に法を伝授してしまった場合、阿闍梨は重罪を犯すことになってしまう。それゆえ、その弟子が法器をそなえていると確実に見定め、その上で秘密の法を伝授しなくてはならない。それには弟子を教育指導し、その能力を磨き高める時間が必要である。灌頂の種類がいくつもあるのは、弟子の資質の向上に応じてなされるためである。

灌頂は、その内容や目的はもとより、儀軌や流派によって様々な形態がある。そのなかで柱ともいうべき灌頂は、「結縁灌頂・受明《じゅみょう》灌頂・伝法灌頂」あるいは「事業《じごう》灌頂・印法《いんぽう》灌頂・以心《いしん》灌頂」と称される三種の灌頂である。またこれとは別に「五種三昧耶《ごしゅさんまや》」と呼ばれる灌頂がある。五種三昧耶は『大日経』の「秘密曼荼羅品」と『大日経疏』第十五に説示されている。三種の灌頂と五種三昧耶との相違は、三種灌頂が阿闍梨の立場から見たものであり、五種三昧耶は弟子の誓約に基づいている点である。

ここで三種灌頂と五種三昧耶との関係を含め、灌頂の内容を概略しておきたい。まず五種三昧耶の五種とは、真言行者が密教に目覚めて真言門に入り、次第に修行内容が深まり資質が向上していくのに合わせ、その段階に応じて五種類に分けたものである。三昧耶とは菩提心を基体とするもので、密教の教えを決して違《たが》えてはならない、という五種の誓いである。そして五種三昧耶とは、初見《しょけん》三昧耶・入観《にゅうかん》三昧耶・具壇《ぐだん》三昧耶・伝教《でんぎょう》三昧耶・秘密《ひみつ》三昧耶をいう。

①初見三昧耶

遥見《ようけん》三昧耶ともいい、人が初めて曼荼羅を見た段階である。曼荼羅を見たことで心が洗われ、礼拝し香華《こうげ》などを供養する。まだ真言や印を授けるまでに至っていない初心者ではあるが、曼荼羅を見て供養するだけで、罪障《ざいしょう》を消滅する功徳《くどく》がある。これを曼荼羅供《まんだらく》という。

②入観三昧耶

見るだけではなく実際に曼荼羅に引入し、曼荼羅の諸尊に礼拝し供養し、華を投じて華の落ちた尊格を本尊と定める。そこで本尊の名前と印と真言を授け、一体となることを願う。これが第二の三昧耶であり、別に結縁灌頂という。

③具壇三昧耶

弟子は曼荼羅や印を理解し、これを修行に結びつけることができる。阿闍梨はこの弟子のために曼荼羅を作り、曼荼羅諸尊の印などの意味を説く。さらに実際に真言や手印を教授し、行法の次第を教導する。これを受明灌頂という。

④伝教三昧耶

行者は曼荼羅行の法則を正しく理解し実践し、曼荼羅上の諸尊のなすべき働きに則り、阿闍梨としての資格をそなえ、師の心を喜んで受け入れる段階である。師は弟子のために「自分のように曼荼羅を造壇し、法を久しく継承し、弟子を育て仏種を断じないように」と教授する。これを伝法灌頂という。

⑤秘密三昧耶

大日如来の所説のごとく曼荼羅のすべてを自分のものとし、秘密智が生じる最終段階である。印も真言も曼荼羅諸尊と一体となり、秘密の法になりきった状況である。これを以心灌頂という。

空海は灌頂を密教儀礼としてきちんと位置づけることで、密教の教えが正しく継承される道筋を明らかにした。そして目的に応じた灌頂を授けることで、教団においては秘密の法が伝持され、在家者には密教に対する信仰を深め功徳を積む意義を示したのである。

神仏習合《しんぶつしゅうごう》

山岳密教

空海密教の特徴の一つが神仏習合《しんぶつしゅうごう》思想である。現在、私たちは「神社と寺は別個のもの」と思い込んでいるが、それは近年の認識であり、歴史的にはそう古くはない。神社と寺が分離したのは、明治初年に発令された「神仏分離令《しんぶつぶんりれい》」以降のことで、たかだか百五十年ほどの歴史しかないのである。しかも神仏分離は政治的になされたものであり、庶民の信仰の問題ではない。神仏融合の歴史は仏教伝来時から始まっており、それから数えると千三百年もの長きに及んでいて、人々の心に浸透している。千三百年の融合の歴史といっても、神仏習合の動きが顕著になるのは奈良時代以降である。その動きに大きく関与したのが密教である。いうまでもないが、奈良時代の密教は、空海が構築したような密教教学の体系が構築されたものではない。彼らは山岳に分け入り厳しい修行を行うことで、霊力のような特別な宗教能力を身につけようと励んでいた。

　奈良時代の仏教の主流は、華厳宗《けごんしゅう》・法相宗《ほっそうしゅう》・三論宗《さんろんしゅう》・倶舎宗《くしゃしゅう》・成実宗《じょうじつしゅう》・律宗《りっしゅう》のいわゆる南都六宗《なんとろくしゅう》である。この時代の日本は、まだ仏教未消化の状態であり、南都の僧たちの仕事は、中国などから入ってきた仏教の諸経論を理解吸収すること、それが中心課題であった。つまり多くの経典などの仏教資料を集めて整理し、その内容把握がなすべきことであったのである。すなわち奈良時代の仏教は、教理を学び研究研鑽することを主眼とした、いわば学僧衆の集まりなのである。南都六宗の僧は仏教を社会に向けて発信し、人々を救済する信仰運動を実践するのではなく、僧院に入った僧侶が法相学や華厳学などを身につけることが主眼であった。

　南都の官僧《かんそう》とは別の動きをしたのが、山岳密教者であった。山岳密教者は山林に分け入り、霊力をそなえるべく日夜厳しい修行に励んでいた。山岳密教者は修行によって体得した宗教的呪力《じゅりょく》を生かし、俗世間を超越した神通力《じんつうりき》をもって、病気平癒や現世安穏《げんぜあんのん》などの現世利益《げんぜりやく》を願う人々の欲求に応えようとしたのである。そのためには呪法を自在に操るための際だった呪力が必要であり、これを身につけるためには、前述した虚空蔵求聞持法《こくうぞうぐもんじほう》などの実践修行が不可欠であった。

　この山岳密教に対して空海の密教は、ただ呪力を得るための修行ではなく、成仏を目標にした修行体系を構築した。しかしそこに至るには、もう少し時間を必要とする。奈良時代は山岳密教者はもとより、南都の僧たちも有効な修行方法は見いだせずにいたのが実態である。それゆえ、南都の僧たちにとっては、山岳修行によって呪力がそなわるというだけでも、極めて新鮮で魅力的な修行方法に映ったのであ

江戸時代の山岳修行者・修験者
『西国三十三所名所図会』

る。それゆえ、南都の官僧たちのなかからも、山岳修行に興味を抱き、寺から出て山岳修行を実践する者が出てきた。山岳修行は官僧がまったく関与しなかったわけではない。たとえば天平宝字元年（七五七）に施行された「僧尼令《そうにりょう》」を見ると、官僧の山岳修行が厳しく規制される記述があるが、それは官僧が山岳修行を行っていた実態があったからである。

神々の苦悩と山岳密教

飛鳥時代以降、仏教は急激に拡大し、寺や僧侶の数も増大した。僧の増加は仏教が大衆に浸透することにつながるが、その一方で質の低下という問題も生じてきた。しかしそのような問題をはらみつつも、仏教が全国規模で展開していることは確実である。諸問題が起きることは、逆に仏教の勢力が着実に拡大していった証左なのである。

たとえば聖武《しょうむ》天皇（在位七二四〜七四九年）は、天平十三年（七四一）に国分寺の建立の詔《みことのり》を発し、さらに二年後には東大寺の大毘盧遮那仏《だいびるしゃなぶつ》造営の詔を発するなど、具体的な施策を実行に移して積極的に仏教興隆に努めていた。このような国家の力を背景に、仏教はまたたく間に組織化され、全国に基盤を固め、根を張っていった。そしてこの動きに応ずるがごとくに、独自に仏教活動を進め、展開していったのが山岳修行者である。彼らの行動は現実の力となって社会に浸透し、仏教が全国的に広がっていく実質的な働きを担ったのである。もとより山岳修行者は呪力を駆使し現世利益を行うのみではなく、各地に情報を提供するなどの役割も持つことで、さらに存在感を強めていった。山岳修行者の活動は、思った以上に幅広い影響力を及ぼしたのである。

山岳修行者の積極的な動きに伴い、さらには仏教の急激な拡大に呼応し影響され、神々の世界に思ってもみない異変が起きてくる。その異変とは、神が神の立場を捨てて仏教に帰依《きえ》するという現象で、「神身離脱《しんじんりだつ》」と呼ばれる新たな動きである。「神が神の身を捨てる」などということは、現代の私たちの感覚では不自然に思え、それがどのようなことなのかすぐには理解しがたいことである。なぜなら私たちは、神は人間を超越した存在と思い込んでいる。それゆえ、人間を超えた存在である神が自分の立場を捨てることなどは、まさに思いのほかのことである。神が神を捨てるとは、実際にはどのようなものであったのだろうか。

多度神《たどしん》と神身離脱《しんじんりだつ》

この「神身離脱」の問題を論ずるとき、必ず引き合いに出されるのが『多度神宮《たどじんぐう》寺伽藍縁起幷資材帳《じがらんえんぎならびにしざいちょう》』（現在の三重県桑名市の多度大社）の次の文章である。ときに天平宝字七年（七六三）のことであった。

　我れは多度の神なり。吾れ久劫《きゅうごう》を経て、重き罪業《ざいごう》をなし、神道の報いを受く。いま冀《こいねがわく》は長く神の身を離れんがために、三宝《さんぽう》に帰依《きえ》せんと欲す。

神は人間の眼には見えない存在で、自然そのものといってよい。それゆえ、神自身は言葉を発しないので「三宝に帰依したい」とする多度の神とは、神そのものではなく神を祀る責任者ということになる。つまり神主的な役割をしていた者であり、それはとりもなおさず地域共同体の長たるもの、つまり地方の豪族である。豪族は地方の共同体を治める責任者であるとともに、神を司祭する役割も担っていたのである。司祭者は、現在のように聖職に専念する神主とは当然まったく異なっている。すなわち豪族は、神の名を用い、司祭者という立場を有効に生かし、その上で人々を治めてきた。しかし、変革する時代の力に押され、それまでの地域統治の方法に限界が見え始め、新たな方便《てだて》が必要となった。それが「神の道を逸脱し罪業を作る結果となり、今やその報いで苦悩を受けている」という言葉になったのであろう。

だが教学を持たない神には豪族を救う具体的な方策はなく、救いを仏教に求める以外に窮地を脱する方法はなかった。なぜなら仏教には罪業を償うために何をなすべきか、それを示す実践と教学が確立しているからである。彼らがこの困窮した状態から脱するためには、今の神という立場を捨てて仏教に転じることを決意しなくてはならなかった。「三宝に帰依したい」という言葉はまさに豪族の告白なのである。しかし南都仏教は教学こそ確立していたものの、学問主体の奈良の学僧たちがその役を担えたわけではない。実際に神と仏が手を結ぶための橋渡しをしたのは、山に分け入り修行を行っていた山岳密教者である。彼らの働きが、神々を仏教へと引き込んでいったのである。

「神という立場を捨て仏教に帰依する」という「神身離脱」の宣言は、多度神が初めてではなく、すでに鹿島《かしま》大神も発していたのである。多度神の場合も、鹿島大神のときも、山岳密教者である満願《まんかん》（万巻）が深く関わり、彼の力で神宮寺《じんぐうじ》が建立されたのである。たとえば満願は大般若経六百巻を書写し、これを鹿島大神に納めて神仏融合を計り神宮寺を建立した。あるいは箱根三所権現《はこねさんしょごんげん》などを建立するなど、精力的に神と仏とを結びつけていった。こういった満願の動きに端を発し、様々な山岳密教者の動きが活発になった。すなわち住吉《すみよし》神宮寺・伊勢《いせ》大神宮寺などはもとより、神宮寺建立の動きは八世紀後半から九世紀にかけ、急速に全国的に広がっていったのである。

このように神からの「神身離脱」の声を聞いて素早く反応し対応したのが、満願などの山岳密教者たちであり、空海もまた彼らと結びつき、彼らのこの考えを継承した一人と考えられる。彼らは「三宝に帰依したい」という全国の神々から発せられた託宣《たくせん》を受け、神を仏教帰依に向かわせるべく積極的に動いたのである。

神宮寺建立の代表的な存在である満願は、このような伊勢多度大神の託宣を耳にすると、すぐさま多度山の南に小堂を建て神宮寺とし、ここに多度菩薩という神像を造立し安置した。これが天平七年、すなわち七六三年のことである。満願は小堂のなかに神像を彫って安置し、これを仏になろうとする神の修行している姿、すなわち菩薩と同等に位置づけた神像としたのである。これこそまさに神が三宝に帰依し、菩薩行の実践者となったことを形で表したものである。

密教化の展開

満願などの山岳密教者の力で神仏の融合が足早に進められたのであるが、平安時代になると密教化現象はさらに大きくなる。もちろん、それは空海の出現が最大の原因である。

山岳密教者が神宮寺を造るなど、具体的な働きにおいて神仏融合を行ってきた意義は、確かに大きい。しかし教理的に見れば、山岳密教は南都仏教には遥かに及ばない。すなわち南都が華厳学・法相学・三論学などの諸宗の教学で身を固めているのに対し、山岳密教は密教教学がないに等しかったからである。そうしたとき、密教教学の確立者の空海が、神仏融合の論理を真言教学に位置づけたのである。その空海の理論については後述することになるが、空海が打ち立てた密教理論は平安時代のみならず、日本思想の大河となったのである。

たとえば鎌倉時代は「新仏教の時代」といわれ、それまでの真言宗や天台宗に代わって新たな仏教運動を展開した。新仏教とは、法然の浄土宗、栄西の臨済宗、道元の曹洞宗、日蓮の日蓮宗、親鸞の浄土真宗、一遍の時宗などである。彼らはそれぞれに独自の思想を掲げ、仏教を社会に広め、日本をリードしていった。彼らは時代の変化を巧みに読み、まさにきら星のごとき光を発し、人々の心に迫っていった。このように新仏教の力は大きな流れとなって、その後も展開していったことは言をまたない。

確かに新仏教の力は大きいのであるが、だからといってその動きで密教が力を失い衰退したわけではない。たとえば現代に新宗教が出ても、旧仏教は厳然として存在している。そのように鎌倉時代に新仏教が展開しても、密教は厳然として存在していたのである。むしろ本地垂迹説《ほんじすいじゃくせつ》に見られるように、神信仰を巻き込んだ密教信仰は拡大し、さらに展開したのである。このことは案外忘れられがちであるが、日本人の精神文化を考える上では密教というキーワードは欠かせないのである。

日本の密教化の一例

密教が鎌倉時代以降も神と連携することで大きな勢力を維持していたことは、『沙石集《しゃせきしゅう》』＊によっても知ることができる。ここでは『沙石集』に記載されている、伊勢神宮における密教化の話に注目してみたい。『沙石集』の著者である無住《むじゅう》は、一般には臨済宗の僧侶とされるが、「八宗兼学《はっしゅうけんがく》」の僧としても知られるように幅広い見識を持っていた。さらには天台宗・浄土宗・法相宗にも通じ、真言宗や律宗の僧侶とする説もある。

その無住が弘長年間（一二六一～一二六四年）に、伊勢神宮に詣でたときの話である。無住は、日本の神祇信仰の最大最高の聖地である伊勢神宮の膝元に密教が浸透していたことを知っていた。しかし伊勢神宮は、表面は密教を隠していたので、その理由を社官に尋ねたのである。その質問に対して社官は、「伊勢が密教化しているにもかかわらず仏法僧の三宝を表立って言わず、僧侶が社殿近くに寄らないことには深いわけがある」として、次のように答えたのである。

＊弘安六年（一二八三）成立の仏教説話集。

伊勢内宮
『西国三十三所名所図会』

昔この国がまだなかったとき、大海の底に大日の印文を発見した太神宮（アマテラス）は、鉾《ほこ》を下ろし、探った。探り上げた鉾のしたたりが露のごとくになって国土が作られそうになった。それを遥か遠くから察知した第六欲天主である魔王が、「このしたたりが国土となれば仏法が流布《るふ》し、人々は人倫を守り解脱《げだつ》を目指すようになる」と思い、六欲天から下ってきた。太神宮は魔王に会い「私は三宝の名も口に出さず、自分の身にも近づけない。それを約束するので、安心して帰ってください」といったので、魔王は帰っていった。

伊勢神宮はこのようなアマテラスの約束を遵守しているので、僧侶は神殿に近づかないし、経典も持ち歩くことはしないのである。少なくとも表面上は仏教を避けているようにしなくてはならない。しかしアマテラス自身が大日如来《だいにちにょらい》の垂迹であるから、実際は深く三宝に帰依しているのである。

『沙石集』はさらに次のように記している。

都《すべ》ては大海の底の大日の印文より事起こりて、内宮外宮《ないぐうげぐう》は両部《りょうぶ》の大日とこそ習い伝えて侍《は》べる。天《あま》の岩戸《いわど》というは都率天《とそつてん》なり。高天原《たかまがはら》ともいうなり。神の代の事、皆由《よし》あるにこそ。心音の意には、都率をば内証《ないしょう》の法界・密厳《みつごん》国とこそ申すなれ。彼の内証の都を出で、日域《にちいき》跡《あと》を垂れ給う。故に内宮は胎蔵《たいぞう》の大日、四重曼荼羅を象《かたど》りて、玉垣・瑞籬《みずがき》・あら垣など重々なり。鰹木《かつおぎ》も九あり。胎蔵の九尊を象る。外宮は金剛界《こんごうかい》の大日、或いは阿弥陀とも習い侍るなり。金剛界の五智に象るには月輪《がちりん》の五あり。胎金両部陰陽に象る時、陰は女、陽は男なる故

伊勢外宮
『西国三十三所名所図会』

に、胎には八葉に象りて、八人女とて八人あり。金は五智男に官《つかさ》どりて五人の神楽人といえるこの故なり。

伊勢神宮は『日本書紀』などの神話を堅守しなければならないのであるが、その反面、密教化の流れに抗することができない事情もあった。逆な見方をすれば、神祇信仰の本山である伊勢を取り込むには、伊勢に表面上は仏教を嫌うという意味づけをせざるを得なかったともいうことができる。

いずれにせよ、伊勢のアマテラス信仰を大日如来から生まれ出たものとしたことは、伊勢の神話が密教思想によって作られたことを意味する。具体的には、伊勢の内宮は胎蔵曼荼羅、外宮は金剛界曼荼羅というように、両部曼荼羅思想が下敷となっていることは明瞭である。密教は曼荼羅理論をもって神仏融合の理論的根拠としたのである。

空海と神信仰

このように神信仰を巻き込んで展開した密教は、少なくとも神仏分離令《しんぶつぶんりれい》の発令までは日本人の精神世界に大きな影響を与えていたのである。こういった流れを生み出した空海は、仏教と神との関係をどのように考えていたのであろうか。

神仏習合《しんぶつしゅうごう》といっても、習合の形態には幾筋かあってどれもが同じではない。一つは、神身離脱《じんしんりだつ》を宣言し神の方から仏教に連携を求める場合であるが、これについてはすでに述べた。次は神体山《しんたいさん》などの神の聖域内に寺を建立し、神との連携をはかる場合。もう一つは、すでに建立された寺があって、ここに新たに神を勧請《かんじょう》＊し連携する場合がある。これらは神が鎮守としての役割を持つのである。

鎮守神として最も古い例は、奈良の手向山八幡《たむけやまはちまん》が最初である。八幡神が東大寺《とうだいじ》の鎮守として勧請されたのである。八幡神が選ばれたのは、東大寺の大仏建立に多大な貢献をしたことにある。東大寺鎮守八幡建立の目的は、大仏を守護する役割である。東大寺に端を発し、八幡神は次々に勧請された。大安寺《だいあんじ》の鎮守八幡、薬師寺《やくしじ》の鎮守八幡などを筆頭に、奈良の地域を中心に、次々と勧請され建造されたのである。比叡山《ひえいざん》の日吉大社《ひえたいしゃ》にも、名前は八幡とはなっていないが、同体と見られる神が祀られているとの報告もある。

仏教と神との連携は、空海や最澄によっても積極的に進められた。比叡山には日吉大社があり、高野山には高野明神《こうやみょうじん》との間で神宮寺《じんぐうじ》が建立された。高野山に仏教寺院を建立するには、山の神である地主神《じぬしがみ》に鎮守を願うことが大切なこととされたのであろう。神に鎮守を願う具体的行為は、最澄や空海が始めたことと思われる。

空海と八幡神《はちまんしん》

空海の大学を中退してからの七年間の空白については諸説あるが、大和の金峯山《きんぷせん》あるいは阿波の大滝嶽《たいりゅうのたけ》など、近畿や四国などの山々で行を積んでいたと考えるのが妥当であろう。空白といっても歴史上に空海の名が隠れていただけで、空海自身

＊仏・神の分身・分霊を、他の場所に移し祀ること。

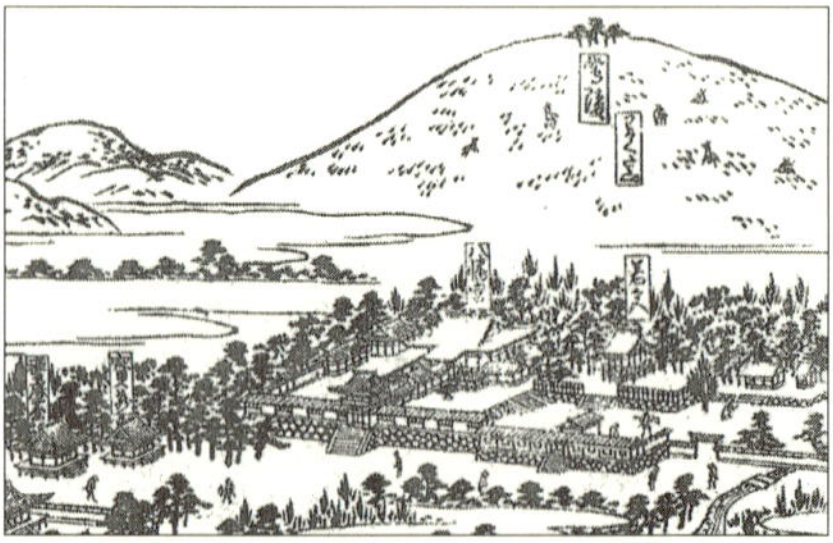

手向山八幡
『大和名所図会』

は空虚であったわけではなく、むしろむなしからざる七年間であった。そして山岳を遊舞しつつ修行と学問に励む一方、山岳密教の僧たちと厳しい修行を重ねて宗教体験を深めていた。空海が山岳修行をしていたからこそ日本の神々との接触が深まっていったのであり、そこで八幡神と関わりを持つ機会ができたと思われる。

　空海の思想を十分に理解するには、神仏習合の実態を考慮しなくてはならない。具体的には八幡神との関係である。八幡神は東大寺大仏の建立の貢献者であり、奈良時代から大きな力を持っていた。空海もまた八幡神とは深く関わっていたと思われる。不思議なことに空海が関係した寺は、なぜか八幡神との関わりを持っているのである。東寺はもとより高雄山神護寺《たかおさんじんごじ》・乙訓寺《おとくにでら》など、空海が関わった寺のすべてが八幡神とのつながりを持っている。

　たとえば空海が初めて入寺した高雄山神護寺もそうである。この寺は和気《わけ》氏の私寺であった高雄山寺と神願寺《じんがんじ》の二つの寺が合併し一つになった寺である。そしてその神護寺という寺号の意味は、「宇佐八幡《うさはちまん》の神意に基づいて建てた寺」といわれている。つまり神護寺は八幡神と関係の深い寺なのである。

　この高雄山神護寺は空海が唐より帰朝し、その後許されて入京したのが大同四年（八〇九）であるが、空海が最初に拠点とした寺である。そしてこの神護寺は当然ながら和気氏ゆかりの寺であり、宇佐八幡との関係が深い。たとえば道鏡《どうきょう》の皇位継承問題が起きたとき、和気清麻呂《わけのきよまろ》は八幡大菩薩《はちまんだいぼさつ》が鎮座する九州大分の宇佐八幡宮へ派遣され、そこで道鏡を皇位につかせるか否かの託宣を願った。そして「宇佐八幡

神護寺と八幡（右下端）
『都名所図会』

は、臣下の者が皇位につくことを望んでいない」との託宣を持ち帰り、それによって道鏡が失脚した話は有名である。神護寺と和気氏と八幡は深く関係しているのである。この神願寺すなわち神護国祚真言寺《じんごこくそしんごんじ》は、詳《つまび》らかには「八幡神の加護により国家鎮護を祈念する真言の寺」という意味であることからも、この寺が密教寺院であるとともに八幡神と深く結びついていることは明らかである。

この高雄山神護寺には、「互いの御影《みえい》」と称する画像がある。互いの御影とは、八幡神が空海を描き、空海が八幡神を描いたとされる図像である。まさに空海と八幡の結びつきが語られているかのごとくである。

互いの御影と同じような話は乙訓寺にも残されている。乙訓寺は聖徳太子が創建したと伝えられる古刹《こさつ》で、嵯峨《さが》天皇は空海をこの寺の別当に任じ、鎮護国家の道場と定めたと伝えられている。ときに弘仁二年（八一一）のことである。当寺は空海が一時住んでいたとされる寺で、ここで最澄との交流もなされたともいわれている。ここに「八幡菩薩・弘法大師合体尊像」と書かれた版画像がある。伝承によれば、空海が八幡像を彫っているとき翁が現れたという。その人は八幡神が姿を変えたものであり、翁は「私も力を貸すので、協力して一体の像を造ろう」と言ったという。そこで空海は首から上を彫り、八幡神は肩から下を彫ったという。別々に彫ったのに、組み合わせるとわずかな狂いもない僧形八幡《そうぎょうはちまん》の合体像が完成した。顔は老僧の風体《ふうてい》で空海とは別人だが、首から下を見ると、右手に五鈷杵《ごこしょ》・左手に念珠《ねんじゅ》を持つ大師像である。

東寺《とうじ》と八幡神《はちまんしん》に見る神仏習合《しんぶつしゅうごう》

東寺《とうじ》には空海が彫ったとされる有名な「八幡三神像」がある。もちろん、これはあくまでも伝承である。しかし制作の年代は八〇〇年代の半ばころとされ、現存する八幡像としては日本最古という。これに続く作例は奈良・薬師寺の八幡の三神像で、これは八〇〇年代末の造立《ぞうりゅう》といわれている。なお東寺の八幡三尊神像は、僧形八幡神像と二体の女神像である。

『東宝記《とうほうき》』によれば、東寺の創建にあたり八幡神を勧請したところ、空中に八幡が現れた。空海はそれを写し取り、後に自ら八幡神像を刻んだという。それが東寺にある三体の神像である。ちょうどこのころ朝廷に問題が起こった。いわゆる「薬子《くすこ》の変《へん》」の勃発である。この変は、平城《へいぜい》上皇と嵯峨天皇の対立によって起きた事件である。平城上皇の動きを知った嵯峨天皇は素早く対応し、平城上皇が仏門に入ることで決着した。このとき嵯峨天皇は空海に意見を求めたという。空海は天皇に八幡神の勧請を勧め、自らも嵯峨天皇勝利を祈念し、一心に祈禱を行ったのである。これが一つの契機となり、その後の空海の活躍の緒《しょ》となったのである。空海と八幡神との関わりは極めて深いものであったことは否めない。

東寺と八幡神との関係は、寺院名にも表れている。東寺の名称は「教王護国寺《きょうおうごこくじ》」といわれているが、それは正式名ではない。確かに宗教法人の公式名では教王護国寺であるが、それは古来からの正式名ではない。伝承によれば、東寺には正式名と

東寺南大門（中央手前）と八幡（左端）
『都名所図会』

正式別称との二とおりがあると伝えられている。正式名は「金光明四天王教王護《こんこうみょうしてんのうきょうおうご》国寺秘密伝法院《こくじひみつでんぽういん》」であり、正式別称は「弥勒八幡山総持普賢院《みろくはちまんざんそうじふげんいん》」である。

初めの「金光明四天王教王護国寺秘密伝法院」という名称は、護国経典としての『金光明最勝王経《こんこうみょうさいしょうおうきょう》』との関係が深い。この経典が日本へ最初に伝わったのは、曇無《どんむ》讖《せん》訳の『金光明経』であり、その後八世紀ころに義浄《ぎじょう》訳の『金光明最勝王経』が伝わった。聖武天皇はこの『金光明最勝王経』を写経して全国に配布した。そして天平十三年（七四一）には全国に国分寺《こくぶんじ》を建立し、「金光明四天王護国之寺」と称したのである。四天王は聖徳太子以降、日本を守る護国天として強い信仰が続いている。

「教王」とは王を教化するとの意味であり、教王護国寺という名称には、国家鎮護の密教寺院という意味が込められている。秘密は密教の甚深《じんじん》の法《ほう》を意味し、伝法《でんぽう》とは密教の教えが伝承されていることを指している。

もちろん東寺という名称も西寺に対する意味との理解もあるが、単なる通称・俗称ではなく創建当時から使用されてきた歴史的名称なのである。そのことは平安時代以降近世まで、公式の文書・記録類には原則として「東寺」という表記が用いられていることでも知られる。その意味では東寺が正式名称ということになり、「教王護国寺」という呼称は特殊な場合以外には用いられなかったのである。いずれにしても「金光明四天王教王護国寺秘密伝法院」という名称は、鎮護護国を祈ることを前面に打ち出したものであり、『金光明最勝王経』の護国思想と関連づけられている。いわば表向きの名称といえる。

そして第二の「弥勒八幡山総持普賢院」の名称こそが東寺の実態を物語るものであり、これこそが本音の名称であろう。弥勒八幡という山号は、まさに弥勒寺《みろくじ》を併せ持つ宇佐八幡神を指すものであり、ここに空海と八幡の深い絆《きずな》が感じられるのである。その宇佐八幡は、かつては神宮寺であり、境内には弥勒寺が建立されていた。つまり宇佐八幡は、八幡神信仰と弥勒信仰を併せ持っていたのである。

宇佐に弥勒寺を造った僧が、宇佐氏の一族といわれる法蓮《ほうれん》である。法蓮の生存年代は明確ではないが、誕生は天武天皇二年（六七四）ころであり長寿であったと伝承されている。文献資料には記載がなく伝説の人物ともされているが、法蓮の伝説伝承がすこぶる多くあることから見て、実在の人物と見なしてよいだろう。

法蓮は、唐に渡り玄奘《げんじょう》に師事し、日本に法相唯識《ほっそうゆいしき》を伝えた道昭《どうしょう》の弟子の一人である。宇佐に帰って後は法相の教理を生かした活動に努めた。すなわち彦山《ひこさん》において道教と混交した仏教修行を行い、四十九窟を建立し、虚空蔵寺《こくうぞうじ》を開基した。四十九院とは兜率天内院《とそつてんないいん》の宝殿のことで、内院中央の摩尼宝殿《まにほうでん》を囲み、四方にそれぞれ十二宮があるといわれる、その総称である。行基《ぎょうき》が畿内に四十九院を建立したのは、兜率天内院の発想があったものと見ることができる。四十九窟は法蓮の弥勒浄土の世界を想定したものであろう。

虚空蔵信仰は、山岳密教者が実践する虚空蔵求聞持法《こくうぞうぐもんじほう》の修行に通じている。法蓮は上毛郡《こうげのこおり》山本において虚空蔵菩薩を安置し修行することで、呪力をそなえた山岳密教者となり、弥勒の化身とも称されていた。以上のように宇佐八幡は、弥勒信仰と山岳密教と深く関係する。空海もまた弥勒信仰者であり、八幡神との交流も深い。八幡神を抜きにして空海を語ることはできないのである。

また東寺の正式別称名にある総持《そうじ》は、音写すれば陀羅尼《だらに》である。総持とは、「総《すべ》てを持《じ》す」ということであり、具体的には真言陀羅尼のことである。空海が東寺に八幡神を鎮守として勧請したように、神仏合体した寺が東寺なのである。

神分《じんぶん》

神仏習合の思想は、密教の様々な行法や儀礼に織り込まれてくる。たとえば護《ご》摩《ま》供《く》などの行法や地鎮祭《じちんさい》などの儀礼を修するときなどに読まれる「神分《じんぶん》」にも見ることができる。神分とは、神下《かみおろし》ともいい、修法《しゅほう》の際に神に所願成就の擁護《ようご》を願い請う文言のことである。なお神分の分とは、法施を諸神に分けるという意味とされている。神分の根拠は『大日経《だいにちきょう》』に求められるが、そのことは『大日経』自体にすでに神仏融合思想があったということになる。いいかえれば、密教は最初から神仏習合思想であることを物語っているのである。神と仏の友好関係は『大日経疏《だいにちきょうしょ》』の「入曼荼羅具縁真言品《にゅうまんだらぐえんしんごんぼん》第二之余」に次のように説示されている。

釈尊の悟りを妨害するため、欲界の支配者である魔王破旬《はじゅん》が菩提道場に現れた。そして魔王は次のように言った。「俺は欲界の王破旬である。すべてのものが俺の命にしたがわねばならない。汝《なんじ》はそこを立ち去れ」と言った。それに対し釈尊は「あなたは欲界の王かもしれない。しかし私は欲界はおろか、一切の輪廻《りんね》から解脱したものだ」と応じた。すると破旬は勝ち誇って「おまえは俺を欲界の王と認めた。しかし、おまえを解脱者と認めるものはだれもいない」と言った。そのとき釈尊は「私がこの地で菩薩行を行い、難行苦行をなしたことは地神が知っている」と言い、右手を地につけたのである。その途端、地中から神々が出現し、釈尊が悟りを得たことを証明した。神々の証明により魔王の軍勢は敗れて消え去った、という話である。ちなみに右手を地につける印を、魔王を退ける意義があることから降魔印《ごうまいん》、地に触れたことから触地印《しょくちいん》という。『沙石集』にあった第六欲天の魔王の話は、この『大日経疏』の説示と重ね合わせてみることができる。

ここで現在用いられている『不動法』の次第に記載されている神分を見てみよう。

令法久住利益人天護持弟子悉地円満のために

摩訶毘盧遮那宝号

観自在菩薩名

金剛手菩薩名

外金剛部天等を始め奉って　三界所有の天王天衆　大日本国王城鎮守諸大明神

天照大神八幡大菩薩等六十余州の大小の神祇　珠《こと》に別《わ》いては当所鎮守部類眷属

護持仏子　当年属星　本命元辰本命曜宿　北斗七星諸宿曜等　炎魔法王泰山府

司命司録冥官冥衆　当年行疫流行神等　乃至自界他方の権実二類　併《あわせ》法楽荘厳

離業得道のため一切神分に

神分には、天照大神や菩薩となった八幡神のみならず、道教の炎魔《えんま》法王《ほうおう》や泰山府《たいざんふ》君《くん》も名を連ねている。このように密教の法要や儀礼で唱えられている神分には、日本の神のみならず異教の神々も包含されている。これらの神々は、何らの脈絡もなくただ集められているように思えるが、密教的には矛盾はないのである。もとより一神教的な思考とは反対であるが、密教は独自の論理をもって合理化するのである。

神仏融合の教義

密教の思想は曼荼羅《まんだら》にあり、その特徴は総合性である。特に『大日経』や『大日経疏』による胎蔵《たいぞう》曼荼羅は、理《り》の曼荼羅とも称されるようにあらゆる現象世界を総合的な視点から構造的に表現している。

先にも少し触れたが、胎蔵曼荼羅は中大八葉院《ちゅうだいはちよういん》を、初重《しょえ》・第二重・第三重という三重の枠で囲む構造となっている。* 胎蔵曼荼羅の中心である中台八葉院は、胎蔵曼荼羅の教えの核心が示されている。そして初重以下で、具体的な方便《てだて》が展開するのである。『大日経疏』では胎蔵曼荼羅の構造を、次のように説明している。

金剛密印従《よ》り第一重の金剛手等の諸の内眷属《けんぞく》を現じ、大悲万行従り第二重の摩《ま》訶薩埵《かさった》の諸の大眷属を現じ、普門方便従り第三重の一切衆生の喜見随類《きけんずいるい》の身を現ず。若し輪王の灌頂を以って之に方《あた》れば、則ち第三重は万国の君長の如く、第二重は朝廷の百揆の如く、第一重は宗枝《しゅうし》の内弼《ないひつ》の如く、中胎は垂拱《すいきょう》の君の如し。故に、花台の常智を大漫荼羅王と為す。

＊76ページ参照。

このままではわかりづらいので、次のように整理してみた。

花台　→常智　→大漫（曼）荼羅王　→　転輪聖王《てんりんじょうおう》
中台八葉院　→金剛密印　→　垂拱の君
第一重　→金剛手等の内眷属　→　宗枝の内弼
第二重　→大悲万行→摩訶薩埵の諸大眷属　→　朝廷の百揆
第三重　→普門方便→一切衆生の喜見随類身→　万国の君長

八葉蓮華の台《うてな》は普遍の智慧を表し、それは大曼荼羅王であり転輪聖王である。転輪聖王とは、インド神話に登場する偉大な帝王で、武力を用いずただ正義のみで全世界を統治する理想像である。仏教でも転輪聖王を「三十二相を有し七宝をそなえ、武力を持ちいず一切の障害を摧破し、平和に世界を統治する王」として、如来と重ね合わせて重視している。大曼荼羅王すなわち大日如来《だいにちにょらい》は、この転輪聖王にたとえたものである。転輪聖王は全世界の王であるから、すべての国の王の頂点に立つ存在である。この転輪聖王と同様に、大日如来も同じ如来とは称しつつも、如来のなかの如来という立場であることがここに提示されている。

　中台八葉院の大日如来を囲む八葉の蓮弁に描かれる四仏四菩薩は、金剛なる秘密の印《しるし》である。垂拱の君とは、大日如来の意を理解し最も重要な部分を担う働きを示している。『大日経』の教えは、すべて中台八葉院に凝縮されているのである。

　初重は中台八葉院からの指令を受け取り、誤りなく実行するところである。宗枝の内弼とは「主君を補佐する次官」のような役割で、理念を示す場である。第二重は、大悲心をもって衆生救済活動を展開することを示したところである。摩訶薩埵とは大菩薩のことで、菩薩行が展開されるところである。百揆とは国の政治を主宰する役割であるから、ここでは大日如来の教えが実行される場ということになる。最後の第三重は、あらゆる人々に全国的に具体化されることを示したところである。万国の君長とは地方の大名といった意味であるから、大日如来の慈悲と智慧の働きがすべての人に行きわたることを表している。

　これを現代の日本の社会に見れば、天皇が中心に存在し、具体的な行政は総理大臣と要の人が日本の方向性を定め、諸大臣や官僚が具体的な施策を作り、担当者が実行する。そして全国の知事や市長が、きめ細かく実施し国民の生活に生かす。もちろん中身は違うが、こういった組織論で考えるのが曼荼羅理論なのである。

空海と曼荼羅《まんだら》思想

『十住心論《じゅうじゅうしんろん》』述作の意図と曼荼羅《まんだら》理論

　以上、空海が重視した密教思想や実践を個々に取り上げ、述べてきた。たとえば法身説法《ほっしんせっぽう》・即身成仏《そくしんじょうぶつ》・三密行《さんみつぎょう》・形像曼荼羅《ぎょうぞうまんだら》・灌頂《かんじょう》などだが、これらの個別の教義はすべて曼荼羅思想から発信され、また帰着する。いいかえれば、空海が提示した数々の密教の教えの根源は、曼荼羅思想なのである。その曼荼羅思想を基盤にした代表的な著作が、『秘密曼荼羅十住心論《ひみつまんだらじゅうじゅうしんろん》』（『十住心論』）である。曼荼羅理論によって構築された『十住心論』の体系は、仏教を中心としてあらゆる人間の心の様相を十綱に分けて分析したもので、概略すれば次のとおりである。

一、異生羝羊心《いしょうていようしん》（本能のみの状態で倫理以前の世界）
二、愚童持斎心《ぐどうじさいしん》（倫理的世界）
三、嬰童無畏心《ようどうむいしん》（宗教心が芽生えた世界）

これらを「世間三箇《せけんさんが》の住心《じゅうしん》」と呼ぶ。

四、唯蘊無我心《ゆいうんむがしん》（無我を知ることができる世界）
　声聞乗（仏弟子たち）の世界で、律宗・成実宗・具舎宗など。
五、抜業因種心《ばつごういんじゅしん》（縁起を理解できる世界で独覚乗）
六、他縁大乗心《たえんだいじょうしん》（識のみが実在で、他は幻想であると観ずる世界で、法相宗）
七、覚心不生心《かくしんふしょうしん》（一切は空であると見る般若の世界で、三論宗がこれにあたる）
八、一道無為心《いちどうむいしん》（現象のすべては真実であることを知る世界で、天台宗）
九、極無自性心《ごくむじしょうしん》（一切の対立を超えた世界で、華厳宗）
十、秘密荘厳心《ひみつしょうごんしん》（密教の世界で、真言宗）

『十住心論』では、第一「異生羝羊心」から第九「極無自性心」までを顕教《けんぎょう》、第十「秘密荘厳心」のみを密教とした。それまで仏教は、小乗仏教《しょうじょうぶっきょう》（部派アビダルマ）・大乗仏教《だいじょうぶっきょう》・密教という区分けで考えられていた。釈尊の教えを継承した部派アビダルマ、次に興起した大乗仏教、そして後期大乗ともいわれる密教、というように歴史的展開の上で区分けがなされていたのである。しかし空海は、異教を含めて密教以外の宗教を顕教とし、顕と密というまったく新たな視点からの分類をしたのである。

顕・密という視点から著された『十住心論』には、九顕一密と九顕十密という二つの解釈がなされた。九顕一密とは、第一住心から第九住心までが顕教であり、第十住心が密教であるという見方である。そして九顕十密は、九顕もすべて密教の範疇であるとの見方である。いずれの説にしろ、密教眼をもってすれば顕教も密教ととらえることができると、空海は『弁顕密二経論《べんけんみつにきょうろん》』で次のように述べている。

> もし浅をもって深に望むれば、深はすなわち秘密、浅略はすなわち顕なり。ゆえに外道《げどう》の経書にもまた秘蔵の名あり。如来の所説の中にも顕密重々なり。もし仏、小教を説きたもうをもって外人の説に望むれば、すなわち深密の名あり。大をもって小に比すれば、また顕密あり。

要するに密というのは、異教を含めた顕教の教えにも真実があるので、それを見極める宗教的な能力を持つものを指す。『般若心経秘鍵《はんにゃしんぎょうひけん》』の「顕密は人にあり」という言葉からも、密教眼をもつ人こそが密教を知ることができる、と理解できる。つまり顕教と密教との区別は表面上の言葉の違いではなく、物事の真実を見る深さにあるといえよう。

十住心の内容は、理論のみで構築したものではなく、当時の奈良仏教や天台宗などの現実の姿を視野に置き、部派アビダルマ仏教や異教まで包含し、これらを詳細に分類整備して論述した著作である。『十住心論』は十種という区分けで人の心のありようを論じているので、比較することは避けられない。それゆえ、同書は密教を優位に置くための「宗教思想批判書」とする見方もある。しかしその指摘は的を射ていない。むしろ批判ではなく、曼荼羅の理念に立ち、相互の連携・調和・和合の意義が示されていると見るべきであろう。なぜなら『十住心論』の詳しい名称は『秘密曼荼羅十住心論』であり、曼荼羅理論を踏まえているからである。

「秘密荘厳心」には金剛・胎蔵の曼荼羅の世界が示されているように、金胎両部の思想が示されている。しかし『十住心論』の全体構成から見ると、胎蔵曼荼羅を下敷にしていると考えられる。たとえば十住心を胎蔵曼荼羅に重ね合わせれば、第一住心から第三住心は最外院、第四住心・第五住心は釈迦院、第六住心から第九住心までは中台八葉院の四菩薩、第十住心は中央の大日如来《だいにちにょらい》と見ることができる。換言すれば最外院は世間三箇《せけんさんが》の住心《じゅうしん》を、釈迦院は声聞《しょうもん》・縁覚《えんがく》を、中台八葉院《ちゅうだいはちよういん》の四仏四菩薩は法相唯識《ほっそうゆいしき》・三論般若・天台・華厳《けごん》の四家大乗を、中央の大日如来は密教に重ね合わせたものと見ることができる。曼荼羅は密教のみならずあらゆる存在を包含している。曼荼羅を想定して著された『十住心論』は、当然ながら九顕十密なのである。

　曼荼羅では、そこに描かれる仏・菩薩・明王・天などの諸尊は、すべて大日如来の手足としての働きを示したものである。手足の働きは優劣を示すものではなく、役割が違うだけでそれぞれに存在意義がある。まさに曼荼羅の思想は、関係性を説く縁起思想を基盤としたもので、まさに連携・連帯の考えを図示したものであり、単に密教の優位性を示しているわけではないのである。

浅略釈《せんりゃくしゃく》と深秘釈《じんぴしゃく》

曼荼羅的思考に立てば、現象世界のすべてが密教ということになる。そうなると現実の密教と顕教との相違はどう説明するのか、という問題が残る。空海はそれを浅略釈《せんりゃくしゃく》と深秘釈《じんぴしゃく》にあると述べ、見る側の素養によって浅深の区別が生じるとする。

『弁顕密二教論』を見ると「法身《ほっしん》の説は深奥なり、応化《おうけ》の説は浅略なり」とあるように、深奥（深秘）と浅略の相違は、法身の直接の教えと応化身の教えであると論じている。法身とは悟りそのものであるから、深奥を知るためには悟りの三昧に浴さなければならない。つまり真言行者自身が、その深奥の境地に至らねばならない。それに対して浅略説は、深奥の境地に至ったものが、介在者となって聴聞者に説いたものである。これらを考慮に入れた上で、空海は顕教と密教の相違は「浅略釈と深秘釈」にあるというのである。

『十住心論』では、第三住心から第九住心において浅略釈・深秘釈の両説を示して密教の世界を論じている。浅略説とは文字どおりの解釈であり、深秘釈は本質を示したものである。空海は深秘の世界を深く心を洞察した精神性にあるととらえ、それは三昧によって得られるとしたのである。そしてその深秘の世界を、次のように弥勒などの菩薩になぞらえたのである。

他縁大乗心第六……弥勒菩薩の三摩地門………普遍大慈発生三昧
覚心不生心第七……文殊菩薩の三摩地門………加持力三昧
一道無為心第八……観自在菩薩の三摩地門……普観三昧

極無自性心第九……普賢菩薩の三摩地門………仏境界荘厳三昧

これらの菩薩は中台八葉院の四菩薩と同じであり、空海はこれら住心を胎蔵曼荼羅の中心に重ね合わせているのである。それがいかなる意味を持つのかを述べる前に、まずは中台八葉院の仏・菩薩の関係性を整理しておきたい。

宝幢如来………大円鏡智……普賢菩薩
開敷華王如来……平等性智……文殊菩薩
無量寿如来………妙観察智……観自在菩薩
天鼓雷音如来……成所作智……弥勒菩薩

如来と菩薩の相違は、理念と現象という関係で見ることができる。たとえば宝幢如来は大円鏡智という智慧を象徴し、普賢菩薩はその智慧を現象世界で展開する役割である。つまり菩薩は、深い三昧に入り如来の智慧を受けとめ、これを実践することを示している。空海はこの四菩薩の三昧の内容を、第六の弥勒は大慈悲、第七の文殊は智慧、第八は観音の清浄の理、第九は仏と等しい境界、と述べている。これら四人の菩薩はいずれも一生補処菩薩《いっしょうふしょぼさつ》である。一生補処菩薩とは、この一生で菩薩行を成し遂げ、次に生まれるときには如来となることを約束された菩薩である。つまり現実の菩薩ではなく、理想の菩薩である。その理想の菩薩が体現できる三昧の世界において、初めて法身説法を聞くことができるのである。それゆえ、この境地は宗教体験の世界であり、もはや日常言語で説明できる範囲ではなく、ただ真言のみが語ることのできる唯一の手段なのである。日常言語で語られる経典は、理解は可能だが、深い三昧の状態は表現し尽くすことは不可能である。空海はそれを浅略釈としたのである。各住心に深秘釈が示されたときに、空海は菩薩に対し、必ず「自心の真言」を誦するべきとしている。深秘釈を聴くためには、深い三昧に住し真言を誦して四菩薩になりきる以外にはないからである。

真言は経典の言葉とは異なり、教義内容を説明するために教示されたものではない。逆に短い真言の呪句のなかに、仏・菩薩の本誓を内蔵したものを見てとることである。知的な理解ではなく真言を誦することで、体験的に仏・菩薩になりきるためのものである。空海は『般若心経秘鍵』において、真言は人の思議《しぎ》でははかれないものであり「一字に千里を含み、即身に法如を証す」と論じている。まさに真言は仏・菩薩の本誓そのものなのである。

この第六から第九までの住心は、中台八葉院の四菩薩を強く意識している。第六住心に記された「大日如来の四行の一なり」という文は、曼荼羅上の四菩薩が大日如来の働きを示していることである。空海は法相・三論・天台・華厳という現実の四家大乗を念頭に置きながら、中台八葉院の四菩薩と重ね合わせている。曼荼羅的に見れば、これら四菩薩は大日如来の働きを担ったものであるから、優劣の差別ではなく、働きの違いを示したものなのである。

曼荼羅《まんだら》理論と現代

ひるがえって見ると、人間の歴史は戦争と平和の繰り返しである。最初は規模も小さく小競り合い程度であった争いも、次第に殺傷力の強い武器が用いられるようになり、被害が拡大していく。今日では化学兵器や原爆などが用いられることで、さらに多くの命が失われるようになった。人々は戦争の悲惨さを重く受けとめ平和を求めるのだが、それでも同じ過ちを犯してしまう。その連続である。

釈尊は悟りを得て、争いの原因を自我意識にあると指摘した。自我意識とは自分が自分がという意識で、他を省みない心である。しかし自分の主張のみであれば、他が受け入れるはずはなく、必ず何らかのもつれや葛藤が生じるものである。争いは自分から作り出すのである。

釈尊の教えの根本は縁起《えんぎ》・因縁《いんねん》の思想である。縁起とは、よって起きている状態をいい、すべての存在は複雑に関係し合って成り立っていることをいう。そして因縁とは因と縁であり、因は直接原因を、縁は間接原因をいう。たとえば因は自分の意思であり、縁は自分を取り囲む環境である。いかにすばらしい構想があっても、周囲の環境が整わなければそれは成就しない。何かを成し遂げたいと思うならば、それに関係する人の協力は不可欠である。なぜなら社会は、自分があって全体があるのではなく、全体のなかに自分があるからなのである。

曼荼羅は、この縁起の思想を基盤に置き、縁起の世界を図像をもって密教的に表現したのである。曼荼羅とは総体的にものごとを考えるもので、いわば「個性を尊重し調和をはかる」思想である。曼荼羅には大日如来を中心に四如来がいて、さらには菩薩・明王・ヒンズーの神々などあらゆる存在が描かれている。曼荼羅に描かれるこれら諸尊は、個々には異なる存在であるが、互いに連携し、それぞれの役割を果たすことの大切さを示している。空海もまたこの曼荼羅理論をもって『十住心論』を著し、諸思想を包含・体系化し、和合連携の論理を展開したのである。

空海は、あらゆる現象を「顕」といい、その現象の背後にある真実を見ることを「密」と称したように、密教は見方の相違にあるとした。各十住心にある声聞仏教も大乗仏教も、それぞれに意味のある存在なのである。『十住心論』の九顕十密論は差別ではなく、あらゆる現象を密教眼からとらえようとした曼荼羅的思考なのである。

私たちを取り巻く環境は、大小を問わずすべて曼荼羅である。たとえば家庭には家庭曼荼羅、国を単位とすれば国曼荼羅、世界では世界曼荼羅となる。しかし曼荼羅と称されるためには、いくつかの心がけが必要である。一つは他を優先する心、すなわち「慈悲」を持つこと、二つには自分の欲望ではなく、たとえば悟りといった普遍的な目標を持つこと、その二つである。世界には、多くの民族がありそれぞれに宗教を持っているが、それが個性である。その個性を大切にしながらも、互いに認め合い連携をはかれば、曼荼羅世界が実現するのである。

（小峰彌彦）

第2部

空海を学ぶ

空海の密教芸術

曼荼羅《まんだら》

両部曼荼羅《りょうぶまんだら》

両部曼荼羅《りょうぶまんだら》とは、胎蔵《たいぞう》曼荼羅と金剛界《こんごうかい》曼荼羅を合わせて呼ぶための名称であり、両界《りょうかい》曼荼羅*ともいう。空海は、在唐中、宮廷画家であった李真《りしん》などに図画を描かせ、多くの両部曼荼羅を日本に請来《しょうらい》した。空海は、帰国後に著した『御請来目録《ごしょうらいもくろく》』において、「密蔵《みつぞう》は深玄《しんげん》にして翰墨《かんぼく》に載せがたし。さらに図画を仮《か》りて悟らざるに開示す」と述べている。すなわち大日如来《だいにちにょらい》の悟りは広大で深く、凡夫《ぼんふ》にはうかがいがたい世界であり、いかに文章表現を駆使しようとも、その全体像を示すことは難しい。そこで真言密教では、曼荼羅という図画を用いて、だれでも視覚を通じて直観的に聖なる世界を体感できるように表現したのである。この両部曼荼羅が伝えられて以降、「曼荼羅」という概念は日本で広く受け入れられ、後述する「浄土《じょうど》曼荼羅」や「神道《しんとう》曼荼羅」などのように密教と関係しない宗教画も、「○○曼荼羅」と呼ぶ慣例が生まれた。

＊両界曼荼羅という場合には、金剛界曼荼羅に合わせて胎蔵曼荼羅を胎蔵界曼荼羅と呼ぶ。

両部曼荼羅のうち、基本となるのは空海が唐より請来した曼荼羅であり、その図様を引き継ぐものは一般的に「現図《げんず》」を冠して呼ばれる。空海が請来した両部曼荼羅は、灌頂《かんじょう》*で用いられたため損傷が著しく、帰国後、十六年目の弘仁十二年（八二一）には、第一転写本が作られたと記録される。これらの請来本および第一転写本（弘仁本）は現存しないが、その流れを受け継いだのが、現存最古の「高雄《たかお》曼荼羅」と考えられている。また現図両部曼荼羅の転写は、以降もしばしば行われ、第二転写本（建久本）、第三転写本（永仁本）は現存している。この現図両部曼荼羅以外にも、それとは構図や彩色を異にする両部曼荼羅が存在しており、代表的な作例として、「東寺西院《とうじさいいん》曼荼羅」や「子島《こじま》曼荼羅」などを挙げることができる。

両部曼荼羅に込められた意味については、「空海の思想」を参照していただき、以下では、両部曼荼羅に関する実際の作例を取り上げ、解説していくこととしたい。

①高雄曼荼羅《たかおまんだら》　高雄山寺《たかおさんじ》（現在の神護寺《じんごじ》。京都府）に伝えられた、縦横ともに四メートル前後に達する大きな両部曼荼羅である。空海の請来本、あるいは第一転写本をもとにした現存最古の両部曼荼羅として知られ、彩色ではなく、紫綾金銀泥《しりょうきんぎんでい》によって描かれている。同寺灌頂堂に祀るため、天長年間（八二四〜八三三）に空海が自ら指揮をとって描かせた曼荼羅であると考えられている。高雄曼荼羅は、平安末以降、白描図《はくびょうず》として多く模写され、特に明治二年（一八六九）に開版された御室版《おむろばん》の両部曼荼羅は有名である。

②東寺西院曼荼羅《とうじさいいんまんだら》　昭和九年（一九三四）に東寺（京都府）の宝蔵から発見され

＊秘密の教えや阿闍梨位を継承する儀礼。

た両部曼荼羅で、九世紀半ばに描かれたと考えられている。この曼荼羅は、寺伝によれば宮中真言院における御七日御修法《ごしちにちみしゅほう》で用いられたとされ、従来は「伝真言院《でんしんごんいん》曼荼羅」と呼ばれてきたが、近年では「西院《さいいん》曼荼羅」と呼ばれている。彩色された両部曼荼羅では最古の作例とされるが、中台八葉《ちゅうだいはちよう》などの表現は、現図系の曼荼羅と異なっており、一説には円珍《えんちん》（八一四〜八九一）あるいは宗叡《しゅうえい》（八〇九〜八八四）の請来とも指摘されている。曼荼羅の諸尊は非常に美しく彩色され、インド・西域《さいいき》の雰囲気を伝えるものであり、人気のある曼荼羅の一つである。

③東寺敷曼荼羅《とうじしきまんだら》　敷《しき》曼荼羅とは、伝法灌頂《でんぽうかんじょう》などの投華得仏《とうげとくぶつ》の際に、壇に敷いて用いられる曼荼羅のことである。東寺に伝わる敷曼荼羅は、天永三年（一一一二）に描かれた最古のものであり、縦横二・八メートル前後に達して日本最大のものとされている。敷曼荼羅は通常、梵字や三昧耶形《さんまやぎょう》＊で描かれるが、東寺のものは尊形《そんぎょう》＊で描かれており（大《だい》曼荼羅）、すべての尊が中央の大日如来に向く形式となっている。

④血曼荼羅《ちまんだら》　高野山金剛峯寺《こんごうぶじ》（和歌山県）に伝わる十二世紀に描かれた両部曼荼羅で、現図系の彩色された曼荼羅として最古の作例とされる。久安六年（一一五一）に平清盛《たいらのきよもり》（一一一八〜一一八一）が、焼失した金剛峯寺金堂の再建にあたり描かせたと伝承されるもので、縦横四メートル前後にも及ぶ。「血《ち》曼荼羅」という呼称は、絵仏師の常明《じょうみょう》が、胎蔵曼荼羅の中尊大日如来を彩色するときに、平清盛の頭の血（頂血《ちょうけつ》）を混ぜた絵の具を用いたことに由来すると伝えられる。

⑤子島曼荼羅《こじままんだら》　奈良県の子島寺《こじまでら》に伝わる、紺綾地に金銀泥で描かれた両部曼荼羅

＊壺や剣などの持物や手印によって仏を象徴的に示すもの。

＊仏の像をそのまま示すもの。

である。寺伝によれば、空海が唐において文殊《もんじゅ》菩薩から授けられた曼荼羅とされ、帰朝後、嵯峨《さが》天皇に献上され、後に真興《しんごう》（九三四〜一〇〇四）に下賜《かし》されたとされる。伝承の真偽は定かではないが、真興が活躍した十世紀ころには、すでに子島曼荼羅は存在したと考えられており、①高雄曼荼羅とともに古い作例として重要視されてきた。現図の曼荼羅との相違点は多く、特に中台八葉の開敷華王《かいふけおう》如来（南方）と天鼓雷音《てんくらいおん》如来（北方）の尊様が入れ替わっている。

⑥金剛界八十一尊曼荼羅《こんごうかいはちじゅういっそんまんだら》　現図の金剛界曼荼羅は九会《くえ》により構成されるのに対し、「八十一尊曼荼羅《はちじゅういっそん》」はその中央の一会である根本会《こんぽんえ》（成身会《じょうじんえ》・羯磨会《かつまえ》ともいう）に相当するものである。金剛界三十七尊に加え、四大神・賢劫《けんごう》十六尊・外金剛部二十天・四大明王を合わせた八十一尊により構成されることから、この名称がある。記録上は、空海が請来したのが最初であるが現存しない。後に天台宗の慈覚《じかく》大師円仁《だいしえんにん》（七九四〜八六四）が、八十一尊曼荼羅を伝え、特に台密《たいみつ》において広く普及した。作例としては、十三世紀に描かれた根津美術館（東京都）の所蔵本などが有名である。現図の曼荼羅とは意匠が大きく異なり、大日如来は菩薩形とされ、五仏は動物のうえに座して（鳥獣座）おり、『五部心観《ごぶしんがん》』*との関係性が指摘されている。

立体曼荼羅《りったいまんだら》（羯磨曼荼羅《かつままんだら》）

曼荼羅の原型は、インドにおいて泥土に香や牛糞を混ぜ、七日間をかけて修法《しゅほう》の

＊入唐中の円珍が、八五五年に長安・青龍寺の法全（生没年不詳）から授けられた図像集。金剛界五部（仏部・金剛部・宝部・蓮華部・羯磨部）の尊形や真言・三昧耶形・印契・梵字などを載せ、巻末には柄香炉を持つ善無畏の肖像が描かれる。園城寺に所蔵される請来本は国宝。

ための土壇を作り、そこに聖なる仏・菩薩を勧請《かんじょう》したことに由来する（七日作壇法《しちじつさだんほう》）。この仏・菩薩が勧請された聖なる世界をうえから見て、平面的に描き出したものが図画の曼荼羅であり、伝統的には「大《だい》曼荼羅」と呼ばれる。これに対して仏・菩薩をはじめ曼荼羅全体を、金属や泥で立体的に造形したものは伝統的に「羯磨《かつま》曼荼羅」と名づけられ、近年では「立体《りったい》曼荼羅」と呼ばれる。インドやチベット、ネパールなどでは、仏塔を想起させるような金属製の立体曼荼羅がしばしば作られてきた。また、東インド・オリッサにあるウダヤギリ遺跡の仏塔には、四方に胎蔵・金剛界を融合した四仏が配されており、これも曼荼羅をモチーフに建立されたものと考えられている。

どこまでを立体曼荼羅に分類すべきか判断は難しいが、日本における立体曼荼羅を代表するものとして東寺講堂の諸尊群*を挙げることができる。東寺は、弘仁十四年（八二三）に嵯峨《さが》天皇より空海に下賜《かし》された官寺で、この講堂の立体曼荼羅も空海が自ら考案したものと考えられている。現在の講堂は延徳三年（一四九一）に再建されたもので、その中央には幅二十四メートル、奥行六・八メートルの巨大な須《しゅ》弥壇《みだん》があり、そのうえには二十一体の仏像が祀られている。

壇の中央には金剛界五仏（大日・阿閦《あしゅく》・宝生《ほうしょう》・阿弥陀・不空成就《ふくうじょうじゅ》）、壇の右方には五菩薩（金剛波羅蜜《こんごうはらみつ》・金剛薩埵《さった》・金剛宝《ほう》・金剛法《ほう》・金剛業《ごう》）、壇の左方には五大明王（不動・金剛夜叉《こんごうやしゃ》・降三世《ごうざんぜ》・軍荼利《ぐんだり》・大威徳《だいいとく》）が祀られており、これらの十五尊を守護する形で四天王と帝釈天・梵天が配置されている。

＊東寺講堂立体曼荼羅では、以下のように仏像が配置されている。

〔講堂東側〕
多聞天・梵天・持国天

〔壇の右〕「五菩薩」
金剛薩埵・金剛宝
　金剛波羅蜜
金剛業・金剛法

〔壇の中央〕「金剛界五仏」
阿閦・宝生
　大日
不空成就・阿弥陀

〔壇の左〕「五大明王」
金剛夜叉・降三世
　不動
大威徳・軍荼利

〔講堂西側〕
広目天・帝釈天・増長天

このような諸尊配置は経典・儀軌《ぎき》にはなく、古来より三輪身説《さんりんじんせつ》に由来するものとして説明されてきた。三輪身説とは、『秘蔵記《ひぞうき》』などに萌芽が見られる思想*である。自性輪身《じしょうりんじん》（悟りの本質を成就した仏身）、正法輪身《しょうぼうりんじん》（仏の正法を説き示す菩薩身）、教令輪身《きょうりょうりんじん》（難化《なんげ》の衆生を折伏《しゃくぶく》する明王身）のことで、それぞれ金剛界五仏、五菩薩、五大明王に配当される。近年の研究では、この三輪身説と切り離し、空海が『金剛頂経《こんごうちょうぎょう》』と『仁王念誦儀軌《にんのうねんじゅぎき》』に基づき再構成した立体曼荼羅であるとの見方が有力となっている。

別尊曼荼羅《べっそんまんだら》

両部曼荼羅（胎蔵・金剛界）は、法身大日如来を中心に多くの仏・菩薩・明王・天を集めた総合的な曼荼羅である。それに対して別尊《べっそん》曼荼羅とは、個別の尊を選び出し、その組み合わせによって利益《りやく》や機能を特化した曼荼羅のことをいう。両部曼荼羅は、密教で最も重要な儀式である「灌頂《かんじょう》」で用いられるのに対し、別尊曼荼羅は、息災《そくさい》・増益《そうやく》・敬愛《けいあい》・調伏《ちょうぶく》など、天皇や貴族の個別的・世俗的な願望をかなえるために用いられた。具体的には国家安穏・鎮護国家から、滅罪・祈雨・子授けなど修法の目的は様々であり、怨敵・政敵の調伏なども祈願された。

別尊曼荼羅は、すでに中国・唐代に作られ、入唐僧《にっとうそう》が相次いで請来したと記録されるが、現存していない。各種の請来目録を見る限り、唐では仏眼や仏頂などに関わる別尊曼荼羅が多く作られたようである。いずれの別尊曼荼羅も、原則的には経

＊160頁参照。

典・儀軌の記述に基づき描かれたと考えられているが、阿闍梨《あじゃり》の口伝《くでん》などによって独自の展開を遂げた図様もある。

天皇や貴族の要望に応えるため、真言宗・天台宗では様々な別尊曼荼羅が制作され、それらをまとめて整理する目的で、平安時代後期には様々な図像集が編纂された。代表的な図像集として、恵什《けいじゅう》の『十巻抄《じっかんしょう》』（図像抄）、心覚《しんかく》の『別尊雑記《べっそんざっき》』、覚《かく》禅《ぜん》の『覚禅鈔《かくぜんしょう》』などがあり、台密系の図像集としては承澄《しょうちょう》の『阿娑縛抄《あさばしょう》』がある。また興然《こうぜん》の『曼荼羅集』は、別尊曼荼羅にのみ特化した図像集として知られている。これらの図像集は、すべて『大正新修大蔵経』に収録されており、今ではだれでも閲覧することが可能となっている。図像集に記載される別尊曼荼羅は多種多様であるが、代表的な図様を取り上げると次のとおりである。

①仏眼曼荼羅《ぶつげんまんだら》　『瑜祇経《ゆぎきょう》』に基づく曼荼羅で、三重の八葉蓮華の中心には、仏の眼を尊格化した仏眼仏母が描かれ、その周りには七曜・八大菩薩などが配される。主に息災や降伏の修法で用いられ、安産や眼病平癒なども祈願された。現存作例は比較的多く、重要文化財に指定されている神光院《しんこういん》（京都府）や品川寺《ほんせんじ》（東京都）の仏眼曼荼羅が有名である。

②金輪曼荼羅《きんりんまんだら》　『金輪時処儀軌《こんりんじしょぎき》』『金輪王仏頂略出念誦法《こんりんおうぶっちょうりゃくしゅつねんじゅほう》』に基づく曼荼羅で、聖字「ボロン」*に象徴される一字金輪仏頂（大日金輪）を中心に仏眼仏母および七宝（転輪聖王《てんりんじょうおう》が所有するとされる金輪・象・馬・珠・女・居士・主兵臣のこと）を配する。ほかのすべての修法を無力化させるほど、一字金輪の功徳《くどく》は強力とされ、主に敬愛

*ボロン

や息災の修法に用いられた。金輪曼荼羅の図様には、二種の系統があり、奈良国立博物館や鰐淵寺《がくえんじ》（島根県）、南法華寺《みなみほっけじ》（奈良県）などが名品として知られる。

③尊勝曼荼羅《そんしょうまんだら》　『尊勝仏頂修瑜伽法軌儀《そんしょうぶっちょうしゅゆがほうきぎ》』に基づく曼荼羅で、大日如来を中心に八大仏頂＊、下方に降三世《ごうざんぜ》と不動が描かれる。この曼荼羅を用いる尊勝法は、特に平安時代に盛んに行われ、息災・延寿・滅罪・安産など幅広い目的で用いられた。代表的な現存作例としては、護国寺《ごこくじ》（東京都）や西新井大師総持寺《そうじじ》（東京都）があり、また特異な図様として金剛寺（大阪府）の尊勝曼荼羅がある。

④理趣経曼荼羅《りしゅきょうまんだら》　『理趣釈《りしゅしゃく》』や関連の儀軌に基づく曼荼羅で、金剛薩埵を中心に欲触愛慢（五秘密）などの十七尊の姿あるいは種字《しゅじ》が描かれる（『理趣経』初段の十七清浄句＊に由来）。現存作例としては、醍醐寺《だいごじ》（京都府）や大覚寺《だいかくじ》（京都府）などがある。また理趣経系の別尊曼荼羅として、『理趣経』第十七段および百字偈《げ》に基づく「五秘密曼荼羅」があり、大欲・大楽をもって衆生を救済する金剛薩埵の姿が描かれている。

⑤法華経曼荼羅《ほけきょうまんだら》　『法華経《ほけきょう》』を密教化した『成就妙法蓮華経王瑜伽観智儀軌《じょうじゅみょうほうれんげきょうおうゆがかんちぎき》』などに基づく曼荼羅である。曼荼羅の中心には宝塔があり、釈迦如来と多宝如来が並んで座るが、これは『法華経』見宝塔品《けんほうとうぼん》に説かれる「二仏並坐」の場面を描いたものである。主に息災・増益《そうやく》・滅罪などを祈願する法華経法で用いられた。法華経曼荼羅は比較的多く現存しており、法隆寺《ほうりゅうじ》（奈良県）や唐招提寺《とうしょうだいじ》（奈良県）や太山《たいさん》寺《じ》（兵庫県）などが古い優品として知られている。

＊仏頂尊とは、仏陀の頂上肉髻を尊格化したもので、初期密教において様々な種類が出現した。八大仏頂とは、白傘蓋・最勝・尊勝・放光（光聚）・勝・広生・無辺声・発生の諸仏頂のことである。

＊『理趣経』の初段に説かれる「妙適清浄句是菩薩位…」から始まる有名な句。従来の仏教で禁じられてきた愛欲・煩悩などに関わる十七の事項を列挙して、般若・空を前提として、それぞれを「清浄」と述べる。

金輪曼荼羅

仏眼曼荼羅

理趣経曼荼羅

尊勝曼荼羅

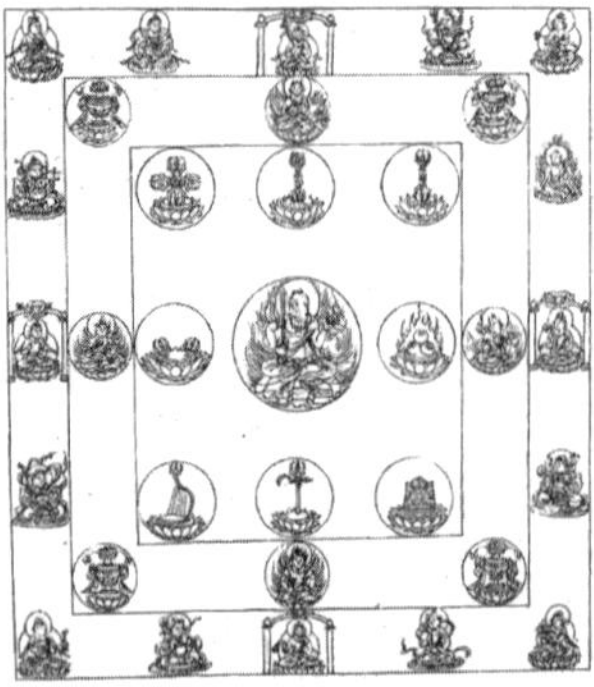
仁王経曼荼羅

法華曼荼羅

『曼荼羅集』による別尊曼荼羅の種々相　『大正新修大蔵経　図像部第四』

⑥仁王経曼荼羅《にんのうきょうまんだら》　護国経典の『仁王経《にんのうきょう》』を密教化した『仁王護国般若波羅蜜多《にんのうごこくはんにゃはらみた》経《きょう》陀羅尼念誦儀軌《だらにねんじゅぎき》』に基づき、さらに小野仁海《おののにんがい》（九五一〜一〇四六）の口伝を加えて描かれた曼荼羅である。不動明王を中心に五大明王が配され、その周囲には金剛頂系の諸菩薩や八天が描かれている。主に増益や息災の修法で用いられ、醍醐寺や久米田寺《くめだでら》（大阪府）、神上寺《じんじょうじ》（山口県）などの作例が有名である。

⑦北斗曼荼羅《ほくとまんだら》（星曼荼羅《ほしまんだら》）　一字金輪を中心に北斗七星・九曜《くよう》*・十二宮《じゅうにきゅう》*・二十八《にじゅうはっ》宿《しゅく》などが描かれた曼荼羅で、その構図から円形・方形という二種のパターンがある。星は人の寿命や栄枯盛衰に深く関わると考えられていたため数多く作られ、北斗法の本尊として主に息災・延命などの祈願に用いられた。

浄土曼荼羅《じょうどまんだら》

浄土《じょうど》とは、諸仏・諸菩薩たちが住むとされる美しく荘厳《しょうごん》された国土のことで、それは十方《じっぽう》*にあると信じられてきた。浄土曼荼羅とは、そのような仏・菩薩の浄土の情景を図絵に仕立てたものの総称であり、西方阿弥陀仏（無量寿・無量光）の極楽浄土や、東方薬師仏の琉璃光《るりこう》浄土、また南方観音菩薩の補陀洛《ふだらく》浄土など様々なものがある。それらのなかでも、とりわけ人気があったのは阿弥陀の浄土曼荼羅であり、特に①当麻《たいま》曼荼羅、②智光《ちこう》曼荼羅、③清海《せいかい》曼荼羅は、「浄土三曼荼羅」と呼ばれてきた。阿弥陀の浄土曼荼羅は、顕教経典である浄土三部経（無量寿経・阿弥陀経・観無量寿経）の記述に基づき描かれたものであり、「○○曼荼羅」というよりも、

＊九執。日曜（太陽）・月曜（太陰）・火曜（熒惑）・水曜（辰星）・木曜（歳星）・金曜（太白）・土曜（鎮星）の七曜に、羅睺（日月蝕神）・計覩（彗星）を加えたもの。

＊太陽の通り道である黄道上にある十二座。獅子宮・女宮・秤宮・蝎宮・弓宮・摩竭宮・瓶宮・魚宮・羊宮・牛宮・男女宮・蟹宮のこと。

＊東・西・南・北の四方と、北西・南西・北東・南東の四維に上方・下方を加えたもの。

「浄土変相図《じょうどへんそうず》」（浄土変）と呼ぶのが適切である。中国敦煌《とんこう》の莫高窟《ばっこうくつ》からは、唐代に描かれたとされる「阿弥陀経変」や「観無量寿経変」など、数多くの浄土変相図が発見されており、その構図は日本で描かれたものとよく類似している。

①当麻曼荼羅《たいままんだら》　浄土曼荼羅のなかでも特に有名なのは、奈良の古刹《こさつ》、当麻寺《たいまでら》に伝わる当麻曼荼羅である。伝承によれば、中将姫《ちゅうじょうひめ》（七四七〜七七五。法如尼。一説には藤原豊成《ふじわらのとよなり》の娘とされる）が、長谷《はせ》観音のお告げにしたがい、一夜のうちに蓮糸で織り上げた曼荼羅とされている。近年の研究では、高度な錦の綴織り技術をもって中国・長安で作られ、それが八世紀に日本へ請来《しょうらい》されたものと考えられている。当麻曼荼羅は、一辺四メートルにも及ぶ大きなもので、その図様は『観無量寿経《かんむりょうじゅきょう》』および善導《ぜんどう》（六一三〜六八一）の注釈に基づくとされる。ほかの浄土図と同様、阿弥陀仏と観音・勢至《せいし》菩薩（阿弥陀三尊）を中心に美しく荘厳された極楽世界の情景が描き出されている。そして、極楽世界を取り巻く形で、曼荼羅の左右および下辺に『観無量寿経』の内容に関わる図絵が配置される。まず左辺には、『観無量寿経』の因縁譚である、いわゆる「王舎城《おうしゃじょう》の悲劇」（阿闍世《あじゃせ》が、提婆達多《だいばだった》にそそのかされ、父王の頻婆娑羅王《びんばしゃらおう》および母の韋提希《いだいけ》を幽閉する話）と呼ばれるエピソードが示される。右辺には、釈尊が韋提希に教えた、極楽浄土を観想する方法である「十三観」が示され、下方には、「九品往生」（生前の行いに基づく九とおりの往生）の実態を明かしている。当麻曼荼羅の原本は、損傷や褪色が著しく、鎌倉時代ころより盛んに転写され、さらに室町時代には開版された。

当麻曼荼羅　鎌倉時代　京都国立博物館蔵

②智光曼荼羅《ちこうまんだら》　奈良の元興寺《がんごうじ》極楽堂（曼荼羅堂）に伝わる浄土曼荼羅である。一説に奈良時代の三論僧智光《ちこう》（八世紀）が、夢で頼光《らいこう》の極楽往生する様子を感得し、それを画工に描かせたものとされる。智光曼荼羅は、阿弥陀三尊を大きく配した簡略な浄土図であり、下方には、頼光と智光と目される二僧が描かれている。智光が描かせた原本は、室町時代に焼失してしまったが、それを模写したものが、「板絵智光曼荼羅」「智光曼荼羅舎利厨子《しゃりずし》」という形で同寺に現存している。

③清海曼荼羅《せいかいまんだら》　長徳二年（九九六）、奈良の超昇寺《ちょうしょうじ》（超勝寺）において、法相《ほっそう》僧清《せい》海《かい》（生年不詳～一〇一七）が七日間の大念仏を行い感得した図様と伝えられる。清海曼荼羅は、阿弥陀三尊を中心とする極楽の情景を簡潔に描いたものであり、当麻曼荼羅と智光曼荼羅の中間的な図様とも評される。紺地に金銀泥で描かれて、彩色されず、曼荼羅の周囲には十六の蓮華（『観無量寿経』の十六観を記す）が描かれることが図像的特徴となっている。清海曼荼羅の現存数は少なく、室町時代の作例として聖光寺《しょうこうじ》（京都府）と成覚寺《じょうかくじ》（宮城県）の二点が知られるのみである。

神道曼荼羅《しんとうまんだら》

神道《しんとう》曼荼羅とは、日本固有の神祇《じんぎ》あるいは神仏習合《しんぶつしゅうごう》に基づく宗教画の総称であり、様々な定義がなされてきた。狭義の神道曼荼羅とは、修験《しゅげん》の世界で用いられた神仏習合・本地垂迹《ほんじすいじゃく》の曼荼羅のことであり、一般的に縦長の構図をとる。神仏習合（神仏混淆《こんこう》）とは、日本固有の神祇と、外来の仏教の信仰が融合調和することで、仏教が日本に伝えられた直後から、この現象が起こったものと考えられている。平安時代になると神仏習合という現象は、「本地垂迹説《ほんじすいじゃくせつ》」という理論をもって説明されるようになり、日本の神々は、本地である仏・菩薩が衆生《しゅじょう》済度のために権《かり》に現れた姿（権現《ごんげん》＝垂迹）と解釈されるようになった。このような本地垂迹を前提とする神道曼荼羅として、「本地仏《ほんじぶつ》曼荼羅」や「垂迹《すいじゃく》曼荼羅」「本迹《ほんじゃく》曼荼羅」（本地垂迹曼荼羅）などがあり、具体的な作例として、熊野《くまの》本地仏曼荼羅・春日《かすが》本地仏曼荼羅、熊野垂迹曼荼羅、山王《さんのう》本迹曼荼羅・春日本迹曼荼羅などの名を挙げることができる。これらの神道曼荼羅は、いずれも本地である仏・菩薩、あるいは権現である日本の神々を加えて、神仏を整然と配置したものであるが、その形式には曼荼羅型や、ひな壇型など様々な構図が見られる。

また広い意味での神道曼荼羅として「宮《みや》曼荼羅」や、その展開と考えられている「参詣《さんけい》曼荼羅（寺社《じしゃ》参詣曼荼羅）」がある。まず宮曼荼羅とは、高い視点から俯瞰《ふかん》的に神社の景観（神域・社殿）を描き出したもので、その縁起《えんぎ》や霊験《れいげん》を説明するために、鎌倉時代ころより作られたものである。代表的な作例としては、春日宮曼荼羅や日吉《ひえ》宮《みや》曼荼羅などがある。参詣曼荼羅もまた宮曼荼羅の一種であるが、主に正方形あるいは横長の構図をとり、神社の景観のみならず、参詣する人々の姿や種々の霊験・風俗が描かれるのが特徴となっている。代表的な作例としては、那智《なち》参詣曼荼羅や伊勢《いせ》参宮《さんぐう》曼荼羅・富士《ふじ》参詣曼荼羅などがある。参詣曼荼羅は、室町〜江戸時代に広く制作・流布されたものであり、庶民の参詣をあおる目的で、曼荼羅を用いた絵解《えと》きや勧進《かんじん》が行われたと考えられている。

①熊野曼荼羅《くまのまんだら》　本宮《ほんぐう》（熊野坐《にます》神社）・新宮《しんぐう》（熊野速玉《はやたま》神社）・那智（那智神社）よりなる「熊野三社」の神仏および社寺の景観を描いた曼荼羅の総称である。熊野詣《くまのもうで》は、白河上皇（一〇五三〜一一二九）の御幸《みゆき》をきっかけに「蟻《あり》の熊野詣」と称されるほど盛んとなり、その信仰を反映して様々な主題・構図の熊野曼荼羅が作られた。「熊野垂迹曼荼羅」とは、熊野十二所権現《くまのじゅうにしょごんげん》（三所権現および四所明神・五所王子）が神の姿（垂迹神《すいじゃくしん》）のままで描かれる曼荼羅で、和歌山県立博物館蔵（ひな壇型）などが有名である。「熊野本地仏曼荼羅」とは、熊野十二所権現の本地仏、すなわち阿弥陀仏・薬師仏・千手菩薩などが描かれる曼荼羅であり、高山寺《こうざんじ》蔵（京都府。曼荼羅型）や西教寺《さいきょうじ》蔵（滋賀県。ひな壇型）など多くの構図が現存する。「熊野本迹曼荼羅」とは、前に挙げた本地仏と垂迹神がともに描かれる曼荼羅であり、温泉神社蔵（兵庫県。ひな壇型）などがある。また「熊野宮曼荼羅」では、熊野三社を上中下に配置し、それぞれの社殿の上空に本地仏を描き出す図様が今に伝えられている。

②春日曼荼羅《かすがまんだら》　春日大社《かすがたいしゃ》に祀られる春日四所明神《かすがししょみょうじん》（春日権現）とその本地仏、および社寺の景観を描いた曼荼羅の総称である。春日四所明神とは、建御賀豆智命《たけみかずちのみこと》・伊波比主命《いわいぬしのみこと》・天児屋根命《あめのこやねのみこと》・比命神《ひめかみ》のことであり、その本地仏は、釈迦仏（あるいは不空羂索《ふくうけんじゃく》観音）・薬師仏・地蔵菩薩・十一面観音とされる。春日曼荼羅の種類も多様であるが、春日四所明神に若宮（文殊菩薩）を加えた五神が描かれることが多い。「春日本地仏曼荼羅」としては、東京国立博物館蔵が有名であり、御蓋山《みかさやま》（三笠山）

春日鹿曼荼羅　鎌倉時代　奈良国立博物館蔵

春日社寺曼荼羅　室町時代　奈良国立博物館蔵

日吉山王宮曼荼羅　室町時代　奈良国立博物館蔵

の上空に大月輪《だいがちりん》があり、そのなかに春日神の本地仏六尊が描かれている。「春日宮曼荼羅」では、御蓋山と春日四社と興福寺が描かれ、その上空に本地仏五尊が描かれる構図が有名であり、その派生として「春日社寺曼荼羅」「春日浄土曼荼羅」などの図様も作られるようになった。また「春日鹿曼荼羅」という独特な図様があり、そこでは神の使いである白鹿が大きく描かれ、その背に立てられた榊に本地仏五体が宿る構図となっている。鹿曼荼羅の代表作例としては、奈良国立博物館蔵や陽明文庫蔵（京都府）などがある。

③日吉山王曼荼羅《ひえさんのうまんだら》　比叡山延暦寺の総鎮守である日吉大社《ひえたいしゃ》の大山咋命《おおやまくいのみこと》、および山王七社、山王二十一社の諸神が描かれた曼荼羅の総称である。これらの鎮守の諸神は、「山王権現」あるいは「日吉山王」と呼ばれる。これにも「山王垂迹曼荼羅」「山王本地仏曼荼羅」「山王本迹曼荼羅」の別があり、垂迹神や本地仏が、ひな壇式に描かれる構図が多い。根津美術館（東京都）には、日吉山王の本地仏十五尊、および垂迹神二体が描かれた厨子《ずし》が現存している。

④那智参詣曼荼羅《なちさんけいまんだら》　熊野那智山《なちさん》を取り巻く那智大滝・那智大社《なちたいしゃ》および補陀落山寺《ふだらくさんじ》を参詣する様子を描いた横長の曼荼羅であり、熊野先達《くまのせんだつ》や熊野比丘尼《くまのびくに》による絵解きを前提にしたものと考えられている。上方には日輪と月輪が描かれ、右上には那智大滝があり、そこには不動を象徴する火焔と二童子などが描かれる。また下方には補陀落山寺があり、観音の浄土である補陀落（ポータラカ）を目指す渡海船《とかいぶね》が描かれている。ところどころに描かれた白衣を着た二人の参詣者が本図の主役であり、

右下の川関から始まり、浜宮・補陀落山寺、那智大社、那智大滝、如意輪堂を礼拝して妙法山に至る。多様な参詣曼荼羅のなかでも最も多く現存するのが、この那智参詣曼荼羅であり、代表作例としては闘鶏神社《とうけいじんじゃ》蔵（和歌山県）、熊野那智大社蔵（和歌山県）、大円寺蔵（三重県）、補陀洛山寺蔵（和歌山県）などがある。

荘厳《しょうごん》・法具

須弥壇《しゅみだん》と本尊《ほんぞん》

仏教では、諸仏が住む世界を浄土《じょうど》と呼ぶ。その仏の浄土は宮殿を中心として、様々な珍宝や華で美しく荘厳《しょうごん》された世界であり、それを現実の場に再現したものが仏堂（本堂・金堂《こんどう》）である。真言密教では、特に仏・菩薩が集会する仏堂を、曼荼羅《まんだら》あるいは密厳浄土《みつごんじょうど》であると観念し、その荘厳に力を注ぐのである。

まず仏堂の中央奥には、本尊を奉安するための台座として、一段高く「須弥壇《しゅみだん》」が設けられる。須弥とは、仏教の世界観において世界の中心に高くそびえる（八万由旬《ゆじゅん》）と考えられたスメール山のことであり、一説にはヒマラヤ山脈（特にカイラス山）がそのモデルとされる。この須弥山を中心に、人間が住む南贍部洲《せんぶしゅう》などの四つの国（四洲）があり、七金山《しちこんせん》と八海《はっかい》、さらに鉄囲山《てっちせん》が取り囲み、一つの世界を形成すると考えられた（九山八海《くせんはっかい》）。その須弥山の形状は、中腹がくびれ、山裾と山頂にかけて広がっており、須弥壇も同様の形に造られる。須弥壇を上方から見たときの形状は「四角壇」が一般的であるが、胎蔵《たいぞう》曼荼羅の中台八葉《ちゅうだいはちよう》をモチーフにした「八角壇」もある。

スメール山の頂上は、忉利天《とうりてん》（三十三天）と呼ばれ、その中央の宮殿には、帝釈天（インドラ）が住むとされる。これになぞらえて須弥壇上には、直接あるいは宮殿《くうでん》・厨子をしつらえて、本尊を奉安するのである。

様々な荘厳具《しょうごんぐ》

諸仏の浄土を再現するために、須弥壇・本尊を中心として仏堂は様々に荘厳される。まず仏堂の天井には、天蓋《てんがい》（宝蓋《ほうがい》）を中心に一対の幢幡《どうばん》が吊るされる。天蓋は、インドにおいて王者を強い日射しから守るために使われた日傘（傘蓋《さんがい》）に由来するものである。通常、本尊上に吊るされたものは「仏天蓋《ぶつてんがい》」、導師（修法者）の頭上に吊るされたものを「人天蓋《にんてんがい》」と呼び、四角・六角・八角・円形など、その形状は様々である。幢幡とは、インドにおいて軍事や、王者の進行の目印として用いられた「はた」のことであり、降魔成道《ごうまじょうどう》を果たした釈迦のイメージが重ねられている。当初の幢幡は布製であったが、日本では木製・金箔押しの幢幡が用いられることが多い。これらの天蓋・幢幡の上部には、ともに如意宝珠《にょいほうしゅ》と龍頭《りゅうず》が安置され、その周囲には瓔珞《ようらく》（珠玉を連ねた装身具）や鈴鐸《れいたく》がめぐらされる。

仏堂の壁面や柱には、華鬘《けまん》や羅網《らもう》などが掛けられる。華鬘とは、美しい生花を糸で連ねた花輪のことで、日本の仏堂では、仏・菩薩を供養するものとして金銅製の

須弥壇
香取良夫『イラストでみる日本史博物館3』柏書房、二〇〇八年

人天蓋と大壇

華鬘が用いられる。羅網（因陀羅網《いんだらもう》）とは、帝釈天（インドラ）の宮殿に張られた網のことである。それは宝珠が網目状に無限に連ねられたものであり、真言密教では即身成仏の理念を象徴するものとして重視される。

大壇《だいだん》

　須弥壇の前には多くの場合、大壇《だいだん》が設けられる。壇には、護摩壇《ごまだん》や聖天壇《しょうてんだん》など様々な種類があるが、中心となる本尊および両部《りょうぶ》曼荼羅を供養するためのものを大壇と呼ぶ。本来インドでは、泥土に香や牛糞を混ぜ、七日間をかけて土壇を作り、そこに仏・菩薩を勧請《かんじょう》した（七日作壇法《しちじつさだんほう》）。本来、壇は修法の目的に応じて形や色が細かく規定されるが、日本では木製・方形の大壇（木壇）が多くしつらえられる。この方形壇は、真言密教において、大日如来《だいにちにょらい》の五智《ごち》をそなえた大《だい》曼荼羅であるとし、我々の心中にある堅固な悟りの心（浄菩提心《じょうぼだいしん》）を具象化したものと解される。方形壇は、その意匠に応じて華形壇・箱壇・牙形壇などの種類があるが、華形壇が主流となっている。

　大壇は、仏・菩薩の聖なる領域（マンダラ）であり、四隅《よすみ》に金剛橛《こんごうけつ》を打ち込み、四方に金剛線《こんごうせん》（壇線）をめぐらして結界《けっかい》を施す。金剛線は、白赤黄青黒の線を練り合わせることから「五色線《ごしきせん》」とも呼ばれ、五仏・五智を表すとされる。結界された壇上には、四方に火舎《かしゃ》・閼伽《あか》（水）・塗香《ずこう》・華鬘《けまん》・灯明・飲食《おんじき》などの供養器や（四面器）、四隅などに五瓶《ごびょう》や輪宝《りんぽう》・羯磨《かつま》を配置し荘厳する。様々な結界と荘厳がなされた大壇

幢幡

華鬘
香取良夫『イラストでみる日本史博物館3』

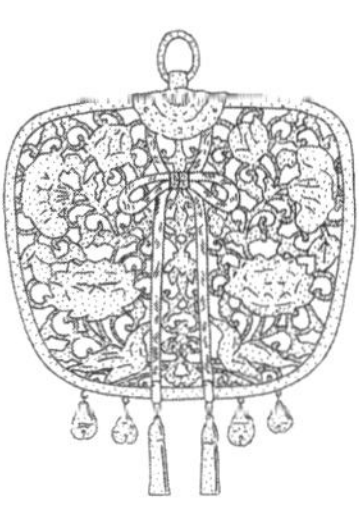

羅網

の中央には、仏舎利《ぶっしゃり》を納めた塔（ストゥーパ）が奉安される。この塔は、両部曼荼羅の中尊である大日如来をシンボリックに表現したものであり（三昧耶形《さんまやぎょう》）、真言密教の源とされる南天鉄塔《なんてんのてっとう》をモチーフにしたものと考えられる。この塔には、瑜祇塔・五輪塔・多宝塔・三重塔・五重塔などの種類があるが、それぞれ深い教理的意味づけがなされている。導師は壇前の礼盤《らいはん》に座り、金剛杵《こんごうしょ》などの様々な法具を駆使して、本尊および曼荼羅諸尊を勧請・供養するのである。

金剛杵《こんごうしょ》と金剛鈴《こんごうれい》

密教寺院の大壇上には、金剛盤《こんごうばん》が安置され、そこには不可欠の法具である金剛杵《こんごうしょ》（五鈷杵《ごこしょ》）と金剛鈴《こんごうれい》（五鈷鈴《ごこれい》）が安置される。金剛杵と金剛鈴は、金剛薩埵《こんごうさった》の持物であり、自他の煩悩《ぼんのう》を砕き、悟りの心（浄菩提心）を開発《かいほつ》する力があるとされる。空海が請来した金剛盤および五鈷杵・五鈷鈴は、東寺に所蔵されており、毎年正月八日から十四日まで、玉体安穏・五穀豊穣などを祈願する特別な法会「後七日《ごしちにち》御修《みしゅ》法《ほう》」において用いられてきた。

金剛杵とは、インド神話において帝釈天（インドラ）が持つとされる、雷に由来する武具であった。真言密教において金剛杵は、金剛薩埵や金剛手《こんごうしゅ》菩薩の持物とされ、煩悩の魔軍を打ち砕く法具とされる。また金剛石（ダイヤモンド）になぞらえて、金剛杵は心中にある不壊堅固な悟りの心（浄菩提心）を象徴するものとされる。金剛盤上には、金剛鈴を囲むかたちで独鈷杵《とっこしょ》・三鈷杵《さんこしょ》・五鈷杵が配置されるが、

大壇と荘厳

そのなかでも五鈷杵は重視され、儀式や法要の様々な場面で用いられる。五鈷杵は、大日如来の五智を象徴する法具であり、その形状について、胎蔵・金剛界の両部、あるいは金剛界三十七尊と関連させて説明されることもある。ほかにも、七鈷《ななこ》杵《しょ》・九鈷杵《きゅうこしょ》・宝珠杵《ほうじゅしょ》・宝塔杵《ほうとうしょ》・羯磨杵《かつましょ》など様々な形状の金剛杵がある。

空海が、唐からの帰国の直前、密教を広めるのにふさわしい地を求めて三鈷杵を投じたところ、海を渡り、高野山の松にかかったというエピソードが伝えられている。この三鈷杵は、「飛行《ひぎょう》三鈷杵」として高野山金剛峯寺に所蔵され、そのときの松は、「三鈷の松」（通常の二葉ではなく、三葉である）として高野山の名所となっている。

金剛鈴とは、金剛杵を柄にした鈴のことで、真言密教では金剛薩埵・金剛鈴菩薩の持物とされる。この金剛鈴を振り鳴らすことにより、本尊および曼荼羅諸尊を驚《きょう》覚《がく》・歓喜させ、また人々の仏性《ぶっしょう》を呼び覚ます力があるとされる。通常は五鈷鈴が用いられるが、ほかにも独鈷鈴・三鈷鈴・宝鈴・宝塔鈴があり、「五種鈴杵《ごしゅれいしょ》」として大壇の中央と四方に荘厳されることもある。また金剛鈴には、その鈴身に明王や天が彫刻される意匠があり、それぞれ「五大明王五鈷鈴」「四天王五鈷鈴」などの名称で呼ばれる。

金剛盤・金剛鈴・金剛杵

塗香器《ずこうき》と洒水器《しゃすいき》

導師が座る礼盤《らいはん》の左にある脇机《わきづくえ》には、塗香器《ずこうき》と洒水器《しゃすいき》が置かれ、その間には斜めに散杖《さんじょう》が置かれる。

塗香とは、身体に塗るために使われる香のことで、通常は数種の香木を混ぜ合わせた粉末状のものが用いられる。修法や法要に出仕《しゅっし》する僧侶は、この塗香を身体に塗ることにより、身口意《しんくい》の三業《さんごう》を浄め、清涼なる状態を保つのである。

一方の洒水器のなかには、香水《こうずい》が満たされている。導師は、この香水を散杖で攪《かく》拌《はん》しながら真言《しんごん》を唱えて加持《かじ》し、完全なる浄水へと変えるのである。次いで導師は、一定の所作にしたがい、散杖を使って香水を散ずることにより、参列者の煩悩や過失を除き、心身を浄化するのである。

錫杖《しゃくじょう》と法螺《ほら》

修法では用いられないが、護摩などの法要でよく用いられる密教法具として、錫《しゃく》杖《じょう》や法螺《ほら》などの名が挙げられる。

錫杖とは、いくつかのリング（鐶《かん》）を上部に配した杖のことで、振ると音が出ることから「有声杖《うしょうじょう》」とも呼ばれる。インドでは、修行者が行乞《ぎょうこつ》（托鉢《たくはつ》）の際に用いたもので、毒蛇や猛獣の難を回避する力があるとされた（長錫杖《ながしゃくじょう》）。日本では、短く改良された二股六鐶の「手錫杖《てしゃくじょう》」が好んで用いられる。この錫杖から発せられる音には、自他の煩悩をひそめ、降りかかる様々な災厄・障礙《しょうげ》を除く力があると信じられている。空海が唐から請来したと伝えられる錫杖頭は、如来を中心に菩薩と四天王を配した意匠であり、善通寺《ぜんつうじ》（香川県）に所蔵されている。

法螺《ほら》とは、大型の螺貝（巻貝の総称）の殻頂に穴を開けて、口金をつけた法具の

塗香器・洒水器・散杖

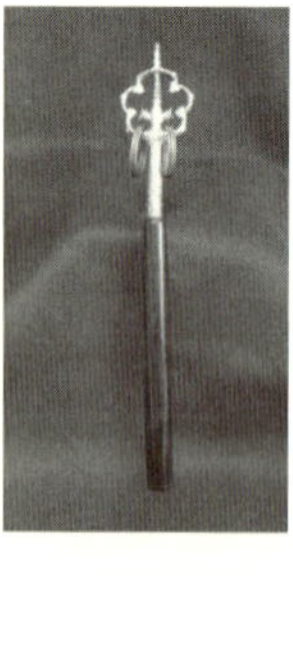
錫杖

ことである。インドでは、シャンカ（商佉《しょうきゃ》）と呼ばれ、チベットでは小型の白い螺貝が用いられる。真言密教では、伝法《でんぽう》の阿闍梨《あじゃり》となった証明として授けられるものであり、空海も、師資相承《ししそうじょう》の「白螺貝」を日本に伝えた（『御請来目録《ごしょうらいもくろく》』）。法螺は、転法輪《てんぽうりん》（仏法を人々に説き、煩悩や邪説を破ること）の徳を表すものであり、法螺を吹くことにより（立螺《りゅうら》）、あまねく世界に仏法が広まるとされる。そのほかにも、修験では猛獣の難を避けるため、また仏堂での諸法要では魔障を取り除く意味でも用いられる。

法螺貝

密教の仏たち

大日如来《だいにちにょらい》

真言密教で重視される両部曼荼羅《りょうぶまんだら》には、仏・菩薩から明王・天に至るまで多くの尊像が描かれている。このことに関連して、全国の真言宗寺院には多様な本尊が祀られるが、その中心に位置するのが、大日如来《だいにちにょらい》（マハー・ヴァイローチャナ。摩訶毘《まかび》盧遮那《るしゃな》）である。

大日如来は、森羅万象を貫く道理そのものを身体とする普遍的な仏陀であり（法《ほっ》身《しん》）、あらゆる仏・菩薩の根源として、それらを統《す》べる仏陀の地位にある（根本仏）。真言密教においては、釈迦牟尼仏《しゃかむにぶつ》（シャーキャ・ムニ）もまた、大日如来から現れた姿（変化身《へんげしん》）の一つとされる。

『大日経《だいにちきょう》』や『金剛頂経《こんごうちょうぎょう》』によれば、大日如来は仏陀の密意（密教）を開示する教主であり、その教えは南インドの仏塔（南天鉄塔《なんでんのてっとう》）において龍猛《りゅうみょう》菩薩（ナーガールジュナ）に託され、以降、師資相承《そうじょう》されて日本に伝えられたとされる（『秘密曼《ひみつまん》荼羅教付法伝《だらきょうふほうでん》』）。

大日如来は、その名が示すように太陽・光明をモチーフとした仏陀であり、「遍《へん》照如来《じょうにょらい》」「遍照尊《へんじょうそん》」とも呼ばれる。この光明のイメージと関連して、大日如来の起源を、古代イランの善神ヴィローチャナ・アスラに求める説も出されている。『大《だい》日経疏《にちきょうしょ》』（大日経の註釈書）では、太陽と対比する形で、三つに分けて大日如来の徳性を説明している。

除闇遍明《じょあんへんみょう》――大日如来から放たれる智慧《ちえ》の光明は、内外や昼夜に関係なく、あらゆるものを絶えず照らし続けている。

能成衆務《のうじょうしゅむ》――太陽があらゆる樹木を生育するように、大日如来の光明は、あまねく生類の善根《ぜんこん》（よい結果を生みだす善因のこと）を伸長させ、善事を成就させる力がある。

光無生滅《こうむしょうめつ》――日没や雲によって見えなくなっても、太陽が存在し続けるように、いかに無明・煩悩《ぼんのう》に覆われようとも、我々の心のなかにある大日如来の光明は決して壊滅することはない。

大日如来の姿は、螺髪《らほつ》に衲衣《のうえ》（人が捨てた布切れを集め作った衣）という通常の如《にょ》来形《らいぎょう》とは異なり、髪を肩まで伸ばし、臂釧《ひせん》や瓔珞《ようらく》で荘厳《しょうごん》された菩薩形《ぼさつぎょう》となっている。髻《もとどり》のうえに宝冠《ほうかん》（五智《ごち》宝冠）を戴《いただ》き、両部曼荼羅の中央に結跏趺坐《けっかふざ》する姿からは、諸仏・諸菩薩を統《す》べる王者のイメージ（特に転輪聖王《てんりんじょうおう》）を読みとることができる。大日如来が手に結ぶ印については、いくつかの種類があり、胎蔵《たいぞう》大日は禅定《ぜんじょう》印《いん》（法界定印《ほっかいじょういん》）、金剛界《こんごうかい》大日は智拳印《ちけんいん》（覚勝印《かくしょういん》）を結ぶ。近年、東インドのオリッサ地方（ウダヤギリ・ラトナギリ遺跡）をはじめ、インド全域において数多くの大日如来像が発見されたが、禅定印の胎蔵大日が主流のようである。日本における大日如来の作例としては、全体的に胎蔵大日は少なく、智拳印を結ぶ金剛界の大日如来像が圧倒的に多い。

大日如来は、あらゆる存在の根源であり、ほかの諸仏・菩薩・明王・天などはすべて、そこから衆生救済のために現れ出た姿であるとされている。大日如来のあり方には、様々なレヴェルがあり、真言密教の伝統では自性《じしょう》・受用《じゅゆう》・変化《へんげ》・等流《とうる》という「四種法身《ししゅほっしん》」の概念を用いて説明されてきた。大日如来が、悟りの世界から、化《け》他《た》の事業を展開した姿こそが、受用・変化・等流という三種の現れ方なのである。

自性法身——悟りの本質そのものの大日如来。

受用法身——大日如来が、仏陀になる直前の菩薩（十地《じゅうじ》）のために現れ出た姿。

変化法身——大日如来が、十地以前の菩薩や、声聞《しょうもん》・縁覚《えんがく》などのために変化した姿。

等流法身——大日如来が、六道輪廻する者たちを救うために現した同類の姿。

『秘蔵記《ひぞうき》』では、大日如来から現れ出た諸尊の役割をもとに、①自性輪身《じしょうりんじん》、②正《しょう》法輪身《ぼうりんじん》、③教令輪身《きょうりょうりんじん》という「三輪身《さんりんじん》」の概念を用いて、次のように諸尊を配している。

①自性輪身（五仏）	②正法輪身（五菩薩）	③教令輪身（五大明王）
大日如来	般若《はんにゃ》菩薩	不動《ふどう》明王
阿閦《あしゅく》如来	金剛薩埵《こんごうさった》	降三世《ごうざんぜ》明王
宝生《ほうしょう》如来	金剛蔵《こんごうぞう》菩薩	軍荼利《ぐんだり》明王
阿弥陀如来	文殊《もんじゅ》菩薩	大威徳《だいいとく》明王
不空成就《ふくうじょうじゅ》如来	金剛牙《こんごうげ》菩薩	金剛夜叉《こんごうやしゃ》明王

三輪身の諸尊の配置については諸説あるが、最初の①自性輪身は、大日如来の悟りの本質・智慧（法界体性智《ほっかいたいしょうち》）を分担するところの身であり、五仏《ごぶつ》などがこれにあたる。次の②正法輪身は、それぞれの特性に応じて如来の正法を説き示す身であり、いわゆる諸々の菩薩がこれに該当する。最後の③教令輪身は、難化《なんげ》の衆生《しゅじょう》（仏・菩薩の教化にしたがわない者）を救うために現れた身であり、忿怒《ふんぬ》の明王がこれにあたる。以下、このような観点から、胎蔵・金剛界曼荼羅に登場する代表的な仏・菩薩・明王・天について順に解説していきたい。

五仏《ごぶつ》

仏陀とは当初、釈迦牟尼のみを示すものであったが、大乗仏教の興起とともに阿

金剛界大日

胎蔵大日

金剛界の五仏（いずれも染川英輔画）

弥陀如来や薬師如来などをはじめ、無数の仏陀が想定されていった。それらの仏陀を代表して、胎蔵・金剛界曼荼羅では、大日如来を取り囲む形で、四人の仏陀（四《し》仏《ぶつ》）が描かれており、いわゆる「五仏」「五如来」と呼ばれるグループを形成している。

胎蔵系では、宝幢《ほうどう》如来（東方）、開敷華王《かいふけおう》如来（南方）、無量寿《むりょうじゅ》如来（阿弥陀。西方）、天鼓雷音《てんくらいおん》如来（北方）の四仏である。金剛界系では阿閦如来（東方）、宝生如来（南方）、無量寿如来（阿弥陀。西方）、不空成就如来（北方）の四仏であり、以下金剛界四仏を中心に解説する。

中央の大日如来は、「法界体性智《ほっかいたいしょうち》」という総体の智慧を有しており、これを展開すると「五智《ごち》」となる。大日如来が、別称「五智如来」と呼ばれる由縁《ゆえん》である。この五智のなかの一智をそれぞれ分担するのが、いわゆる四仏であり、大日如来に代わって種々の事業を展開するのである。

大日如来——法界体性智《ほっかいたいしょうち》

以下の四智を統括する根本・総合的智慧。

阿閦如来——大円鏡智《だいえんきょうち》

鏡のように本質を正しく心に映し出す智慧。

宝生如来——平等性智《びょうどうしょうち》

すべてに共通する平等の性質を見極める智慧。

無量寿如来（阿弥陀）——妙観察智《みょうかんざっち》

機根《きこん》などの相違をよく観察し見極める智慧。

不空成就如来——成所作智《じょうそさち》

衆生の利益・救済を成し遂げるための智慧。

四仏は、大日如来とは異なり、螺髪に衲衣という通常の如来形《にょらいぎょう》の姿で表現される。

①阿閦如来《あしゅくにょらい》　梵名アクショーブヤ（揺るがない）の音写語で、無動尊などと呼ばれる。大乗仏教のころから、東方・妙喜国の教主として知られ、密教でも東方に位置づけられる。

右手の触地印《そくじいん》は、金剛部の主として魔軍を屈服し、衆生が本来そなえている菩提心（本有菩提心《ほんぬぼだいしん》）を守護する誓願を示している。一説に阿閦如来は、釈迦の降魔《ごうま》成道《じょうどう》がモチーフと考えられている。

②宝生如来《ほうしょうにょらい》　宝より出現した仏陀であり、無尽の財宝や福徳を有する。右手の施願印《せがんいん》は、宝部の主として等しく福徳や財宝を施して衆生を救済し、究極的には灌頂《かんじょう》を授けるという誓願を示している。

③無量寿如来《むりょうじゅにょらい》　無量の寿命や光明をそなえた仏陀であり、阿弥陀・無量光、甘露王などの別称がある。大乗仏教においては、法蔵比丘《ほうぞうびく》が五劫思惟《ごごうしい》の果てになった仏陀として知られ、西方・極楽浄土の教主として盛んに信仰された。密教でも胎蔵・金剛界の両曼荼羅においても、西方に位置づけられる。禅定印（弥陀定印）は、蓮華部の主として智慧と説法（転法輪）を駆使して、衆生に清浄なる本性を目覚めさせるという誓願を示している。日本では、浄土信仰の広がりとともに「五劫思惟

以下、仏像の図はすべて染川英輔画

の阿弥陀」や、永観堂の「見返り阿弥陀」、さらに日本古来の山岳信仰と習合して「山越えの阿弥陀」など様々な形式が生み出されていった。

④不空成就如来《ふくうじょうじゅにょらい》　具体的に衆生救済に取り組む仏陀であり、一説には釈迦如来と同体とされている。右手の施無畏印《せむいいん》は、衆生の不安を取り除く誓願を示している。そして、羯磨《かつま》部の主として精進の徳をもって、衆生の利益・救済の事業《じごう》をなし、それを成就させる役割を担っている。

諸菩薩《しょぼさつ》

菩薩とは、菩提薩埵《ぼだいさった》（ボーディ・サットヴァ）の略称であり、菩提を求めて修行する者を指す。大乗仏教において菩薩は、六波羅蜜《ろくはらみつ》（布施・持戒・忍辱・精進・禅定・智慧）を実践し、慈悲と誓願に基づき衆生救済に励む存在とされる。曼荼羅には数多くの菩薩が描かれるが、これらは衆生救済のため、あえて菩薩の姿にとどまるものであり、大日如来から現れ出た大菩薩として位置づけられる。菩薩は多種多様であるが、ここでは大乗仏教・密教を代表する普賢《ふげん》菩薩・文殊菩薩・虚空蔵《こくうぞう》菩薩・地蔵《じぞう》菩薩・観音《かんのん》菩薩・弥勒《みろく》菩薩・金剛薩埵を取り上げたい。

①普賢菩薩《ふげんぼさつ》　誓願と慈悲に基づき徹底して衆生救済の実践に励む菩薩である。普賢の誓願として、『華厳経《けごんきょう》』「普賢行願品」の十大願は有名であり、その優れた救済行が、あまねく行き渡ることから「普賢」の名

普賢菩薩

がある。また普賢菩薩は、菩提心の徳を有するものであり、金剛界曼荼羅では、⑦金剛薩埵（金剛部）として登場し、十六大菩薩の筆頭という重要な位置を与えられている。日本では、白象に乗った普賢菩薩の姿が一般的であり、東京国立博物館蔵の図像や、大倉集古館（東京都）蔵の木像などが有名である。

②文殊《もんじゅ》菩薩《ぼさつ》　梵名マンジュ・シュリーの音写語で、「妙首」「妙吉祥」などと呼ばれる。「三人寄れば文殊の智慧」という諺があるように、特に智慧（般若）に優れる菩薩である。持物の剣は、「般若の利剣」と呼ばれ、衆生の迷妄を断ち切る力があるとされる。また持物として、梵夾《ぼんきょう》を載せた青蓮華を持つ場合もある。金剛界曼荼羅では、金剛利菩薩（蓮華部）として登場している。中国の五台山は、文殊の聖地（清涼山）として知られており、同地の信仰を集約して、獅子に乗る文殊菩薩を中心とした、優塡王・仏陀波利・善財童子・最勝老人からなる「渡海文殊」と呼ばれる集合尊が生まれた。このような作例としては、安倍文殊院（奈良県）の木像が有名である。

③虚空蔵菩薩《こくうぞうぼさつ》　虚空を蔵《くら》とする菩薩であり、広大無辺の智慧と福徳を蔵する。持物の如意宝珠は、衆生の願いを満たす福徳を、宝剣は智慧の力を表す。空海が、土佐の室戸岬の御厨人窟《みくろど》において虚空蔵求聞持法《こくうぞうぐもんじほう》を修して、明星来迎したエピソードは有名である。金剛界曼荼羅では、金

文殊菩薩

虚空蔵菩薩

剛宝菩薩（宝部）として登場し、布施や供養の徳を担っている。また虚空蔵の有する五智の徳を展開した「五大虚空蔵」という集合尊があり、恵運《えうん》（七九八〜八六九）が青龍寺《しょうりゅうじ》（長安）から請来した東寺観智院蔵や、神護寺《じんごじ》多宝塔にある九世紀の作例などが有名である。

④地蔵菩薩《じぞうぼさつ》　大地を蔵とする菩薩であり、本来は③虚空蔵菩薩と対であったと考えられる。大地が無尽蔵の宝を蔵し、あらゆる生命を育むように、地蔵菩薩も、衆生に無辺の功徳を与えるのである。日本では、声聞形の地蔵が広く知られ、釈迦の入滅後、弥勒仏が登場するまでの無仏の時代、六道《ろくどう》の衆生を救済し続ける菩薩として篤く信仰された（六道能《のう》化《け》）。金剛界曼荼羅では、金剛幢菩薩（宝部）として登場し、旗をもって迷える衆生を導く役割を担っている。

⑤観音菩薩《かんのんぼさつ》　衆生の苦しむ姿を自由自在に観じることができる菩薩であり、「観世音」「観自在」などとも呼ばれる。持物の蓮華は、慈悲心を表すとともに、衆生の本性は本来清浄であることを象徴している。『観音経』（法華経普門品《ほけきょうふもんぼん》）では、観音の名を呼べば、衆生が求める姿に変化して救済すると説かれている。密教の時代になると、その変化した姿が固定化されて、十一面・不空羂索《ふくうけんじゃく》・千手・如意輪・馬頭といった多面《ためん》多臂《たひ》の変化観音が登場し、基本形の観音（一面二臂）は区別して聖観音（正観音）と呼ばれるようになった。観音は、頭に阿弥陀如来の化仏《けぶつ》を載せ

地蔵菩薩

観音菩薩

るが、その主従関係は密教にも継承され、金剛界曼荼羅では西方・阿弥陀の眷属《けんぞく》とされ、金剛法菩薩（蓮華部）として登場している。

⑥弥勒菩薩《みろくぼさつ》　梵名マイトレーヤの音写語で、「慈氏」「慈尊」などと呼ばれる。五十六億七千万年の後に、釈迦に次いで仏陀になると授記《じゅき》された未来仏であり、その際には「弥勒仏」あるいは「弥勒如来」となる。現在は兜率天《とそつてん》の内院（四十九院）において修行を重ねるとされる。死後、兜率天の弥勒のもとへ生まれたいと願うのが「上生《じょうしょう》信仰」であり、現世において弥勒の出現を待ち望むのが「下生《げしょう》信仰」である。空海は、五十六億七千万年の後、仏陀となった弥勒にしたがって下生すると信仰され、その入定《にゅうじょう》地である高野山奥の院は弥勒浄土《みろくじょうど》と考えられた。持物の賢瓶には、智慧の水が満たされており、これを灌《そそ》ぐことにより衆生を菩提に導くとされる。日本では、半跏思惟《はんかしゆい》の弥勒菩薩像の作例が広く知られ、広隆寺《こうりゅうじ》（京都府）のものが有名である。

⑦金剛薩埵《こんごうさった》　衆生が本来そなえる菩提心（本有菩提心）を身体とする勇猛な菩薩であり、胎蔵曼荼羅の金剛手《こんごうしゅ》菩薩と同体とされる。この菩薩の性格は、大乗の普賢菩薩と、釈迦の侍衛者であった夜叉としての金剛手（執金剛・金剛力士）を組み合わせたものであり、降三世明王や愛染《あいぜん》明王とも深い関係にある。右手に持つ金剛杵は、菩提心の堅固さの象徴であるとともに、衆生の本有の菩提心を守衛する力を表す。左手の金

弥勒菩薩

金剛薩埵

剛鈴は、衆生を驚覚し、迷妄から覚醒させる力を示す。『理趣経《りしゅきょう》』では、あえて輪廻《りんね》生死の世界にとどまり、大欲をもって衆生を悟りへと導く存在であり、欲・触・愛・慢を伴った「五秘密《ごひみつ》」という集合尊としても表現される。

不動明王《ふどうみょうおう》

不動明王は、大忿怒《だいふんぬ》の表情を浮かべた密教尊で、日本では真言宗や天台宗のみならず、宗派を越えて信仰され、「不動尊」あるいは「お不動様」の名称で親しまれてきた。

教理的には、大日如来の教令輪身（難化の衆生を教化するために現した姿）に位置づけられることから「大日大聖不動明王」とも称される。日本では、千葉県成田山の不動信仰や五色不動*などが特に有名である。

不動とは、梵名アチャラ（動かない）を訳した言葉で、菩提に安住する意味とともに、いかなる苦難においても揺るぎなく衆生を守護するという誓願を示している。不動明王が座る「瑟瑟座《しつしつざ》」（方形の岩を積み重ねた台座）は、大盤石とも呼ばれるように、このような不動の徳を象徴するものである。インドでは、「チャンダ・マハーローシャナ」（暴悪大忿怒）、「マハー・クローダ・ラージャ」（大忿怒王）の名で呼ばれ、忿怒の大力をもって悪魔を屈服させる尊とも考えられてきた。

明王とは、王のように明（ヴィドゥヤー）を自由自在に使うものに対する尊称で

不動明王

*目黒・目白・目赤・目青・目黄の五種不動のことで、東京の五色不動が有名である。

ある。明とは、知識や学問を指し示す言葉であったが、転じて呪術に用いられる文句（明呪《みょうじゅ》）を指すようになった。このような明呪に優れた尊こそが、密教でいう「明王」であり、胎蔵曼荼羅では、仏部に付随する形で「持明院」を形成している。明王には降三世・軍荼利・大威徳・金剛夜叉・烏樞沙摩《うすさま》・愛染など様々な種類があるが、その中心に位置するのが不動明王である。

不動明王は青黒くて醜く、髪を束ねて長く垂らした奴僕形《ぬぼくぎょう》であるが、これは大日如来に仕え、衆生救済に奔走する姿とされる。右手の利剣は、智慧を象徴するものであり、衆生を邪魔から守護するとともに、貪瞋痴《とんじんち》の煩悩を取り除く力があるとされる。左手の羂索《けんさく》は、もとは鳥獣を捕まえる縄であり、難化の衆生（仏・菩薩の教化にしたがわない者）であっても、仏の正しい道へと帰順させる力を持つという。不動の羂索は通常、青黄赤白黒の五色線をよって作られ、その両端には、半形の金剛杵と鐶《かん》とが取り付けられている。日本では、倶利伽羅《くりから》龍王を不動の利剣に巻きつける作例（倶利伽羅不動）も見られるが、この龍王は、一説に羂索を象徴するものとされる。

不動明王は、火生三昧《かしょうざんまい》に入り、自ら出した猛烈な火焔（迦楼羅炎《かるらえん》）のなかに身を置くが、これは衆生の煩悩の薪を焼き尽くそうとする決意を示している。不動明王が、護摩《ごま》供《く》の本尊とされる由縁である。このように大忿怒の激しい性格を持つ不動明王であるが、頭頂の蓮華が象徴するように、内心は慈悲によって満たされている。

不動明王には、「八大童子」「三十六童子」と呼ばれる多くの眷属がいる。そのなかでも矜羯羅《こんがら》童子（キンカラ）と制吒迦《せいたか》童子（シェータカ）は代表的存在であり、日本では不動三尊として仏堂に祀られることが多い。

不動明王の基本形は、一面二臂の座像あるいは立像であり、東寺講堂や、高幡不動金剛寺（東京都）の木像などが有名である。立像の不動明王のなかには、空海が唐からの帰国の際に荒波を鎮めたとされる「波切《なみきり》不動」があり、高野山南院に秘仏として祀られている。また天台宗の園城寺《おんじょうじ》には、智証大師円珍（八一四～八九一）が感得したとされる金色の立像、通称「黄不動」が秘仏として伝えられている。

五大明王《ごだいみょうおう》

五大《ごだい》明王とは、不動明王を中心に、降三世（東方）・軍荼利（南方）・大威徳（西方）・金剛夜叉（北方）を配した集合尊であり、「五大力尊《ごだいりきそん》」「五大忿怒」とも呼ばれる。天台宗の寺門派では、金剛夜叉の代わりに、烏樞沙摩を北方に配当する。これらの四明王は、不動明王と同様に青黒く、火焔を背負うが、多面・多目・多臂・多足という異形《いぎょう》の姿をとる。日本における五大明王の最古の作例は、東寺講堂の木像とされ、ほかにも「五大力さん」として親しまれる醍醐寺（京都府）の木像などがよく知られている。なおインド・チベットでは、曼荼羅を守護するものとして、四忿怒・六忿怒・十忿怒といった集合尊がある。

①降三世明王《ごうざんぜみょうおう》　欲界・色界・無色界の三界のすべてを制圧し、仏法に帰順させる明王である。その象徴として、右足で三界の主宰とされるシヴァ神を、左足でウ

マー妃（烏摩）を踏みつけている。『大日経疏』では、降三世について貪瞋痴の三毒煩悩の降伏《ごうぶく》と解釈している。基本形は四面八臂で、大忿怒を象徴する印を結び、金剛杵（金剛鈴）・箭・剣・戟・弓・羂索といった持物を手にとっている。胎蔵曼荼羅の持明院には、勝三世明王と降三世明王の二種が登場するが、もとは同一尊格であったとされている。

②軍荼利明王《ぐんだりみょうおう》　梵名「クンダリー」（螺旋《らせん》を持つもの）の音写語で、とぐろを巻いた蛇を指す。蛇は、ヒンドゥー教でシャクティ（性力。クンダリニー）を象徴するものであり、軍荼利明王は、首と八臂と両足とに計十二匹の蛇をまとう。また瓶《びょう》を意味する梵語クンダとも深い関わりがあり、甘露《かんろ》（アミリタ）に満たされた尊として、「甘露軍荼利」の名でも呼ばれる。蛇や甘露に象徴される力によって様々な障礙《しょうげ》を除く明王であり、その真言は特に修法する場所の結界や、供物の浄化において用いられる。基本形は一面八臂で、忿怒の力を象徴する印などを結び、金剛杵（三鈷杵）・輪宝・戟・金剛鉤といった持物を手にとっている。胎蔵曼荼羅では、甘露軍荼利（仏部）、蓮華軍荼利（蓮華部）、金剛軍荼利（金剛部）の三尊が登場している。

③大威徳明王《だいいとくみょうおう》　梵名は「ヤマーンタカ」で、「閻曼徳迦」とも音写される。死界の王であるヤマ（閻魔《えんま》）を死滅させるために文殊菩薩が化身した明王とされる。大威徳の名前とは、天・人・阿修羅のすべてを畏怖

降三世明王
胎蔵曼荼羅では蓮華座に座る。

大威徳明王

させ、死の影すらも屈服させる威厳と徳を有することに由来する。基本形は六面・六臂・六足で、伝統的には六波羅蜜や六神通などと関連づけられてきた。正面で印を結び、剣・棒・戟・輪宝といった持物を手にとっている。乗り物である水牛は、六道輪廻の衆生を悟りの世界へと運ぶものと解釈されてきたが、インド・チベットでは大威徳自体が水牛として表現されている。

④金剛夜叉明王《こんごうやしゃみょうおう》　夜叉（ヤクシャ。薬叉）とは、森に棲む土着の精霊のことであり、人に恩恵をもたらす一方、人を襲って喰らう鬼神として畏怖された。金剛夜叉とは、密教に受容された名称であり、五眼や金剛牙に象徴される力によって仏法を守護する明王である。基本形は三面六臂で、剣・金剛杵（五鈷杵）・矢・輪宝・弓・金剛鈴といった持物を手にとっている。このうち正面に持つ金剛杵・金剛鈴とは、金剛薩埵の持物と同様であり、夜叉としての金剛手（執金剛）と深く関わる明王と考えられている。

⑤烏樞沙摩明王《うすさまみょうおう》　梵名「ウッチュスマ」の音写語で、パチパチと火がはじける音に由来し、火神アグニ（火天）と深い関係にあるとされる。火光三昧に入り、熾烈な火焔をもって貪欲などの不浄を焼き尽くし、浄化することから「火頭金剛」や「不浄潔金剛」とも呼ばれる。また慈悲の心が深く、穢悪《えあく》に触れることを恐れず、衆生を救護すると信じられてきた。このような性格から、日本では、厠《かわや》（便所）の守護者として祀られることが多い。基本形は一面で、臂数は様々であるが、六臂のものでは金剛杵・手索・宝棒・宝輪・念珠といった持物を手にとり、蛇や髑髏《どくろ》を身

にまとう。

諸天《しょてん》

曼荼羅には、仏・菩薩のみならず、その外周には多くのヒンドゥーの神々が描かれている。これらの神々は、仏教に帰服して護法善神となったものであり、「天部」と総称され、仏陀およびその教法を守護する役割を担っている。胎蔵曼荼羅の最外院には、二百尊以上の神々が描かれ、またそのなかには現代の日本人にとってもなじみ深い十二宮や、二十八宿などの星に関わる尊も登場している。

このような天部諸尊のなかでも、真言密教では、曼荼羅および道場を守護するものを「十二天」と呼んで重視してきた。その原型は、ヒンドゥー教の八方天とされており、日本において十天、さらに十二天へと増広されたと考えられている。平安時代末より作られるようになった「十二天屏風」（六曲一双）は、真言宗の重要な儀式である後七日御修法《ごしちにちみしゅほう》や伝法灌頂《でんぽうかんじょう》において必須のものとされている。

四方の守護――帝釈天（東方）・閻魔天（南方）・水天（西方）・多聞天（北方）
四維《しい》の守護――伊舎那天（東北方）・火天（東南方）・風天（西北方）・羅刹天（西南方）
上下の守護――梵天（上方）・地天（下方）
星宿《せいしゅく》の守護――日天・月天（人の寿命や栄枯盛衰を司る）

以下は、仏教・密教において特に重要な天、および日本人の信仰においてなじみ深い天を取り上げ、解説していくこととしたい。

①梵天《ぼんてん》　梵名「ブラフマー」の音写語で、バラモン教における最高神として信仰された神である。ヴィシュヌやシヴァとともにヒンドゥー三神の一人に数えられ、宇宙の創造を司る。仏伝においては、帝釈天とともに釈迦を護衛し、特に釈迦に説法を懇願した「梵天勧請」のエピソードは有名である。東寺講堂の鵞鳥《がちょう》に乗る四面四臂の座像や、興福寺（奈良県）の立像などが有名である。

②帝釈天《たいしゃくてん》　梵名「インドラ」の訳語と「シャクラ」の音写語を組み合わせた名称である。インド最古の聖典『リグ・ヴェーダ』では、中心的な位置を与えられ、雷電を具象化した金剛杵（ヴァジュラ）を武器に、悪龍ヴリトラを退治する雷霆《らいてい》神として広く信仰された。仏伝においては、梵天とともに釈迦の守護者の位置が与えられ、特に本生譚（ジャータカ）では、釈迦の心を試す役割を演じている。仏教では、須弥山頂の忉利天（三十三天）に住むとされ、眷属として四天王をしたがえる。柴又帝釈天（東京都）が有名であり、作例としては東寺講堂の白象に乗る坐像や興福寺の立像などがある。

③大自在天《だいじざいてん》　ブラフマーやヴィシュヌとともにヒンドゥー三神の一人に数えられる最高神、シヴァ神である。インド最古の聖典『リグ・ヴェーダ』に登場する暴風雨神ルドラが前身であり、破壊とともに、恩寵をもたらす神として広く信仰された。シヴァの妻はウマー（烏摩妃。パー

梵天

帝釈天

ルバティー。大自在天女）で、子にはガネーシャ（聖天・歓喜天）、スカンダ（韋駄天）がいる。大勢力をそなえた神であるが、大日如来の命を受けた降三世明王により降伏され、「大自在天」（マヘーシュヴァラ。摩醯首羅）として仏教に受容された。異名としては、「シャンカラ」（商羯羅）や、「マハー・カーラ」（大黒天）、「イーシャーナ」（伊舎那天）などがある。三眼で肌は青黒く、手には三叉戟《さんさげき》（トリシューラ）をつかみ、ナンディンと呼ばれる牛に乗っている。

④四天王《してんのう》　四方を守護する天の総称であり、持国天（東）・増長天（南）・広目天（西）・多聞天（北）のことである。須弥山の中腹に住み、帝釈天の眷属として鬼神をしたがえて、仏法および国家を守護する役割を担う。このような理解に基づき、仏堂の須弥壇の四方には、本尊を守護するものとして祀られる。東大寺（金光明四天王寺護国之寺、奈良県）にある戒壇院の立像は有名である。

⑤毘沙門天《びしゃもんてん》　梵名「ヴァイシュラヴァナ」の音写語で、名声があり、よく仏法を聴聞する神とされる。四天王の多聞天とは同一であるが、単独で信仰される場合には、「毘沙門天」と呼ばれる。もとは財宝神（クベーラ）であり、日本では七福神に加えられ、また武神として坂上田村麻呂や上杉謙信などによって信仰された。特に地天女の両手に支えられ、二鬼（尼藍婆《にらんば》・毘藍婆《びらんば》）をしたがえるものは、「兜跋毘沙門天《とばつびしゃもんてん》」と呼ばれ、

大自在天と大自在天女

毘沙門天

東寺の立像が有名である。
⑥大黒天《だいこくてん》　梵名「マハー・カーラ」は、破壊を司るシヴァ神の別称であり、すべてのものを破壊する永遠の時間を具象化した神とされる。その身体は黒く、髪を逆立て牙をむき、手には象の皮やヤギ・人間をつかみ、祈願する者を戦勝に導くとされた。日本では、「大黒」と「大国」が同音であることから大国主命《おおくにぬしのみこと》と習合し、柔和な財福神として七福神に加えられた。また食糧を守護し、増加させる力があるとされ、日本でも多く厨房に祀られた。
⑦聖天《しょうてん》　ヒンドゥー教の象頭人身の神ガネーシャ（ガナ・パティ）であり、日本では「大聖歓喜天」として信仰される。シヴァ神（大自在天）とウマー（烏摩妃）の子である。もとは仏教の修行者を妨害する障礙神であったが、十一面観音の教化によって仏法を守護し、財福をもたらす善神となった。日本では、十一面観音の化身とされる女尊と抱擁する「双身歓喜天」もよく作られたが、秘仏となることが多い。生駒《いこま》聖天（奈良県）、待乳山《まつちやま》聖天（東京都）、妻沼《めぬま》聖天（埼玉県）などが有名であり、供物として大根や歓喜団《かんぎだん》（穀物と香薬で作る丸い菓子）などが供えられる。
⑧弁天《べんてん》　聖なる河「サラスヴァティー」の水に由来するヒンドゥー教の女神である。後にヴァーチュと結びつき弁舌・学芸の神となり、またラクシュミー（吉祥天）と結びつき福徳・財宝の神としての性格をそな

大黒天

聖天

えたとされる。「弁天」は総称であり、学芸向上では「辯才天」、商売繁盛では「辨財天」として使い分けられた。日本では、古来より河神として池・河などの水辺に祀られ、人頭蛇身の宇賀神《うがじん》と習合して、「宇賀辨財天」と呼ばれる像も多く作られた。二臂で琵琶を持つ姿、あるいは一面八臂で様々な武器を持つ姿の弁天が多く作られる。

⑨鬼子母神《きしもじん》　梵名は「ハーリーティー」で、その音写である「訶利帝母《かりていも》」の名でも知られる。五百人の子の母でありながら、人々の子をさらって食した恐ろしい鬼神である。釈迦は、鬼神の最愛の末子一人を隠して、子を失う悲痛さを悟らせ、仏教に帰順させたと伝えられる。それ以降、仏教の信奉者を守護するとともに、特に子授けや、子女の病を除く神として信仰されてきた。日本では、「恐れ入谷《いりや》の鬼子母神」の地口《ぢぐち》で知られる、東京都台東区の入谷鬼子母神（真源寺《しんげんじ》）などが有名である。天女形で、手には多産や豊饒を象徴する石榴《ざくろ》（吉祥果）を持つ。

空海の書と梵字悉曇《ぼんじしったん》

空海の書

空海は、宗教面のみならず、名筆家としても知られ、橘逸勢《たちばなのはやなり》（生年不詳～八四二）や嵯峨《さが》天皇（七八六～八四二）とともに「三筆《さんぴつ》」に数え挙げられる。『古今《ここん》著聞集《ちょもんじゅう》』巻七（能書）には、嵯峨天皇と空海が書の優劣を競い、嵯峨天皇が「誠に我にまさられたりけり」と述べ、空海の書に脱帽したとのエピソードが載せられている。日本人にとって空海の書が格別なものであったことは、「弘法は筆を選ばず」（達人は道具や材料の善し悪しを問題にしない）や、「弘法にも筆の誤り」（達人であってもときには失敗する）という諺からもうかがい知ることができる。空海は、中国・唐から様々な書法や書物、製筆法（筆の作り方）などを伝え、自ら多くの書跡を残した。このような功績から、空海は日本書道の祖とも評されており、その直接の流れを汲む書派として「大師流《だいしりゅう》」が生まれた。

空海が、いつ、どのような形で書を学んだのかは、必ずしも明確ではない。空海の乗った遣唐船が福州赤岸鎮《ふくしゅうせきがんちん》に漂着した折、大使の代わりに嘆願書「大使、福州の観察使に与うるが為の書」を漢文で記し、その文章力と筆致をもって現地の長官を驚かせたと伝えられる。このようなエピソードから、空海は入唐《にっとう》以前から書に親しんでいたと考えられており、一説には朝野《あさの》宿祢《しゅくね》魚養《なかい》（生没年不詳）が師であったともされている。

空海は入唐後、密教受法のかたわら、「解書先生」（書に精通した人。一説に韓方明《かんほうめい》とされる）より書の法則や秘訣を学んだとされ、空海の直筆からは、特に書聖と呼ばれた王羲之《おうぎし》（三〇三～三六一）や、また唐代を代表する顔真卿《がんしんけい》（七〇九～七八五）からの影響が指摘されている。

空海は、代表的な書体である「五体」、すなわち篆書《てんしょ》、隷書《れいしょ》、楷書《かいしょ》、行書《ぎょうしょ》、草書《そうしょ》に精通していたとされる。空海は在唐中、憲宗（七七八～八二〇）の命を受け、宮廷の壁にあった王羲之の書の剥落箇所を書き直したという。その際、『弘法大師伝絵巻』などでは、空海が口と左右の手足に計五本の筆を持ち、同時に五行を書き上げる姿が描かれており、驚いた皇帝が「五筆和尚《ごひつおしょう》」の称号を与えたとされている。このエピソードは、空海が五体いずれにも巧みであったことに由来し、後世に生まれた伝説といえよう。「五筆和尚」の称号は中国でも知られ、仁寿三年（八五三）に智証大師円珍（八一四～八九一）が入唐した折、福州開元寺の寺主恵灌《えかん》は、この称号をもって空海の消息を尋ねたとも伝えられている。

空海は、ほかにも様々な雑体書《ぞうたいしょ》にも精通し、それに関連する珍書『古今篆隷文《ここんてんれいぶん》体《たい》』一巻（京都府・毘沙門堂蔵）を日本に請来した。雑体書とは、鳥や虫などの自然の造形を題材とし、篆書や隷書をもとに編み出された装飾的な字体のことで、その種類は三十六体とも、百体とも伝えられている。空海は、雑体書のなかでも、はけ字のような味わいを持つ飛白書《ひはくしょ》（後漢の蔡邕《さいよう》の考案した書体とされる）を好み、「真《しん》言七祖像讃《ごんしちそぞうさん》」（東寺蔵）や「益田池碑銘《ますだのいけひめい》」（高野山釈迦文院蔵）にその書跡を見ることができる。

空海は、書の技術に優れるのみならず、書の理論（書論）についても卓越した見識を持っていた。『性霊集《しょうりょうしゅう》』では、字形の善し悪しではなく、心を自然の事物に遊ばせ、そこで心に映し出された万象の本質を書に表現すべきとしている。また、書体の模倣にとどまるべきではなく、先人たちが書に秘めた意志を学ぶことが重要であるとも述べている。

益田池碑銘帖
『益田池碑銘帖』菊井利平、一九〇三年。国立国会図書館ホームページ

このような高い技術と深い精神性に裏づけられた空海の書は、日本人に愛され、真筆《しんぴつ》とされる書の多くが国宝に指定されている。

①『聾瞽指帰《ろうこしいき》』（高野山《こうやさん》金剛峯寺《こんごうぶじ》蔵）　空海が二十四歳のときに著した『三教指帰《さんごうしいき》』の草稿本、あるいは別本とされる書である。序文の末尾には、延暦十六年（七九七）とあり、空海の真筆であると考えられてきた。その書風は、王羲之の影響が色濃く、若々しい覇気にあふれた書と評される。

②『三十帖策子《さんじゅうじょうさっし》』（仁和寺《にんなじ》蔵）　日本に現存する最古の冊子本とされる。空海が、在唐中に集めた密教経典や儀軌《ぎき》、真言《しんごん》・陀羅尼《だらに》などをまとめたもので、長らく秘蔵されてきた。各帖に綴られた文字の大きさや書体・書風は様々であり、多くは唐の写経生によるものとされるが、第二十帖・第二十六帖・第二十七帖の全部、および第十二・十五・十七・二十二・二十三帖の一部は、空海の真筆と考えられている。

③『風信帖《ふうしんじょう》』（東寺《とうじ》蔵）　弘仁三年（八一二）ころに、空海が最澄（七六七〜八二二）に宛てた三通の消息（手紙。風信帖・忽披帖《こつひじょう》・忽恵帖《こつけいじょう》）の総称で、一通目の冒頭「風信雲書」によりこの名がある。もとは比叡山《ひえいざん》延暦寺に所蔵されていたと考えられている。その書風は、王羲之・顔真卿といった唐の影響が強く、空海の書のなかでも最も洗練され、優れたものと評されている。

④『灌頂歴名《かんじょうれきめい》』（神護寺《じんごじ》蔵）　別名を「灌頂記《かんじょうき》」ともいう。空海が、弘仁三年（八一二）から翌年にかけて高雄山寺《たかおさんじ》（現在の神護寺の前身）で行った灌頂の記録で、灌頂を

『風信帖』
須藤光暉『空海』金尾文淵堂、一九一〇年。国立国会図書館ホームページ

受けた僧および俗人の名が列記されている。そのなかには、天台宗の開祖である最澄の名や、その弟子である円澄《えんちょう》（天台座主《ざす》第二世。寂光大師《じゃっこう》）や泰範《たいはん》（七七八〜没年不詳）などの名を見ることができる。この書は、数度に分けて記されたものであり、様々な書風が混在するが、特に顔真卿の書風が顕著であるとされる。

⑤『真言七祖像讃《しんごんしちそぞうさん》』（東寺蔵）　密教を相承《そうじょう》した七人の阿闍梨《あじゃり》の肖像を描き、名称および行状を書き記したものである。七人の阿闍梨とは、龍猛《りゅうみょう》・龍智《りゅうち》・金剛智《こんごうち》・不空《ふくう》・善無畏《ぜんむい》・一行《いちぎょう》・恵果《けいか》のことである。このうち金剛智・不空・善無畏・一行・恵果の像は、恵果の命により唐で描かれたものであり、龍猛・龍智の二像は、弘仁十二年（八二一）ころに日本で描かれたものである。インド僧である龍猛・龍智・金剛智・不空・善無畏の像には、飛白体による漢名と梵号が書かれ、中国僧の一行・恵果の像には、草書で漢名が書かれており、行状文と合わせて空海の真筆と考えられている。

梵字悉曇《ぼんじしったん》

空海あるいは真言宗における書を考えるうえで、いわゆる梵字悉曇《ぼんじしったん》も見過ごすことはできない。梵字とは、インドの古典雅語であるサンスクリット語（梵語）を表記する文字のことで、様々な字体がある。日本で梵字悉曇と呼ぶものは、五〜六世紀ころに西北インド周辺で発展したシッダ・マートリカー（悉曇文字。「完成された文字」の意）に起源する字体であり、真言密教では主に真言・陀羅尼を表記する文

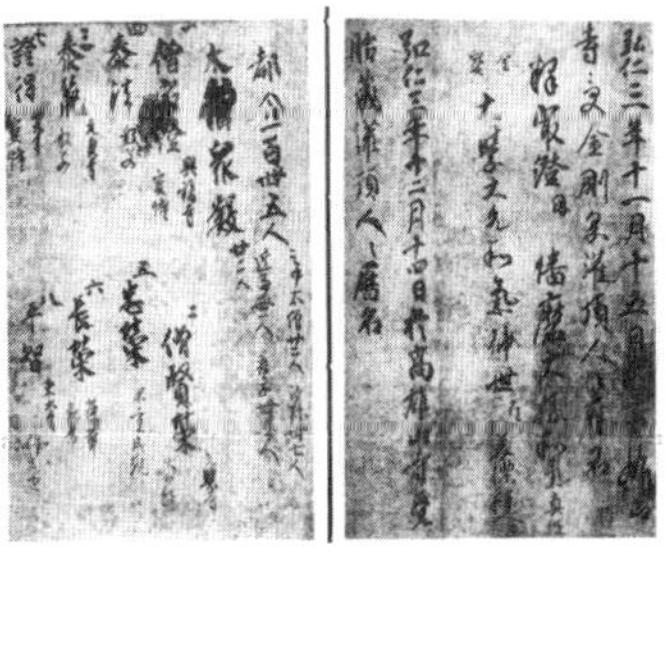

『灌頂歴名』
『弘法大師風信帖・灌頂記』日本書道学院、一九四四年。国立国会図書館ホームページ

字として用いられてきた。サンスクリット語には母音と子音があるが、梵字悉曇でも同様であり、母音は「摩多《また》」（マートリカー。字母《じも》。通摩多と別摩多がある）、子音は「体文《たいもん》」と呼ばれてきた。ちなみに、現在インドのヒンディー語に対応する字体デーヴァ・ナーガリーは、六〜七世紀ころに発達したナーガリー文字に由来するものであり、梵字悉曇とも深い関係にある。

サンスクリット語の仏典は、基本的に中国で漢語に翻訳されたが、梵語のなかでも、多くの意味を含む語や、中国に対応する語がないものについては、インドの発音をそのまま漢字音写することが行われた。玄奘三蔵《げんじょうさんぞう》は、その理由として順古故《じゅんここ》（古人の翻訳の慣例にしたがう）、秘密故《ひみつこ》（仏陀の言葉は秘密語である）、多含故《たごんこ》（多くの義を含む）、此方無故《しほうむこ》（中国に対応する概念や言葉がない）、尊重故《そんちょうこ》（梵語の持つ荘重さを保つ）という五つを挙げている（五種不翻《ごしゅふほん》）。しかし、この漢字音写には限界があり、特にサンスクリット語の短母音・長母音の別を表記するのには、不向きであったようである。

密教において真言や陀羅尼は、読誦《どくじゅ》するための聖語であり、いかにインドの原音に忠実に発音するかが重要であった。そこで中国に請来された梵夾《ぼんきょう》（貝葉《ばいよう》などに書かれた梵字の仏典）を参考に、当時隆盛したシッダ・マートリカ（悉曇文字）を用いて、真言・陀羅尼を縦書きに表記する手法が考案されたものと推測される。

当初、日本には八世紀前半より梵夾が断片的に伝えられたが、平安初期になって天台・真言の僧が相次いで渡唐し（入唐八家《にっとうはっけ》）、梵字悉曇の関連典籍を体系的に請来した。空海は在唐中、一説に西北インド出身の般若三蔵《はんにゃさんぞう》（七三四〜没年不詳）からサンスクリット語を学び、学法灌頂を受けた後、胎蔵・金剛界の梵字儀軌・梵讃などの伝授を受けたものと考えられる。空海の『御請来目録《ごしょうらいもくろく》』には、梵字に関連する請来品として四十二部・四十四巻にも及ぶ真言・陀羅尼・讃を挙げている。また空海は、『梵字悉曇章』や『悉曇釈』、智広撰『悉曇字記』、また録外ではあるが『羅什《らじゅう》悉曇章』『瞻波城《せんばじょう》悉曇章』を伝えたとされており、空海は日本における梵字悉曇学の基礎を作ったと評されている。

さらに空海は、梵字悉曇の典籍を唐から請来するばかりでなく、自ら『梵字悉曇《ぼんじしったん》字母《じも》并《ならびに》釈義《しゃくぎ》』一巻を著しており、梵字悉曇に関する空海独自の哲学をうかがうことができる。そのなかでも重要なのは、一つの梵字のなかに無限の意味や功徳が含まれるという解釈であり、真言密教の教理・行法の根幹をなしている。すなわち、一つの梵字であっても観念し、読誦するならば無明や煩悩を除き、即身成仏を成就できるとされる。このような解釈に基づき、密教の瞑想法《めいそうほう》として阿字観《あじかん》（万物の根本・大日如来を象徴する梵字を観想する）があり、また曼荼羅の諸尊を梵字で表現した種字《しゅじ》曼荼羅（法曼荼羅）が作られてきたのである。

空海が直接書いたと考えられている梵字悉曇は、それほど多くないが、次のものが真筆として承認されている。

①『三十帖策子《さんじゅうじょうさっし》』（仁和寺蔵）　三十帖のうち梵字が含まれるものは、第五帖・第八帖・第十八帖・第十九帖・第二十三帖・第二十六帖・第二十七帖・第二十九帖

であり、すべて古来より空海の真筆と考えられてきた。近年では、三十帖の多くが唐の写経生によるものと考えられており、確実な空海の真筆は、密教の儀軌や陀羅尼が記載される第二十三帖（不明の梵字真言）・第二十六帖（八曼荼羅経など）・第二十七帖（如意輪菩薩観門義注秘訣）とされている。

②『真言七祖像讃《しんごんしちそぞうさん》』（東寺蔵）　インド僧である龍猛・龍智・金剛智・不空・善無畏の像には、飛白書による漢名とともに、梵号が木筆によって記されている。唐より請来された金剛智・不空・善無畏・一行・恵果像と、日本で弘仁十二年（八二一）ころに描かれた龍猛・龍智像の梵字では、書風が異なると指摘されている。また梵号に一部誤りがあることから、空海筆を疑う向きもあるが、真筆とする説の方が優勢である。

密教建築

寺院・伽藍《がらん》の変遷

仏教の寺院内に造られた建築物は、通常、「伽藍《がらん》」と総称される。伽藍とは、梵語サンガーラーマ（僧伽藍）の略称で、出家者が集まり修行・瞑想をするための閑静な場所を指した（僧園《そうおん》）。インドでは、釈迦や出家の弟子たちが居住した場所は、「精舎《しょうじゃ》」（ヴィハーラ。僧院・僧房）と呼ばれ、特に祇園《ぎおん》精舎、竹林《ちくりん》精舎、大林《だいりん》精舎、霊鷲《りょうじゅ》精舎、菴羅樹園《あんらじゅおん》精舎の五つは、「天竺五精舎《てんじくごしょうじゃ》」として有名である。後世、出家者が定住化するにつれて精舎や窟院《くついん》（自然の断崖を利用して造った寺院）が整備され、合わせて礼拝の対象となる仏塔（ストゥーパ・チャイトヤ）や仏像が造立されるようになった。

　中国では、北魏のころより寺院・伽藍の建立が盛んになったが、そこでは舎利を祀る仏塔と、仏像を安置する仏堂は分離され、特に仏堂（大雄宝殿《だいゆうほうでん》。大雄とは仏陀のこと）を中心に直線的・左右対称に建築物を配置する新たな寺院形式が生まれた。また一方では、インドの窟院に基づき、雲崗《うんこう》石窟・龍門《りゅうもん》石窟なども造られた。

　日本では奈良時代より、隋～唐代の建築を模範として、平地において左右対称に堂宇《どうう》を配置した大寺院が多く建立されるようになった。南大門・中門・金堂《こんどう》・講堂・鐘楼・僧坊・塔などの主要な堂宇からなる寺院のことを、特に「七堂伽藍」と称するが、その名称や配置については様々な形式がある。法隆寺《ほうりゅうじ》や四天王寺《してんのうじ》などは、金堂や塔を中心とする形式であり（百済式）、東大寺《とうだいじ》・薬師寺《やくしじ》・興福寺《こうふくじ》などは、金堂を中心に左右二基の塔を配置する形式とされている（唐式）。

　平安時代初期に開かれた真言宗では、従来の伽藍形式を踏襲しながらも、曼荼羅《まんだら》・灌頂《かんじょう》や修法などを前提として、独自の密教建築を造り上げていった。一説に真言式の七堂伽藍とは、①金堂（本堂。本尊を安置する堂）、②講堂（講義・説教を行う堂）、③灌頂堂（灌頂院。灌頂儀式

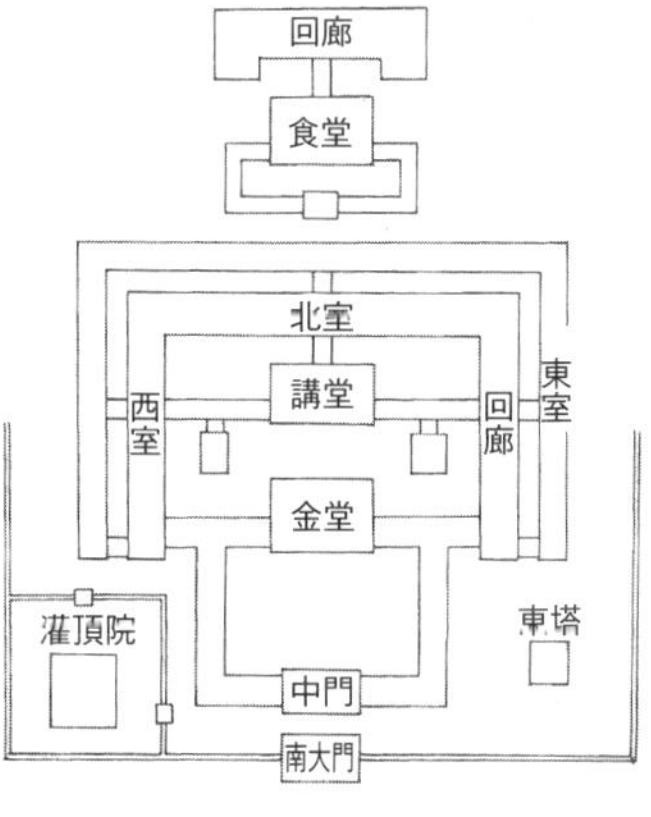

東寺伽藍復元図
藤井恵介『密教建築空間論』中央公論美術出版、一九九八年

を行う堂）、④大師堂（宗祖弘法大師《こうぼうだいし》を祀る堂）、⑤経蔵《きょうぞう》（大蔵経を納める堂）、⑥大塔（二層式の仏塔）、⑦五重塔（五層式の仏塔）とされている。このうち灌頂堂や大師堂や大塔は、密教独自の建築物であり、また従前から建立された五重塔についても解釈・内容の変更が見られる。

密教建築に共通する特徴として、従来の仏像を中心とした空間作りから、修法を中心とするものへと移行したことが指摘されている。狭義の意味での密教建築では、両部曼荼羅《りょうぶまんだら》を東西に掲げ、それぞれの大壇を設けたのみの空間であり、法具や荘厳具《しょうごんぐ》は、修法の目的に応じて臨時的・流動的にしつらえられた。灌頂堂や真言院などはその典型であり、従来の寺院には見られない、修法に特化した建築物といえよう。修法を行うための空間は、曼荼羅の諸尊が集まる聖なる領域であるため、密教寺院では多くの場合、内陣と外陣とを厳密に区別するのである。

真言宗寺院は全国に数多く現存するが、歴史や地域性を反映して、浄《じょう》土《ど》や禅あるいは神祇などの要素を取り込んだ寺院もあり、その伽藍の配置や様式は様々であり、純然たる密教建築は多いとはいえない。また寺院の規模も大小様々であり、小規模な寺院では本堂（金堂）のみの伽藍も多く、むしろ灌頂堂や大師堂や大塔といった密教特有の建築を有する寺院は稀である。しかし、規模の大小を問わず真言宗寺院に共通することは、仏堂の壁面に両部曼荼羅を掲げ、本尊の前に大壇《だいだん》や護摩壇《ごまだん》といっ

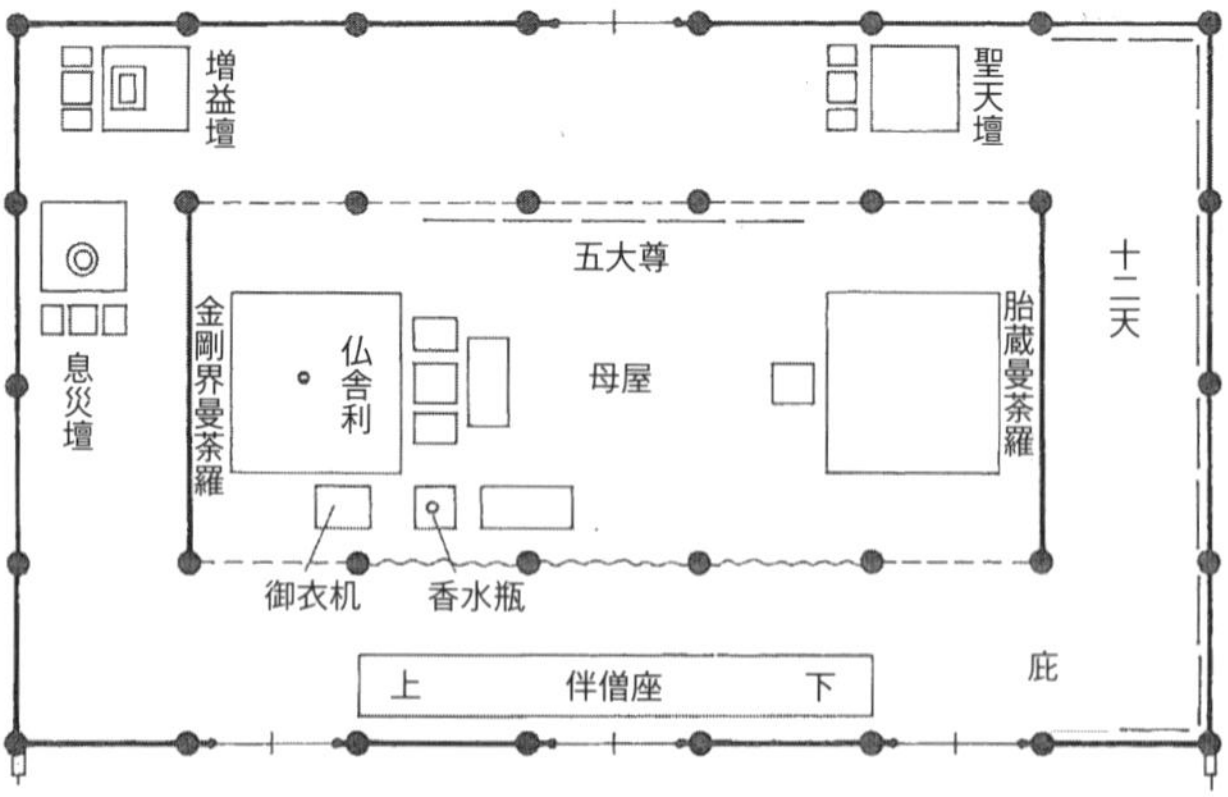

宮中真言院壇所復元平面図（部分）
藤井恵介『密教建築空間論』

た修法のための壇（通常、壇の中央には小さな仏塔を安置する）を築き、合わせて弘法大師をはじめ真言密教を伝えた真言八祖《はっそ》を祀ることである。これは大寺院を構成した灌頂堂・大師堂・大塔などの密教建築の要素を、本堂（金堂）に集約したものといえよう。

灌頂院《かんじょういん》

灌頂院《かんじょういん》（灌頂堂）とは、灌頂儀礼を執り行うために造られた専門の建築物である。灌頂（アビシェーカ）とは、インドの国王の即位式に由来する儀式で、真言密教では主に奥義を伝え、阿闍梨《あじゃり》位を継承する許可《こか》儀式として重要視された。「灌頂」という名が示すように、頭頂に水を灌《そそ》ぐことが原義であり、この水は仏の智慧《ちえ》や慈悲を象徴するものと解釈されてきた。灌頂にも様々な種類・段階のものがあるが、次の二種が特に重要である。

伝法《でんぽう》灌頂――機根（宗教的素質）に優れ、なおかつ修行を重ねた僧のみが受けられる灌頂で、阿闍梨となり真言密教の奥義を継承することを目的とする。

結縁《けちえん》灌頂――僧俗を問わず受けられる灌頂で、曼荼羅壇に華を投じて仏縁を結ぶことにより（投華得仏《とうげとくぶつ》）、仏の守護のもと現世・来世を安穏に過ごすことを目的とする。

灌頂院とは、これらの灌頂儀礼の執行に特化した建築であるが、そのルーツは中国に求めることができる。真言付法第六祖の不空三蔵（七〇五〜七七四）は大興《だいこう》善寺《ぜんじ》に「灌頂道場」を築いて、鎮護国家を祈願し、皇帝をはじめ多くの僧俗に灌頂を授け、密教を中国に定着させていった。また空海の師である同第七祖の恵果《けいか》（七四六〜八〇五）も、青龍寺《しょうりゅうじ》に灌頂道場を作り、僧俗や国内外を問わず、多くの者に灌頂を授けた。

空海は、中国の灌頂道場をモデルとし、直接あるいはその意志を高弟に託し、諸寺院中に灌頂堂を築いていった。まず空海は、東大寺別《べっ》当《とう》であった弘仁十三年（八二二）、同寺に灌頂院を建立し、さらに天平年間には高雄山神護寺《たかおさんじんごじ》に灌頂院を創建した。空海入定《にゅうじょう》後も、承和十年（八四三）ころには東寺《とうじ》に、さらに応徳三年（一〇八七）には高野山《こうやさん》に灌頂院が造られた。

東寺の灌頂院では、その開創以来、伝法灌頂とともに、春秋二季の結縁灌頂が行われたと記録がある。その灌頂院の内部は、まず東西に両部曼荼羅（東側に胎蔵《たいぞう》曼荼羅、西側に金剛界《こんごうかい》曼荼羅）が掲げられ、その前にそれぞれ修法壇が設けられ、周囲の壁面には真言八祖の画像が掲げられていたようである。

『東宝記』による東寺灌頂院平面図
藤井恵介『密教建築空間論』

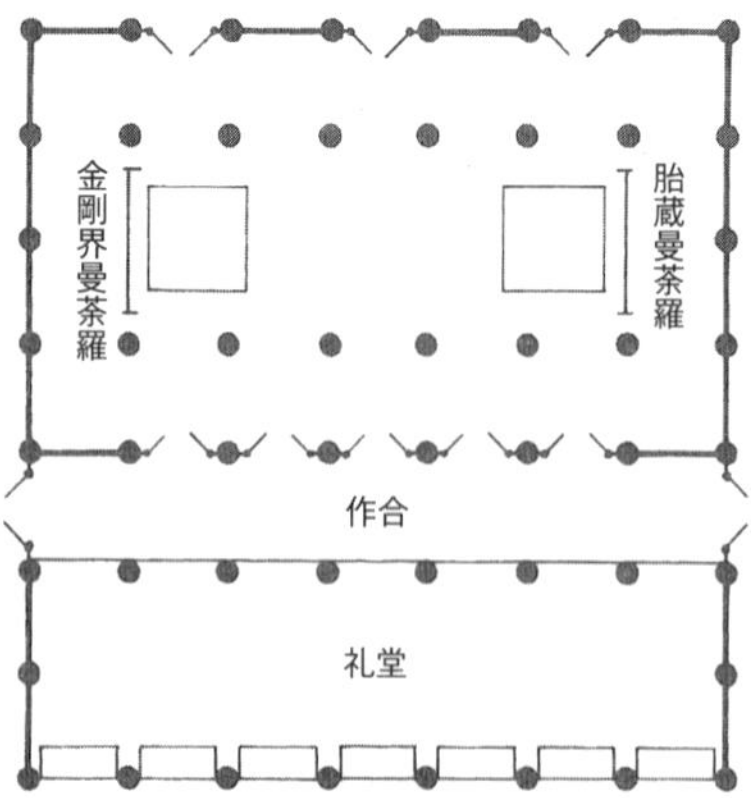

五重塔と大塔

日本の大寺院では、五重塔や大塔が多く造られているが、これらはいずれもインドの仏塔を起源としている。仏塔（ストゥーパ、チャイトヤ）とは、仏舎利《ぶっしゃり》（仏陀の骨）などを安置する独特な建築物であり、インドでは聖跡として仏教徒の信仰拠点となった。インドにおける仏塔の多くは、仏舎利を中心に伏せた椀状に土石やレンガを積み上げる形式（覆鉢式）が一般的であり、その代表例としてサーンチーの仏塔を挙げることができる。

中国においては、インド式の仏塔が建立されることはほとんどなく、代わりに楼閣を組み込んだ独特な仏塔が数多く造られた。代表的な楼閣式仏塔として、中国最古とされる嵩岳寺塔《すうがくじとう》（河南省。五二〇年建立）や、木造最古の仏宮寺釈迦塔（応県木塔《おうけんもくとう》。山西省。一〇五六年建立）、大慈恩寺《だいじおんじ》の大雁塔《だいがんとう》（陝西省西安）などが有名である。

日本では、五重塔・大塔をはじめ、三重塔・十三重塔・瑜祇塔《ゆぎとう》など様々な仏塔が建立されたが、その多くは中国の楼閣式仏塔をモチーフにしたものと推測される。特に五重塔の建立は、日本で六世紀末ころより始まり、現存最古の木造建築とされる法隆寺をはじめ、多くの大寺院で五重塔が築かれた。日本の五重塔は、中国式の仏塔とは多少異なり、その中心に心柱《しんばしら》を立てることが一つの特徴となっている。この心柱については、日本独自の柱信仰に基づき、天と地を結び、神々が降臨する依《よ》り代《しろ》であると解釈する説も出されており興味深い。

真言密教において仏塔は、教理的に重要な位置を占めており、多くの密教系寺院において五重塔・大塔などが建立されてきた。その背景として、大日如来《だいにちにょらい》によって示された密教の核心は、南インドにある仏塔（南天鉄塔《なんでんのてっとう》）において龍猛《りゅうみょう》菩薩に託され、人間界に伝えられたとの伝承がある（鉄塔相承《てっとうそうじょう》）。龍猛は、この南天鉄塔を

高野山大塔

「法界《ほっかい》宮殿《ぐうでん》毘盧遮那《びるしゃな》現証《げんしょう》窣都波《そとば》」と称しており、真言密教では、仏塔を大日如来の身体そのものと解釈してきた。ゆえに曼荼羅における大日如来のシンボル（三昧耶形）は、胎蔵・金剛界ともに仏塔とされる。真言密教において、五重塔は「キャ・カ・ラ・バ・ア」*の五輪に基づく胎蔵系の仏塔とし、一方の大塔は「バン」*字に基づく金剛界系の仏塔とし、その根底において大日如来と両部曼荼羅のイメージが結びつけられたのである。

　密教の五重塔としては東寺などが有名であるが、それらの内部では、心柱を中心に四方に四仏を祀る形式が多く用いられている。その場合、心柱こそが大日如来であり、阿閦《あしゅく》・宝生《ほうしょう》・無量寿《むりょうじゅ》（阿弥陀）・不空成就《ふくうじょうじゅ》の金剛界四仏が安置されることが多い。一方の大塔とは、密教独自のものであり、通常、大規模な多宝塔（『法華経《ほけきょう》』見宝塔品に由来する塔）と説明されることも多い。しかし歴史上、「毘盧遮那《びるしゃな》法界体《ほっかいたい》性塔《しょうとう》」と呼ばれた記録もあることから、「大日如来の仏塔」という解釈がより適切と思われる。大塔としては、根来寺《ねごろじ》（和歌山県）や高野山などが有名であるが、その内部は二層に分かれ、胎蔵・金剛界五仏《ごぶつ》が配置されることが多い。五重塔・大塔などの建築物に大日如来の姿と両部曼荼羅の世界を重ね合わせたものといえよう。

空海ゆかりの密教寺院・建築

　日本全国に数多くの真言宗寺院があり、そこには曼荼羅をモチーフとする様々なタイプの密教建築を見いだすことができる。代表的な真言宗寺院としては、高野山

*キャ・カ・ラ・バ・ア

*バン

高野山金堂

金剛峯寺《こんごうぶじ》・東寺をはじめ、善通寺《ぜんつうじ》（香川県）・大覚寺《だいかくじ》（京都府）・仁和寺《にんなじ》（京都府）・勧修寺《かじゅうじ》（京都府）・泉涌寺《せんにゅうじ》（京都府）・醍醐寺《だいごじ》（京都府）・随心院《ずいしんいん》（京都府）・智積院《ちしゃくいん》（京都府）・長谷寺《はせでら》（奈良県）・根来寺（和歌山県）など、数え切れないほど多い。このほか、台密を伝える天台宗の寺院にも多くの密教建築があり、現在の宗旨は異なっても元真言宗・天台宗であった寺院には、少なからず密教的要素を見いだすことができる。ここでは特に空海のゆかりが深い高野山金剛峯寺と東寺にしぼり、そこに見られる密教建築やその背後にある理念について述べていきたい。

①高野山金剛峯寺《こうやさんこんごうぶじ》　弘仁七年（八一六）に、空海が嵯峨《さが》天皇に願い出て下賜《かし》された土地が高野山である。空海は、この地を修禅の根本道場と定め、弟子の実慧《じちえ》（七八六～八四七）を派遣し、弘仁十年（八一九）ころより伽藍の造営を始め、空海入定《にゅうじょう》後五十年以上を経て、主要な堂宇が完成したとされる。高野の地は、八峰に囲まれており、高野山そのものを胎蔵曼荼羅の中台八葉院に見立てる構想があったものと推測されている。高野山上に建立された根本大塔・金堂・不動堂・御影堂《みえどう》などは、胎蔵曼荼羅の世界を表現するものであり、特別に「壇上伽藍《だんじょうがらん》」（壇場伽藍）と呼ばれてきた。また壇上伽藍の東方には、空海の入定した祖廟があり「奥の院」と呼ばれ、現世の浄土（弥勒の兜率浄土）として庶民の信仰を集めてきた。高野山上の堂宇は、たび重なる落雷によって焼失し、不動堂などを除くと当初の建築物は少なく、現在の建物はほとんどが近現代以降の再建となっている。「金剛峯寺」という名称は本来、高野山全体を指し示すものであったが、明治二年（一八六九）以降、青巌寺《せいがんじ》と興山《こうざん》

高野山御影堂

寺《じ》を合併した一寺院の名称として用いられるようになり、高野山真言宗の総本山とされるようになった。

②東寺《とうじ》　東寺は、延暦十三年（七九四）の平安京遷都に伴い、桓武《かんむ》天皇が西寺《さいじ》（現在は廃絶）とともに羅生門の東西に建立させた官寺《かんじ》（国家が造立や経営を行う寺院）である。弘仁十四年（八二三）、嵯峨天皇が空海に東寺を勅賜《ちょくし》して以来、鎮護国家を祈願する真言密教の道場となった。南大門・金堂・講堂・食堂《じきどう》などの伽藍配置は奈良時代の形式を踏襲しながらも、その内実については曼荼羅を前提とする密教建築へと変更されているものも多い。講堂は、空海の構想のもと、天長二年（八二五）から承和二年（八三五）にかけて建立されたもので、金剛界五仏・五菩薩・五大明王など二十一尊を配置し、ダイナミックな曼荼羅空間を作り上げている（立体曼荼羅）。五重塔も、前に述べたように曼荼羅を前提にするものであり、内部には金剛界五仏や八大菩薩が安置されている。境内西南にある灌頂院は、承和十年（八四三）ころに建立された純然たる密教建築であり、伝法・結縁灌頂が執り行われてきた。明治十六年（一八八三）以降は、従来、宮中行事であった玉体安穏・国家隆昌を祈る後七日御修法《ごしちにちみしゅほう》という密教法会が行われるようになった。また空海のかつての住房は、「御影堂《みえいどう》」（大師堂）と呼ばれ、毎朝六時に「生身供《しょうじんく》」（空海に膳と茶を供する）が行われて庶民の信仰を集めてきた。

（佐々木大樹）

東寺御影堂

参考文献

〈全般〉
朝日新聞社『弘法大師と密教美術』一九七八年
東京国立博物館『空海と密教美術展』二〇一一年
〈曼荼羅〉
関口正之『垂迹画』（日本の美術二七四）、至文堂、一九八九年
東寺宝物館・頼富本宏『東寺の曼荼羅図――みほとけの群像』一九九〇年
頼富本宏『曼荼羅の観賞基礎知識』至文堂、一九九一年
染川英輔・小峰彌彦・小山典勇・高橋尚夫・廣澤隆之『曼荼羅図典』大法輪閣、一九九三年
高橋尚夫・小峰彌彦『図解・別尊曼荼羅――密教図像を読む』大法輪閣、二〇〇一年
林温『別尊曼荼羅』（日本の美術四三三）、至文堂、二〇〇二年
森雅秀『マンダラ事典――一〇〇のキーワードで読み解く』春秋社、二〇〇八年
〈荘厳・法具〉
真言宗豊山派宗務所・門屋大壽『真言宗法具図説』真言宗豊山派宗務所、一九八〇年
今井幹雄『密教法具に学ぶ――付・読経の精神と功徳』東方出版、二〇〇五年
〈密教の仏たち〉
智山伝法院『智山の真言――常用経典における真言の解説』智山伝法院選書一五、二〇一〇年

〈空海の書・梵字悉曇〉
樫本智照『弘法大師の書道』高野山大学出版部、一九七三年
中田勇次郎『書道芸術一二――空海』、中央公論社、一九七五年
梵字貴重資料刊行会『梵字貴重資料集成』東京美術、一九八〇年
飯島太千雄『空海大字林』講談社、一九八三年
児玉義隆『梵字必携――書写と解読』朱鷺書房、一九九一年
竹内信夫『空海入門――弘仁のモダニスト』筑摩書房、一九九七年
岸田知子『空海と中国文化』大修館書店、二〇〇三年
榊義孝・本多隆仁他『真言密教を探る』大正大学出版会、二〇〇九年
〈密教建築〉
藤井恵介『密教建築空間論』中央公論美術出版、一九九八年
冨島義幸『密教空間史論』法藏館、二〇〇七年
武澤秀一『空海――塔のコスモロジー』春秋社、二〇〇九年

空海の著作

空海の言葉を読むために

空海の言葉は非常に難解である。あらゆる漢文に通じたと自負する現代の中国学研究者にさえ、空海の文章には歯が立たないと言わしめるほどである。その難解であるゆえんは、空海が中国古典に造詣《ぞうけい》が深く、さらに道教の文献や漢詩文などにも通じ、そのうえ仏典に関しては小乗から大乗まですべてを網羅しているという、基礎的な教養の幅が群を抜いていることにある。

空海は、漢詩の作成技術や唐の文人の書の理論にも通じていたので、その文章は極めて格調が高い。しかもその言葉は、単に技巧的、修辞学的であるのではなく、すべては空海自身の悟りの根本的な経験から発せられたものであり、悟りという超越的な視点から森羅万象を眺めることによって、紡《つむ》ぎ出された言葉である。かくして空海の言葉を真に味わうのは容易なことではない。

とはいえ、果敢に挑戦することは必要である。ここでは、まずそれぞれの著作の概要を紹介し、そのうえで、それぞれの著作の末尾に、著作のなかの代表的な言葉を取り上げる。漢文の和訳と解説を付しておいたので、その入り口としてほしい。

なお、空海の全著作は『定本弘法大師全集』全十一巻（首巻・本文篇九巻・索引一巻、密教文化研究所、一九九一〜九七年）に収められている。これは従来用いられてきた長谷宝秀編『弘法大師全集』全七輯（密教文化研究所、増補三版、一九六五〜六八年）に、新たな貴重書・写本をもとに全面的な改訂を行ったものである。長谷宝秀編『弘法大師全集』は空海に仮託された偽作の疑いの濃い資料も収載するが、『定本弘法大師全集』は、空海の真撰として疑いのないもののみを収録し、偽撰と思われる著作は参考資料として扱っている。全集の内容は四部からなり、相承《そうじょう》部（第一巻）、教相《きょうそう》部（第二巻〜第四巻）、事相《じそう》・悉曇《しったん》部（第五巻）、文学《ぶんがく》部（第六巻〜第九巻）で、各巻末に詳細な解説がある。

『三教指帰《さんごうしいき》』

成立と概要

『三教指帰《さんごうしいき》』は、延暦十六年（七九七）、空海が二十四歳のときに著した『聾瞽指帰《ろうこしいき》』に、「序文」と跋《ばつ》「十韻《じゅういん》の詩《し》」を書き改めて、題名を『三教指帰』としたものである。『三教指帰』を書き改めたのは空海ではないとする説もあるが、空海自身による改作説が一般的である。

『三教指帰』の三教とは、儒教《じゅきょう》・道教《どうきょう》・仏教をいう。すでに中国では、三教の優劣をめぐって論争があった。天和四年（五六九）に北周武帝《ほくしゅうぶてい》の命令により催された「三教優劣論争」である。空海在世の時代には、中国における三教論争が日本に知られており、儒教の徳目である「孝《こう》」を論拠として仏教が批判された。空海も忠孝に基づく倫理的批判を想定しており、これは中国の思想状況を踏まえたものであることが予想される。

本書は日本初の本格的漢文著作であり、日本初の戯曲でもあり、比較思想論でもある。

登場人物は、兎角公《とかくこう》、その甥の蛭牙公子《しつがこうし》、亀毛先生《きもうせんせい》、虚亡隠士《きょぶいんし》、仮名乞児《かめいこつじ》の五人であり、それぞれモデルがある。兎角公は空海の父、蛭牙公子は空海の母方の甥、亀毛先生は空海の叔父の阿刀大足《あとのおおたり》、仮名乞児は青年空海がモデルとされる。

舞台は、兎角公が、蛭牙公子の素行を案じて、儒者の亀毛先生に教育を依頼するところから始まる。亀毛先生は蛭牙公子に儒教を学ぶことの重要性を示し、蛭牙公子は感服して儒教にしたがおうと決意する。

次いで、道士である虚亡隠士が登場し、道教の神仙《しんせん》の術を示して、儒教に対する優位性を説き明かすと、亀毛先生までもが道教を称賛するようになる。

最後に仮名乞児が登場し、儒・道の二教を批判した上で、仏教が最も優れていることを教え、最終的にみなが仏教への帰依《きえ》を表明するに至るという筋書きとなっている。

このように仏教の二教に対する優位性が示されているが、二教を否定しようとする態度は認められない。むしろ三教はいずれも聖人の教えであって、人の素質に応じて異なるにすぎないとし、それぞれの立場を認めている。

この戯曲の構想は、青年期の空海の経験と深く関わっており、その意味で私小説的である。空海は十五歳のときに叔父の阿刀大足から漢籍を習い、十八歳で大学に入学して中国の経書や文学を学ぶが、ほどなくして大学を中退し私度僧《しどそう》となった。このとき、ある沙門《しゃもん》より虚空蔵求聞持法《こくうぞうぐもんじほう》を授かり、その修行の結果、宗教的確信を得るに至ったという。

空海が出家への意志を固める一方で、彼の将来を期待していた親戚や知人らはそのことに激しく反対した。『三教指帰』述作の趣旨は、この周囲の反対に向けた自らの出家宣言にある。

内容

『三教指帰』は序・亀毛先生論《きもうせんせいろん》・虚亡隠士論《きょぶいんしろん》・仮名乞児論《かめいこつじろん》の四部構成となっている。

序　空海が大学を中退し仏教に帰依する経緯を顧みて、『三教指帰』述作に至る理由を述べている。三教に浅深の差異があっても、いずれも聖人の説であるという、空海の三教に対する態度が表明されている。

亀毛先生論《きもうせんせいろん》　亀毛先生は中国古典に通暁《つうぎょう》した人物である。亀毛先生は、兎角公から蛭牙公子の教育を依頼される。彼はまず蛭牙公子の非行を逐一指摘し、孝行を実践しない人間は獣に等しいと叱咤《しった》し、孝行に励み、勉学に勤しめば、将来の名声が約束されると諭している。

亀毛先生は『荀子《じゅんし》』を多く引用する。『荀子』は「人間は本来的に悪であるが、道徳の実践によってそれを抑制すべきである」とする性悪説《せいあくせつ》を説いている。亀毛先生の教説はこの性悪説に基づくものであり、荀子学派系の儒者であることがわかる。

虚亡隠士論《きょぶいんしろん》　儒者の亀毛先生に続いて、道士の虚亡隠士が登場する。虚亡隠士は、不老長生の仙術が儒教より遥かに優れていることを説く。長生の術を体得するためには、養生を心がけなければならない。殺生《せっしょう》を避け、精液・唾液を漏らすことなく、美食・五穀・五辛・酒を退け、女色・歌舞を遠ざけ、心身を清らかに保たなければならない。神丹・練丹等の仙薬により仙人になることができるとする。この虚亡隠士の教説は『抱朴子《ほうぼくし》』＊という道教の著作からの引用が多い。この点から、虚亡隠士を道教のなかでも神仙道《しんせんどう》（葛氏道《かっしどう》）＊系の道士として描写していることがわかる。

仮名乞児論《かめいこつじろん》　仮名乞児は、みすぼらしくやつれた姿の行者として登場する。亀毛先生と虚亡隠士のやりとりを耳にして、彼らの教説を迷いごとであるとして哀れみ、仏の教えを説くのである。その教えを要約すれば次の四点である。

⑴無常の賦《ふ》　いかに堅固に見える世界であっても、世界が終末するときには劫火《ごうか》に焼かれ消え去ることになる。ましてや人間であれば、色・受・想・行・識の五蘊《ごうん》によって構成されるかりそめの存在にすぎず、命が終わればはかなく消える。絶世の美女であっても、容姿はたちまちに衰え、死んでしまえば腐敗した屍《しかばね》をさらしてだれも近寄らない。死は神や仙人であっても避けることはできないのである。

＊中国西晋・東晋時代の道教研究家である葛洪（二八三～三四二）が著した。神仙思想と煉丹（不老不死の薬を作る）術の理論書。

＊葛洪の系譜に由来する道教の一派。

⑵受報の詞《し》　死骸は草のなかで朽ち、魂は地獄へと堕《お》ちる。煮えたぎる釜に入れられ、あるいは鋭利な刀剣の山に身を切られ、槍の山に突かれ、火炎の車に轢《ひ》かれ、冷たい河に沈められ、熱湯や溶鉄を飲まされる。この苦しみは途切れることなく、泣き叫んでもだれも助けてはくれない。自らの生前の悪業《あくごう》の報いを受けているのであって、だれの助けもあてにはできない。

⑶生死海《しょうじかい》の賦《ふ》　生死の迷いの海は、欲《よく》界・色《しき》界・無色《むしき》界の際にまで広がって、限りがない。そこには極めて多様な無数の生き物が生存している。魚類や鳥類、そのほか雑多な動物は欲望にとらわれ、無常の世界ではかない生涯を送る。いろいろな生き物が、上は有頂天《うちょうてん》から下は無間地獄《むけんじごく》に至るまで、生死の海を埋め尽くしている。

⑷大菩提の果《か》　輪廻《りんね》の苦しみから脱するには、菩提心を起こし、最高の果報を求めるよりほかに道はない。実に六波羅蜜《ろくはらみつ》*の修行を筏《いかだ》として迷いの河を渡り、八正《はっしょう》道《どう》*を船として愛欲の海を離れ、精進の帆柱に静慮の帆を揚げ、忍辱《にんにく》の鎧《よろい》をつけ智慧《ちえ》の剣を持ち、七覚支《しちかくし》*の馬を駆って速やかに苦海を越え、四念処《しねんじょ》*の車に乗って俗世間を越えなければならない。このようにして菩薩は真如を証得し、仏の位に達するのである。しかし、多くの衆生《しゅじょう》は苦海に沈んでいるので、仏は大慈悲を全世界にめぐらして、法の雨を降らせて、この世は泰平となるのである。

最後に仮名乞児が三教をまとめた「十韻《じゅういん》の詩《し》」を付して、『三教指帰』を結んでいる。

＊布施・持戒・忍辱・精進・禅定・智慧という六つの徳目。
＊正見・正思・正語・正業・正命・正精進・正念・正定という八つの正しい道。
＊択法・精進・喜・軽安・捨・定・念という悟りを得るのに役立つ七つの項目。
＊身念住・受念住・心念住・法念住という四種の修行法。

本文より

谷響《たにひびき》を惜《お》しまず、明星来影《みょうじょうらいえい》す。

谷がこだまするように、修行に応じて、虚空蔵菩薩《こくうぞうぼさつ》の化身《けしん》としての明星が現れたのです。

解説　青年時代の空海は、ある沙門《しゃもん》（修行者）から虚空蔵求聞持法を授かった。この修行法は、虚空蔵菩薩を本尊としてその真言を百万遍念誦《ねんじゅ》するというもので、諸願を満足させ、記憶を増進させる利益《りやく》があるといわれる。阿波《あわ》の大滝嶽《たいりゅうのたけ》や、土佐《とさ》の室戸崎《むろとざき》で求聞持法を修行し、ついに悟りを得た。その悟りの経験が、この短い言葉に凝縮して示されている。明星（金星）は虚空蔵菩薩の象徴とされる。後世の伝説では、空海の口のなかに金星が入ったと伝える。空海の言葉は、すべてこの悟りの絶対的な地点から発して、あらゆる現象や現実世界をとらえ直したものである。

『御請来目録《ごしょうらいもくろく》』

成立と概要

『御請来目録《ごしょうらいもくろく》』は、大同元年（八〇六）、空海三十三歳のときの著作である。「進《しん》官録《かんろく》」ともいわれ、朝廷に提出した留学二年間の報告書である。いわば帰国第一声の真言密教の宣布書であり、所定の留学期間を大幅に短縮しての帰国であったことへの弁明書ともいえよう。

空海真筆《しんぴつ》と伝わる東寺《とうじ》蔵の写本（国宝）があるが、筆跡や「比叡寺印」が捺《お》されていることから最澄《さいちょう》筆と推定される。また同様に空海真筆と伝わる竹生島宝厳寺《ちくぶしまほうごんじ》*蔵の写本（実際は平安中期の写本と推定）がある。また施福寺《せふくじ》*蔵の空海自筆草案と見なされる残簡写本がある。

内容

本書は、上表、目録、留学中に恵果《けいか》から学んだ経緯、という三つの部分からなる。すでに本書で、顕教《けんぎょう》と密教との違いは、成仏が遅いか速いかにあるとして、密教は速やかに成仏することができるとしており、顕密対比の思想、および即身成仏《そくしんじょうぶつ》思想の最初期の形態を見ることができる。

空海が請来した新訳の仏典・曼荼羅《まんだら》・法具などは、すべてこの目録に記されており、新訳の経典が百四十二部・二百四十七巻、梵字真言《ぼんじしんごん》が四十二部・四十四巻、論《ろん》疏《しょ》が三十二部・百七十巻、両部《りょうぶ》曼荼羅と伝法阿闍梨《でんぽうあじゃり》像が十鋪、法具が九種、阿闍梨付属物が十三種である。経論は主として不空三蔵《ふくうさんぞう》によって訳出された、当時最新の資料であり、これによって日本における真言密教の成立が資料的な方面から体系的に示されている。

また真言密教の正当性を、大日如来《だいにちにょらい》、金剛薩埵《こんごうさった》、龍猛《りゅうみょう》、龍智《りゅうち》、金剛智《こんごうち》、不空《ふくう》、恵果から空海へと伝わる付法八祖《ふほうはっそ》の血脈《けちみゃく》をもって証明しており、空海の教学思想が凝縮して示されているといえる。

*滋賀県の琵琶湖にある真言宗豊山派の寺。日本三大弁才天で、西国札所三十番。

*大阪府和泉市にある天台宗の寺。通称槇尾寺。西国札所四番。空海が二十歳のとき、ここで得度したという伝承がある。

本文より

空海、闕期《けつご》の罪《つみ》、死して余《あまり》ありといえども、竊《ひそか》に喜ぶ、得難《えがた》きの法を生きて請《しょう》来《らい》せることを。

この私、空海が留学に際して所定期間を欠いた罪は、たとえ死んでも償いきれませんが、ひそかには、この得がたい真言の教えを生きて日本に持ち帰ったことを喜んでおります。

解説　当時、入唐《にっとう》留学の期間は二十年が予定されていたのであるが、空海はわずか二年で所期の目的を果たし、帰国した。空海は留学期間があまりに短いことを、表向きには闕期の罪として死んでも償えないとへりくだっているが、その真意は、自らが得た真言密教に対して、絶対の自信を持っているのである。空海の文章には、まず謙遜の辞をもって相手を取り込み、それから自身の懐に引き入れるという、非常に達意巧妙なところがある。

『弁顕密二教論《べんけんみつにきょうろん》』

成立と概要

『弁顕密二教論《べんけんみつにきょうろん》』は、弘仁六年（八一五）、空海四十二歳のころの著作と推定されている。

本書は、すべての仏教の教えを顕教《けんぎょう》と密教の二つに分けて、密教が顕教より優れていることを明らかにした。唐において、恵果《けいか》より真言密教を学んだ空海は、南都《なんと》六宗《ろくしゅう》や天台宗などの従来の仏教より真言密教が優れていることを主張する必要があった。このような背景のもと、空海は、今まで日本に伝わった宗派を顕教と呼び、密教の優位性を主張した。

本書は、『十住心論《じゅうじゅうしんろん》』『秘蔵宝鑰《ひぞうほうやく》』とともに、真言宗の教判《きょうはん》*を示した書であり、顕教と密教を対比させて論じているところから、「横《おう》の教判」という。略して『二教論』とも呼ばれ、上下二巻よりなる。

*教相判釈の略。教義内容などによって、諸経論を分類し、体系づけること。

内容

本書は、序論と問答決疑という二部構成になっている。

序論　法身《ほっしん》*・応身《おうじん》・変化身《へんげしん》*の仏身論《ぶっしんろん》の観点から、顕教と密教の違いを概説する。顕教は、応身・変化身が相手の能力に応じて説いた教えである。これに対して密教は、法身によって説かれた真実の教えである。従来の教えは、すべて顕教であったが、次に示す法身説法を説く経典や論書を典拠として密教の教えの正当性を示している。

*仏の悟りの真理そのもの、あるいは仏の悟りの真理を身体とするもの。

*応身・変化身は、仏が人々を教化するために、対象に応じて変化し、現れた姿をいう。

問答決疑　五つの問答によって構成される。

(1)顕教と密教の違い

応身・変化身が説いた教えが顕教であり、法身が自らの悟りの境界を説いた教えが密教である。

⑵法身説法を主張する理由

文章は読む人の能力に応じて理解されるので、経典や論書に法身説法が説かれているにもかかわらず、これまでその真意は理解されてこなかった。

⑶顕教で法身説法を主張しない理由

顕教の学匠たちは、深い意味が秘められた文章を、表面的にしか解釈しなかったからである。

⑷法身説法の典拠

『金剛頂瑜伽金剛薩埵五秘密修行念誦儀軌《こんごうちょうゆがこんごうさったごひみつしゅぎょうねんじゅぎき》』一巻
『金剛峰楼閣一切瑜伽瑜祇経《こんごうぶろうかくいっさいゆがゆぎきょう》』一巻
『略述金剛頂瑜伽分別聖位修証法門《りゃくじゅつこんごうちょうゆがふんべつしょういしゅしょうほうもん》』一巻
『大毘盧遮那成仏神変加持経《だいびるしゃなじょうぶつじんぺんかじきょう》』七巻
『入楞伽経《にゅうりょうがきょう》』十巻
『金剛頂一切如来真実摂大乗現証大教王経《こんごうちょういっさいにょらいしんじつしょうだいじょうげんしょうだいきょうおうきょう》』三巻
『金剛頂瑜伽中発阿耨多羅三藐三菩提心論《こんごうちょうゆがちゅうほつあのくたらさんみゃくさんぼだいしんろん》』一巻
『大智度論《だいちどろん》』百巻
『釈摩訶衍論《しゃくまかえんろん》』十巻

⑸論拠の具体的な提示

顕教に対する密教の優位性を示すために、その証拠となる経論を引用する。十五例ほど引用した後、さらに補足例を挙げており、これらの引証が『二教論』の大部分を占めている。十五例は、先に挙げた法身説法の典拠となる諸経論を中心にして、さらにそのほかの引証として、『華厳五教章《けごんごきょうしょう》』『摩訶止観《まかしかん》』『大乗法苑義林章《だいじょうほうおんぎりんじょう》』『守《しゅ》護国界主陀羅尼経《ごこっかいしゅだらにきょう》』『密迹金剛経《みっしゃくこんごうきょう》』などを引用し、注釈を加える。これらの経論に依拠して、法身説法を主張する。また、法身には自性身《じしょうしん》・受用身《じゅゆうしん》・変化身《へんげしん》・等流《とうる》身《しん》の四種があって、それぞれが説法していることが示されている。また『大智度論』『密迹金剛経』は、顕教の経論であるが、密教以外でも法身説法が説かれていることを示す証拠として引用されている。顕教のなかでも秘密の名を持つものがあるが、それは浅いものに比較して、より深いという意味で用いられているにすぎない。ここでいう秘密とは、法身の奥深い境地を指し、応化の仏がこれまで秘密にして説いてこなかった教えを意味する。

本文より

醍醐《だいご》を棄《す》てて牛乳《ごにゅう》を覓《もと》め、摩尼《まに》を擲《なげう》って魚珠《ぎょしゅ》を拾《ひろ》うがごときに至《いた》っては、寂種《じゃくしゅ》の人《にん》、膏肓《こうこう》の病《やまい》、医王《いおう》手《て》を拱《こまね》き、甘雨《かんう》何《なん》の益《えき》かあらん。

優れた醍醐味を棄てて、単純な乳の味を求めたり、宝石を投げ捨て、魚の目玉を拾ったりするような、仏性のない人、不治の病人は医者のなかの王である仏も手をこまねき、甘露の法雨をそそいでも何の利益もありません。

解説　乳を精製していく過程で、①乳《にゅう》→②酪《らく》→③生酥《しょうそ》→④熟酥《じゅくそ》→⑤醍醐《だいご》が得られる。これを五味という。醍醐はそのうち、最も優れた味をいい、これを密教にたとえているのである。次の文も同様に、摩尼（宝石）を密教にたとえ、魚珠（魚の目玉）を顕教にたとえている。空海は立教開宗にあたり、真言密教を宣揚するために、こうした比喩によって顕教と密教を対比しているのである。

『即身成仏義《そくしんじょうぶつぎ》』

成立と概要

本書は略して『即身義《そくしんぎ》』とも呼ばれる。著作年代は、弘仁末から天長初年（八二三〜八二四）のころと推測されているが、正確な年代については不明である。『大正新修大蔵経』のなかには、同名の六種類の異本が収められているが、いずれも空海の作ではないとされている。古い写本には『即身成仏品《そくしんじょうぶつぼん》』と記され、書名は後世につけられた可能性もある。

『声字実相義《しょうじじっそうぎ》』『吽字義《うんじぎ》』とともに三部の書と称され、身口意《しんくい》の三密《さんみつ》のうち、身密を解き明かしたものであるとされる。顕教《けんぎょう》で説く三劫成仏《さんごうじょうぶつ》に対して、即身成仏を主張する。

内容

まず「二《に》経《きょう》一《いち》論《ろん》八箇《はっか》の証文《しょうもん》」と呼ばれる部分で即身成仏の根拠を経論から明らかにし、続いて、即身成仏を「二頌八句《にじゅはちく》」という詩文の形でまとめ、以下、これを順に解釈して即身成仏を明かしている。

二経一論八箇の証文　ここでは、即身成仏の根拠となる教説を、経論のなかから挙げている。このうち、「二経」とは、『金剛頂経《こんごうちょうぎょう》』『大日経《だいにちきょう》』を指し、「一論」とは『菩提心論《ぼだいしんろん》』のことである。『金剛頂経』から四箇所、『大日経』から二箇所、『菩提心論』から二箇所の合計八箇所が引用されているため、「二経一論八箇の証文」といわれる。これらの引用を踏まえ、真言宗の教えによってのみ、「現世に」「この身を捨てずして」「この生において」「速やかに」成仏できると主張する。

即身成仏の頌《じゅ》　即身成仏の頌は、以下の「二頌八句」である。

六大《ろくだい》無礙《むげ》にして常に瑜伽《ゆが》なり――体
四種曼荼《ししゅまんだ》各《おのおの》離れず――相
三密《さんみつ》加持《かじ》すれば速疾《そくしつ》に顕《あらわ》る――用
重重帝網《じゅうじゅうたいもう》なるを即身《そくしん》と名づく――無礙
法然《ほうねん》に薩般若《さはんにゃ》を具足《ぐそく》して――法仏の成仏
心数心王《しんじゅしんのう》刹塵《せつじん》に過ぎたり――無数
各《おのおの》五智《ごち》無際智《むさいち》を具《ぐ》す――輪円
円鏡力《えんきょうりき》の故《ゆえ》に実覚智《じっかくち》なり――所由

まず第一句「六大無礙にして常に瑜伽なり」とは、「本体」(体)について述べている。六大とは地・水・火・風・空・識のことで、この世の全存在は六大によって構成される。この六大をア・バ・ラ・カ・キャ・ウンの六字にあて、それぞれが如来を象徴しているものであるとする。つまり、この世界は仏の世界にほかならない。したがって、本質的にこの世界は六大が互いに渉入、相応し合っているのであり、このことを指して、「無礙にして常に瑜伽なり」という。

第二句「四種曼荼各離れず」とは、姿（相）について述べている。「四種曼荼」とは、大曼荼《だいまんだ》羅・三昧耶《さんまや》曼荼羅・法《ほう》曼荼羅・羯磨《かつま》曼荼羅の四種類の曼荼羅をいう。これは仏の世界を四種類の異なった形で表現したものである。現象世界の様相は異なるが、その本質は平等である。

第三句「三密加持すれば速疾に顕る」とは、働き（用）について述べている。「三密」とは身口意の三つの働きのことである。手に印契《いんげい》を結び、口に真言を唱え、心は三摩地《さんまじ》に住することで、仏の三密と人間の三業《さんごう》とが相応し、成仏することができる。

第四句「重重帝網なるを即身と名づく」とは、我身と仏身と衆生身の平等無礙であることを述べている。

前半の四句によって即身の意味が明かされ、後半の四句によって成仏の意味が示される。

第五句「法然に薩般若を具足して」とは、衆生は本来悟れる存在であり、この本来成仏を悟ることが成仏であると説く。

第六句、第七句「心数心王刹塵に過ぎたり」「各五智無際智を具す」とは、あらゆる心の働きに仏の知恵がそなわっていることが示される。

最後の第八句「円鏡力の故に実覚智なり」とは、鏡がすべてをありのままに映すように、仏の心もすべてをありのままに映しだすのと同様に、衆生も悟ることによって、すべてをありのままにとらえることができると説く。

本文より

加持《かじ》とは、如来の大悲《だいひ》と衆生《しゅじょう》の信心《しんじん》とを表《あらわ》す。仏日《ぶつにち》の影《かげ》、衆生の心水《しんすい》に現《げん》ずるを加《か》といい、行者《ぎょうじゃ》の心水よく仏日を感ずるを持《じ》と名づく。行者もしよくこの理《り》趣《しゅ》を観念《かんねん》すれば、三密相応《さんみつそうおう》するが故に、現身《げんしん》に速疾《そくしつ》に本有《ほんう》の三身《さんじん》を顕現《けんげん》し証得《しょうとく》す。

「加持」という言葉は、如来の大悲と、衆生の信心をいいます。仏の光が、衆生の心の水面に映し出されるのを「加」といい、行者の心の水面に仏の光が照らし出されるのを「持」といいます。行者はこの道理をよく観念すれば、仏の奥深い身《からだ》・口《ことば》・意《こころ》の働きと、衆生の身・口・意の働きとが相互に感応し合うので、この身このままで速やかに、本来的にそなわっている仏の三つの身体（法身《ほっしん》・報身《ほうじん》・応化《おうけ》身《しん》）が立ち現れ、悟ることができます。

解説　空海が「加持」という言葉を説明した箇所として有名である。空海は加持という一語を、加と持とに分けて解釈する。仏が衆生を救おうとする大悲心の働き（加）と、それを受け取る人々の信心（持）とが、相互に感応し合うことが悟りなのである。

『声字実相義《しょうじじっそうぎ》』

成立と概要

本書は略して『声字義《しょうじぎ》』とも呼ばれる。著作年代は『即身成仏義《そくしんじょうぶつぎ》』より以後、天長三年（八二六）ころと推測されているが、正確な年代は明らかでない。『即身成仏義』『吽字義《うんじぎ》』とともに三部の書と称され、身口意《しんくい》の三密《さんみつ》のうち、口密《くみつ》を解き明かしたものであるとされる。従来の仏教では真如実相《しんにょじっそう》は言語で表現できないとしているが、密教では声字がそのまま実相であると主張する。

本書の冒頭で、(1)叙意《じょい》、(2)釈名体義《しゃくみょうたいぎ》、(3)問答の三段から構成されることが示されるが、(3)問答の段がなく、途中で省略されているので、古来より本書は未完成であるともいわれるが、完本と見るのが正説になっている。

内容

(1)叙意　ここでは、声字実相の大意が述べられている。如来の説法は文字によって行われ、その文字は六塵《ろくじん》（色・声・香・味・触・法の六境《ろっきょう》）を本質とし、六塵の根本は法身仏の三密の活動にほかならない。したがって、声字実相とは、あらゆる存在は声字であり、法身仏の説法であるとする。声字即実相の深義を説いたものである。

(2)釈名体義　これを「釈名《しゃくみょう》」と「出体義《しゅったいぎ》」の二段に分ける。

まず「釈名」においては『声字実相義』の題名を解釈する。呼吸によって音の響きが生まれることを声という。この声が必ずものの名を表すことを字という。この字が指示する本体を実相という。そして、これら声と字と実相の三種が区別されることを義という。

次に、地・水・火・風の四大《しだい》が触れ合うことにより声を生じ、これがそのまま意味を持つ文字となり、この文字は私たちの認識の対象であるから、六塵（色・声・香・味・触・法の六境）がすべて文字であると述べられている。そして、この声と字と実相との関係を「六離合釈《ろくりがっしゃく》*」によって解釈し、声がそのまま字であり、声字がそのまま実相であるという立場を表明している。

「出体義」の段落では、まず、経証として『大日経』「具縁品《ぐえんぼん》*」を引用し、声字実相を証明している。

その要点を偈頌《げじゅ》で以下のように示して、これを順に解釈している。

五大《ごだい》にみな響《ひびき》あり　十界《じっかい》に言語《ごんご》を具《ぐ》す
六塵《ろくじん》悉《ことごと》く文字なり　法身《ほっしん》は是《こ》れ実相《じっそう》なり

まず五大とは、地・水・火・風・空というこの世界を構成する五つの要素である。密教では、この五大それぞれが五仏を象徴している。この五大を本体として発せられる音響が声である。

次に十界とは、地獄・餓鬼・畜生・修羅・人・天・声聞《しょうもん》・縁覚《えんがく》・菩薩・仏よりなる十種の世界をいう。このそれぞれの世界にそれぞれの言語がある。この十種の言

*サンスクリット語の複合詞の解釈法で①依主釈、②持業釈、③有財釈、④相違釈、⑤隣近釈、⑥帯数釈をいう。

*『大日経』「具縁品」（『大正新修大蔵経』十八巻、九ページ下）「等正覚真言」「言名成立相」「如因陀羅宗」「諸義利成就」「有増加法句」「本名行相応」の六句を引用する。

語のうち九界が妄《もう》で、仏界の言語のみが真《しん》とされる。それゆえ、仏界の文字は真言と名づけられるのである。

次に六塵すべてが文字であることが示される。凡夫は、文字の差別にとらわれているため、文字が実相を顕していることに気づかないのである。

本文より

もし実義《じつぎ》を知るをばすなわち真言と名づけ、根源《こんげん》を知らざるをば妄語《もりご》と名づく。妄語はすなわち長夜《じょうや》に苦を受け、真言はすなわち苦を抜き楽《らく》を与《あた》う。

もし言葉の真実の意味を知れば、それがすなわち真言なのです。言葉の根源を知らなければ、それはすなわち妄語なのです。妄語は生死の長い夜のなかで苦しみを受けますが、真言は生死の苦しみを抜き安楽《あんらく》を与えます。

解説

真言《しんごん》には奥深い真実の意味が内在している。真言は梵字《ぼんじ》であり、悉曇《しったん》の一字一字が仏そのものであり、奥深い教えが蔵されている。そして空海には、世界のすべては言語である、という思想がある（「六塵悉く文字なり」）。ものに触れて起こるすべての音が真言であり、文字であるという世界観が真言密教の世界観であり、その真実を悟らず、いたずらに妄語を吐き続ける人は、苦しみの長い夜をさまようことになるのである。

『吽字義《うんじぎ》』

成立と概要

本書の著作年代は明らかでなく、従来『即身成仏義《そくしんじょうぶつぎ》』『声字義《しょうじぎ》』『吽字義《うんじぎ》』の順に著されたと考えられてきたが、内容から判断して、このなかで最も成立が早く、弘仁八年（八一七）ころに著されたと推測されている。

『即身成仏義』『声字義』とともに三部の書と称され、身口意《しんくい》の三密《さんみつ》のうち、意密《いみつ》を解き明かしたものであるとされる。サンスクリット語の hūṃ の音写である「吽」という字の解釈を通して、文字のなかに真実の意味が秘蔵されているという密教の世界観を提示している。

内容

吽字は、賀（h）、阿（a）、汙（u）、麼（m）の四字に分解される。それを字相と字義の二方面から解釈する。字相とは表面的な解釈であり、字義とは深秘の解釈である。

まず字相を明かす部分を見ていく。賀字《かじ》はサンスクリット語の hetu（原因）の冒頭のh字であって「因縁」という意味があり、すべての存在は因縁によって生じているとする。

第二の阿字《あじ》は、一切の文字は阿字から生ずるから、阿字を離れて一切の文字はなく、したがって言葉に基づくすべての教え（一切法）は空無であるとする。a字は、梵語《ぼんご》で否定を表す接頭辞であることから、あらゆる存在に実在性がないことを示している。

第三の汙字《うじ》は、サンスクリット語のūna（損減）の冒頭のu字であるから損減の意味を表す。

第四の麼字《まじ》は、我を表し、この世界に我があると思うことを意味している。

次に字義を明かす部分を見ていく。賀（h）、阿（a）、汙（u）、麼（m）の四字について、賀字は因縁不可得、阿字は諸法本不生、汙字は損減不可得、麼字は吾我不可得の義であるとする。これは先に示した字相の解釈を転回したものであって、表層的な解釈をすべてひっくり返して、それらの不可得（認識されないこと）を表明している。これら否定的な表現を用いつつ、四字が、世間的な思考を超えた悟りの奥深い境地を表すことを示している。

本文より

草木《そうもく》また成《じょう》ず。いかにいわんや有情《うじょう》をや。

草木でさえ成仏します。どうして人々が成仏しないことがありましょうか。

解説　あらゆる存在には仏性があり、仏となる可能性を秘めている。草木や動植物にまでも仏性の存在を認めるのである。ここでの「有情」は伝統的には二乗（声聞《しょうもん》と縁覚《えんがく》）の人々であるとされ、三論宗《さんろんしゅう》では、ある種の草木成仏説を認めているのであるが、そうした教学的な議論はさておき、草木国土のすべてが平等に成仏するという説は、真言密教のアニミスティックな世界観を示しているといえよう。

『般若心経秘鍵《はんにゃしんぎょうひけん》』

成立と概要

著作年代は、古来、弘仁九年（八一八）と承和元年（八三四）の二説がある。現代でも、思想構造から『即身成仏義《そくしんじょうぶつぎ》』成立以前と判断して、弘仁九年を支持する説、または十住心《じゅうじゅうしん》思想が記されていることから空海晩年の著作と見なし、承和元年を支持する説の両説があって決着を見ない。

『般若心経』は、般若経典群に説かれる内容を空という核心に凝縮した経典である。空海によって著された『般若心経秘鍵《はんにゃしんぎょうひけん》』は、『般若心経』を密教の立場から解釈したものである。その独自の見解とは、『般若心経』を般若菩薩の悟りの境地を説き明かした経典としてとらえ、その究極の教えは、最後の真言《しんごん》に帰結するという点にある。

内容

本書の構成は、⑴序分《じょぶん》、⑵正宗分《しょうしゅうぶん》、⑶流通分《るずうぶん》の三段からなっている。

⑴序分　序分では、文殊菩薩《もんじゅぼさつ》と般若菩薩の二菩薩の功徳を述べている。文殊菩薩は、般若経のなかで活躍する菩薩であり、般若菩薩は、般若経を象徴した菩薩である。これらの菩薩に、著作にあたって加護を願っている。

さらに本論の主旨と目的が述べられる。『般若心経』は空を説く大乗《だいじょう》経典であるが、あらゆる仏教の教えが盛り込まれている。それゆえ、まだ仏教の理解が浅い者たちのために、『般若心経』の秘義を説き明かそうと述べる。

⑵正宗分　正宗分では、『般若心経』の翻訳諸本の紹介とその相違点を挙げている。ここで紹介されている翻訳は、以下の六本である。

①羅什《らじゅう》訳『摩訶般若波羅蜜大明呪経』
②玄奘《げんじょう》訳『般若波羅蜜多心経』
③義浄《ぎじょう》訳『仏説般若波羅蜜多心経』
④法月《ほうげつ》訳『普遍智蔵般若波羅蜜多心経』
⑤般若《はんにゃ》訳『般若波羅蜜多心経』
⑥『陀羅尼集経』中「般若波羅蜜多大心経」

空海はこのうち羅什訳によった旨を記すが、実際は玄奘訳に依拠している。

次に、『般若心経』という経題の「心」の意味を説明している。この心とは般若経典群の「核心」という意味でなく、大般若菩薩の「心真言」であり、般若の真言を説く経という意味であるという。『般若心経』の「心」とはサンスクリット語のフリダヤ（hṛdaya）であるが、フリダヤには核心という意味とともに、真言・呪・

呪文という用例がある。

空海は、『般若心経』の内容を、一般に空思想を説くとされる主要な部分を五つに分けて、それを順に、普賢《ふげん》（華厳《けごん》）、文殊（三論《さんろん》）、弥勒《みろく》（法相《ほっそう》）、声聞《しょうもん》・縁覚《えんがく》（二《に》乗《じょう》）、観音《かんのん》（天台）の五つの顕教《けんぎょう》に配当して論じている。

さらに空海は、終盤の経文について、「大神呪《だいじんじゅ》」を声聞の真言、「大明呪《だいみょうじゅ》」を縁覚の真言、「無上呪《むじょうじゅ》」を大乗の真言、「無等等呪《むとうどうじゅ》」は密教の真言であると論じている。

最後に説かれる真言についても次のように五分する。つまり、「羯諦羯諦《ぎゃあていぎゃあてい》」は声聞・縁覚の行果《ぎょうか》、「波羅羯諦《はらぎゃあてい》」は大乗の行果、「波羅僧羯諦《はらそうぎゃあてぃ》」は真言の行果であるとする。そして、最後の「菩提薩婆訶《ぼうじそわか》」は、すべての乗が悟りの世界へ入ることを示している。

⑶流通分　最後に、これまで論じてきた内容をまとめて、この論を理解するならば、無明を断じて、煩悩を打ち破ると、その功徳が述べられている。そもそも『般若心経』は、攘災招福《じょうさいしょうふく》の功能の優れた経典として、読誦《どくじゅ》され、写経され、受持されてきたという歴史があるが、空海の理解はその伝統を踏まえつつ、あらゆる仏教思想を、密教のなかに包摂しようとする姿勢が顕著に示されている点に特色がある。

本文より

真言は不思議《ふしぎ》なり、観誦《かんじゅ》すれば無明《むみょう》を除く。一字に千理《せんり》を含み、即身に法如《ほうにょ》を証《しょう》す。

真言というものは不思議なものです。本尊を観想し真言を唱えれば、無明を除くことができます。一字のなかに千の道理が含まれており、この身このままに悟ることができます。

解説　この言葉の前半は、真言宗の祖師《そし》の一人一行禅師《いちぎょうぜんじ》の言葉であり、後半は空海の言葉である。真言の不思議な効能と功徳を讃嘆している。

空海によれば、『般若心経』の最後の真言部分「ギャテイギャテイ」に、『般若心経』が説く奥深い秘密があり、この真言を唱えることによって迷いが除かれ、魔を破ることができるとする。この真言部分をとりわけ重視するのは、空海独自の解釈であるといえる。

『梵字悉曇字母《ぼんじしったんじも》幷《ならびに》釈義《しゃくぎ》』

成立と概要

本書は、『性霊集《しょうりょうしゅう》』巻第四「梵字ならびに雑文を献ずる表」によれば、弘仁五年（八一四）に嵯峨《さが》天皇へ献上された、日本で最初の悉曇《しったん》に関する解説書であり、初学者への入門書である。その内容は不空《ふくう》訳『金剛頂経釈字母品《こんごうちょうぎょうしゃくじもほん》』に基づいているので、不空三蔵以来の伝統を継承していることがわかる。

内容

梵字とは、インド語の書体である。その字体は時代と地方によって変遷がある。本来、悉曇とは、梵字の字母を指す名称であるが、後にインドの文字に関する事項を総称するようになった。梵字の起源は、梵天《ぼんてん》というインドの創造神ブラフマーが文字を作ったという神話がある。本書でも『大唐西域記《だいとうさいいきき》』を引用して、梵字が梵天の制作による説を提示するが、『大日経《だいにちきょう》』によれば、梵字は自然の道理そのままにできたものであって、梵天をはじめとする神仏が作ったものではなく、如来は本来あるがままの文字を用いて説法するから人々を利益するのだ、として梵字の自然道理説をとる。

梵字には、一字のなかに無量の意味が含まれている。梵字は過去・現在・未来にわたって永遠であり、これを学び、書くならば、永遠の仏の智慧《ちえ》を得るとする。

悉曇の学習は、摩多《また》（mātā 母音）と体文《たいもん》（vyañjana-varṇa 子音）の習得から始まる。それぞれの文字には特有の意味が込められている。今、それを梵字・ローマ字・字義・原語の順に表にして整理すれば、次のようになる。原語の基字をとり、その語内容の不可得性を表している。真言密教における文字の神秘性を体系的に表明したものである。

摩多（母音）

梵字	ローマ字	字義	原語
𑖀	a	本不生	ādyanutpāda
𑖁	ā	寂静	āraṇya
𑖂	i	根	indriya
𑖃	ī	災禍	īti
𑖄	u	譬喩	upama
𑖅	ū	損減	ūna
𑖆	ṛ	神通	ṛddhi
𑖇	ṝ	類例	
𑖈	ḷ	染	
𑖉	ḹ	沈没	
𑖊	e	求	eṣaṇa
𑖋	ai	自在	aiśvarya
𑖌	o	瀑流	ogha
𑖍	au	化生	aupapāduka
𑖀𑖽	aṃ	辺際	anta
𑖀𑖾	aḥ	遠離	atikrānta

体文（子音）

梵字	ローマ字	字義	原語
𑖎	ka	作業	kārya
𑖏	kha	虚空	kha
𑖐	ga	行	gati
𑖑	gha	一合	ghana
𑖒	ṅa	支分	aṅga
𑖓	ca	遷変	cyuti
𑖔	cha	影像	chāyā
𑖕	ja	生	jāti
𑖖	jha	戦敵	jhaṣadhvajabala
𑖗	ña	智	jñāna
𑖘	ṭa	慢	ṭaṃkāra
𑖙	ṭha	長養	viṭhapana
𑖚	ḍa	怨対	ḍamara
𑖛	ḍha	執持	ḍhaṅka
𑖜	ṇa	諍論	raṇa
𑖝	ta	如如	tathatā
𑖞	tha	住処	sthāna

体文（子音）

梵字	ローマ字	字義	原語
𑖟	da	施	dāna
𑖠	dha	法界	dharmadhātu
𑖡	na	名	nāman
𑖢	pa	第一義諦	paramārthasatya
𑖣	pha	聚沫	phena
𑖤	ba	縛	bandha
𑖥	bha	有	bhava
𑖦	ma	吾我	mama
𑖧	ya	乗	yāna
𑖨	ra	塵染	rajas
𑖩	la	相	lakṣaṇa
𑖪	va	語言道	vākpatha
𑖫	śa	寂	śānti
𑖬	ṣa	性鈍	ṣaṇḍa
𑖭	sa	諦	satya
𑖮	ha	因	hetu
𑖎𑖿𑖬	kṣa	尽	kṣaya

本文より

かくのごとくの無量《むりょう》の智、ことごとく一字のなかに含《がん》せり。一切衆生《いっさいしゅじょう》皆ことごとくかくのごとくの無量の仏智《ぶっち》を具足《ぐそく》せり。しかれども衆生は覚《かく》せず、知《ち》せず。このゆえに如来慇懃《いんぎん》に悲歎《ひたん》したまう。悲しいかな、衆生、仏道《ぶつどう》を去ること甚《はなは》だ近し。

仏の無量の智慧は、すべて一字のなかに含まれています。生きとし生けるものすべては無量の仏の智慧を本来そなえています。しかし衆生はそのことに気づかず、知らないのです。だから如来は衆生を憐れむのです。悲しいことです。衆生は仏の道から離れているようで、実はとても近いのです。

解説　梵字真言《しんごん》の一字のなかに、無量の仏の智慧が秘められている。阿字《あじ》に本初不生《ほんしょふしょう》という意味があり、訶字《かじ》に作業《さごう》不可得という意味がある。一字一字のなかに仏法の深い意味が込められている。同様に人々のなかにもそれぞれ仏の智慧が本来的にそなわっている。しかしそれに気づかず、いたずらに自らを苦しめているのである。仏法は遥か遠くにあって求めるものではなく、自心のなかにあってとても近いことに気づかなければならない。

『十住心論《じゅうじゅうしんろん》』と『秘蔵宝鑰《ひぞうほうやく》』

成立と概要

淳和《じゅんな》天皇より、各宗派に、その教えを論述した著作を提出するよう勅命《ちょくめい》があった。この天皇の命に答えて、天長七年（八三〇）前後に空海が執筆した書が『十住心論《じゅうじゅうしんろん》』（詳しくは『秘密曼荼羅十住心論《ひみつまんだらじゅうじゅうしんろん》』）と『秘蔵宝鑰《ひぞうほうやく》』である。『秘蔵宝鑰』は、『十住心論』の内容を要約した書である。それゆえ、『十住心論』を広論《こうろん》、『秘蔵宝鑰』を略論《りゃくろん》と呼ぶ。

内容

この『十住心論』と『秘蔵宝鑰』は、真言行者の心が、低い段階から高い段階へと、悟りを目指して上昇する各段階を示した書である。この心の各段階を住心という。十住心とは、悟りに至るまでの心を十段階に分けて示したものである。

十住心の各住心は、その浅深にしたがって小乗《しょうじょう》や大乗《だいじょう》の各宗派に配される。それゆえ、『十住心論』と『秘蔵宝鑰』は、真言宗の教判を示した書でもある。『弁顕密二教論《べんけんみつにきょうろん》』は、顕教と密教の対比を主眼にしているので「横《おう》の教判」という。一方、『十住心論』と『秘蔵宝鑰』は、各宗派を段階的に配列していることから「竪《しゅ》の教判」という。この「横の教判」と「竪の教判」を合わせて「横竪《おうしゅ》の教判」という。

『十住心論《じゅうじゅうしんろん》』と『秘蔵宝鑰《ひぞうほうやく》』の相違点

(1)浅略釈と深秘釈　『十住心論』には、それぞれの住心に、浅略釈《せんりゃくしゃく》と深秘釈《じんぴしゃく》の二つの解釈が示されているが、『秘蔵宝鑰』は、浅略釈のみを説いている。

浅略釈とは、十種の心を段階的に見て、第一住心から第九住心までが顕教《けんぎょう》であり、第十住心の秘密荘厳心《ひみつしょうごんしん》のみを密教とする考え方で、「九顕一密《くけんいちみつ》」という。

一方、深秘釈は、第一住心から第九住心の各段階も、法身大日如来《ほっしんだいにちにょらい》の世界に包含されていて、密教であるという考え方である。

①異生羝羊心《いしょうていようしん》（凡夫《ぼんぷ》）	外金剛部《げこんごうぶ》	世間道		
②愚童持斎心《ぐどうじさいしん》（人乗）				
③嬰童無畏心《ようどうむいしん》（天乗）				
④唯蘊無我心《ゆいうんむがしん》（声聞乗）	声聞《しょうもん》の真言	小乗	顕教	
⑤抜業因種心《ばつごういんじゅしん》（縁覚乗）	縁覚《えんがく》の真言			
⑥他縁大乗心《たえんだいじょうしん》（法相宗）	弥勒菩薩の三摩地《さんまじ》	権大乗		
⑦覚心不生心《かくしんふしょうしん》（三論宗）	文殊菩薩の三摩地			
⑧一道無為心《いちどうむいしん》（天台宗）	観自在菩薩の三摩地	実大乗		
⑨極無自性心《ごくむじしょうしん》（華厳宗）	普賢菩薩の三摩地			
⑩秘密荘厳心《ひみつしょうごんしん》（真言宗）	大日如来の三摩地	秘密仏乗	密教	

第一住心から第三住心までの三つの住心は「世間三箇《せけんさんが》の住心」といい、浅略釈では、まだ仏教の世界に入っていない段階の心であるが、深秘釈で見れば、これらの立場も、曼荼羅の外金剛部のなかに位置づけられ、大日如来に包含されている。第四住心から仏教（出世間）に入る。

第四住心と第五住心は、浅略釈では小乗の立場であるが、深秘釈で見れば密教経典に声聞の真言や縁覚の真言が説かれるように、大日如来のあらゆる徳のなかの一つの徳にほかならない。

第六住心から第九住心までは、浅略釈では大乗の立場であるが、深秘釈で見れば、それぞれ弥勒菩薩の三摩地、文殊菩薩の三摩地、観自在菩薩の三摩地、普賢菩薩の三摩地であり、大日如来の一特性にほかならない。このように、密教以前の顕教の九つの住心も、すべて密教であり、それぞれ大日如来の無限の徳のなかの一つであると見る立場が深秘釈であり、これを「九顕十密《くけんじゅうみつ》」という。

(2)経論の省略　『十住心論』は、非常に多くの経典・論書が引用されているのが特色である。とりわけ、良賁《りょうひ》（七一〇～七七一、青龍寺《しょうりゅうじ》寺主）の『凡聖界地章《ぼんじょうかいじしょう》』はほぼ全文が引用されている。

『秘蔵宝鑰』はそれらの引用を大幅に省略しており、『大日経《だいにちきょう》』『菩提心論《ぼだいしんろん》』を論拠として引用する程度であり、簡潔な文章になっている。

(3)『秘蔵宝鑰』の十四問答　『秘蔵宝鑰』は、第四住心の唯蘊無我心において、『十住心論』には説かれない「十四問答」がつけ加えられているのが特徴である。憂国公子《ゆうこくこうし》（儒教的な愛国者）と玄関法師《げんかんほうし》（仏教の幽玄な教えを説く人）の対話形式によって、仏教と国家・社会の関係が論ぜられ、仏教が鎮護国家のために必要なことが明かされている。

本文より

生《う》れ生《ま》れ生れ生れて生《しょう》の始めに暗く、死に死に死に死んで死の終りに冥《くら》し。（『秘蔵宝鑰』）

どこまでもこの生は、生の始めから暗く、死の終わりまで闇のなかにあるのです。

解説　私たちはその生の始まりから終わりに至るまで、どこまでも暗闇のなかを歩いているようなものなのかもしれない。暗闇のなかで明かりを求めてさまよい続けるのが人間であるといってもいい。しかしその明かりはどこか遠くにあるのではなく、実は自らのなかに灯されている。

『性霊集《しょうりょうしゅう》』

成立と概要

正式名称を『遍照発揮性霊集《へんじょうほっきしょうりょうしゅう》』という。「遍照」は空海の灌頂名《かんじょう》「遍照金剛《へんじょうこんごう》」の略で、「性霊」は文章を表し「天性の霊異を奮い起こすような空海の名文を集めた書」という意味である。空海の詩・碑銘・上表文《じょうひょうぶん》・願文《がんもん》・書簡などを集成し、個人の文集としては日本最古のものである。編者は空海の弟子、真済《しんぜい》（八〇〇～八六〇）である。

本書の編集年代は不明だが、空海の晩年から蒐集しつつあった作品を入定《にゅうじょう》後に編集したと見るのが一般的である。真済が編集した当時は全十巻だったが、早い時期から巻八、巻九、巻十は失われてしまった。現在の巻八、巻九、巻十は、済《さい》暹《せん》（一〇二五〜一一一五）が『続性霊集補闕抄《ぞくしょうりょうしゅうほけつしょう》』として編集し直したものである。

現存する『性霊集』には、百十三篇の漢詩文が収められている。各巻は、作品の種類によって編集され、次のような文書が集められている。

性霊集
- 巻一　詩の集成
- 巻二　碑銘の集成
- 巻三　献上・贈呈の詩文の集成
- 巻四　上表文・啓白文《けいびゃくもん》＊の集成
- 巻五　書状などの集成
- 巻六・巻七・巻八　願文などの集成

補闕抄
- 巻九　上表文・啓白文の集成
- 巻十　詩・書簡などの集成

編年的に集められておらず、収録年代はばらばらである。年代がはっきりしているもののうち、最も早いものは八〇四年（三十一歳）、「大使、福州の観察使に与うるが為の書」であり、最も遅いものは八三四年（六十一歳）、「宮中真言院の正月の御修法《みしゅほう》＊の奏上」である。

＊法要や行事の執行に際して、仏菩薩などに心中の所願を申し述べた文。表白文に同じ。

＊用語集「後七日御修法」参照。

内容

編者真済の序によれば、師空海は、折に触れ即興的に詩歌を創作したという。真済は、それらを後世に残そうと思い編集したと述べている。そして、師の創作した詩文を味わい、修行の余暇の楽しみとしてほしい、と序文を結んでいる。

各巻のなかからいくつか作品を紹介してみよう。

巻一の冒頭を飾る「山に遊んで仙を慕う詩」は、中国の『文選《もんぜん》』*に収められた「遊仙詩」にちなんで創作された詩である。空海は、創作の意図を次のように記している。「遊仙詩」の文章は美しいが、小さなことしか語られていないのを非常に残念に思うこと、そこで仏の教えを主題とした遊仙詩を自ら創作しようと思い至ったことが述べられている。

このほか、秋の日の神泉苑を詠《よ》んだ詩、雨の日の高雄山寺《たかおさんじ》を詠んだ詩などがあり、また、当時を代表する詩人の一人で友人の良岑安世《よしみねのやすよ》*に贈った詩も収めている。風物に触れての感興や、自然との感応を歌ったものが多い。

巻二には、空海が撰した碑銘が収められている。このうち「沙門勝道《しゃもんしょうどう》山水を歴《へ》て玄珠《げんじゅ》を瑩《みが》く碑」は、日光山《にっこうさん》を開山した勝道上人《しょうどうしょうにん》*を讃えたものである。勝道上人の日光山の登頂記録が記されており、空海と同時代に生きた僧侶が山林でどのような活動をしていたのかを知ることができる。

「大唐神都《だいとうしんと》青龍寺《しょうりゅうじ》故《もとの》三朝国師《さんちょうこくし》灌頂《かんじょう》阿闍梨《あじゃり》恵果和尚《けいかわじょう》碑」は、恵果《けいか》の入滅《にゅうめつ》に際して、空海が唐に滞在中に撰した、追弔の碑銘である。空海は、並いる門下のなかからこ

*中国南北朝時代に編纂された詩文集。全三十巻。百三十一名の文章八百余を収録。

*七八五〜八三〇。桓武天皇の皇子。良岑姓を賜って臣籍に下り、大納言右近衛大将に至る。漢詩に優れ、『経国集』を編纂した。

*七三五〜八一七。下野国（栃木県）生まれ。下野薬師寺の如意僧都に師事して得度受戒。山林修行し、七六五年に出流山満願寺を、七八二年に日光山を開いた。

の任に抜擢された。恵果入滅の夜に見た夢のエピソードなどが記されており、師への追慕の想いが率直に表現されている。

巻三には、空海が人に贈った詩文などが収められている。嵯峨《さが》天皇に贈った「勅《ちょく》賜《し》の屏風を書し了って献ずる表」では、書に対する考え方が簡潔に述べられていて、空海の書道論ともいうべきものである。

巻四には、嵯峨天皇への上表文が多く収められている。空海は、唐から持ち帰った詩文集や名筆の書を嵯峨天皇へ献上しており、書家としての二人の交流を知ることができる。また「国家の奉為に修法せんと請う表」は、鎮護国家のために仁王《にんのう》経《ぎょうほう》法を修する許可を嵯峨天皇に願ったものであり、空海の国家観を知る上で注目されるものである。

巻五には、空海が唐に滞在中に記した書簡などが収められている。「大使、福州の観察使に与うるが為の書」は、唐への入国許可を求めたものである。遣唐使船が予定より大幅に南下して福州に漂着した際、遣唐大使藤原葛野麻呂《ふじわらのかどのまろ》が、自ら親書を認めて観察使に送った。しかし観察使は、それをまともに読もうとせず、入国がなかなか認められなかった。そこで空海が代筆したところ、たちまち入国が許可される運びとなったというものである。エピソードにふさわしい格調の高い文章で綴られている。

巻六から巻八には、願文や表白文などが収められている。その多くは法要の際に読まれた願文である。弟子の死に際して読んだ書が二篇ある。「亡弟子智泉《ちせん》が為の達嚫《たっしん》の文」は、空海の甥であり、最初の弟子であった智泉の死に際して読まれた諷《ふ》誦文《じゅもん》である。智泉は、二十四年間、山中を修行するときも、宮中に出仕するときも、常に空海にしたがって仕えたという。空海は「哀しい哉、哀しい哉、復た哀しい哉。悲しい哉、悲しい哉、重ねて悲しい哉」とその心情を吐露している。

このほかに、高野山万灯会《こうやさんまんどうえ》の願文、曼荼羅《まんだら》や仏像を造立したときの願文、また様々な経典を講説したときの表白文などがある。空海の時代に、どのような宗教行事が行われていたのかを知ることができる。

巻九は、嵯峨天皇や淳和《じゅんな》天皇に宛てた上表文や、鐘の鋳造のための喜捨や密教経典の書写を勧める文、また伽藍《がらん》建立の啓白文などが収められている。なかでも、高野山の開創に関係するものが多い。このうち、「紀伊国伊都郡高野の峯に於て入定《にゅうじょう》の処を請け乞うの表」は、高野山を坐禅修行の場所として下賜《かし》されるよう、嵯峨天皇に上奏したものである。

巻十には、南都の僧侶に贈った詩文、最澄《さいちょう》への書簡など、同時代の仏教者との交流を伝えるものが多い。最澄への書簡は二篇ある。「泰範《たいはん》、叡山の澄和尚に答する為の啓書」は、最澄が比叡山《ひえいざん》へ戻るよう、泰範に送った書簡に対して、空海が泰範に代わって答えたものである。初め最澄に師事していた泰範は、最澄とともに両部《りょうぶ》の灌頂を受けた後、最澄の命により空海のもとで修行を継続したが、以後、最澄のたびたびの帰山の求めについに応じなかった。

また「叡山の澄法師、理趣釈経《りしゅしゃっきょう》を求むるに答する書」は、『理趣釈《りしゅしゃく》』の借用を申し込んだ最澄の書簡への返答である。空海はこの書簡のなかで、文章のみから密教を学ぼうとする最澄を強く批判している。空海と最澄との長年の交流はこれによって決裂してしまった。

このほかに、綜藝種智院《しゅげいしゅちいん》の創設の理念と規則を記した「綜藝種智院式」や、『大日経《だいにちきょう》』に説かれる「十縁生句《じゅうえんじょうく》*」にちなんで創作された「十喩を詠ずる詩」などが収められている。

最後に、『性霊集』の文学的価値について述べれば、『性霊集』は、『三教指帰《さんごうしいき》』と並び、日本で創作された漢詩文としては第一級のものとされる。『性霊集』には、古典漢籍の故事成語などがふんだんにちりばめられている。これらの詩文を真に味わうのは容易なことではない。

* 『大日経』「住心品」に説く。幻・陽炎・夢・影・乾闥婆城・響・水月・浮泡・虚空華・施火輪の十喩をいう。

本文より

秘蔵《ひぞう》の奥旨《おうし》は文《もん》を得《え》ることを貴《とうと》しとせず。ただ心《こころ》をもって心に伝《つた》うるにあり。文はこれ糟粕《そうはく》、文はこれ瓦礫《がれき》なり。糟粕瓦礫を受くれば、すなわち粋実至実《すいじつしじつ》を失う。

真言の教えの奥義は、文章によって理解することを貴しとしません。ただ心をもって心に伝えるのです。文章は酒の搾《しぼ》りかすであって、石ころにすぎません。酒の搾りかすや石ころを受け取って、それでよしとすれば、すなわちその精髄と中身を失ってしまいます。

解説　この一文は、最澄が『理趣釈経』の借用を求めたのに対して、空海が答えた書のなかにある。最澄の仏教の学び方は、経典論書を書写し、理解し、不明な点は尋ねるという仕方で理解していく「筆受《ひつじゅ》の相承《そうじょう》」であった。しかし空海は、そのような理解を退ける。文章は酒の搾りかすや石ころのようなものであって、真実の理解は文章では伝えられない。ただ心をもって心に伝えるしかない。文章や言語なるものを、根源的な場所から否定する発言は、まさしく文章の達人であった空海であったからこそ、なされたものであろう。

（山本匠一郎）

第3部

空海と歩く

空海ゆかりの地

青龍寺《しょうりゅうじ》――運命の師恵果《けいか》と出会う

入唐《にっとう》を果たした空海

延暦二十三年（八〇四）五月十二日、遣唐使船に乗って難波津《なにわつ》を出発した空海は、漂流の末、八月十日に福州《ふくしゅう》の赤岸鎮《せきがんちん》に流れ着いた。しばらく福州への滞在を余儀なくされた後、十一月三日に福州を発ち、十二月二十三日に長安へ入った。

中国陝西《せんせい》省の省都、西安《せいあん》市の市街から南東へ車で十五分ほどのところに、入唐《にっとう》した空海が密教を学んだ青龍寺《しょうりゅうじ》がある。ここは中国古代の諸王朝が都とした長安城の東端、左街の新昌坊《しんしょうぼう》にあたり、玄宗《げんそう》皇帝が政務を執った興慶宮《こうけいきゅう》から南へ二キロメートルの場所に位置する。

当時の長安は、唐帝国の都として、世界最大規模の都市であった。日本のみならず、新羅《しらぎ》や吐蕃《とばん》など周辺諸国の使節や留学生、さらには西方からの商人や僧侶たちも数多く訪れ、国際色豊かな文化が花開いていた。

空海は長安にて、勅命《ちょくめい》を受けて右街延康坊《えんこうぼう》の西明寺《さいみょうじ》に寄宿した。西明寺は迎賓館としての性格を持った大寺院で、日本の道慈《どうじ》や永忠《ようちゅう》などの留学僧も住した大寺院である。空海はここを拠点に、城中の諸寺を訪ね、よるべき師を探し求めたところ、幸いにも青龍寺東塔院《とうとういん》の恵果《けいか》和尚とめぐり会った。

恵果《けいか》からの密教受法

恵果《けいか》は当時の唐における密教の第一人者であった。七四六年に長安の東の昭応《しょうおう》で生まれた恵果は、青龍寺聖仏院《しょうぶついん》の曇貞《どんてい》にしたがって諸経を学び、二十歳のときに慈恩寺《じおんじ》で受戒《じゅかい》した。その後、多数の密教経典を翻訳して唐に密教を定着させた不空《ふくう》より『金剛頂経《こんごうちょうぎょう》』系の密教を授けられた。また同じく密教を唐に伝えた善無畏《ぜんむい》の弟子の玄超《げんちょう》より『大日経《だいにちきょう》』系の密教を授けられている。金剛界《こんごうかい》と胎蔵法《たいぞうほう》の両部《りょうぶ》の密教を学んだ恵果は、代宗《だいそう》・徳宗《とくそう》・順宗《じゅんそう》の歴代皇帝からも崇敬《すうけい》を受け、「三朝《さんちょう》の国師《こくし》」と称される高僧であった。

空海が西明寺の法師たちとともに青龍寺の恵果に見《まみ》えると、恵果はたちまちに笑みを浮かべ、すぐさま空海が密教の灌頂《かんじょう》を受けることを許したという。空海は受法の用意を整え、恵果について菩提心戒《ぼだいしんかい》を授かった後、青龍寺東塔院の灌頂道場において、六月上旬に胎蔵法、七月上旬に金剛界の受明《じゅみょう》灌頂を受け、次いで八月上旬に伝法阿闍梨位《でんぼうあじゃりい》灌頂を受けた。この間に空海は、金胎両部の梵字《ぼんじ》や儀軌《ぎき》、梵讃《ぼんさん》（梵語の歌詞により仏を讃える歌）などをことごとく学び、また恵果は両部の曼荼羅《まんだら》、経典、法具などを作って空海に授けた。

青龍寺の恵果空海記念堂
©HIDEAKI TANAKA/SEBUN PHOTO/amanaimages

密教の秘法をあますことなく空海に伝えた恵果は、同年十二月十五日に東塔院にて入滅《にゅうめつ》している。まさに奇遇なるめぐり合わせにより、恵果から空海へと密教が伝えられたのであった。

青龍寺《しょうりゅうじ》の盛衰

空海が恵果より密教を学んだ青龍寺は、不空が住した大興善寺《だいこうぜんじ》とともに、当時の密教の根本道場であった。ただし創建当初より密教寺院であったわけではなく、その寺史には変遷がある。

まずは隋《ずい》の文帝《ぶんてい》によって五八二年に創建され、当初は霊感寺《りょうかんじ》と呼ばれた。文帝が長安城を造営する際、予定地に散在する古墓を移送したため、その鎮魂のために造られた寺院であったという。初唐の六二一年に一度廃寺となったが、高宗《こうそう》の六六二年に先帝太宗《たいそう》の娘である城陽公主《じょうようこうしゅ》が『観音経《かんのんきょう》』の霊験により治癒したことから、廃寺跡に再建されて観音寺《かんのんじ》と改められた。その後、睿宗《えいそう》の七一一年に青龍寺と改称された。寺地が長安城の東端に位置するため、東方を守護する四神の青龍があてられたと考えられている。

青龍寺に住する恵果を崇敬した代宗は、七七五年に恵果に東塔院を与え、さらに灌頂道場を設けて七人の僧を置いた。これ以降、恵果のもとに多くの弟子が訪れ、盛んに密教を学んだ。受法の弟子は、唐の僧俗はもとより、空海など渡来僧にも及び、入滅を惜しむ弟子は千人を超えたという。

しかし恵果が入滅すると寺勢は衰え、八四五年の武宗《ぶそう》による会昌《かいしょう》の廃仏《はいぶつ》によって青龍寺はふたたび廃寺となった。幸いにも翌年には廃仏令が撤廃され、護国寺《ごこくじ》として再興し、八五五年にはふたたび青龍寺と呼ばれるようになった。なおこの年には、日本より円珍《えんちん》が入唐して青龍寺を訪れ、恵果の孫弟子にあたる法全《はっせん》について密教を学んでいる。ただ、九世紀末以降の唐末五代《ごだい》の動乱期に長安が急速にさびれたことで、青龍寺も三たび廃寺となり、長らく復興することはなかった。

新たに復興された青龍寺《しょうりゅうじ》

一九八二年、中国社会科学院考古研究所は、旧来より青龍寺の遺跡と伝えられてきた石仏寺《せきぶつじ》の周辺を調査し、多数の唐代の遺物を発掘した。この地がかつての青龍寺であったことが認められ、およそ千百年のときを経て、青龍寺はまたも復興された。これには日本の諸団体も積極的に協力している。

広大な青龍寺の境内には、一九八二年に四国四県によって寄進された空海記念碑が立つ。三重塔をかたどった、高さ九・五メートルの大理石の碑で、相輪部が五輪塔で表され、正面に隷書体《れいしょたい》で「空海記念碑」と書かれている。さらに東側には空海の経歴、西側には記念碑建立の意義、北側には建設の経過がそれぞれ刻まれている。石碑の立つ敷地の四隅には四つの丸い石灯籠が置かれ、四国四県を象徴するという。この記念碑の前方には展示室が設けられ、遺跡から出土した瓦や仏像、ゆかりの品々が展示されている。

青龍寺の空海記念碑

また一九八四年には、真言宗各派総大本山会により恵果空海記念堂が建立された。唐代の寺院建築の様式を参考に建てられ、静寂さ漂う堂内には、恵果と空海の尊像が左右に並んで安置されている。また一九八五年には、四国四県によって境内地に千本の桜が植えられ、庭園も整備された。

さらには陝西省人民政府による整備事業も進められ、一九九六年には「青龍寺遺址」として中国の「全国重点文物保護単位」に指定されている。

なお青龍寺の参観券には、「第〇番札所」の朱印が押される。四国八十八箇所霊場会元会長の蓮生善隆《はすおぜんりゅう》（善通寺法主《ほっす》）により、「第零番札所」と名づけられたことに由来するという。

神護寺《じんごじ》――初めて両部灌頂《りょうぶかんじょう》を行う

清滝川《きよたきがわ》の清流を渡って

京都市街の北西、高雄山《たかおさん》（標高四百二十八メートル）の中腹に、帰朝から数年後に空海が住した神護寺《じんごじ》がある。現在は高野山《こうやさん》真言宗の遺迹本山《ゆいせきほんざん》とされる。

京都駅からバスにゆられること約五十分、右京《うきょう》区梅ヶ畑《うめがはた》の山道に入ると、台杉仕立てに整えられた北山杉《きたやますぎ》が見えてくる。しばらくして「山城高雄」のバス停に下車すると、爽やかな風が心地よい。

いったん清滝川《きよたきがわ》まで下りて高尾橋を渡り、そこから神護寺の参道を登る。あたり

神護寺の眺望

は新緑に包まれ、静寂そのものであるが、秋には紅葉の名所としても名高い。さらに十五分ほど歩みを進めると、石段の先に楼門が見え、神護寺の境内に至る。

空海、高雄《たかお》山寺《さんじ》に住す

大同元年（八〇六）十月に帰朝した空海は、しばらく九州の太宰府《だざいふ》にとどまり、筑紫《つくし》の観世音寺《かんぜおんじ》に滞在した。その後の消息は明確ではないが、大同四年（八〇九）七月にようやく入京の許可が下り、八月初めに高雄《たかお》山寺《さんじ》（後の神護寺）に居を定めたという。それ以降、空海はここ高雄山寺において、真言密教を流布《るふ》するための基礎を築いていくことになる。

高雄山寺に住して間もないころの空海は、真言密教の正統なる伝持者としてというより、書をはじめとする唐文化の請来《しょうらい》者として評価されたようである。大同四年十月、空海は嵯峨《さが》天皇より勅賜《ちょくし》された屏風《びょうぶ》に、『世説新語《せせつしんご》』の秀文を揮毫《きごう》して献上した。これ以降、唐より請来した詩書・梵字《ぼんじ》書・古人の真筆《しんぴつ》・狸毛《りもう》製の筆などを、空海はたびたび天皇に献上し、高名なる書家・詩人として知られるようになった。

最澄《さいちょう》との交友と両部灌頂《かんじょう》

空海が請来した密教に高い関心を示したのは、すでに帰朝していた最《さい》澄《ちょう》であった。最澄は大同四年八月、高雄山寺の空海のもとに弟子を遣わ

神護寺
京都府京都市右京区梅ヶ畑高雄町5。JR京都駅からJRバス高雄・京北線で「山城高雄」に下車し、徒歩約20分。あるいは阪急京都線烏丸駅、地下鉄烏丸線四条駅から市バスで「高雄」に下車し、徒歩約20分。

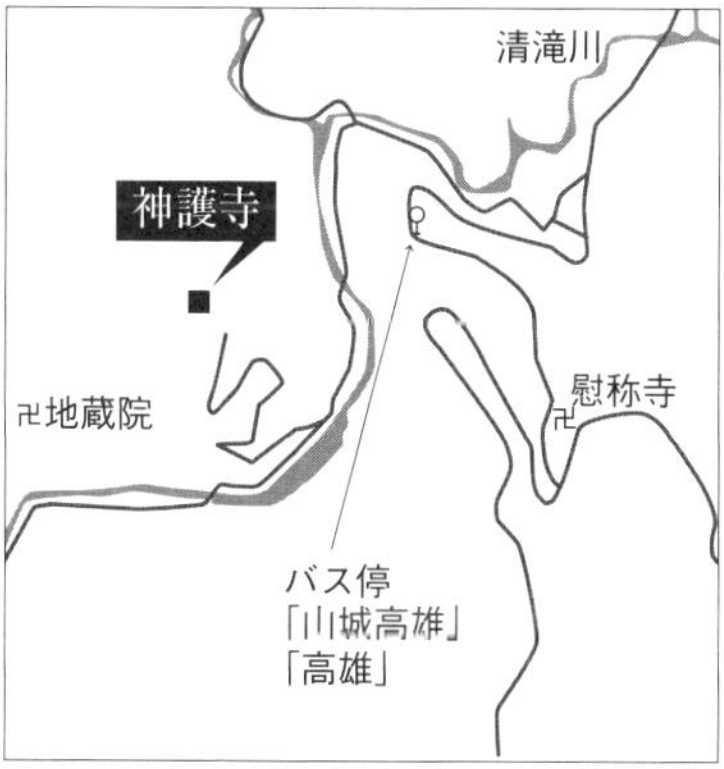

し、密教経典十二部の借覧を申し出ている。これより両者の交流が開かれ、弘仁三年（八一二）には最澄の希望により、高雄山寺にて金胎両部の結縁灌頂《けちえんかんじょう》が行われた。十一月の金剛界《こんごうかい》灌頂では最澄ほか三名に灌頂が授けられ、また十二月の胎蔵《たいぞう》灌頂では、最澄を筆頭に南都諸大寺の僧・沙弥《しゃみ》・優婆塞《うばそく》・童子《どうじ》など、受者は百四十五人にも及んだ。なお、このときに空海が自筆した『灌頂歴名《かんじょうれきめい》』は今も神護寺に所蔵され、国宝に指定されている。

すでに最澄は唐からの帰朝の途に、越州《えつしゅう》にて善無畏《ぜんむい》の孫弟子の順暁《じゅんぎょう》より金剛界灌頂を受け、帰朝して間もない延暦二十四年（八〇五）九月、勅命により高雄山寺にて日本初の灌頂を行っている。ただし最澄の目指すところは、あくまで『法華経《ほけきょう》』を主とする天台宗《てんだいしゅう》の確立にあった。密教を主とする空海とは方向性が異なり、両者の交友関係は長くは続かなかった。

このころ空海は密教を日本に流布する決意を明らかにし、弘仁六年（八一五）には『勧縁疏《かんえんしょ》』を著して、有縁の高僧や国司らに密教経典の書写を勧め、同七年（八一六）には新たな密教道場の建立地として高野山の下賜《かし》を請うている。さらに『弁顕《べんけん》密二教論《みつにきょうろん》』『真言付法伝《しんごんふほうでん》』『文鏡秘府論《ぶんきょうひふろん》』をはじめ、主たる著作をなしたのもこの時期とされ、空海は高雄山寺を拠点として、真言宗開宗の基礎を固めていった。

和気《わけ》氏ゆかりの山寺

神護寺の楼門《ろうもん》をくぐると、それまでの急な上り坂とは対照的に、広い境内が開ける。しばらく進んだ右手に和気公霊廟《わけこうれいびょう》があり、後方の山上には和気清麻呂《わけのきよまろ》の墓所がある。

そもそも神護寺は、もとは高雄山寺といい、和気《わけ》氏ゆかりの私寺であった。伝承によれば、天応元年（七八一）に大安寺《だいあんじ》の慶俊《きょうしゅん》を本願主、和気清麻呂を奉行として、洛北の鷹峯に鎮座していた愛宕権現《あたごごんげん》を愛宕山《あたごさん》に祀ったとき、ほかの山寺とともに建立されたという。

清麻呂は神護景雲三年（七六九）に、皇位につこうとした道鏡《どうきょう》の計画を阻止したことで有名である。姉の広虫《ひろむし》とともに配流《はいる》されたが、道鏡が失脚した後に召還され、光仁《こうにん》・桓武《かんむ》天皇の側近として、長岡京・平安京遷都などにも貢献している。清麻呂は延暦十八年（七九九）に没したが、その墓所は高雄山寺に定められた。

さらに高尾山寺は弘世《ひろせ》・真綱《まづな》の二子に受け継がれ、延暦二十一年（八〇二）には広虫の三周忌として、比叡山に籠もっていた最澄を招請し、法華会《ほっけえ》（天台法門の講説）が行われた。その後、帰朝した最澄や空海が、それぞれ灌頂を行っている。いうなれば高雄山寺は、入唐請来の新法門を宣布《せんぷ》する場とされており、和気氏はそれを積極的に支援したのであった。

神願寺《じんがんじ》の併合

また一方で和気氏は、河内国石河郡《かわちのくにいしかわのこおり》に神願寺《じんがんじ》を有していた。宇佐八幡神《うさはちまんしん》の神願を果たすため、清麻呂の発願により、宝亀から延暦期（七七〇～八〇六）に建立さ

和気公霊廟

れたという。定額寺《じょうがくじ》として墾田五十二町が認められていたが、地勢が思わしくなく、天長元年（八二四）に真綱の要望により、高雄山寺との寺地の交換がなされた。このとき、定額・墾田とともに神願寺を高雄山寺に併合し、寺名を神護国祚真言寺《じんごこくそしんごんじ》と改め、真言寺院として空海に授けたのである。

これにより、神護寺は真言密教の道場として今日に至るが、正暦五年（九九四）と久安五年（一一四九）の二度の火災により、寺観は衰退《すいたい》したという。仁安三年（一一六八）に神護寺を訪れた文覚《もんがく》、さらには弟子の上覚《じょうかく》や明恵《みょうえ》によって復興され、それ以降は京都北西の要衝《ようしょう》として、また観楓《かんぷう》の名所として知られるところとなった。

風情ある堂宇《どうう》と金堂薬師如来《こんどうやくしにょらい》

和気公霊廟からさらに境内を進むと、右手に鐘楼、明王堂、正面に五大堂（旧講堂）、毘沙門堂《びしゃもんどう》（旧金堂《こんどう》）、そして左奥に大師堂《だいしどう》が見えてくる。このうち大師堂が桃山期の再建と最も古く（重要文化財）、かつて空海の住房であった納涼房《どうりょうぼう》を復興したものとされる。そのほかは元和九年（一六二三）、讃岐国屋島寺《さぬきのくにやしまじ》の龍厳《りゅうごん》の発願《ほつがん》、京都所司代板倉勝重《いたくらかつしげ》の奉行によって再建され、いずれも風情ある堂宇《どうう》が立ち並んでいる。

さらに五大堂の後方にある石段を登ると、現在の金堂へと至る。入母屋《いりもや》造り・本瓦葺きの堂々とした仏堂で、後方の多宝塔《たほうとう》とともに昭和九年（一九三四）に実業家・山口玄洞《やまぐちげんどう》によって寄進された。

楼門

大師堂

金堂の本尊として安置される薬師如来（国宝）は、もとは河内の神願寺の本尊であったが、併合により神護寺へと移されたという。目を細めた沈鬱《ちんうつ》な表情、量感のある体軀《たいく》、鋭く深い衣文《えもん》などは、親しみよりもむしろ威圧感を与えるもので、平安初期木彫のなかでも特に迫力ある作風である。

乙訓寺《おとくにでら》――別当《べっとう》として怨霊《おんりょう》を鎮める

長岡京遷都《せんと》と早良《さわら》親王の憤死

京都府長岡京市今里、ＪＲ京都線長岡京駅より北西方面へ徒歩で三十分ほどのところに、空海がしばらく住していた乙訓寺《おとくにでら》がある。現在は真言宗豊山《ぶざん》派に属し、牡丹《ぼたん》の寺としても名高い。

ここはかつて長岡京が置かれていた場所であった。長岡京は延暦二年（七八四）から十三年（七九四）にかけての都で、桓武《かんむ》天皇が平城京を廃して山背国乙訓郡《やましろのくにおとくにのこおり》に造営した都城である。桂川《かつらがわ》・宇治川《うじがわ》・木津川《きづがわ》が合流して淀川《よどがわ》となる山崎津《やまさきのつ》の北方に位置し、極めて水陸交通の便がよく、また京内に流れる河川を利用した輸送網や下水も発達していたという。

しかし延暦四年（七八五）、桓武天皇が平城旧宮へ御幸《みゆき》している間に、長岡京造営を主導していた藤原種継《ふじわらのたねつぐ》が射殺されるという事件が起きる。首謀者として大伴継人《おおとものつぐひと》、佐伯高成《さえきのたかなり》ら数十人が斬刑・流刑となり、また

乙訓寺
京都府長岡京市今里３－14－７。ＪＲ京都線長岡京駅から徒歩30分。または阪急京都線長岡天神駅から徒歩20分。

桓武天皇の実弟早良《さわら》親王もこれに関与したとして皇太子を廃され、乙訓寺に幽閉《ゆうへい》されてしまった。

そもそも乙訓寺は、寺伝によれば推古《すいこ》天皇の勅願、聖徳太子《しょうとくたいし》の創建とされる。寺跡の発掘調査では、白鳳期の瓦が出土しており、遷都《せんと》以前から存在していたと考えられる。長岡京では、京内七大寺の筆頭として重要な寺院であったという。

早良親王は乙訓寺にて無実を訴えて断食したが、十日あまり後に淡路《あわじ》国に配流となり、その途中に河内国にて憤死した。その遺骸はそのまま淡路に送られ、葬られたのであった。

早良親王供養塔

非業《ひごう》の死を遂げた怨霊《おんりょう》への恐れ

その後、疫病や飢饉《ききん》、皇后はじめ天皇親近者の病死、安殿《あて》親王（後の平城《へいぜい》天皇）の発病、伊勢神宮の放火など、様々な異変が相次いだ。そこで陰陽師《おんみょうじ》に占わせたところ、早良親王の怨霊《おんりょう》によるものとされ、これを鎮める儀式が行われた。しかし大雨によって京内の河川が氾濫したことから、和気清麻呂《わけのきよまろ》の建議もあって、長岡京遷都からわずか十年で、平安京へと遷都することとなった。

しかし遷都後も、桓武天皇はたびたび怨霊に悩まされる。つまり異変が起こると、政権争いによって非業《ひごう》の死を遂げた井上《いのえ》内親王、他戸《おさべ》親王、そして早良親王などの怨霊が原因とされ、これらを鎮めるために、神事や仏事をはじめ、様々な措置が繰り返しとられた。

古代の為政者にとって、怨霊に対する恐れは根深く、平安期を通じて、これらを慰撫《いぶ》するための法会が盛んに行われている。特に貞観五年（八六三）には神泉苑《しんせんえん》にて御霊会《ごりょうえ》が行われ、後世に大きな影響を及ぼした。

乙訓寺《おとくにでら》と空海

ところで、空海と乙訓寺との接点はというと、弘仁二年（八一一）に二通の官符《かんぷ》が出されたことによる。まず十月には、空海の住む高雄山寺《たかおさんじ》は不便なので、乙訓寺に住むようにと命ぜられ、次いで十一月に、乙訓寺を別当《べっとう》して永く修造のことにあたるように命ぜられている。

真言宗の伝統的な史伝では、このときから翌年の十月までの約一年間、空海は別当として乙訓寺に住していたと見なされる。ただ実際に別当という職掌についていたかどうかに関しては疑問視する見解もある。

柑橘《みかん》の献上と最澄《さいちょう》との面会

乙訓寺での空海の事績として確かに知られることは、次の二点である。一つには乙訓寺で実った柑橘《みかん》を嵯峨《さが》天皇に献上したことである。おそらくは弘仁三年（八一二）の秋、空海は寺主僧の願演《がんえん》を遣わし、小柑六櫃《ひつ》・大柑四櫃を天皇に献上している。このときの上表文と詩が『性霊集《しょうりょうしゅう》』に収録され、これによれば柑橘の献上は、毎年の恒例になっていたようである。

柑橘樹

もう一つは、最澄と面会したことである。弘仁三年（八一二）十月、最澄は行脚《あんぎゃ》の途中で乙訓寺に宿した。このとき、最澄は空海と面会し、金胎両部の曼荼羅《まんだら》を拝見するとともに、かねて希望していた灌頂《かんじょう》受法の約束を取りつけたという。これにより、高雄山寺において、十一月に金剛界《こんごうかい》、十二月に胎蔵法《たいぞうほう》の結縁《けちえん》灌頂が実現したのであった。

高雄山寺での灌頂以降、空海は高雄山寺に移り、乙訓寺には戻らなかったようである。ただし空海は弘仁五年（八一四）、乙訓寺の修理に際し、寺主僧を僧綱《そうごう》（中央の僧官）の某師のもとに遣わして、修理料の特別給付を依頼している。それゆえ、空海は高雄山寺にあっても、乙訓寺への影響力を持ち続けていたとも考えられる。

なお、先に見たように、乙訓寺は早良親王が幽閉された寺院であったため、嵯峨天皇が空海をここに住まわせたのは、親王の怨霊鎮魂のためであったとの説がある。これはあくまで推論ではあるが、それ以前に天皇は病に伏し、親王のために写経などをさせており、天皇の心情を推し量れば、傾聴すべき説ともされている。

牡丹で名高い「今市の弘法《こうぼう》さん」

現在の乙訓寺は、牡丹の寺として有名である。かつては表門から本堂まで、美しい松の並木が続いていた。昭和九年（一九三四）の室戸台風で倒木したが、損害の著しい境内を見た当時の長谷寺《はせでら》能化《のうけ》海雲全教《かいうんぜんきょう》によって、二株の牡丹が寄進されたという。その後、それが年を追って増え、今では約二千株にまでなっており、四月下旬から五月上旬に見ごろを迎える。

本堂は宝形造《ほうぎょうづく》りの本瓦葺きで、もとは大師堂《だいしどう》と呼ばれた。長谷寺《はせでら》で学び、江戸護持院《ごじいん》の住職であった隆光《りゅうこう》が、元禄年間（一六八八〜一七〇四）に乙訓寺の住職となり、桂昌院《けいしょういん》や徳川綱吉《とくがわつなよし》の帰依《きえ》を得てこれを建立した。宮殿には秘仏の合体大師像が安置される。伝承では、空海と八幡大神《はちまんだいじん》が、それぞれの姿を半分ずつ彫り、組み合わせたものという。また毘沙門堂《びしゃもんどう》には、平安後期作の毘沙門天（重要文化財）が祀られる。

境内には、八幡社、鐘楼、日限地蔵堂のほか、弘法大師《こうぼうだいし》にちなんだ柑橘樹、お手植えの菩提樹、早良親王の供養塔、樹齢四、五百年のモチノキなどがあり、由緒ある寺院ながらも、「今里の弘法さん」の愛称そのままに、庶民的で親しみやすい雰囲気である。

東寺《とうじ》——鎮護国家の根本道場

王城鎮護の官寺

京都市南区九条町、JR京都駅八条口から徒歩で十五分ほどのところに、空海に勅賜《ちょくし》されて以来、真言宗の根本道場として今に続く東寺《とうじ》がある。教王護国寺《きょうおうごこくじ》とも号し、現在は東寺真言宗の総本山である。

延暦十三年（七九四）、桓武《かんむ》天皇によって平安京への遷都《せんと》が行われた。

東寺
京都府京都市南区九条町1。JR京都駅から徒歩15分。または近鉄東寺駅から徒歩10分。

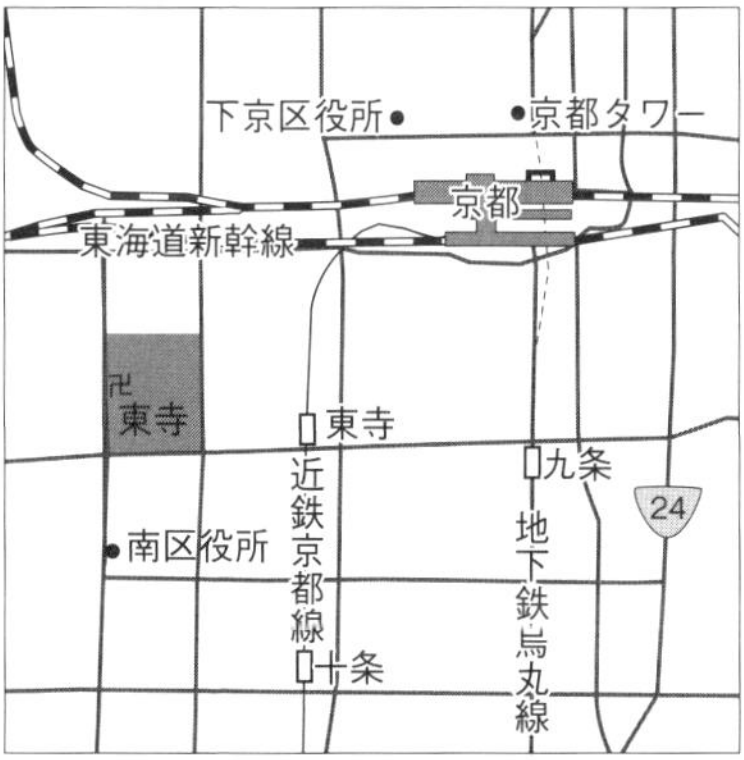

その際、王城鎮護の官寺として、羅城門《らじょうもん》の東に東寺、西に西寺《さいじ》が置かれた。着工の年は明らかではないが、延暦十六年（七九七）に造西寺司《ぞうさいじし》に関する記事が国史に初見するので、このころには造東寺司《ぞうとうじし》も設置されたとみられている。伝統的には、南北朝期に成立した『東宝記《とうぼうき》』により、延暦十五年（七九六）に藤原伊勢人《ふじわらのいせんど》が造東寺長官となって創建されたとするが、伊勢人については、実在を疑問視する向きもある。

創建当時の寺域は、櫛笥小路《くしげこうじ》を中心に、東は大宮通《おおみやどおり》、西は壬生通《みぶどおり》、南は九条通《くじょうどおり》、北は九条坊門小路《くじょうぼうもんこうじ》とされ、現在もほとんど変わっていない。およそ南北・東西二町の広大な境内に、伽藍《がらん》の中心線上に、南から南大門、金堂《こんどう》、講堂、食堂《じきどう》、北大門が並び、東に五重塔、西に灌頂院《かんじょういん》が立つ。これら堂宇《どうう》の位置も、創建当初とほぼ同様とされる。ただし、東の経蔵《きょうぞう》と西の鐘楼、さらには中門と講堂を結ぶ回廊や、講堂を取り囲む三面僧房などは、現存していない。

金堂《こんどう》と本尊薬師如来《やくしにょらい》

これら東寺の諸堂は、造営が始まってすぐに完成したのではなく、年月をかけて整えられていった。『東宝記』によれば、まず初めに金堂が落成したという。

金堂は東寺の中心堂宇で、本尊の薬師如来《やくしにょらい》を安置する。当初の金堂は、文明十八年（一四八六）の土一揆《つちいっき》で焼失し、現在の金堂（国宝）は慶長八年（一六〇三）に、豊臣秀頼《とよとみひでより》の寄進によって再建された。入母屋造りの本瓦葺きで、桁行《けたゆき》五間・梁行《はりゆき》三間の四周に裳階《もこし》をめぐらした堂々たる大建築である。また裳階屋根の中央を切り上

金堂

げ、挿肘木《さしひじき》や貫《ぬき》を重ねて高い天井を支えるなど、大仏様《だいぶつよう》を取り入れた桃山期の代表的な建物としても名高い。

堂内には、本尊の薬師如来と脇侍《わきじ》の日光菩薩《にっこうぼさつ》・月光菩薩《がっこう》が安置されている。本尊は光背と台座を含めた総高が十メートルに達する巨像で、桃山期に仏師康正《こうしょう》によって復興された。左手に薬壺を持たず、古風な裳懸座《もかけざ》の上に降魔坐《ごうまざ》を組み、光背《こうはい》には七仏薬師《しちぶつやくし》、台座の下には十二神将《じゅうにしんしょう》を配すなど、奈良期に通ずる古い様式が見られるという。

講堂の立体曼荼羅《りったいまんだら》

弘仁十四年（八二三）正月、嵯峨《さが》天皇は空海に東寺を給賜《きゅうし》し、また十月には東寺に真言宗僧五十人を置き、他宗の僧を雑住させないと定めた。これにより東寺は、真言宗専修の寺院として今に至る。

東寺を賜った空海は、真言密教による護国の根本道場を整えるべく、講堂と五重塔の造営に着手した。ただし講堂は承和六年（八三九）、五重塔は元慶年間（八七七〜八八五）に完成したとされており、いずれも空海の入定《にゅうじょう》以後ということになる。

当初の講堂は、やはり文明十八年（一四八六）に焼失したが、早くも五年後の延徳三年（一四九一）に、諸堂に先駆けて再建されている。入母屋造りの本瓦葺きで、純和様の優美な印象を受ける。

講堂の扉を開けて堂内に入ると、重厚な雰囲気にしばし圧倒される。そこには金《こん》剛界大日如来《ごうかいだいにちにょらい》を中心に、二十一尊もの巨像が整然と安置され、密教の教えを視覚化した立体曼荼羅《りったいまんだら》が表現されているのだ。

つまり須弥壇《しゅみだん》の中央に五仏《ごぶつ》、東方に五菩薩《ごぼさつ》、西方に五大明王《ごだいみょうおう》が置かれ、さらに須弥壇の東西端には梵天《ぼんてん》と帝釈天《たいしゃくてん》、そして四隅に四天王《してんのう》が配されている。このうち、五仏と五菩薩の中尊を除く十五体は、創建当初の造像であり、日本に現存する最古の密教彫像群として高く評価され、国宝に指定されている。

京都のシンボル五重塔

東寺のみならず京都のシンボルともいうべき五重塔は、正保元年（一六四四）の再建で、純和様の伝統的な手法からなる。高さは約五十五メートルあり、日本に現存する木造建築としては最大で、やはり国宝に指定されている。

当初の五重塔は、空海によって造営が始められた。天長三年（八二六）、空海は塔にあてる材木の運搬協力を広く人々に願い出ている。しかし費用や人手は足りず、事業は歴代の東寺長者に受け継がれ、五十年以上の歳月をかけて完成したと見られる。その後、五重塔は落雷などにより四度にわたって失われたが、そのつど再建され、現在は徳川家光《とくがわいえみつ》の寄進による五代目の塔である。

初層の内部は極彩色で彩られ、四方の柱には金剛界曼荼羅、壁には真言八祖像《しんごんはっそぞう》が描かれている。五重塔の各層を貫く心柱《しんばしら》を大日如来に見立て、これを取り囲むように、金剛界四仏と八尊の菩薩の尊像が安置される。講堂と同様、伝統的な和様建築

五重塔

の内部に、密教空間が展開している。

東寺《とうじ》の至宝と大師信仰

広大な東寺の境内には、ほかにも食堂《じきどう》、御影堂《みえいどう》（国宝）、大日堂、宝蔵（重要文化財）、灌頂院《かんじょういん》（重要文化財）、鎮守八幡宮《ちんじゅはちまんぐう》、南大門（重要文化財）、蓮華門《れんげもん》（国宝）など、由緒ある重要な堂宇が多い。それぞれ建立の年代や様式を異にし、東寺の長い歴史をかいま見ることができる。

さらには真言密教のみならず日本文化史上から見ても、貴重な寺宝が数多く現存している。国宝に指定されるものだけでも、真言七祖像《しんごんしちそぞう》、五大尊像《ごだいそんぞう》、両部《りょうぶ》曼荼羅（伝真言院《でんしんごんいん》曼荼羅）、十二天図屏風《じゅうにてんずびょうぶ》などの絵画、不動明王像（御影堂）、弘法大師像（御影堂）、兜跋毘沙門天像《とばつびしゃもんてんぞう》（宝物館）、僧形八幡神像《そうぎょうはちまんしんぞう》（鎮守八幡宮）などの彫刻、そして空海請来《しょうらい》の密教法具や犍陀穀糸袈裟《けんだこくしのけさ》、さらには空海真筆《しんぴつ》の『風信帖《ふうしんじょう》』をはじめ、枚挙に暇がない。

そうした貴重な歴史を今に伝えると同時に、毎月二十一日の弘法市《こうぼういち》や、御影堂における毎朝六時の生身供《しょうじんく》、食堂の八十八箇所納経所やお砂踏みなど、広く庶民に開かれた寺院でもある。同時期に創建された西寺が早くも十世紀末に廃絶したのに対し、東寺は幾多の法難を乗り越えて現在にまで至る。その一端を支え続けたのは、まさに庶民による弘法大師信仰にほかならない。

東寺の眺望

高野山《こうやさん》――曼荼羅《まんだら》の山

八葉蓮華《はちようれんげ》に囲まれた立体曼荼羅《まんだら》

　和歌山県北東部、標高約千メートル近い山々に囲まれた山地に、空海が密教修禅の道場として開創した高野山《こうやさん》がある。電車の場合、京都からは大阪あるいは奈良を経出し、山麓の橋本《はしもと》へ。そこから電車とケーブルカーを乗り継ぎ、約一時間弱で高野山駅に着き、さらに路線バスにて十分ほどで山内へと至る。車の場合は、橋本から山道を一時間ほどかかる。交通網が発達した今でさえ、高野山への道のりは遠く深い。かつて空海はこの深山を開き、そして数多くの信者が登拝した。高野山はまさに日本有数の一大霊場を形成して今日に至る。

　高野山の山上は、東西に五キロメートル、南北に二キロメートルほどの小盆地となっており、周囲を八つの峰が取り囲んでいる。空海はこの峰々を、胎蔵曼荼羅《たいぞうまんだら》の中心、中台八葉院《ちゅうだいはちよういん》の蓮華に見立てたという。西に高野山の入り口ともいえる大門、東には空海が入定《にゅうじょう》している奥の院・御廟《ごびょう》がある。御廟の背後には高野三山が、そして大門の北には弁天岳が聳《そび》え、周囲の山峡を水源とする清流は次第に合流し、有田《ありだ》川《がわ》となって山内を東流していく。山内は十の谷に分かれ、百十七か寺の塔頭《たっちゅう》寺院が立ち並ぶ。その中核は壇上伽藍《だんじょうがらん》と呼ばれ、中心に立つ根本大塔《こんぽんだいとう》は大日如来《だいにちにょらい》を象徴する。まさに高野山一山が、立体曼荼羅を形成している。

壇上《だんじょう》伽藍《がらん》の造営

弘仁七年（八一六）六月、空海は密教修禅の道場を開くため、嵯峨《さが》天皇に高野山の下賜を請い、七月に許されている。このときの上表文によると、高野は吉野から南へ一日、西に二日歩いた深山の平地で、空海は少年のころより山林を跋渉《ばっしょう》し、この地にも足を運んだことがあったという。

伽藍の構想は、立地条件を生かした独自のもので、南北に中門・講堂（金堂《こんどう》）を置き、その後方の東西に大塔と西塔を配するものであった。弟子の実慧《じちえ》や智泉《ちせん》をはじめ、空海自身も登山して建立の指揮をとったが、開創事業は困難を極めた。『高野雑筆集《こうやざっぴつしゅう》』などには、広く檀越《だんおつ》に一本の釘、一銭一粒の喜捨を乞う書状が多く載っている。この修禅の寺院は、金剛峯寺《こんごうぶじ》と名づけられるが、空海の存命中に完成したのは、講堂と僧房、そして大塔の半分とされ、以後の造営は弟子の真然《しんぜん》に引き継がれた。

現在、壇上伽藍と呼ばれ、台地状に一段と高くなっている場所こそ、当初より造営が進められた高野山の中心である。ただし堂塔は、落雷などの災禍により何度も焼失し、そのたびに建て替えられてきた。現在の金堂は昭和七年（一九三二）、大塔は同十一年（一九三七）、西塔は天保五年（一八三四）に再建されている。このほか、空海の持仏堂とされる御影堂《みえどう》（江戸後期）、明治期に一心院谷から移転された不動堂

高野山金剛峯寺
和歌山県伊都郡高野町高野山132。南海高野線極楽橋駅下車、南海高野山ケーブルで高野山駅。山内へは南海りんかんバスまたはタクシー。

（鎌倉期・国宝）、空海が帰朝の際に投じた三鈷杵《さんこしょ》がかかったとされる三鈷の松など、由緒ある堂宇や名所旧跡が数多い。

空海の晩年と入定《にゅうじょう》

壇上伽藍と並び、高野山の二大聖地の一つとされるのが、弘法大師《こうぼうだいし》御廟のある奥の院である。

天長九年（八三二）、空海は東寺《とうじ》と高雄山寺《たかおさんじ》の経営を弟子の実慧・真済《しんぜい》に委ね、高野山に還住した。「深く穀味を厭《いと》い、もっぱら坐禅を好む」といわれるように、山居《さんご》修禅の日々を過ごしたのである。この間、承和元年（八三四）十二月には毎年正月の宮中《きゅうちゅう》御斎会《みさいえ》に真言《しんごん》法による修法（後七日御修法《ごしちにちみしゅほう》）を行うことが認められ、翌年正月には真言宗の年分度者三名が許され、そして同二月には金剛峯寺《こんごうぶじ》が定額寺《じょうがくじ》に列せられた。いうなれば、空海の請来《しょうらい》した密教が、真言宗として名実ともに公認されたのである。これを見届けるかのように、同三月二十一日、空海は入定《にゅうじょう》した。

大師信仰の広がりと奥の院

延喜二十一年（九二一）、東寺の観賢《かんげん》の上表により、醍醐《だいご》天皇から弘法大師《こうぼうだいし》の諡《し》号《ごう》が贈られた。このころより、大師は生身《しょうじん》のまま高野山にて禅定《ぜんじょう》に入っているという入定信仰が盛んとなり、高野山は密教修禅の山から、大師信仰の山へと展開していった。上皇や貴族の参詣も相次ぎ、その援助により堂塔が建てられ、大いに発展

西塔

を遂げたのである。また諸国を行脚《あんぎゃ》して高野山の因縁《いんねん》を語り、勧進《かんじん》を広めた高野《こうや》聖《ひじり》たちによって、大師信仰は日本各地に広まった。

現在、弘法大師御廟のある奥の院までは、一の橋を渡って約二キロメートルの参道が続いている。その両側には、樹齢数百年に及ぶ老杉が連なり、そのもとには皇室・公家・大名はもとより、各時代にわたる様々な人々の供養塔が立ち並ぶ。その総数は、数十万基といわれ、高野山が大師信仰の一大霊場であることを物語る。まさに弘法大師は人々の信仰のなかに、生き続けているのである。

金剛峯寺《こんごうぶじ》のいわれ

文禄二年（一五九三）、豊臣秀吉《とよとみひでよし》は高野山への攻撃を宣言した。中世を通じて勢力を増した寺家《じけ》を抑える目的があったとされる。このとき、木食応其《もくじきおうご》の交渉により、寺領の多くを失ったものの、一山は兵火を免れたという。

秀吉は応其の人柄に感銘を受け、秀吉の生母の菩提を願って高野山上に寺院を建立した。後に応其がこの寺院に住み、青巌寺《せいがんじ》と称された。その場所は、かつて真然が住し、また天承元年（一一三一）に覚鑁《かくばん》が鳥羽《とば》上皇の勅願によって大伝法院《だいでんぼういん》を建立したところである。

明治二年（一八六九）、青巌寺とその西に位置した興山寺《こうざんじ》を統合して金剛峯寺とし、現在は高野山真言宗の総本山金剛峯寺座主《ざす》の住持となっている。現存する本殿は、文久三年（一八六三）に再建されたもので、檜皮葺《ひわだぶき》の屋根の上には、防火用の

奥の院参道

天水桶《てんすいおけ》が置かれている。また昭和五十五年（一九八〇）に造られた蟠龍庭《ばんりゅうてい》は、日本最大の石庭として有名である。

日本文化の宝庫

このほかにも高野山上には、高野山の総門にあたる大門（江戸中期・重要文化財）、現存最古の建造物である金剛三昧院《こんごうさんまいいん》多宝塔《たほうとう》（鎌倉期・国宝）、徳川家康と秀忠の霊廟がある徳川家霊台（江戸前期）、苅萱道心《かるかやどうしん》と石童丸《いしどうまる》の哀話の舞台として知られる苅萱堂《かるかやどう》、女人禁制当時に女性が参籠《さんろう》した女人堂をはじめ、数々の塔頭寺院や旧跡が立ち並ぶ。

また大正十年（一九二一）に建てられた霊宝館《れいほうかん》には、高野山に伝わる国宝二十一件、重要文化財百四十三件、和歌山県指定文化財十六件、重要美術品二件、合計百八十二件、約二万八千点をはじめ、未指定品を含めて総計五万点以上が保管・展示されている。まさしく日本文化の宝庫と称して過言ではない。

四国——遍路《へんろ》の修行、同行《どうぎょう》二人《ににん》

空海と四国

空海は宝亀五年（七七四）、讃岐国《さぬきのくに》多度郡《たどのこおり》を本貫《ほんがん》とする佐伯直田公《さえきのあたいたぎみ》と、阿刀《あと》氏の女性との間に生まれた。その生誕地は古来より、香川県善通寺《ぜんつうじ》市にある善通寺のあ

金剛峯寺

たりと見なされている。ただし当時の婚姻形態からして、空海は母方の阿刀氏が住していた都あるいは畿内で生まれ、そこで幼少期を過ごした可能性も指摘される。

阿刀氏は、かつて玄昉《げんぼう》や善珠《ぜんしゅ》などの高僧を輩出し、また伯父の大足《おおたり》は親王の教育係を務めていた。空海の高い教養は、そうした環境のもとに培われたのであろう。一方、父方の佐伯氏は、船を所有して海上交易を行い、地方豪族としては相当の経済力をそなえた一族であったとされる。おそらく空海にとって、瀬戸内海東部を中心とした四国や畿内といった地域が、最もなじみのある場所であったのだろう。青年時代に修行をした大滝嶽《たいりゅうのたけ》や室戸崎《むろとざき》、後に別当《べっとう》として修築に関わった満濃池《まんのういけ》など、四国に空海ゆかりの地が多いのはそのためである。

大滝嶽《たいりゅうのたけ》の太龍寺《たいりゅうじ》

空海は延暦十年（七九一）、十八歳で大学に入り明経科《みょうぎょうか》に学んだ。ときに一人の沙門《しゃもん》より、虚空蔵求聞持法《こくうぞうぐもんじほう》を示される。空海はこれを実修するために、「阿国大滝嶽に躋《のぼ》り攀《よ》じ、土州室戸崎に勤念」したという。

「阿国大滝嶽」とは、徳島県阿南《あなん》市と那賀《なか》町との境にある標高六百十八メートルの太龍寺山《たいりゅうじやま》を指す。ここには高野山《こうやさん》真言宗の太龍寺があり、四国八十八箇所霊場第二十一番札所に定められている。

「西の高野《こうや》」と称され、境内には樹齢数百年の老杉の大木が立ち並び、深山の霊気が漂う。縁起によれば、延暦十二年（七九三）、桓武《かんむ》天皇の勅願により堂塔が建

最御崎寺の仁王門と弘法大師像
©YOICHI TSUKIOKA/SEBUN PHOTO/amanaimages

立され、空海が本尊虚空蔵菩薩を造立して開創したという。現在、山門に安置される金剛力士像は鎌倉期の作で、徳島県では最大・最古の尊像である。

かつて阿波路をめぐる遍路では、「一に焼山《しょうさん》、二にお鶴、三に太龍」といわれるように、十二番焼山寺《しょうさんじ》、二十番鶴林寺《かくりんじ》に続き、「遍路転がし」と呼ばれる難所の一つとされてきた。現在では、全長二千七百七十五メートル、西日本最長のロープウェイが完成し、参拝も比較的容易となった。

ロープウェイからは、空海が百日間、求聞持法を修行したとされる「舎心嶽《しゃしんがたけ》」（捨身ヶ嶽）の岩場が見える。岩上には求聞持修行大師像が安置され、岩場に立つと深い谷に吸い込まれそうな錯覚におちいる。若かりし空海を偲ばせる風格と迫力をそなえる山岳の古刹《こさつ》である。

太龍寺
徳島県阿南市加茂町龍山2。JR牟岐線桑野駅下車、徳島バス丹生谷線で「那賀町和食東」下車、徒歩10分で太龍寺ロープウェイ。

室戸崎《むろとざき》の御厨人窟《みくろど》と最御崎寺《ほつみさきじ》

一方の「土州室戸崎」とは、高知県室戸市の室戸岬のことで、安芸《あき》山地が太平洋に大きく突き出した高知県で最南端の岬である。岬の高台には真言宗豊山《ぶざん》派の最御《ほつみ》崎寺《さきじ》があり、四国八十八箇所霊場第二十四番札所とされている。二十三番の薬王寺《やくおうじ》からは、約八十キロメートルほど離れ、海岸沿いの一本道の先に位置する。その道のりの一帯は室戸《むろと》阿南海岸《あなんかいがん》国定公園に指定され、折り重なる海岸段丘《かいがんだんきゅう》と南国的な亜熱帯性樹林が特徴的である。

室戸岬の海岸は、黒潮の白い波濤に洗われて、岩礁《がんしょう》や奇岩が至るところに形成されている。東側には、かつて空海が居住し求聞持法を修したとされる御厨人窟《みくろど》・神《しん》明窟《めいくつ》がある。波による海蝕窟が隆起してできた洞窟である。なかに入ると、岩に砕け散る波の音、海底から聞こえる地響きにも似た音が響き合い、豪快な大自然の力を感じずにはいられない。目の前には太平洋の青い海と、果てしない空が広がっている。「空海」という僧名も、これに由来するというが、確かにうなずける壮大な自然美である。

岬の高台にある最御崎寺は、寺伝によれば、帰朝した空海が大同二年（八〇七）に嵯峨《さが》天皇の勅願を得て、本尊の虚空蔵菩薩を刻んで開創したとされる。また室町期には、土佐の安国寺《あんこくじ》と称された。現在、霊宝殿には、重要文化財の薬師如来《やくしにょらい》、月光《がっこう》菩薩、如意輪観音（ともに平安後期）が安置される。特に如意輪観音像は大理石造で日本では珍しい。

満濃池《まんのういけ》の修築

満濃池《まんのういけ》は、香川県仲多度《なかたど》郡まんのう町にある灌漑《かんがい》用のため池である。空海の生誕地とされる善通寺からは南東へ約十三キロメートル、車で三十分の山中にある。四方を山に囲まれ、流れ出る水は、今でも丸亀《まるがめ》市や善通寺市など丸亀平野の田地三千二百ヘクタールを潤している。

最御崎寺
高知県室戸市室戸岬町4058−1。ごめん・なはり線奈半利駅から高知東部交通バス室戸岬甲浦行きで「スカイライン上り口」下車、徒歩約25分。

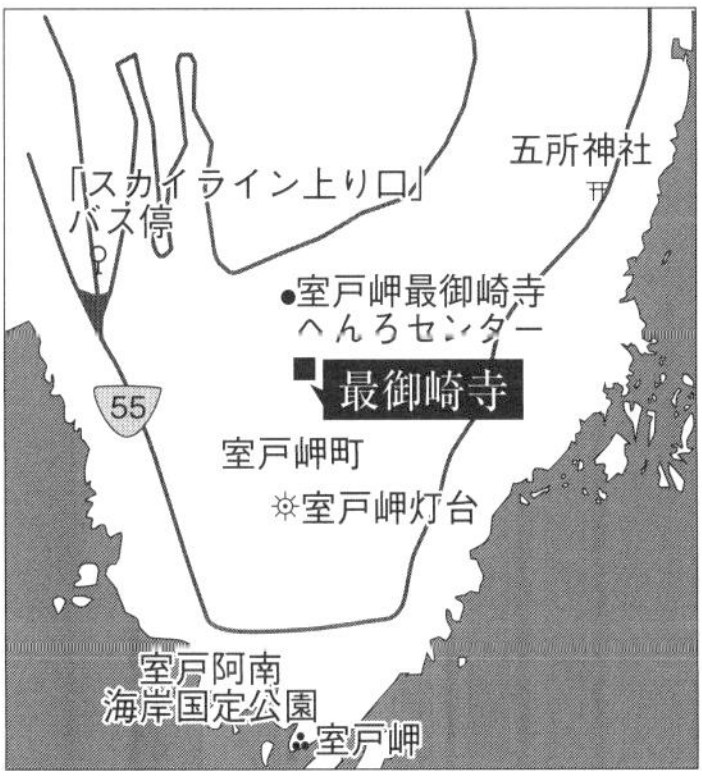

初め大宝年間（七〇一〜七〇四）に築造された池は、弘仁九年（八一八）の洪水により崩壊したという。その後に補修工事が行われたが、人手不足により容易には進まなかった。そこで同十二年（八二一）、讃岐《さぬき》国の奏上により、空海が修築別当に就任した。地元の出身で入唐を果たし、民衆からも帰依篤《あつ》い空海であれば、必ずや人々が協力し、工事が完成するだろうとの理由からであった。

そうした国司の予想どおり、別当に任命された空海は現地に赴《おもむ》き、未完成の工事をわずか二か月余で成し遂げたと伝えられる。その規模は、ある試算によれば、堤高二十二メートル、貯水量五百万トン以上に及び、少なくとも工期は約九か月、延労働人員数は三十八万三千人を要した大事業であったとされる。

満濃池は、その後も決壊と修復を繰り返し、また貯水量も増加して、現在では百三十八・五ヘクタールを有する日本最大のため池として活用されている。周囲には、空海が護摩《ごま》を焚《た》いたとされる護摩壇岩、自ら手斧《ちょうな》で削ったとされる「お手斧岩《ちょうないわ》の跡」をはじめ、満濃池の修復の際に建立されたという神野寺《かんのじ》（四国別格二十霊場十七番札所）、池の守神を祀る神野神社《かんのじんじゃ》など、往時を偲ばせる霊跡も多い。

満濃池
香川県仲多度郡まんのう町。JR土讃線琴平駅からバス美合線で「まんのう公園口」下車し、徒歩30分。または塩入駅から車で10分。

同行二人《どうぎょうににん》の四国霊場

空海の入定《にゅうじょう》後、その足跡をめぐって遍歴をする修行者が増え、四国全体に空海ゆかりの霊場が定まっていったとされる。江戸初期には四国遍路《しこくへんろ》が定着し、大師は常に行者と歩むという同行二人《どうぎょうににん》の信仰とともに、僧侶のみならず広く民衆にも広まった。

伝統的な歩き遍路であれば、四国八十八箇所をめぐるのに、一日三十キロメートル歩いて約四十日を要する。現在では様々な交通手段が発達し、また団体や個人での巡拝も盛んであり、年間十万〜三十万人が遍路に訪れるという。

四国を歩くと、至るところで空海ゆかりの旧跡に出会う。その一つひとつが、長いときを経て、先人たちに語り継がれた由緒を持つ。実に四国は大師とともに歩む霊場といえよう。

（小林崇仁）

参考文献

松長有慶『空海――無限を生きる』集英社、一九八五年
大林組プロジェクトチーム「特集満濃池」『季刊大林』四〇号、一九九五年
佐伯有清『最澄と空海――交友の軌跡』吉川弘文館、一九九八年
武内孝善『弘法大師空海の研究』吉川弘文館、二〇〇六年

満濃池
©HIROSHI MIZOBUCHI/SEBUN PHOTO/amanaimages

空海の奇跡

奇跡のなかの実像

空海が、若き日に山林修行し、さらに入唐《にっとう》して密教の加持祈禱《かじきとう》の修法《しゅほう》を身につけて超人的な力を獲得し、それによって様々な奇跡を引き起こしたという伝説は、現代人からすると、にわかには信じがたいことである。しかし、おそらく、当時の人たちはそれを目《ま》のあたりにしたからこそ、あるいはまさにそのように感じとったからこそ、空海に惹《ひ》きつけられていったのであろう。もちろん、伝説がすべて事実であるとは言えない。しかし、伝説を排除することによって空海の実像が現れるわけではない。むしろ幾多の伝説のなかにこそ空海の実像が、そして人々の空海に対する思いが如実に語られているのではないだろうか。

本章では、空海の生涯のなかで起こった数々の奇跡や、全国にある空海の伝説の例を紹介していく。

生涯に見る奇跡

捨身《しゃしん》ヶ《が》嶽《たけ》禅定《ぜんじょう》

空海は、真魚《まお》と呼ばれていた幼いころから、この世はどのように成り立っているのか、宇宙の真実の姿とは何か、そして人間とは、自分とは何かというようなことについて、いつも考え続けていた。そしていつか釈迦に会って、教えを乞いたいと願っていた。

宝亀十一年（七八〇）、七歳になった空海は、讃岐国《さぬきのくに》多度郡《たどのこおり》（現在の香川県善通寺《ぜんつうじ》市）にある捨身《しゃしん》ヶ《が》嶽《たけ》に登り、山頂で一心に祈り、十法の仏法僧を念じて次のような誓願を立てた。

「私は将来、仏道で多くの人を救いたいと思います。この願いがかなうならば、お釈迦様、どうか姿を現してこの命を救ってください。もしかなわないならば命を捨ててこの身を捧げます」

こう言うやいなや、空海は断崖絶壁より谷底に向かって身を躍らせた。するとたちまち紫雲が湧き起こり、そのなかに大光明を放って百宝の蓮華に座した釈迦が現れ、羽衣を身にまとった天女が降りてきて空海をやさしく抱きとめた。空海は三度もそのようなことをしたが、その三度とも天女が現れ、空海を受けとめたのである。

空海はその後も身を捨てるような厳しい修行をくり返すが、この捨身ヶ嶽の誓願

捨身ヶ嶽禅定
『高野大師行状図絵』正保年間（一六四四〜一六四八）の版本。国立国会図書館ホームページ（以下同）

はまさにその始まりであった。

後に空海は、この神秘不可思議なる仏陀釈迦の霊光に感謝し、その霊験を永久に記念し、世の人々が仏縁を得ることを願って、その山の名を我拝師山《がはいしやま》と改め、山上に第七十三番札所「出釈迦寺《しゅっしゃかじ》」を建立し、本尊として自ら刻んだ釈迦如来像を安置したという。その後、この地は捨身誓願の霊場として多くの人々の信仰の場となっている。

虚空蔵求聞持法《こくうぞうぐもんじほう》

空海は、一人の沙門《しゃもん》から虚空蔵求聞持法《こくうぞうぐもんじほう》を伝授されたことを、自ら『三教指帰《さんごうしいき》』に記している。

虚空蔵求聞持法とは、類い稀なる記憶力を得るための修行である。虚空蔵菩薩の化現《けげん》の明星を迎えるため、小屋の東の壁に小窓を作り、一尺一寸（約三十三センチメートル）の月輪《がちりん》形の板に本尊を描き、五十日、七十日、百日のいずれかの間に虚空蔵菩薩の真言を百万回唱える。途中でやめると命を落とすとまでいわれるが、成満《じょうまん》すれば八万四千の経典をすべて読誦《どくじゅ》したのと同じ智慧《ちえ》が授かるとされる。

空海は阿波《あわ》国の大滝嶽《たいりゅうのたけ》や、石鎚山《いしづちさん》などで虚空蔵求聞持法を修した。この法では東南西の開けた地、すなわち虚空蔵菩薩の化現である朝日、夕日、明星の光が窓から入り、本尊を照らすことができる地が霊地とされた。

あるとき、空海は土佐《とさ》国の室戸崎《むろとざき》の崖の上で、一心に虚空蔵求聞持法を修してい

明星来影す
『高野大師行状図絵』

た。虚空蔵菩薩の真言を一心に唱えていると、自分の身体が限りなく拡大し、どこまでが自分で、どこまでが海で、どこまでが空なのかよくわからなくなってきた。自身と海と空とが一体になったように感じたのである。

ちょうど夜明けのころで、波の彼方に明けの明星が輝いていた。遠くにあったはずの明星は、ふと気づくと目の前にある。星はどんどん明るさを増し、速度を上げて近づいてくると、空海の口のなかに飛び込んできた。

「谷響《たにひびき》を惜しまず、明星来影《らいえい》す」

そのときの様子を、空海は簡潔にこう書いている。大自然と共鳴し、黄金の星が自身に入ってくる。それはまさに空海が大宇宙、そして仏そのものとなった瞬間であった。

五筆和尚《ごひつおしょう》

空海が入唐《にっとう》して長安にいたころ、宮殿に書の最高峰王羲之《おうぎし》の書いた壁書があった。壁書は二間の壁（三間という説もある）に書かれていた。空海が入唐した時期は、王羲之が没してから、六百二十五年後である。そのため壁書の一部は風化していた。唐の皇帝は適任者を探したが、当時の唐にはそれを修復できるほどの能筆家《のうひつか》がいない。そこで皇帝は勅令を出し、この壁書の書き直しを日本から来た僧である空海に命じたのである。

皇帝が、異国の青年僧である空海に命ずるからには、すでに空海の能筆ぶりは、

五筆和尚
『高野大師行状図絵』

十分に皇帝に伝わっていたに違いない。それでも、皇帝は空海の筆の腕を試すことにした。すると、しずしずと皇帝の前に歩み出た空海は、まず左右の手足と口に一本ずつ筆を持ち、五か所に五行の詩をさらさらと流麗な文字で同時に書いたのである。残りのもう一間の壁には、墨を口に入れて吹きつけると、壁一面に「樹」という字が現れたという。これを見た皇帝は仰天して、五本の筆をみごとに使いこなす空海に、五筆和尚《ごひつおしょう》の号を授けたのである。

皇帝は、空海にこの国にとどまるようにと申し出たが、空海はこのように返事をしたという。

「私が自分の身命もかえりみず、苦難をものともせずに海を渡ったのは、正しい仏法を伝えて、日本という辺境に住む人々を救うためです。私の伝える仏法が、日本では必要なのです」

皇帝もこれを了承し、空海に菩提樹の実でできた念珠を贈った。この念珠は今も東寺《とうじ》に寺宝として伝わっている。

「五筆」とは、五つの書体に巧みであったからといわれている。一方、後に嵯峨《さが》天皇が空海の書を「御筆《ごひつ》」として大変貴び、世間の人々も空海の書を「御筆」と呼んだところから、「五筆」となったという説もある。

文殊菩薩《もんじゅぼさつ》と書の腕を競う

空海が長安にいたころ、空海が長安城を流れる川のほとりを歩いていると、髪が肩までぼうぼうと伸び、みすぼらしい身なりをした童子が寄ってきた。

「あなたが日本からきた、名高い五筆和尚ですか」

「そうも呼ばれています」

さらにその童子は言う。

「それほど筆が達者であれば、空中に文字を書き表すことはできますか」

そこで空海が虚空にさらさらと筆を動かすと、文字がいつまでも浮かんでいた。童子が「私も書いてみます」と言って、同じように筆を動かすと、同じように文字が浮かんだ。


童子がさらに「流れる水に字を書くことはできますか」と言うので、空海は水面に流水を讃える詩を書いた。文字は乱れることなく流れに乗って下っていく。童子は、ほほえんで感心した面持ちでそれを見ていた。

そして、「おもしろいですね。それでは今度は私が書きますから、和尚、よく見ていてください」と言うと、童子は水の上に「龍」という文字を見事に書き上げた。文字は水面にはっきりと浮かび、流れていかない。しかしよく見ると、その字には小さな点が一つ足りなかった。それを空海が尋ねると、「忘れました。和尚さんが打ってください」と言う。そこで空海が小点を打つと、龍の字は龍王と化し、閃光を起こし、雲に乗り、天へ昇っていった。

あまりにも不思議なことに空海が、「あなたはどなたですか」と尋ねると、「私は五髻童子《ごけいどうじ》と申します」といって、かき消えるように見えなくなった。

文殊菩薩と競う
『高野大師行状図絵』

五髻童子とは、文殊菩薩のことである。空海の書の相手として、人間を超越した菩薩が現れたのである。

空海、釈迦に会う

入唐した空海は、師を求めて長安城内を歩きまわり、顕教《けんぎょう》と密教の高僧に会って仏法の奥義を究めようとした。長安の醴泉寺《れいせんじ》では天竺《てんじく》から来た般若《はんにゃ》や牟尼室利《むにしり》と会い、梵語《ぼんご》や瑜伽《ゆが》や哲学など、様々な教えを受けた。般若は龍智《りゅうち》のもとで瑜伽の奥義を究めた人であり、牟尼室利は一万人もの学僧がいる那爛陀寺《なあらんだじ》の頂点にいる学僧だった。

般若が空海に言った。

「私は少年のころより仏道を志し、法を伝えることを誓ってきましたが、東の国に縁がなく、日本に行けないのが残念です。『華厳経《けごんきょう》』『六波羅蜜経《ろくはらみつきょう》』など新翻訳経を、あなたが日本に持ち帰り、広く供養していただきたい。そうすれば私も東方に仏縁が結べるというものです」

空海は寝食も忘れて勉学に励み、写経に没頭した。仏法についてだけではなく、医学、工学、論理学、詩文などありとあらゆる学問を学んだのである。

唐は、もちろん日本よりも天竺に近い距離のところに位置している。いつしか空海は天竺の霊鷲山《りょうじゅせん》に登り、釈迦に会いたいと考えるようになった。

そんなある日のこと、一人の童子が空海の前に姿を現し、「どうぞ霊鷲山にお参

童子に霊鷲山に導かれる
『高野大師行状図絵』

りください」と言う。どこからともなく白い馬が駆けてきた。飾り立てた鞍《くら》にまたがった童子は、後ろに乗るように空海に勧める。空海が馬に乗ると、白い馬は飛ぶように走り始め、たちまちにして砂漠を越えた。

翌日には大きな青い羊が待っていた。童子が羊に鞍を置き、空海を後ろに乗せると、羊は勢いよく駆けだした。そしてたちまちのうちに険しい峰を越えた。

その次には車が待っていた。空海がそれに乗ると、夜叉神《やしゃじん》がこれを押した。

こうして空海は天竺国の霊鷲山の麓にやって来た。そのとき、白い髭の老人が一人現れて、空海に尋ねた。

「あなたはどちらの人ですか。何を求めて、どこに行こうとしているのですか」

「私は唐の長安から参りまして、これからお釈迦様にお目にかかるため霊鷲山にお参りするのです」

空海がこう返事すると、老人は言った。

「あなたはきっと仏とお会いになるでしょう。ただし、入滅《にゅうめつ》後に多くの歳月が経っているので、たやすくはありません」

霊鷲山に向かって、空海は歩きだした。

香りのよい雲が谷に満ちていて、花々が咲き、ここで修行したいと思うような心楽しくなる場所だった。釈迦は、左に観音菩薩を、右に虚空蔵菩薩をしたがえ、八万の菩薩と、一万二千の声聞《しょうもん》に向かって説法をしていた。釈迦は空海にこう言った。

「あなたは多くの功徳を積んだから、こうして私と会うことができたのだ。あな

釈迦に会う
『高野大師行状図絵』

たは仏の悟りの秘密の教えを学び、正しい教えを広め、遥かに先の時代、弥勒《みろく》がこの世に出現するときまで、人々を救うのだよ」

釈迦に会うことのできた空海はたいへん喜び、右回りに回って礼拝し合掌した。空海はそれからチベットの険しい峰を越え、西域の熱砂を渡って、長安の西明寺《さいみょうじ》に帰ったのである。全部で七日七晩かかったが、空海はまったく空腹にならなかった。それ以後、空海は、ますます修行に励んだのである。

三鈷杵《さんこしょ》を投げる

空海は唐における密教の研究を完成させた。師の恵果《けいか》もこの世を去り、空海は自分の信仰する密教を日本で広めたいと考えていた。しかし、留学僧として来たからには、唐の国に二十年間とどまらなければならない。ところが日本から来ていた遣《けん》唐使《とうし》判官《ほうがん》高階遠成《たかしなのとおなり》や留学生らと帰朝することを皇帝憲宗《けんそう》に願い出て、延暦二十五年（八〇六）八月に許可を得る。

帰国の乗船をするため明州《みんしゅう》の港に来て、空海は祈願した。

「私が習った秘密の教法を伝えるために、もしふさわしい地があるなら、今から投げる三鈷杵《さんこしょ》よ、早く飛び至り、その場所にとどまれ」

日本の方向には紫色の雲があった。空海が金色の三鈷杵を大空に投げ上げると、三鈷杵は、空海の命を帯びたかのように、遥か紫色の雲のなかを飛んでいった。浜辺には別れを惜しんで大勢の見送りの人々がいたが、みなこれを見て驚嘆した。

三鈷杵を投げる
『高野大師行状図絵』

空海の乗った船は、嵐と遭遇する。風が強く波は高く、船は沈没するのではないかと思われた。空海は一心に祈った。

「私は諸天の威光を増し、国家を助けるために、寺院を建立し、教えにしたがって修行をしたいのです。どうか善神は私を助け、日本に帰らせてください」

空海の祈りは諸天に通じ、激しい風も波も突然やんだ。そして空海の乗った船は、九州は博多近辺の海岸に無事着いたのである。

弘仁九年（八一八）十一月十六日、空海は弟子たちを伴って高野山《こうやさん》に登り、翌年五月、内外の結界法《けっかいほう》を修した。ここに伽藍《がらん》を建設するための七日七夜の大結界の法であり、空海は、「天地上下、東西南北七里の内にいる悪鬼を追い払い、善の心をもって仏法を保護する、あらゆる善神鬼はここに住まいせよ」と祈った。

空海の最大の目的は、この地に両部曼荼羅《りょうぶまんだら》を建立することであった。七里四方を結界し、さらに壇上を二重に結界した。内八葉と外八葉と呼ばれる十六の峰が、このなかにある。空海は高野山に大《だい》曼荼羅を描き、ここに密教の大道場を造ろうとしたのである。

伽藍建設のため、周囲の樹木を伐り払っていると、大きな松の枝に、唐を出港する前に投げた三鈷杵が引っかかっているのが見えた。まさにここが密教を伝えるのにふさわしい場所だったということである。

後に弟子の真然《しんぜん》が空海の意を受け、中院を建設して、この三鈷杵を納めたといわれている。三鈷杵のかかっていた松の根元に庵室を建てたのが、現在の御影堂《みえどう》

高野山で三鈷杵が見つかる
『高野大師行状図絵』

である。

雨乞《あまご》い対決

天長元年（八二四）は雨が降らず、人々はたいそう困っていた。そこで淳和《じゅんな》天皇は勅命を下し、雨乞《あまご》いの修法をすることとなった。西寺《さいじ》に住んでいた守敏《しゅびん》は、空海より上席にあるので、自分が先に修法をすることを申し出た。そこで守敏が先に雨の祈禱を七日間かけて修したところ、雨は確かに降ることは降ったものの、都をほんの少し濡らしただけであった。

次に空海が内裏の南の神泉苑《しんせんえん》で請雨《しょうう》経法《きょうほう》を修したが、雨は七日間さっぱり降らない。いぶかしんだ空海が瞑想《めいそう》をしてみると、守敏が呪力によって龍神たちを水瓶のなかに閉じ込めていることがわかった。さらに空海が瞑想を深めると、北インドの大雪山（ヒマラヤ）の無熱地に住む善女龍王《ぜんにょりゅうおう》が、守敏の呪力から逃れていることがわかった。そこで空海は二日間修法を延長してもらい、真言を唱えて龍王に神泉苑に来てもらった。請雨経法中の池に善女龍王の黄金の姿が現れ、白い大きな蛇の頭上に小さな金色の蛇が乗っていた。空海とその弟子たちは善女龍王を礼拝したが、ほかの人たちはそれを見ることさえできなかった。

淳和天皇はまことに喜び、たくさんの供えもので龍王を供養した。そして空海が茅《かや》で作った龍を壇上に立てて修法を始めるやいなや、黒い雲が湧いてきて、たちまち雨が激しく降ってきたのである。雨は三日間降り続き、池の水も大壇まであふれ、

神泉苑での請雨経法
『高野大師行状図絵』

洪水になったほどであったという。

神泉苑は、もとは乾臨閣《けんりんかく》といい、御所に流れる泉水の湧くところであった。空海は善女龍王を神泉苑に招き、そこに住まわせた。慈悲心が深く、人に害を及ぼさない龍王である。

清涼殿《せいりょうでん》で大日如来《だいにちにょらい》となる

空海が帰朝して間もないころ、諸宗の碩学《せきがく》たちが宮中の清涼殿《せいりょうでん》に集まり、各宗の精要について論議することになった。空海は真言密教の教えを広めるべく努力をしていたが、他宗の学匠がその教えに疑問を持ち、布教を許さなかったのである。そのため、弘仁四年（八一三）正月十四日、新しい年の国家鎮護を祈念する『金光明最勝王経《こんこうみょうさいしょうおうきょう》』の講讃が行われた後、嵯峨天皇の御前でその論議をすることとなった。このとき、空海が真言密教の三密加持《さんみつかじ》、即身成仏《そくしんじょうぶつ》などを説いたところ、天皇から、理論はすばらしいが、その現証《げんしょう》を見たいものだ、とのお言葉があった。

そこで空海は大日如来《だいにちにょらい》の智拳印《ちけんいん》を結び、真言を唱え、三摩地《さんまじ》の観に入った。すると南の方がにわかに開け、空海の顔がたちまち輝いて黄金の毘盧遮那仏《びるしゃなぶつ》となり、頭に如来の五智の宝冠が現れてきた。そして眉間《みけん》に白毫相《びゃくごうそう》の光を放ち、身体からも黄金の光が放たれた。天皇は玉座を離れ、諸臣も空海に向かって頭を下げ、他宗の学匠たちは合掌礼拝した。

空海は手に印契《いんげい》を結び、口に真言を唱え、心を統一すれば、衆生と仏とは同一となるという即身成仏を実証したのである。このとき以来、嵯峨天皇をはじめたくさんの人々が空海の偉大さを知り、信頼を寄せることになったのである。

入定《にゅうじょう》

天長九年（八三二）十一月十二日をもって、空海は五穀《ごこく》を断ち、坐禅に明け暮れた。そして承和元年（八三四）十一月十五日に弟子たちを集め、空海は遺言する。

「私は来年の三月に入定《にゅうじょう》する。高野山の伽藍はまだできていない。両部曼荼羅もなお未完成である。そこで後のことをおまえたちに託していかねばならない」

こうして空海は自分が入定した後、実慧《じちえ》、真如《しんにょ》、真雅《しんが》、真済《しんぜい》、真然ら愛弟子たちに、高野山や東寺《とうじ》や神護寺《じんごじ》を託したのであった。そして一人ひとりに何をすべきかを、ていねいに言い残した。

承和二年（八三五）三月十五日、空海はふたたび弟子たちを集めて、最後の言葉を残す。

二十五箇条からなる遺言をした空海は、予言どおりの日時に結跏趺坐《けっかふざ》をすると、定印《じょういん》を結び、速やかに入定したのであった。いつ入定したかはだれにも判断がつかなかったので、眼を閉じたときをもって入定とした。まるで生きているかのような姿であった。空海を輿《こし》に乗せて弟子の実慧、真如、真雅、真済、真然がそれを担ぎ、御庵室から奥の院へ移したのである。

七日ごとに弟子たちが奥の院に参ると、空海はまるで生きているときの姿や顔色を保ち、髪も長く伸びていたという。その後、奥の院の石壇を閉じて、わずかに人が通れるようにして、その上に石の五輪塔を建て、陀羅尼経《だらにきょう》を納めた。真然は供養のために宝塔を建て、仏舎利《ぶっしゃり》を安置した。

　それから八十年以上も後、醍醐《だいご》天皇が檜皮《ひわだ》色の衣を空海に贈り、観賢《かんげん》はその衣を持って高野山の奥の院に参った。観賢は十五歳で真雅の弟子となり、東寺の第九代長者、醍醐寺《だいごじ》の座主《ざす》、高野山金剛峯寺《こんごうぶじ》の第四代座主を務めた人物である。観賢が奥の院に行くと、にわかに霧が立ち込めてきて、空海の生きた姿を拝むことはできなかった。しかし観賢が心を込めて祈ると霧が晴れ、雲の間から月が出るように、空海がその姿を現した。観賢は涙を流して空海の姿を拝んだ。

　空海の衣はぼろぼろで、風にもほどけそうだったので、観賢は醍醐天皇から贈られた衣に着替えさせた。このとき、観賢が連れていった弟子の石山寺《いしやまでら》の淳祐《しゅんゆう》は、そばにいるのに空海の姿を見ることはできなかった。観賢は弟子の手をとり、空海の温かな膝にそっと触れさせた。すると淳祐の手には沈香《ちんこう》や檀香《だんこう》なども及ばないほどのよい香りが移った。淳祐の手からその薫香《くんか》は失われず、その淳祐が書写した経典類は薫《かおり》の聖教《しょうぎょう》と称されて、今日でも尊ばれている。

　観賢は伸び放題になっていた空海の髪を剃りながら考えた。

「いくら未熟といっても、修行をした淳祐が師の姿を見ることができなかったのだ。将来、だれかが奥の院の御廟《ごびょう》にやって来て、その姿を見ることができなかったといって、師の入定を疑うかもしれない。不信の輩が入ってこられないようにしたほう

入定後も髪が伸びる空海と、空海を剃髪する観賢
『高野大師行状図絵』

がよい」

こう考えた観賢は、石垣を築いて御廟をふさぎ、人が入ることができないようにしたのである。

身体が、入定しても打ち砕かれることもなく、まるで生きているかのような状態を保っていることを法体堅固《ほったいけんご》という。これは遥か後世の五十六億七千万年後に弥勒《みろく》菩薩とともにふたたびこの世に下生《げしょう》するという、空海の誓願の証なのである。

空海は必ずこの世に戻ってくる。しかも、たとえ五十六億七千万年を経なくても、「南無大師遍照金剛《なむだいしへんじょうこんごう》」と一言唱えさえすれば、たちどころに空海と会うことができる。そして私たちの傍らに寄り添っていてくださるのである。空海が入定して千二百年近く経った今でも、空海は私たちとともにある。空海をお大師様と慕う多くの人々がそう感じている。これこそが空海最大の奇跡というべきであろう。

伝説に見る奇跡

全国に広がる空海の伝説

世界の名だたる宗教家のなかでも空海ほど数多くの伝説を持つ者はいないであろう。民間伝承による奇跡や伝説は現在収録されているものだけでも五千に及び、現在でも収録は続けられている。その数は推測で一万とも、二万ともいわれる。

各地に残る「弘法大師《こうぼうだいし》」伝説は、空海個人のとった足跡とは必ずしも一致しない。

唐より帰国して以来、およそ三十年の間に行われた空海の多様な活動をみれば、その合い間をぬって全国を歩く時間などなかったに違いない。にもかかわらず、大師の足跡は全国各地にある。それは史実としての空海の足跡を遥かに超えている。

空海が行ったこともない地に、空海の足跡があるのはなぜなのか。だれが空海に代わって伝説を広めていったのだろうか。弘法大師信仰が、広く日本中の人々の間に浸透していったのには、高野聖《こうやひじり》の力が大きかったといわれている。高野山《こうやさん》には、学侶《がくりょ》と行人《ぎょうにん》と呼ばれる僧がいた。そしてもう一つが、聖《ひじり》という存在であった。

正統な僧が俗世間との関係を断ち、修行に専念するのに対して、聖は、俗界を行《あん》脚《ぎゃ》し、様々な祈禱を行った。聖には、念仏信仰の布教のために物語を持ち歩く者もいれば、山の聖ともいうべき山伏《やまぶし》のような者もいた。こうした聖のなかで、高野山を本拠としていた一群を、高野聖と呼ぶようになった。

高野聖が全国行脚することには、大きく二つの目的があった。一つは、諸国を托《たく》鉢《はつ》して歩き、無縁仏の骨を拾い、それを供養することであり、もう一つは、勧進《かんじん》である。勧進とは、おもしろい話を聞かせて寄進を仰ぐことであるが、この勧進こそが、数々の弘法大師伝説のもととなったのである。

高野聖のなかには、商聖《あきないひじり》と呼ばれる全国を歩く行商人のような者もいた。彼らは主として衣類を売り歩くことから呉服聖《ごふくひじり》といわれた。彼らは、金繍綿《きんしゅうわた》の布きれを持ち歩き、高野山で諸仏の図像を表装するときのあまり布だといって売り歩いた。その布を身につけておくと悪霊が寄りつかないと吹聴したため、これを子どもの守り袋に縫いつけておく風習さえも生まれた。聖はまた、護摩《ごま》を焚いたときの灰と称して、怪しげな灰を売り歩きもした。

こうした商聖は人々から警戒もされたが、民衆を苦悩から救う多くの高野聖の存在もあった。彼らは人々が苦しみ悩むときに助け、呪術的な治療もした。人の嫌がる死者の供養も快く引き受け、怨霊《おんりょう》の祟りを鎮めもした。

こうした高野聖の活動は、厳密には空海の真言密教の教理にはそぐわないものであった。それにしても、空海の教えをもとに、それを土地土地の民俗神や自然と結びつけながら、これらの活動を行った高野聖は、まさに仏教や空海を庶民の身近なものにした功労者でもあったのである。そして、そうした活動が空海のものとして信じられ崇められた結果が、一万とも二万ともいわれる膨大な弘法大師伝説を生んだのである。

ところで、全国の伝説をその内容によって分類すると、空海の彫刻・筆画に関するものが一番多く、全体の半分以上の数を占めている。彫刻に関するものでは、真言宗に属する寺院が、大師信仰の普及と寺院の権威づけのために、「弘法大師作」と伝える大師像、大日如来《だいにちにょらい》像、阿弥陀如来像、薬師《やくし》如来像、観音菩薩《かんのんぼさつ》像、地蔵《じぞう》菩薩像、文殊《もんじゅ》菩薩像、虚空蔵《こくうぞう》菩薩像、不動明王《ふどうみょうおう》像、五大《ごだい》明王像、聖天《しょうてん》像、毘沙門天《びしゃもんてん》像、八幡神《はちまんしん》像、稲荷《いなり》神像、淡島《あわしま》神像などの彫刻を持っている。筆画では、「弘法大師筆」といわれる名号《みょうごう》、扁額《へんがく》、般若心経《はんにゃしんぎょう》・般若経などの経文、大師の画像、曼荼羅《まんだら》、諸如来、諸菩薩、諸明王、諸天、諸神などがある。

二番目は空海の足跡に関する伝説である。空海ゆかりの地に関する伝説、空海が開基した寺院、開眼した仏像、空海によって名づけられた地名など、数多くの伝説がある。

三番目は弘法水《こうぼうみず》、弘法清水、井戸、温泉、水無川、大根川、音無川、池、淵などの水に関する伝説である。『日本伝説名彙』のなかでは、空海の水の伝説を次の十の類型に分けている。

一、弘法大師が巡錫《じゅんしゃく》のとき、水がなくて困っているところにさしかかる。大師が杖を突いて水の出るところを教えたり、自ら掘ったりした。

二、水を所望して水が不自由であることを知り、錫杖《しゃくじょう》で地を突いた。

三、独鈷《とっこ》をもって地を突いた。

四、指し出された水の色があまりよくないので、よい水を出してやった。

五、老婆に水を乞うと、水がないため一度は断られるが、大切な水一滴を指し出され、杖を地に立てて水を出した。

六、機《はた》を織る女に水を乞うと、女は遠方から汲んできて水を指し出す。その礼に杖で突いて清水の出るところを知らせる。

七、水を指し出したところには杖を突いて水を出し、指し出さなかったところには水がなく、また渇水となる。

八、水が生ぬるいとか濁っているといって指し出さなかったため、そこは濁水となり、また水が遠方にしか出ず、不便になる。

九、機を織り、あるいは洗濯していて、口実を設けて水を指し出さなかったため、水が減ったり、なくなったりする。

十、米のとぎ汁、白水などを指し出したため、水が減ったり、白くなったりする。

四番目は芋・栗・蕨《わらび》などの食物や植物に関する伝説である。弘法の名を冠して呼ばれている弘法蕨《わらび》、弘法芋、弘法栗などの伝説や、空海が杖や箸を刺して杉となったり、銀杏となったり、茅となったりしたというものがある。

そのほかにも、弘法石、休石、腰掛け石などの岩石に関する伝説、冬至の弘法、デンボ隠しの雪など大師講に関する伝説、龍・大蛇、怪物に関する伝説、独鈷《とっこ》・五鈷《ご》・七鈷・九鈷や錫杖、念珠など空海の請来物《しょうらいぶつ》や持物に関する伝説、寺社の建立についての伝説、蚊封じ・もぐら封じ・蛭《ひる》封じなど動物や虫に関する伝説などがある。

こうした空海にまつわる伝説は、信仰による現世利益《げんぜりやく》を説くものや、庶民生活と密着して勧善懲悪を説くものが大半である。そしてそのモチーフは、不思議な旅人が村にやって来て様々な奇跡を起こす、その旅人が空海であったとする物語が中心となっている。

（鈴木晋怜）

参考文献

柳田國男監修・日本放送協会編『日本伝説名彙』日本放送出版協会、一九五〇年
斎藤昭俊『弘法大師伝説集』仏教民俗学会、一九七四年
斎藤昭俊『弘法大師伝説集』第一巻〜第三巻、国書刊行会、一九七六年
伊予史談会編『四国遍路記集』一九八一年
斎藤昭俊『弘法大師信仰と伝説』新人物往来社、一九八四年
青山央『超人——空海の奇跡』サンデー社、一九八四年
『弘法大師行状絵巻の世界』東寺宝物館、二〇〇〇年
川﨑一洋『四国「弘法大師の霊跡」巡り』セルバ出版、二〇一二年

第4部

空海関係用語集

あ行

阿字【あじ】　サンスクリット語の「a」のことで、梵《ぼん》字《じ》（悉曇《しったん》）で「𑖀」と記される文字・音声のこと。空海は『吽字義《うんじぎ》』のなかで、「a」は文字の最初にあることから万物の根源であり、また「a」は否定を示す接頭辞であることから「不生《ふしょう》」「空《くう》」を表すとした。『秘蔵宝鑰《ひぞうほうやく》』では、衆生《しゅじょう》の心に本源的にそなわる「菩提心」と解釈する。また大日如来の真言「ア・ビ・ラ・ウン・ケン」の最初の文字であることから、阿字（𑖀）を大日如来を表す種子《しゅじ》と見なす。

阿字観【あじかん】　阿字（𑖀）を観想する瞑想法《めいそうほう》のこと。真言密教における基礎的な観法《かんぼう》。今日、一般の信者も指導者の指示を受けて修行することができる。阿字観には、空海が伝え実慧《じちえ》が記したとされる『阿字《あじ》観用心口訣《かんようじんくけつ》』、覚鑁《かくばん》の著した数種の『阿字観』をはじめ、数多くの方法がある。一般的な方法は、まず、本尊を安置する。本尊は蓮華のうえに月輪《がちりん》、そのなかに阿字を描いた図（胎蔵法《たいぞうほう》）、あるいは月輪のなかに蓮華、そのうえに阿字を描いた図（金剛界法《こんごうかいほう》）である。この前に坐し、数息観《すうそくかん》によって心を整えた後、菩提心を表す満月を観ずる（月輪観）。次に阿字に集中し、大日如来と同等なる境地を観想する。

阿闍梨【あじゃり】　サンスクリット語のアーチャーリヤ（ācārya）の音写。「師範」「軌範師《きはんし》」などと訳し、「阿舎梨」「阿闍梨耶」とも音写する。弟子の行いを正し、軌範となる高徳の師匠のこと。古来インドではヴェーダに通じた人を指し、仏教においては出家や受戒《じゅかい》などの際に師事すべき人を指す。インド密教では、広くは大日如来・諸仏・諸菩薩を意味したが、通常は修行（事相《じそう》）と学問（教相《きょうそう》）に秀でた偉大なる師を阿闍梨と呼ぶ。空海は唐において恵果《けいか》より伝法《でんぽう》阿闍梨の灌頂《かんじょう》を受けた。このことから、日本では阿闍梨を位や職名として用いるようになり、朝廷から指定されて儀礼を行う比叡山《ひえいざん》など七山の導師は「七高山《しちこうざん》阿闍梨」、伝法灌頂を受けた阿闍梨を

「伝法阿闍梨」などと呼ぶようになった。現在、真言宗では、主に二つの役割を指す。一つは作法を教授する師のことで、「教授阿闍梨」または通常「阿闍梨」と呼んでいる。もう一つは灌頂の儀式において導師を務める師のことで、「大阿闍梨（大阿）」や「灌頂阿闍梨」と呼ぶ。

阿刀大足【あとのおおたり】 空海の母の兄で、空海の伯父。桓武《かんむ》天皇の皇子伊予《いよ》親王の侍講《じこう》を務め、空海に学問を授けた。『空海僧都伝《くうかいそうずでん》』によれば、十五歳より十八歳で大学に入学するまでの間、空海は大足のもとで『論語』『孝経』および『史伝』などを学んだという。

阿弥陀如来【あみだにょらい】 仏教で信仰される如来の一つ。梵名はアミターユス（Amitāyus 無量寿）、あるいはアミターバ（Amitābha 無量光）で「阿弥陀」と音写する。主に浄土三部経《じょうどさんぶきょう》（『無量寿経《むりょうじゅきょう》』『観無量《かんむりょう》寿経《じゅきょう》』『阿弥陀経』）にその徳が記されている。『無量寿経』には、阿弥陀如来はもともとインドの王子であった法蔵《ほうぞう》比丘が、衆生を救済するために四十八の本願を立て、長い期間を経て阿弥陀如来となり、今でも極楽浄土で説法していると説く。日本では平安時代に、阿弥陀如来を念じて極楽往生を願う浄土信仰が広まり、後の法然《ほうねん》によって浄土宗が成立した。新義真言宗を開いた覚鑁《かくばん》は、浄土信仰と密教思想の融合をはかり、大日如来と阿弥陀如来は異名でありつつも同体であると示した。真言密教の曼荼羅《まんだら》における阿弥陀如来は、胎蔵《たいぞう》曼荼羅の中台八葉院《ちゅうだいはちよういん》の一尊として西に位置する。また金剛界《こんごうかい》曼荼羅では五仏の一尊とされ西方月輪の中央に位置する。なお、日本の追善供養の十三仏信仰のなかでは、三回忌の本尊に位置づけられている。

石鎚山【いしづちやま】 愛媛県西条市にある霊山。巨大な岩峰には霊威が宿るといわれ、大峰山《おおみねさん》や白山《はくさん》と並んで日本七霊山の一つとされる。修験道を開いた役小角《えんのおずぬ》がここで修行し、金剛蔵王権現《こんごうざおうごんげん》を感得したとされる。『三教指帰《さんごうしいき》』によれば、空海は当山に登り、食を絶って修行に励んだという。平安初期には修験道の拠点として前神寺《まえがみじ》、横峰寺《よこみねじ》が建立された。

一行【いちぎょう】　六八三年～七二七年。中国唐代の僧。真言宗の「伝持《でんじ》の八祖《はっそ》」の第六祖。天文学・暦・道教をはじめ、禅・律・天台・密教に通じていた。善《ぜん》無畏《むい》とともに『大日経』七巻を翻訳し、その解釈書として『大日経疏《だいにちきょうしょ》』二十巻を著して空海の思想に多大な影響を与えた。一行は善無畏と、『金剛頂《こんごうちょう》経《ぎょう》』系統の経典を訳した金剛智《こんごうち》とから密教を学んだため、『大日経』と『金剛頂経』の密教を統合したといわれる。

いろは歌【いろはうた】　日本語の母子音四十七字を表した歌のこと。空海の作と伝えられるが、事実上は否定されている。①いろはにほへとちりぬるを（色はにほへど散りぬるを）、②わかよたれそつねならぬ（我が世たれぞ常ならむ）、③うゐのおくやまけふこえて（有為の奥山今日越えて）、④あさきゆめみしゑひもせす（浅き夢見じ酔ひもせず）。この句はそれぞれ、『涅槃経《ねはんぎょう》』に説かれる四句（①諸行無常・②是生滅法・③生滅滅已・④寂滅為楽）の意味を説き明かしたものである。歌の末尾に「ん」を入れて四十八字を歌うことが慣例である。

印【いん】　サンスクリット語でムドラー（mudrā）。「印《いん》契《げい》」とも訳す。元来は封印・印章のことで、密教では封ぜられたもの・記号を意味する。広義には、仏像や種子《しゅじ》や真言も含むが、一般的には施無畏印《せむいいん》・与《よ》願印《がんいん》・定印《じょういん》など、仏像の手指の形を指す。また、真言密教の僧侶も修行や法要において印を結び、仏菩薩の智慧・功徳・働きを手指で象徴的に表す。

印信【いんじん】　密教の法（教え）を授けた証として、阿闍梨《あじゃり》より弟子に与えるもの。広義には阿闍梨付《ふ》嘱《しょく》の法具を指すが、通常は授けた法の印明《いんみょう》（印と真言）を記した文書を指し、多くの場合、印明・血《けち》脈《みゃく》・紹文《しょうもん》（相承の由来を示す）の三種からなる。現在も醍醐寺《だいごじ》などでは、空海が恵果《けいか》から授けられたとする印信の写本数種を蔵す。空海が授けた印信としては、東寺《とうじ》において真雅《しんが》に与えたとされる印信の写本「天長の印信」が残る。ただし、恵果の印信も含めその真偽は確定されていない。

吽字義【うんじぎ】　空海の著作。十巻章《じゅっかんじょう》の一つ。真言宗の伝統では、『即身成仏義《そくしんじょうぶつぎ》』『声字実相義《しょうじじっそうぎ》』『吽字義』を「三部の書」と称し、順次に「身《しん》・口《く》・意《い》」を示すといわれる。「吽字」とはサンスクリット語の「hūṃ」のことで、古来インドの儀礼で唱えられている呪句。密教においても、智慧や煩悩摧破《ぼんのうさいは》の意味で真言や陀羅尼《だらに》のなかで用いられる。空海は『吽字義』において「吽字 hūṃ」を「ha・a・u・ma」の四字に分け、各々の意味を解説する。①ha：因縁（hetu）を指し、一切諸法の因縁が不可得であること。②a：本初（ādi）を指し、一切諸法は不生・空・有であること。③u：損減（ūna）を指し、一切諸法の損滅が不可得であること。④ma：（我 mama）を指し、一切諸法は我が不可得であること。また日本では、最後の文字であることから、最初の文字の「阿」とともに「阿吽」といわれ、「阿吽像」や「あうんの呼吸」という表現が生まれた。

柄香炉【えごうろ】 法具の名称。法要の際に、仏を礼拝供養するために使う柄のついた香炉のこと。炉を左前方にして柄を両手で持ち、使用しないときは脇机など指定の場に置く。空海は、恵果《けいか》より阿闍梨付《あじゃりふ》嘱《しょく》物《ぶつ》として仏舎利《ぶっしゃり》や供養具など十三点を授けられた。その感謝の記として、恵果に袈裟と柄香炉を献上したと伝えられている。

円行【えんぎょう】 延暦十八年（七九九）〜仁寿二年（八五二）。平安時代の真言宗の僧。入唐八家《にっとうはっけ》（最澄・空海・常暁・円行・円仁・恵運・円珍・宗叡）の一人。初めは華厳宗の僧として得度受戒《とくどじゅかい》。弘仁十四年（八二三）、空海から金剛界《こんごうかい》・胎蔵法《たいぞうほう》の両部《りょうぶ》大法を授かり、空海の弟子杲隣《ごうりん》から灌頂《かんじょう》を受ける。承和五年（八三八）、円仁などと唐に留学。青龍寺《しょうりゅうじ》の義真《ぎしん》に師事して伝法《でんぽう》灌頂を受け、翌年に帰国。その後は、山《やま》城《しろ》の霊巌寺《れいがんじ》や播磨《はりま》の太山寺《たいさんじ》を開創し、密教を広めた。著作に『金剛界記《こんごうかいき》』『菩提心戒義《ぼだいしんかいぎ》』がある。

円珍【えんちん】 弘仁五年（八一四）〜寛平三年（八九一）。平安時代の天台宗の僧。天台寺門宗の宗祖。諡号《しごう》は智証大師《ちしょうだいし》。入唐八家《にっとうはっけ》の一人。空海の甥にあたる。十五歳のときに比叡山《ひえいざん》に登り延暦寺座主《えんりゃくじざす》の義真《ぎしん》に師事し、十九歳で沙弥《しゃみ》となり円珍と称した。翌年に延暦寺戒壇院《かいだんいん》にて菩薩戒を受け、十二年間籠山した後、学頭となる。仁寿三年（八五三）に入唐し、開元寺《かいげんじ》（福建省の福州市に現存）で梵字《ぼんじ》や悉曇《しったん》を学んだ。後に、長安に入り青龍寺の法全《はっせん》より伝法灌頂《でんぽうかんじょう》を受け、密教の教えを授かり帰国。貞観十年（八六八）、延暦寺座主となり、園城寺《おんじょうじ》を伝法灌頂の道場とした。円珍の没後、比叡山を山門派《さんもんは》が占拠したため、園城寺は寺門派《じもんは》の拠点となった。現在、滋賀県大津市にある長等山《ながらさん》園城寺は寺門派総本山で三井寺《みいでら》とも称する。著作に『法華論記《ほっけろんき》』などがある。

円仁【えんにん】　延暦十三年（七九四）～貞観六年（八六四）。諡号《しごう》は慈覚大師《じかくだいし》。入唐八家《にっとうはっけ》の一人。下野《しもつけの》国《くに》（栃木県）生まれ。十五歳のときに比叡山《ひえいざん》に登り、最澄に師事して止観《しかん》を学ぶ。東大寺にて具足戒《ぐそくかい》を受けた後、最澄から伝法灌頂《でんぽうかんじょう》と円頓菩薩《えんどんぼさつ》大戒を受けた。最澄の没後は東北地方など各地へ赴き布教をした。承和五年（八三八）、数度の渡航失敗を経て入唐するが、天台山入山の許可が下りず不法に在唐。五台山に登って志遠《しおん》から天台宗義を学び、長安に入って大興善寺《だいこうぜんじ》の元政《げんせい》から金剛界《こんごうかい》を、青龍寺の義真《ぎしん》から胎蔵法《たいぞうほう》と、空海が未受であった蘇悉地《そしつじ》の法を受けた。承和十四年（八四七）に帰国し、諸経典、両部曼荼《りょうぶまんだ》羅、仏舎利《ぶっしゃり》など多数を持ち帰った。斉衡元年（八五四）には天台座主《ざす》となり、文徳《もんとく》天皇をはじめ多くの皇族や貴族に灌頂を行った。円仁の没後、円仁一派は山門派《さんもんは》と称され、円珍一派である寺門派《じもんは》と長期にわたり対立関係となった。著作には『入唐求法巡礼行記《にっとうぐほうじゅんれいこうき》』のほか『顕揚大戒論《けんようだいかいろん》』『金剛頂経疏《こんごうちょうぎょうしょ》』などがある。

円明【えんみょう】　生年不詳～仁寿元年（八五一）。平安初期の真言宗の僧。十大弟子の一人。東大寺で三論を学んだ後、空海に師事。山城《やましろ》（京都府）神護寺《じんごじ》の定額僧《じょうがくそう》などを経て、承和五年（八三八）に東大寺別当《べっとう》となり、空海が開いた真言院の幹事を務めた。

延暦寺【えんりゃくじ】　滋賀県大津市坂本本町にある天台宗の総本山。比叡山《ひえいざん》全域を境内とする。比叡山の麓に生まれた最澄が、山頂近くに一乗止観院《いちじょうしかんいん》と称する草庵を建てたことに始まる（現在の根本中堂《こんぽんちゅうどう》）。延暦二十四年（八〇五）、中国から帰国した最澄は、桓武《かんむ》天皇の勅命《ちょくめい》によりそこに大伽藍《だいがらん》を建立。平安京東北の鬼門にあることから、平安京を守護する祈禱道場とされた。寺名「延暦寺」に改名されたのは、最澄没後の弘仁十四年（八二三）のことである。以後、政治的にも軍事的にも大きな勢力を持ち、鎌倉仏教の祖師となった法然《ほうねん》・親鸞《しんらん》・道元《どうげん》・日蓮《にちれん》などが学び日本仏教の一大中心地ともなった。また「千日回峯《せんにちかいほう》行《ぎょう》」など山岳修行の拠点とされ、高野山金剛峯寺《こうやさんこんごうぶじ》と並んで日本の二大聖地とされている。

王羲之【おうぎし】　三〇三年〜三六一年（三〇七年〜三六五年とも）。中国東晋《とうしん》の政治家・書家。八世紀の書体論『書断《しょだん》』では、書人のランクが書体別に記され、楷書・行書・草書・章草《しょうそう》・飛白《ひはく》の五部門において王羲之は最上の「神品《しんぴん》」に入る。その筆勢は、龍が天門を跳ねるがごとく、虎が鳳闕《ほうけつ》に伏すがごとしと形容されている。空海の著『聾瞽指帰《ろうこしいき》』には、王羲之の書風の影響がある。空海は在唐中に、様々な書体を学び、薄い羽衣が風になびくような飛白体を習得して日本に紹介した。空海伝によれば、空海は長安城の壁にある王羲之の手跡を左右の手足と口に筆をくわえて直し、皇帝が感嘆したという。

乙訓寺【おとくにでら】　京都府長岡京市にある真言宗豊《ぶ》山《ざん》派《は》の寺。推古《すいこ》天皇の勅願《ちょくがん》による聖徳太子の開基とされる。桓武《かんむ》天皇が長岡京を築いた際に官寺として栄えるが、その後荒廃し、弘仁二年（八一一）に空海が別当《べっとう》となり再興した。当寺に幽閉され憤死した早良《さわら》親王の霊を鎮めるために空海が登用されたといわれる。また当寺は、空海が最初に最澄の訪問を受けた場所として知られる。

飲食器【おんじき】　法具の名称。汁物・餅・果などの飲食を供える器。通常は米飯を盛る。大壇《だいだん》の導師《どうし》側には、金剛杵《こんごうしょ》を置く金剛盤《こんごうばん》と香を焚く火舎《かしゃ》を中心に、左右の隅に向かって順次、六器《ろっき》・飲食器・華瓶《けびょう》が並べられる。

か行

覚鑁【かくばん】　嘉保二年（一〇九五）〜康治二年

（一一四三）。平安後期の真言宗の僧。真言宗中興の祖にして新義真言宗の始祖。諡号《しごう》は興教大師《こうぎょうだいし》。肥前国藤津荘（佐賀県鹿島市）生まれ。十三歳で仁和《にんな》寺《じ》成就院の寛助《かんじょ》につき、南都の興福寺《こうふくじ》で倶舎《くしゃ》・唯識を学び、十六歳のときに出家得度《とくど》。東大寺にて華厳や三論を学んだ後、仁和寺に戻り密教を学ぶ。永久二年（一一一四）、二十歳のときに高野山へ登る。高野山では青蓮《しょうれん》・明寂《みょうじゃく》に師事して真言の奥義を極め、伝法灌頂《でんぽうかんじょう》を数度受け、虚空蔵求聞持法《こくうぞうぐもんじほう》は九回行ったといわれる。鳥羽上皇の庇護を受けた覚鑁は、長承元年（一一三二）、高野山金剛峯寺《こんごうぶじ》に大伝法院《だいでんぽういん》を建立し、途絶えていた伝法会《でんぼうえ》（僧侶の学問研鑽の場）を再興した。長承三年（一一三四）、四十歳のとき金剛峯寺の座主《ざす》に就任するが反対派の僧たちに急襲され、密厳院《みつごんいん》は焼かれ、大伝法院は破壊された。高野山を追われた覚鑁は、弟子とともに根来山《ねごろさん》に移り根来寺《ねごろじ》を建立。大伝法院や密厳院を移し、ここで新義真言宗の教義を築く。新義真言宗は、後に智山派《ちさんは》（総本山智積院《ちしゃくいん》）と豊山派《ぶざんは》（総本山長谷寺《はせでら》）に分かれ現在に至っている。覚鑁は、修行（事相）の点では、あらゆる流派を統合させた伝法院流を編み出した。また虚空蔵求聞法、阿字観《あじかん》といった観法《かんぼう》の指南書を残した。教義（教相）の点では、当時流行していた阿弥陀信仰と浄土思想に対して、大日如来と阿弥陀如来を異名同体であるとする「大日即弥陀」の理論を示し、「即身往生」を提唱した。著作に『五輪九《ごりんく》字明秘密釈《じみょうひみつしゃく》』などがある。

加持【かじ】　サンスクリット語でアディシュターナ（adhiṣṭhāna）。元来は、よって立つこと、守護することを意味する。空海は『即身成仏義《そくしんじょうぶつぎ》』で「加持とは、如来の大悲《だいひ》と衆生《しゅじょう》の信心とを表す」と説いており、仏の大悲が衆生に現じ、衆生の信心に仏が応ずることを示す。真言密教の修行である「三密行《さんみつぎょう》」は、行者と仏の合一を目指すことから「三密加持」とも称される。また日本では、現世利益の祈禱を「加持祈禱」ともいい、病気平癒のための病気加持などがある。持物などを清めるための祈禱に供物加持・念珠加持などがある。

火舎【かしゃ】　法具の名称。香を盛って焚くための香炉《こうろ》。通常、縁のついた浅い炉に三本の足があり、饅頭形の蓋《ふた》に雲形の煙出しがつけられている。大壇《だいだん》には、中央の多宝塔《たほうとう》の手前に金剛杵《こんごうしょ》を置く金剛盤《こんごうばん》が配され、さらに手前の導師《どうし》側の中央に火舎が置かれる。

月輪観【がちりんかん】　真言密教の基礎的な観法《かんぽう》。月輪とは清浄なる悟りの心である「浄菩提心」を象徴する。心のなかに満月を描きそれに集中して瞑想する。空海の『秘蔵記《ひぞうき》』には「浄菩提心観」として詳しく説かれ、心で観想した月輪のなかに大日如来を表す「ア・ビ・ラ・ウン・ケン」の五字を置き、月輪のイメージをあまねく広げ、また縮めて自心に戻すと述べる。元来、月輪観は阿字観《あじかん》とは異なるものであるが、今日では一般に阿字観の作法のなかで月輪観を修す。

羯磨【かつま】　法具の名称。二つの三鈷杵《さんこしょ》を十字に組み合わせたもの。古代インドの武器で、回転させながら投げて敵を倒す。密教では、行者を妨げる諸魔や煩悩《ぼんのう》を打ち砕く象徴として、大壇《だいだん》の四隅に置く。

羯磨曼荼羅【かつまんだら】　羯磨はサンスクリット語でカルマ（karma）といい、行為や活動を意味する。曼荼羅は一般に図画であるが、羯磨曼荼羅は諸仏の活動を立体的に表現した彫刻や仏像のこと。そのため立体《りったい》曼荼羅とも呼ばれる。空海が仁明《にんみょう》天皇の病気平癒祈願として建立した東寺《とうじ》の講堂には、大日如来を中心に五仏・五菩薩（金剛波羅密多菩薩・金剛薩埵・金剛法菩薩・金剛宝菩薩・金剛業菩薩）・五大明王・四天王・帝釈天・梵天を配置した羯磨曼荼羅が置かれている。

観賢【かんげん】　仁寿三年（八五三）～延長三年（九二五）。平安中期の真言宗の僧。讃岐国《さぬきのくに》（香川県）生まれ。十五歳のときに真雅《しんが》について出家受戒《じゅかい》し、寛平七年（八九五）に聖宝《しょうぼう》より伝法灌頂《でんぼうかんじょう》を受ける。その後、仁和寺別当《にんなじべっとう》・弘福寺別当・東寺《とうじ》長者・醍醐寺座主《だいごじざす》・金剛峯寺検校《こんごうぶじけんぎょう》を歴任し、この間に山城《やましろ》に般若寺《はんにゃじ》を創建した。現在、京都市右京区鳴滝にその跡が残る。また、空海の大師号奏請に力を尽くし、弘法大師の号を賜ったほか、空海が唐から請来《しょうらい》した『三十帖《さんじゅうじょう》冊子《さくし》』を東寺の経蔵に納め、代々の真言宗長者の相承とするなど、東寺を中心とした真言宗の再編に努めた。

灌頂【かんじょう】　サンスクリット語でアビシェーカ（abhiṣeka）。元来インドでは国王の即位式を指したが、密教では仏の教えを正式に授けるための儀礼と見なす。密教の灌頂では、師である阿闍梨《あじゃり》が受者の頭に如来の五智を表す水を灌《そそ》ぐ。灌頂には目的や方法によって様々な種類があるが、日本において最も広く行われているのは、①結縁《けちえん》灌頂、②受明《じゅみょう》灌頂、③伝法《でんぽう》灌頂である。①結縁灌頂：出家在家を問わず多くの人が受けられる。投華得仏《とうけとくぶつ》といい、受者は目隠しをして曼荼羅《まんだら》上に華を投げ、華の落ちたところの仏と縁を結ぶ。②受明灌頂：弟子が修行を始める前に受ける灌頂。投華得仏して、その本尊の印と真言を授かる。真言（明）を伝授することから「受明灌頂」「持明《じみょう》灌頂」ともいわれ、教え（法）を学ぶことから「学法《がくほう》灌頂」ともいわれる。③伝法灌頂：阿闍梨の位になるための灌頂。概して真言宗では四《し》度加行《どけぎょう》を終えた行者のみが受けられ、これを終えると阿闍梨として弟子を持つことが許される。空海は、延暦二十四年（八〇五）の五月に青龍寺《しょうりゅうじ》の恵果《けいか》を訪ね、六月には胎蔵法《たいぞうほう》、七月には金剛界《こんごうかい》の灌頂を受けた。そして八月には伝法灌頂を受け、異例の速さで阿闍梨となった。帰国後、弘仁三年（八一二）には、高雄山寺《たかおさんじ》で在家信者を含む百四十五人に結縁灌頂を行った。このときの受者のなかに最澄がいたことは有名である。その後、空海は弟子たちに伝法灌頂を授けたが、最澄への伝法灌頂は果たされないまま、二人は袂《たもと》を分かつこととなった。

灌頂歴名【かんじょうれきめい】　空海筆。紙本墨書一巻。神護寺《じんごじ》蔵。国宝。弘仁三年（八一二）十一月・十二月および翌年三月に空海が高雄山寺《たかおさんじ》（神護寺）で結《けち》縁《えん》灌頂を行った際の記録で、受者の名を連ねたもの。最澄や泰範《たいはん》の名も記される日本仏教史上重要な記録であると同時に、空海が手控えのために書き流したものであるため、空海の自然な筆跡が見られる貴重な資料となっている。

観心寺【かんしんじ】　大阪府河内長野市にある高野山真言宗の寺。大宝元年（七〇一）に役小角《えんのおずぬ》が雲心寺として創建した。その後、空海がここを訪れ、北斗七星を勧請《かんじょう》して如意輪観音像を刻んで安置。弘仁六年（八一五）に「観心寺」と寺号を改めた。天長四年（八二七）より実慧《じちえ》が住して興隆したため、実際には実慧の開基である。南北朝時代になると、観心寺は楠木氏の菩提寺となって栄え、織田信長によって一時寺領を没収されるも、ふたたび豊臣氏の庇護を受けて発展した。

観世音寺【かんぜおんじ】　福岡県太宰府市にある天台宗の寺。天平十八年（七四六）に天智天皇の勅願《ちょくがん》により創建された。東大寺、下野《しもつけ》薬師寺とともに「天下三戒壇《さんかいだん》」の一つとされ、西国で最大の寺院であった。大同二年（八〇七）、空海が帰国するときにとどまったことでも知られる。現在は、江戸時代に建立された講堂と金堂が残り、寺の西には当時の戒壇院《かいだんいん》の後身として、臨済宗に属する戒壇院が隣接している。

観音菩薩【かんのんぼさつ】　仏教で信仰される菩薩の一つ。梵名はアヴァローキテーシュヴァラ（Avalokiteśvara）。玄奘《げんじょう》は「観」（avalokita）＋「自在」（iśvara）から「観自在菩薩《かんじざいぼさつ》」と漢訳する。観察に自在であるという意味を持ち、『般若心経』などに示されている。一方『法華経』に説かれる梵名はアヴァローキタスヴァラ（avalokitasvara）で、鳩摩羅什《くまらじゅう》は「観」（avalokita）＋「音」（svara）から「観世音菩薩《かんぜおんぼさつ》」と漢訳する。その略称が「観音菩薩」である。『法華経』「観世音菩薩普門品《かんぜおんぼさつふもんぼん》」（『観音経』）には、その名を唱えただけで観音菩薩は様々に変化して人々を救済すると説く。このことから六観音をはじめ、多くの変化観音が生み出された。日本では飛鳥時代から観音信仰が盛んとなり、平安時代には観音の霊験にちなんで西国三十三観音霊場が形成された。空海も『性霊集《しょうりょうしゅう》』に、唐からの帰国直後に九州で千手観音曼荼羅《まんだら》を描いたと記す。真言密教の曼荼羅における観音菩薩は、胎蔵《たいぞう》曼荼羅の中台八葉院《ちゅうだいはちよういん》の一尊として西北葉に位置づけられ、かつ蓮華部院の主尊とされる。金剛界《こんごうかい》曼荼羅では灌頂《かんじょう》を受けた密教名である「金剛法菩薩」として十六菩薩の一尊とされる。また日本の追善供養の十三仏信仰のなかでは、百箇日忌の本尊に位置づけられている。

観法【かんぼう】 観想する対象に心を集中させる瞑想法《めいそうほう》を、真言宗では伝統的に「観法」という。観想する対象を設定せずに瞑想する坐禅とは異なる。密教の観法には、阿字観《あじかん》・月輪観《がちりんかん》・字輪観・道場観・本尊観などがある。

桓武天皇【かんむてんのう】 天平九年（七三七）〜大同元年（八〇六）。平安初期の天皇。天応元年（七八一）に即位し、延暦三年（七八四）に奈良から長岡へ、同十三年（七九四）に京都へ遷都をした。仏教が政権に関与して大きな権力を持ちすぎたことから、南《なん》都六宗《とろくしゅう》に対する圧力を強化。ただし、最澄と空海を入唐《にっとう》させるなど、新しい仏教の振興に力を注いだ。

願文【がんもん】 造寺・造塔・造像・祈願・法事などの法要の際に、施主の願意を述べる文のこと。病気平癒や心願成就など、現世利益を祈願する文も含む。また、菩薩による利他の誓願を願文という。『無量《むりょう》寿経《じゅきょう》』に説かれる阿弥陀仏の四十八願や、『華厳経《けごんきょう》』に説かれる普賢菩薩の十大願などがある。空海の誓願としては『性霊集《しょうりょうしゅう》』「高野山万灯会《まんどうえ》の願文」が有名で、ここには「期するところは毎年一度この事を設け奉って四恩に答え奉らん、虚空尽き、衆生尽き、涅槃尽きなば、我が願いも尽きなん」と記されている。

儀軌【ぎき】 儀礼方法や規則を記した典籍のこと。密教では、教理を説く経典とは別に、儀礼方法を記したものを儀軌という。空海をはじめ、入唐八家《にっとうはっけ》が数多くの儀軌を持ち帰った。以降、僧侶たちは経典と儀軌（経軌）に基づいて修法を行うが、それを継承していくために口伝《くでん》を用い、多くの口伝が「聖教《しょうぎょう》」としてまとめられた。概して、真言宗（東密）は師による口伝聖教を重視し、天台宗（台密）は経軌を基本とする傾向があるといわれる。

教相【きょうそう】 真言宗では、教義を学ぶ側面を「教相」と呼び、修行や儀礼などの実践面を「事相《じそう》」と呼び、教相と事相の双修をもって行者の要心《ようじん》とする。

教相判釈【きょうそうはんじゃく】略して「教判」。インドで成立した経典が中国に伝わると、多岐にわたる経典を、説かれた時期、説かれた場所、教えの内容などで分類し判別する「教判」が重視されるようになった。その後、僧侶たちは自分がよりどころとする教理の優位を主張するため「教判」を用いた。代表的なものに天台智顗《ちぎ》の「五時八教の教判」があり、釈迦が説法した順序（華厳《けごん》時、阿含《あごん》時、方等《ほうどう》時、般若《はんにゃ》時、法華涅槃《ほっけねはん》時）を定め、教えに深浅をつけている。日本でも各祖師による教判がある。空海による教判には、『弁顕密二教論《べんけんみつにきょうろん》』に説く顕教《けんぎょう》と密教、『十住心《じゅうじゅうしん》論《ろん》』『秘蔵宝鑰《ひぞうほうやく》』に説く十住心の判別があり、それぞれ「横《おう》の教判」と「竪《しゅ》の教判」と称されている。

空海僧都伝【くうかいそうずでん】一巻。空海の弟子真済《しんぜい》の著作。承和二年（八三五）、弘法大師の諡号《しごう》の授与以前に撰述されており、空海の生涯を記した貴重な資料とされている。東寺《とうじ》には、元亨三年（一三二三）の奥書のある古写本が蔵されている。

九識【くしき】凡夫《ぼんふ》における九種の識のこと。唯識説《ゆいしきせつ》では概して、識を前五識《ぜんごしき》（眼識・耳識・鼻識・舌識・身識）・第六意識《いしき》（総合的に判断する識）・第七末那識《まなしき》（自分と思う識）・第八阿頼耶識《あらやしき》（身体を維持する識）と分類する。密教では、唯識説の八識に、別の大乗仏教で説かれていた第九菴摩羅識《あんまらしき》（無垢識）を加えて九識とする。行者の九識が転じて、大日如来の五智《ごち》となることを転識得智《てんじきとくち》という。

具足戒【ぐそくかい】インド仏教から続く出家者の戒律のこと。具足戒には様々な種類があるが、一般に比《び》丘《く》二百五十戒、比丘尼《びくに》三百四十八戒（四分律《しぶんりつ》）とされる。日本では、唐から渡来した鑑真《がんじん》により、東大寺戒壇院《かいだんいん》での具足戒の受戒《じゅかい》が確立された。最澄も延暦四年（七八五）、十九歳のときに東大寺で具足戒を受けた。しかし最澄はその後、大乗独自の戒律を主張して自ら百余名に大乗戒を授け、没後には延《えん》暦寺《りゃくじ》に大乗戒壇の建立を果たす。一方、空海も延暦二十三年（八〇四）に東大寺にて具足戒を受戒する。空海は、密教の戒律である三昧耶戒《さんまやかい》を基本としつつも、具足戒の受戒や、有部律《うぶりつ》の学習を重視する。

これらの点から、真言宗では戒律復興を唱導《しょうどう》した僧が数多く出て、鎌倉時代には真言律宗《しんごんりっしゅう》が独立し、近代に至るまでたびたびの戒律復興運動が行われた。

久米寺【くめでら】　奈良県橿原《かしはら》市にある真言宗御室《おむろ》派の寺。霊禅山東塔院《れいぜんさんとうとういん》久米寺と称する。開基は聖徳太子の弟の来目皇子《くめのみこ》とも、久米の仙人とも伝えられる。空海は、夢のお告げにしたがって久米寺の東塔下に行き『大日経《だいにちきょう》』を見つけた。そこで『大日経』を教授してくれる人物を探したがだれもいなかったため、入唐《にっとう》への意志を固めたという。

供養【くよう】　サンスクリット語でプージャー（pūjā）。古来インドでは神々に供物を捧げて崇拝することを意味する。仏教においても、仏・菩薩・諸天などに供物を捧げることをいう。密教では『大日経《だいにちきょう》』に、閼伽《あか》（水）・塗香《ずこう》・華《はな》・焼香《しょうこう》・飲食《おんじき》・灯明《とうみょう》の六種の供養が説かれ、『蘇悉地経《そしつじきょう》』には供物のみでなく合掌・真言・印などの行為を含む供養が説かれている。日本の仏教や民間信仰では、死者や祖先に対する追《つい》善《ぜん》供養のことを特に供養と呼ぶことが多い。また動物に対する供養、針供養のように道具に対する供養もある。

恵果【けいか／えか】　七四六年〜八〇五年。中国唐代の僧で空海の師。真言宗の「付法《ふほう》の八祖《はっそ》」「伝持《でんじ》の八祖」の第七祖。幼児のときに出家し、後に不空《ふくう》に師事して『金剛頂経《こんごうちょうぎょう》』系の密教を、また善無畏《ぜんむい》の弟子玄超《げんちょう》から『大日経《だいにちきょう》』『蘇悉地経《そしつじきょう》』系の密教を学んだ。『金剛頂経』と『大日経』は、その起源や発展の点から異なる系統に属し、中国では『金剛頂経』系の密教は金剛智《こんごうち》・不空の法流、『大日経』系の密教は善無畏の法流と、両者に分かれていた。恵果の功績は、この両方を統合した点である。また長安の青龍寺《しょうりゅうじ》に住し、代宗・徳宗・順宗と三代にわたる皇帝に師と仰がれた。空海をはじめ、東アジアの様々な地域から集まった弟子たちに法を授けたことでも評価されている。

加行【けぎょう】　僧侶が行う準備段階の修行のこと。真言宗では、僧侶が伝法灌頂《でんぼうかんじょう》を受けて阿闍梨《あじゃり》の資格を得るまでに、四種の加行を修了しなければならない。

この修行を四度加行《しどげぎょう》という。①十八道：入門者に必要な十八段階の基本的な所作を身につける。②金剛界《こんごうかい》：金剛界曼荼羅《まんだら》の構造にしたがって観想《かんそう》・修法を行う。③胎蔵界《たいぞうかい》：胎蔵曼荼羅の構造にしたがって観想・修法を行う。④護摩《ごま》：護摩の修法により仏菩薩を供養し、自らの煩悩《ぼんのう》を焼き浄める。このプロセスは、空海が恵果《けいか》の口伝にしたがって定めたといわれる。

華厳経【けごんきょう】 詳しくは『大方広仏華厳経《だいほうこうぶつけごんきょう》』。三～四世紀ころに様々な経典を集めてまとめられたもの。漢訳には仏陀跋陀羅《ぶつだばったら》訳『六十華厳』と、実叉難陀《じっしゃなんだ》訳『八十華厳』などがある。サンスクリット語原典は、そのうちの一部である「十地品《じゅうじぼん》」「入法界品《にゅうほっかいぼん》」のみが存在する。「十地品」は菩薩の修行を十段階に分けて詳説したもの。「入法界品」は善財童子が医師・仙人・長者など全部で五十三人の善知識を尋ねて法を求め、ついに法界の門に入る物語であり、東海道五十三次もこれになぞらえられている。『華厳経』は毘盧遮那仏《びるしゃなぶつ》の悟りの内容を表したものである。毘盧遮那仏はサンスクリット語でヴァイローチャナ（Vairocana）といい、輝けるものという意味。盧遮那仏《るしゃなぶつ》・遮那仏《しゃなぶつ》とも称される。釈迦は悟りを得て、海印三昧に入ったまま光り輝く境地にいる。悟りそのものである毘盧遮那仏となっているが、人間の言葉を用いて説法することはない。そこでこの教えを表すために諸菩薩が代弁者となり『華厳経』を説く。空海は『華厳経』の内容を顕教のうちで最上の第九住心とするが、第十住心の密教は大毘盧遮那仏（Mahāvairocana）すなわち法身大日如来の悟りが、直接真言や曼荼羅《まんだら》などの形態により私たちに開示される点で優れると説く。また、空海は『即身成仏義《そくしんじょうぶつぎ》』で『華厳経』の「帝網《たいもう》の比喩」を挙げ、帝釈天の宮殿を飾る網の宝珠が互いに映し合い輝くように、仏と衆生は深くつながり合うことを示し、即身成仏を提唱した。

華厳宗【けごんしゅう】 『華厳経《けごんきょう》』を所依の経典とする宗派。宗祖は杜順《とじゅん》（五五七～六四〇）。日本には、天平八年（七三六）に唐の道璿《どうせん》により伝わり、同十二年に新羅の審祥《しんしょう》が『華厳経』の講義を行い、日本華厳宗の第一祖となった。金鐘寺《こんしゅじ》(後の東大寺)の良弁《りょうべん》が第二祖となる。空海は弘仁元年(八一〇)に東大寺の別当となり、華厳宗との交流を持ち、弘仁十三年(八二二)には寺内に灌頂道場《かんじょうどうじょう》(真言院)を建立して密教の修法を行った。

血脈【けちみゃく】　真言宗では、大日如来から金剛薩埵《こんごうさった》、ないし空海へと法(教え)が受け継がれ、さらに師から弟子へと相承されることを、身体の血脈の流れにたとえて「血脈」という。また実際、僧侶が教えの伝授を受ける際に、相承を証明する紙が授与される。それも「血脈」と呼ばれる。在家の信者が結縁《けちえん》灌頂《かんじょう》を受ける際や、葬儀の際には故人に対しても血脈が授けられる。

結界【けっかい】　インド仏教においては、教団の秩序保持のために一定の区画を設けることであったが、密教では修行道場への魔障の侵入を防ぐため、領域を限って結界する作法を意味する。空海が高野山の七里四方を結界したのが大規模なものである。一般的なものは大壇《だいだん》の結界である。大壇の四隅に杭である橛《けつ》を打ちこみ、その周りを壇線で囲む。地鎮祭《ぢちんさい》のときに一定の場所に杭を打ち、しめ縄をする方法はこれに基づくという。真言宗の僧侶は修行のなかでも、観法《かんぼう》として結界法を修する。行者は心のなかで道場を作り、煩悩《ぼんのう》である魔障が入り込まないよう結界し、修行を成就させる。

華瓶【けびょう】　法具の名称。花を供えるための花瓶。通常、大壇《だいだん》には中央の多宝塔《たほうとう》の後ろと四隅とに五瓶を置く。華瓶の場所により供える花の色が異なる。寺の本堂では、常華として、木製に五色(白・赤・黄・青・黒)の彩色をした木蓮華を飾ることが多い。

顕教【けんぎょう】　師から弟子へと秘して相承される教えが「密教」であるのに対し、あらゆる衆生に広く説かれる初期仏教や大乗仏教の教えを「顕教」という。空海は『弁顕密二教論《べんけんみつにきょうろん》』において、仏教を顕教と密教に分け、顕教はこの世に生きる釈迦が聞く人の素質に応じて説法をしたものであるが、密教は法身大日如来が真実語で説いたものであるとする。

また顕教では三劫《さんごう》の修行を経て悟りに至るが、密教では即身成仏《そくしんじょうぶつ》であると、両者の区別を説いている。

現図曼荼羅【げんずまんだら】 現に図に描き表した曼荼羅のこと。通常、曼荼羅と称されるものがこれにあたる。空海が請来《しょうらい》した現図曼荼羅は『御請来目録《ごしょうらいもくろく》』に記される「大毘盧舎那大悲胎蔵大曼荼羅《だいびるしゃなだいひたいぞうだいまんだら》」（七幅、一丈六尺）・「金剛界九会曼荼羅《こんごうかいくえまんだら》」（七幅、一丈六尺）で、恵果《けいか》が経の所説と阿闍梨《あじゃり》の所伝に基づいて画工に命じて図絵させたものとされる。これらは模写され、今日まで広く流布《るふ》している。

遣唐使船【けんとうしせん】 遣唐使を乗せる船のこと。遣唐使船には使節のほかに通訳・医師・水夫などが乗り、百人から二百人、多い時で四百人を超えた。遣唐使船の回数の数え方には十二回説から二十回まで諸説あるが、二十回説で数えると、舒明二年（六三〇）に一回目が開始され、菅原道真の提言により寛平六年（八九四）の出航が中止されるまで継続された。空海と最澄が乗船したのは、十八回目の遣唐使船で延暦二十三年（八〇四）七月に出航した。途中嵐に遭い、空海の乗った第一船は一か月間漂流して赤岸鎮《せきがんちん》に漂着し、長安に着いたときには十二月になっていたと伝えられる。

光明真言【こうみょうしんごん】 真言宗で日常の勤行や葬儀の際に唱えられる。「おん　あぼきゃ　べいろしゃろう　まかぼだら　まにはんどま　じんばら　はらはりたや　うん」（意味：あらゆる徳をそなえた大日如来の光明によって罪障《ざいしょう》が浄められますように）。『不《ふ》空羂索毘盧舎那仏大灌頂光真言《くうけんじゃくびるしゃなぶつだいかんじょうこうしんごん》』には、この真言を唱えるとすべての罪障が消滅し、この真言で加持《かじ》した土砂を散ずれば死者は極楽浄土に往生すると説く。空海が実際に光明真言を唱えていたことを示す史料はないが、『御請来目録《ごしょうらいもくろく》』には当経の名称があるため、空海も光明真言を知っていたと推測される。実際に法要で唱えられた最初の記述は、清和太上天皇の崩御に際する元慶四年（八八〇）と考えられている。

高野山【こうやさん】 和歌山県伊都郡高野町にある山々の総称で、空海が開いた高野山真言宗の聖地。空海は唐より帰国する朝、国家鎮護と衆生利益のために一道場を建立するという誓いを立てた。そして弘仁七年（八一六）、高野山開創の許可を得、山上に金《こん》剛峯寺《ごうぶじ》をはじめとする伽藍《がらん》の建立を開始した。承和二年（八三五）三月二十一日、空海は瞑想《めいそう》をした状態のまま永遠の禅定《ぜんじょう》に入った。このことを「入定《にゅうじょう》」といい、今日でも奥の院には空海が入定していると信じられている。

高野聖【こうやひじり】　平安時代末期に高野山に住んでその経営を支えていた半俗の者たち。高野山には承《じょう》仕《じ》や夏衆《げしゅう》と呼ばれる人々がおり、念仏信仰の影響を受けて、空海が入定する高野山こそ浄土であると見なした。かれらは高野山に住みつつも各地を回って念仏を唱え、高野山の経営費を調達する目的で、死者の遺骨や髪などを預かり高野山に納めた。このことから高野聖と呼ばれる。また高野山は、宗派にかかわらず遺骨を納めたことから、日本総菩提所とも呼ばれている。

杲隣【ごうりん】　神護景雲元年（七六七）～没年不詳。平安初期の真言宗の僧。空海の十大弟子の一人。初め東大寺で三論宗・法相宗《ほっそうしゅう》を学び、後に七歳年下の空海に師事して両部《りょうぶ》の大法や諸儀軌を受けた。弘仁三年（八一二）、実慧《じちえ》・智泉《ちせん》とともに高雄山寺《たかおさんじ》の三綱《さんごう》に選ばれ上座となる。天長十年（八三三）には空海にしたがって高野山に登り修学。空海の没後には、京都に修学寺《しゅがくじ》、伊豆に修禅寺《しゅぜんじ》を開創し、それぞれの第一世となった。

虚空蔵求聞持法【こくうぞうぐもんじほう】　虚空蔵菩薩を本尊とする密教の修行。『虚空蔵菩薩能満諸願最勝《こくうぞうぼさつのうまんしょがんさいしょう》心陀羅尼求聞持法《しんだらにぐもんじほう》』の略。虚空蔵菩薩の真言を百万回唱えれば一切の教法を暗記して忘れないと説かれる。空海は大学で学業に励んでいたころ、一人の沙門に出会いこれを学んだ。沙門は奈良仏教界の重鎮であった勤操《ごんそう》と見なされるが、不明な点が多い。空海はこれを機に山岳修行に入り、土佐国《とさ》（高知県）室戸崎《むろとざき》にてこの法を修した。ある明け方には明星（金星）が自分の方に近づき口のなかに飛び込んだという。今日でも師に伝授を受けた行者は修行することができる。真言を一日一万回唱え、虚空蔵菩薩の化《け》現《げん》である明星の光を迎える。行者は五穀断《ごこくだ》ちをするなど制限を保ち、通常百日をかける。密教の修行のなかでも極めて厳しいものの一つである。

虚空蔵菩薩【こくうぞうぼさつ】　仏教で信仰される菩薩の一つ。梵名はアーカーシャ・ガルバ（Ākāśagarbha）。虚空蔵菩薩は、あらゆる願いをかなえる如意宝珠《にょいほうじゅ》を持ち、虚空のように無量の福徳と智慧をそなえるという。大乗仏教の経典『大集経《だいじっきょう》』「虚空蔵品《こくうぞうぼん》」では、釈尊が虚空蔵菩薩に、陀羅尼《だらに》を唱えれば仏教の教えを忘れることはないと説く。このことにちなみ、現在も京都の法輪寺《ほうりんじ》などでは、十三歳になると虚空蔵菩薩に知恵を授けてもらう「十三参り」が行われている。密教経典では真言の功徳がより強調され、空海が修した虚空蔵求聞持法《こくうぞうぐもんじほう》も成立した。真言密教の曼荼羅《まんだら》における虚空蔵菩薩は、胎蔵《たいぞう》曼荼羅の虚空蔵院の主尊であり、金剛界《こんごうかい》曼荼羅では賢劫《けんごう》十六尊の一尊とされている。また日本の追善《ついぜん》供養の十三仏信仰のなかでは、最後の三十三回忌の本尊に位置づけられる。

後七日御修法【ごしちにちみしゅほう／ごしちにちみしほ】　国家の繁栄と天皇の身体安穏を祈り、毎年一月八日から七日間、宮中真言院で行われていた儀式のこと。現在でも東寺灌頂院《とうじかんじょういん》で行われる。元日の七日後から始めるため「後七日」という。承和二年（八三五）、空海が入定《にゅうじょう》した年に初めて行った。空海の入定後も恒例の宮中儀式として継続されたが、明治期に一時廃止となり、明治十六年（一八八三）より道場を東寺に移して再興された。かつては、東寺長者が大阿《だいあ》闍梨《じゃり》を務めたが、今日では真言宗各派の管長が一年交代で務め、各派の高僧が出仕する。東寺灌頂院の西側に金剛界曼荼羅《こんごうかいまんだら》、東側に胎蔵《たいぞう》曼荼羅を安置し、それを一年交代で本尊とし、特別の法具を整えて修法する。

五十音図【ごじゅうおんず】　日本語の仮名文字を母音と子音とに分類して縦横に並べた図。五十音図には数種の系統があるが、多くは悉曇《しったん》の書法に由来する。空海が初めて『悉曇字義《しったんじぎ》』を請来《しょうらい》したため、五十音図も空海作と伝えられるが、悉曇学が発展したのは円仁《えんにん》以降、安然《あんねん》の『悉曇蔵《しったんぞう》』が最初期の集大成であるため、実際には後世に作られたとされる。また、五十音図は悉曇のみならず、中国における漢字音の反切《はんせつ》にも由来すると考えられている。

御請来目録【ごしょうらいもくろく】　空海の著作。一巻。大同元年（八〇六）、唐より請来したものを記し、朝廷に提出した目録。経典儀軌等（百四十二部二百四十七巻）、梵字真言讃等（四十二部四十四巻）、論疏章等（三十二部百七十巻）に加え、曼荼羅《まんだら》・道具・阿闍梨付嘱物《あじゃりふしょくぶつ》などが記録されている。

護身法【ごしんぼう】　真言行者が印と真言と観想《かんそう》をもって、自身の身《しん》・口《く》・意《い》を清め、煩悩《ぼんのう》や外部の障害から身を守護する作法のこと。通常は読経《どきょう》や法要に先立ち、塗香《ずこう》で身を清めた後などに、行者がそれぞれ個々に行う。

五相成身観【ごそうじょうじんがん】　真言宗の僧侶が行う観法《かんぼう》の一つで、『金剛頂経《こんごうちょうぎょう》』を典拠とする。五段階の真言を唱えながらそれぞれの観想《かんそう》を行う。①通達《つうだつ》菩提心《ぼだいしん》：自らの心を深く観察する。②修《しゅう》菩提心：心の本性（菩提心）として月輪《がちりん》を観想する。③成金《じょうこん》剛心《ごうしん》：月輪中に金剛杵を観想して、菩提心を堅固にする。④証金剛身《しょうこんごうしん》：金剛杵を通じて仏の本質（金剛界）が身中に流れ込む。⑤仏身円満《ぶっしんえんまん》：自身と仏身の同一性を悟り、即身成仏を果たす。空海は『秘蔵宝《ひぞうほう》鑰《やく》』で五相成身観について「この五相つぶさにそなうればまさに本尊の身となる」と述べ、密教の優れる点を示す。

五大明王【ごだいみょうおう】　五大尊、五大忿怒《ふんぬ》とも呼ばれる。インド密教では別々の尊格であるが、中国において五大明王として構成された。五大明王は、五仏の教令輪身《きょうりょうりんじん》（仏法にしたがわない衆生を教化するために忿怒の姿を現す）である。すなわち、①大日如来は不動明王、②阿閦《あしゅく》如来は降三世《ごうざんぜ》明王、③宝生《ほうしょう》如来は軍荼利《ぐんだり》明王、④阿弥陀如来は大威徳《だいいとく》明王、⑤不空成就《ふくうじょうじゅ》如来は金剛夜叉《こんごうやしゃ》明王となる。東寺《とうじ》の講堂には、空海が請来《しょうらい》した「仁王五方諸仏図《におうごほうしょぶつず》」に基づく五大明王の木像がある。

五智【ごち】 真言密教では、大日如来の悟りを五種に分けて五智という。①法界体性智《ほっかいたいしょうち》：法界（ありのままの世界、真如）を性質とするあらゆる智の総体。②大円鏡智《だいえんきょうち》：鏡がすべてのものを映し出すように、一切諸法（あらゆる存在のありよう）を照見する智。③平等性智《びょうどうしょうち》：一切諸法を偏りなく等しく見る智。④妙観察智《みょうかんざっち》：一切諸法や衆生の個別の特徴を見極め観察する智。⑤成所作智《じょうそさち》：あらゆる行いを成就する智。これらは衆生にそなわる九識（①第九菴摩羅識《あんまらしき》・②第八阿頼耶識《あらやしき》・③第七末那識《まなしき》・④第六意識《いしき》・⑤前五識《ぜんごしき》）を転じて得られる。識を転じて智を得ることを転識得智《てんじきとくち》という。空海は『十住心論《じゅうじゅうしんろん》』のなかで、大日如来は五智の光をもってあまねく照らし、衆生を救済すると説いている。

五仏【ごぶつ】 五智如来ともいう。金剛界曼荼羅《こんごうかいまんだら》の羯《かつ》磨《ま》会《え》では、大日如来（中央）・阿閦《あしゅく》如来（東）・宝《ほう》生《しょう》如来（南）・阿弥陀如来（西）・不空成就《ふくうじょうじゅ》如来（北）を指し、胎蔵《たいぞう》曼荼羅の中台八葉院《ちゅうだいはちようういん》では、大日如来（中央）・宝幢《ほうとう》如来（東）・開敷華王《かいふけおう》如来（南）・無量《むりょう》寿《じゅ》如来（西）・天鼓雷音《てんくらいおん》如来（北）を指す。両部《りょうぶ》の五仏は名称は異なるが同体と見なされる。空海は『秘蔵宝鑰《ひぞうほうやく》』で、金剛界の五仏が五智に相応すると示す。①大日如来は法界体性智、②阿閦如来は大円鏡智、③宝生如来は平等性智、④阿弥陀如来は妙観察智、⑤不空成就如来は成所作智。

護摩【ごま】 サンスクリット語のホーマ（homa）の音写。焚《た》くという意味。古来インドのバラモン教では、神々を供養するために、炉《ろ》のなかで火を燃やし供物などを投じた。密教はそれを取り入れて、護摩の修法とした。この修法では、護摩壇を設け、そこに乳《にゅう》木《もく》、五穀などの供物を投じて焼く。このことにより、行者は一切の煩悩《ぼんのう》を焼き浄める。今日、一般の参拝者に行われる祈禱の場合にも、苦悩の原因である病魔や迷いなどを焼き浄め、参拝者の祈願を成就する。

御遺告【ごゆいごう】 空海の遺言・遺誡《ゆいかい》のこと。これには多種あるが、一般に御遺告といわれるのは二十五箇条本のことで、『二十五条遺告』または単に『御遺告』と称される。これは空海が、入定《にゅうじょう》する六日前の承和二年（八三五）三月十五日に、後世のために書いたもの。第一条の自伝から始まり、諸弟子の長者を実慧《じちえ》にすることや、東寺《とうじ》を教王護国寺《きょうおうごこくじ》と号すること、弟子への戒めなどを書き記している。実際には空海が記した真撰ではないと指摘されるが、空海の思いを知る重要な著作である。

金剛界【こんごうかい】　サンスクリット語でヴァジュラ・ダートゥ（vajra-dhātu）。ヴァジュラは金剛石（ダイヤモンド）、ダートゥは本質のこと。金剛石のように堅固な菩提心を、衆生が本質的にそなえることを意味する。またそれを説く『金剛頂経《こんごうちょうぎょう》』の教えを総称して金剛界という。『大日経《だいにちきょう》』の胎蔵法《たいぞうほう》と並び、真言密教の教義の根幹とされる。胎蔵法は大日如来の悟りの境地である「理」を、金剛界はその境地に至る道である「智」を表し、両者は不二《ふに》（理智不二）といわれる。また『金剛頂経』の教えを図示した「金剛界曼荼羅《こんごうかいまんだら》」を略して「金剛界」ともいう。

金剛薩埵【こんごうさった】　密教の尊格の一つ。梵名はヴァジュラサットヴァ（Vajrasattva）。金剛石のように堅固な菩提心を持つものという意味。元来は「執金剛《しゅこんごう》」「金剛手《こんごうしゅ》」と呼ばれ、釈迦を護衛する役割を担っていた。密教経典では、大日如来の教えを受ける者として登場し、後期になると大日如来の根源的な姿（本初仏）と見なされる。真言宗の「付法《ふほう》の八祖《はっそ》」では、第一祖の大日如来から教えを受けた第二祖である。また第三祖の龍猛《りゅうみょう》には、南天の鉄塔にて直接教えを授けたと伝えられる。金剛薩埵は、金《こん》剛界曼荼羅《ごうかいまんだら》では十六大菩薩の主尊である。

金剛杵【こんごうしょ】　法具の名称。サンスクリット語でヴァジュラ（vajra）。古代インドで、インドラ神や執金剛神《しゅこんごうしん》が持つとされた武器のこと。密教では、修行を妨げる諸魔と行者の煩悩を打ち砕くものの象徴とされる。通常、大壇《だいだん》では多宝塔《たほうとう》の手前の金剛盤上に置かれ、修法の際に用いられる。先端の突起が一つのものを独鈷杵《とっこしょ》、先端が三股のものを三鈷杵《さんこしょ》、先端が五股のものを五鈷杵《ごこしょ》といい、順に金剛盤の左・右・前方に置かれる。

金剛智三蔵【こんごうちさんぞう】　六七一年〜七四一年。ヴアジュラボーティ（Vajrabodhi）。真言宗の「付法《ふほう》の八祖《はっそ》」の第五祖、「伝持《でんじ》の八祖《はっそ》」の第三祖。南インドのバラモン出身で、十歳のときにナーランダー寺で出家し、顕教の経論を学んだ。三十一歳のときより龍猛《りゅうみょう》の弟子である龍智《りゅうち》に師事し、『金剛頂経《こんごうちょうぎょう》』系統の密教を学んだ。七一九年に唐に入り、玄宗の命を受けて洛陽《らくよう》の大慈恩寺《だいじおんじ》に住し、七二三年からは長安の大薦福寺《だいせんふくじ》・資聖寺《しせいじ》との間を往来した。所住の寺では密教経典を漢訳し、灌頂道場《かんじょうどうじょう》を建立し、中国密教の興隆に努めた。

金剛頂経【こんごうちょうぎょう】 真言宗の所依の経典。『大日経《だいにちきょう》』と合わせて「両部大経《りょうぶだいきょう》」といわれる。『金剛頂経』は、大日如来が十八の場所で別々の機会に説いた十万頌《じゅうまんじゅ》にも及ぶ経典の総称をいう。最初の章「初会《しょえ》」の部分的な漢訳は、不空《ふくう》訳『金剛頂一切《こんごうちょういっさい》如来真実摂大乗現証大教王経《にょらいしんじつしょうだいじょうげんしょうだいきょうおうきょう》』三巻、金剛智《こんごうち》訳『金剛頂中瑜伽略出念誦経《こんごうちょうちゅうゆがりゃくしゅつねんじゅきょう》』四巻にあたる。ここでは、大日如来が一切義成就菩薩である釈尊に対して、自らの悟りを表現した金剛界曼荼羅《こんごうかいまんだら》を説き、修行法として五相成身観《ごそうじょうじんがん》を示す。空海はこの両方の漢訳を請来《しょうらい》し、註釈『金剛頂経開題《こんごうちょうきょうかいだい》』『教工経開題《きょうおうきょうかいだい》』を著した。なお、「初会」全体の漢訳は施護《せご》訳『仏説一切如来真実摂大乗現証三昧大教王経』三十巻となっている。サンスクリット原典も存在する。

金剛頂経開題【こんごうちょうぎょうかいだい】 空海の著作。一巻。『金剛頂経』の註釈。『金剛頂経』の甚深《じんじん》なることを説き、不空《ふくう》訳の題名を「金剛頂・一切如来・真実・摂大乗・現証・大教王・経」に分け、各語を解説している。『金剛頂経』の註釈に『教王経開題』一巻もあるが、そこでは主に『金剛頂経』に説かれる四種曼荼羅《ししゅまんだら》（大《だい》曼荼羅・三昧耶《さんまや》曼荼羅・法《ほう》曼荼羅・羯磨《かつま》曼荼羅）を解説する。

金剛盤【こんごうばん】 法具の名称。金剛鈴《こんごうれい》と金剛杵《こんごうしょ》を置く台で、三角形を葉型の曲線でかたどる。空海請来《しょうらい》と推定される遺品が東寺《とうじ》に保管されている。

金剛般若波羅蜜経開題【こんごうはんにゃはらみつきょうかいだい】 空海の著作。一巻。略して『金剛般若経開題』。『金剛般若経』の註釈書。『金剛般若経』は一切諸法の空・無我を説き、金剛石（ダイヤモンド）のように堅固な般若波羅蜜の智慧を説いた大乗経典。空海はこの題名を、四種曼荼羅《ししゅまんだら》や四種法身という密教の概念から解釈する。

金剛峯寺【こんごうぶじ】　高野山真言宗の総本山。高野山の中心をなす伽藍《がらん》。高野山真言宗管長が住職を務める。弘仁七年（八一六）、空海は高野山開創の許可を得て、山上に伽藍の建立を開始した。金剛峯寺とは空海が『金剛峯楼閣一切瑜伽瑜祇経《こんごうほうろうかくいっさいゆがゆぎきょう》』からつけた名称で、高野山の伽藍の総称とされていた。しかし明治二年（一八六九）以降、豊臣秀吉が亡母の菩提を弔うために建立した青巌寺《せいがんじ》と、隣接する興山寺《こうざんじ》を合併して金剛峯寺と呼ぶこととなり、現在に至っている。

金剛鈴【こんごうれい】　法具の名称。諸尊を喜ばせるために鳴らす楽器。金剛杵《こんごうしょ》の一端に鈴がついたもの。通常、大壇《だいだん》に置かれた金剛盤のうえに載せ、修法のなかで用いる。

勤操【ごんそう／ごんぞう】　天平宝字二年（七五八）〜天長四年（八二七）。平安初期の三論宗の僧。出家の後高野山に入って修行し、受戒《じゅかい》して東大寺で三論宗を学ぶ。弘仁四年（八一三）、嵯峨《さが》天皇の勅命《ちょくめい》により『最勝王経《さいしょうおうきょう》』を講じ法相宗を論破。東大寺の別《べっ》当《とう》となる。延暦十七年（七九八）、空海は和泉国《いずみのくに》（大阪府和泉市）槇尾山《まきおのさん》において勤操にしたがって剃髪《ていはつ》した。虚空蔵求聞持法《こくうぞうぐもんじほう》も伝授されたといわれる。空海は勤操大徳の追悼文に、弘仁七年（八一六）、高雄の金剛道場で師に三昧耶戒《さんまやかい》と両部《りょうぶ》の灌頂《かんじょう》を授けたと記している（『性霊集《しょうりょうしゅう》』）。

さ行

西寺【さいじ】　平安時代、現在の京都市南区に存在した寺。平城京から平安京への遷都《せんと》に伴い、東寺《とうじ》（教王護国寺《きょうおうごこくじ》）と対になる官寺として建立された。弘仁年間、嵯峨《さが》天皇より東寺が空海に、西寺が守敏《しゅびん》に下《か》賜《し》された。その後焼失し、文覚《もんがく》上人が再興するもふたたび焼失。現在、発掘調査により金堂や南大門の遺構が確認されている。

最勝王経開題【さいしょうおうきょうかいだい】　空海の著作。一巻。『金光明最勝王経《こんこうみょうさいしょうおうきょう》』の註釈書。『金光明経』（曇無讖訳）『金光明最勝王経』（義浄訳）は国家豊穣や諸天の守護を説き、日本では『法華経』『仁王経』とともに護国経典と見なされている。奈良時代より薬師寺の最勝会、宮中の御斎会《ごさいえ》など、『金光明最勝王経』を講ずる法会が催されてきた。空海はこの経題を「金・光明・最・勝・王」に分け、各語に五智五仏をあてて密教的に解釈する。空海は宮中の御斎会を、密教儀礼である後七日御修法《ごしちにちみしゅほう》に改めた。

済暹【さいせん】　万寿二年（一〇二五）～永久三年（一一一五）。平安中期から後期の真言宗の僧。仁和寺慈尊院《にんなじじそんいん》の学僧で、教義と修行の両面から深く密教を極めた。空海の『性霊集《しょうりょうしゅう》』の第八巻以降が散逸したことを嘆き、遺稿を拾集して『続性霊集補闕抄《ぞくしょうりょうしゅうほけつしょう》』三巻を編集する。著作には『般若心経秘鍵開門訣《はんにゃしんぎょうひけんかいもんけつ》』『弁顕密二教《べんけんみつにきょう》論懸鏡抄《ろんけんきょうしょう》』等の空海著の註釈のほか、『大日経住《だいにちきょうじゅう》心品疏私記《しんぼんしょしき》』等がある。

最澄【さいちょう】　神護景雲元年（七六七）～弘仁十三年（八二二）。天台宗の宗祖。近江国《おうみのくに》（滋賀県）生まれ。諡号《しごう》は伝教大師《でんぎょうだいし》。延暦四年（七八五）、東大寺の戒壇《かいだん》で具足戒《ぐそくかい》を受ける。その後、比叡山《ひえいざん》の山中に草庵を構え、修行と諸経の修学に専念した。延暦二十三年（八〇四）、空海と同じ回の遣唐使船で入《にっ》唐《とう》し、天台・密教・禅・戒を学び翌年に帰国。延暦二十五年（八〇六）に天台宗を開いた。空海が帰国すると、経典の借用を願い出るなどの交流を持つ。弘仁三年（八一二）に、弟子の泰範《たいはん》とともに空海から結縁灌頂《けちえんかんじょう》を受ける。しかし、最澄が望んだ伝法灌頂は受けられず、弟子の泰範は空海に師事したまま帰らず、『理趣釈経《りしゅしゃっきょう》』の借用も断られたため、それ以降の接触はなかった。晩年、『山家学生式《さんげがくしょうしき》』を記し、比叡山における大乗戒受戒《じゅかい》を定め、大乗戒壇《かいだん》の設立に尽くした。

西明寺【さいみょうじ】　唐代に長安に建立された寺。六五八年、高宗と則天武后《そくてんぶこう》が、病弱だった皇太子の病気快癒のために創建したと伝えられる。玄奘《げんじょう》や善無《ぜんむ》畏《い》などが住し、ここで経論を翻訳したことで知られる。『御請来目録《ごしょうらいもくろく》』によれば、空海も入唐《にっとう》の際に西明寺に住している。

嵯峨天皇【さがてんのう】　延暦五年（七八六）〜承和九年（八四二）。第五十二代天皇。大同四年（八〇九）に即位し、弘仁十四年（八二三）に大伴《おおともの》親王（淳和《じゅんな》天皇）に位を譲る。書・経史・諸芸・詩文等に通じ、密教に憧憬して空海に深く帰依《きえ》した。空海が帰国後に高《たか》雄山寺《おさんじ》に住すると、屏風一双を書して贈った。また空海も、『性霊集《しょうりょうしゅう》』に記されるように、唐の詩人である『劉希夷集《りゅうていいしゅう》』を献納したり、乙訓寺《おとくにでら》に実った蜜柑を献上するなど、嵯峨天皇と深い親交を持った。

讃岐【さぬき】　現在の香川県。律令制の区画では南海道に属していた。空海は讃岐国《さぬきのくに》多度郡《たどのこおり》屏風ケ浦《びょうぶがうら》（香川県善通寺市）で生まれた。空海が修築した満濃池《まんのういけ》は、現在の香川県仲多度郡まんのう町にある。

三学録【さんがくろく】　空海の著作。一巻。正式には『真言宗所学経律論目録』という。真言宗で学ぶべき三学（経・律・論）の典籍の目録。経（百五十部二百巻）、論（二部十一巻）、律（十五部百七十三巻）、梵字真言讃等（四十巻）の題名が挙げられている。

三句の法門【さんぐのほうもん】　『大日経《だいにちきょう》』「住心品《じゅうしんぼん》」に説かれる「菩提心《ぼだいしん》を因《いん》とし、大悲《だいひ》を根《こん》とし、方便《ほうべん》を究竟《くきょう》となす」の文。原因・修行・結果という三句を示すため、真言宗では伝統的に「三句の法門」と呼ぶ。空海はこの法門に両部大経《りょうぶだいきょう》の教えが凝縮されていると示す。

三教指帰【さんごうしいき】　空海の著作。三巻。二十四歳のときに著したもの。兎角公《とかくこう》という貴族が、放蕩《ほうとう》生活を送る甥に説教をしてもらうため、まず儒教の亀毛先生《きもうせんせい》を訪ねる。次に虚亡隠士《きょぶいんし》が加わると道教の立場から儒教を批判し、最後に仮名乞児《かめいこつじ》が入り仏教の教えにより両者を論破する。対話表現によって仏教が最も優れることを表している。

三鈷の松【さんこのまつ】　高野山金剛峯寺《こんごうぶじ》の境内にある老松。空海が唐をたつとき、「密教を伝えるにふさわしい場所を示したまえ」と言いつつ、三鈷杵《さんこしょ》を明州の磯辺から投げたところ、三鈷杵は日本へ向かって飛んだという。帰国後、高野山開創のときに、松の枝に三鈷杵が引っかかっていたのを見つけ、高野山こそ密教を伝える地と確信し、この松を「三鈷の松」と名づけた。当時の松は枯れ、現在の松は五代目。高野山には空海の投げた三鈷杵が重要文化財「飛行三鈷《ひぎょうさんこ》」として残されている。

三十帖冊子【さんじゅうじょうさくし】『三十帖策子』とも。空海が在唐中に恵果《けいか》などから受けた経典・儀軌・梵字・悉曇《しったん》関係の典籍百四十余部を、唐の写経生や橘逸勢《たちばなのはやなり》とともに書写したもの。三十帖に綴じた冊子という意味で『三十帖冊子』という。現在は仁和《にんな》寺《じ》に寺宝として所蔵されている。

三宝【さんぼう】　三つの宝のこと。仏・法（仏の教え）・僧（ともに修行する仲間）のこと。三宝に帰依《きえ》することが仏教徒の根本。真言宗の僧侶や在家信者も、日常の勤行のなかで三宝帰依の文（三帰・三帰礼文）を唱える。

三摩地【さんまじ】　サンスクリット語のサマーディ（samādhi）の音写。「三昧《さんまい》」「定《じょう》」とも訳される。心を集中させる瞑想《めいそう》のこと。空海は『秘蔵宝鑰《ひぞうほうやく》』で、顕教《けんぎょう》と密教の相違を説き、密教の三摩地は大日如来と等しい境地へと入る方法であると示す。密教ではまた、諸仏の悟りの内容を三摩地という。

三昧耶【さんまや】　サンスクリット語のサマヤ（samaya）の音写。元来サマヤとは、出会う場所や時間、契約や約束のこと。密教では、仏と衆生《しゅじょう》の出会いや誓いを意味する。空海の『秘蔵記《ひぞうき》』には、平等・本《ほん》誓《ぜい》・除障・驚覚《きょうがく》という四つの意味が説明されている。仏と衆生とが等しく同一であること（平等）、仏が衆生を救わんと誓い、衆生が悟りを得んと誓うこと（本誓）、煩悩を除くこと（除障）、衆生のうちなる仏を目覚めさせること（驚覚）。

三昧耶戒【さんまやかい】　真言宗の戒律を三昧耶戒という。空海の『三昧耶戒序《さんまやかいじょ》』には、三昧耶戒として、信心《しんじん》・大悲心《だいひしん》・勝義心《しょうぎしん》・大菩提心《だいぼだいしん》を起こすべきことが説かれている。真言宗では、日常の勤行でこの意味を込めた「三昧耶戒真言」を唱える。また結縁灌《けちえんかん》頂《じょう》の際にも、灌頂に先立って三昧耶戒の授戒が行われる。

三昧耶戒序【さんまやかいじょ】　空海の著作。一巻。三昧耶戒として四種の心を発すべきことを説く。すなわち、信心・大悲心・勝義心（優れた真言の教えを学び悟りを得ようとする心）・大菩提心（悟りを得ようとする心であるとともに、衆生が潜在的に持っている悟りの心）のこと。空海の著作には『秘密三昧耶仏《ひみつさんまやぶっ》戒儀《かいぎ》』があり、ここでは具体的に三昧耶戒の授戒の儀式を説く。その序文にあたる部分が『三昧耶戒序』とされている。

三昧耶形【さんまやぎょう】　諸尊の持物、または尊格の誓願や活動を象徴的に表現したもの。金剛界曼荼羅《こんごうかいまんだら》の「三昧耶会《さんまやえ》」と「降三世三昧耶会《ごうざんぜさんまやえ》」には、仏菩薩の像ではなく持物のみが描かれる。また、手で結ぶ印も諸尊の象徴であることから三昧耶形といわれる。

三密【さんみつ】　仏教では衆生の身《しん》・口《く》・意《い》の行いを「三業《さんごう》」という。真言密教では、衆生の三業を身密・口密《くみつ》・意密といい、「三密」と称する。「密」をつける理由は、衆生の三業は、隠れていても本質的には仏の三業と同等であるから、また仏の三業は思慮の及ばない不可思議なものであるからという。

三密行【さんみつぎょう】　真言密教における修行法のこと。手に印を結び（身《しん》）、口に真言を唱え（口《く》）、心を三摩地に定めること（意《い》）。空海は『即身成仏義《そくしんじょうぶつぎ》』で「三密加持《かじ》すれば速疾《そくしつ》に顕《あらわ》る」と説き、仏の三密と行者の三密とが相応することにより、この身このままで悟りを得ると示す。真言宗の修行には様々な種類があるが、いずれにおいても三密行の方法がとられる。

三論宗【さんろんしゅう】　インド中観思想の祖ナーガールジュナ（龍樹、一五〇～二五〇年ころ）が著した『中論《ちゅうろん》』『十二門論《じゅうにもんろん》』、弟子アーリヤデーヴァ（提婆）の著した『百論《ひゃくろん》』の三論を所依とした宗派。中国では隋代に吉蔵《きちぞう》（五四九～六二三）によって大成された。日本では奈良時代に南都六宗《なんとろくしゅう》の一つとして栄えたが、後に法相宗《ほっそうしゅう》に吸収された。空海は三論宗と法相宗を重視し、『御遺告《ごゆいごう》』には「末代の弟子等に三論・法相を兼学せしむべき縁起」と題する節を設けている。

また、空海に虚空蔵求聞持法《こくうぞうぐもんじほう》を教えたと伝えられる勤操《ごんそう》も三論宗の学匠であった。

四国遍路【しこくへんろ】　四国に八十八箇所ある空海ゆかりの札所《ふだしょ》（四国八十八箇所《しこくはちじゅうはっかしょ》）を巡拝すること。四国はもともと辺地《へじ》（へぢ）と呼ばれ、修行者が険しい山岳や海岸を歩き修行する場であった。四国遍路は、こうした修行が空海信仰と習合《しゅうごう》したものと考えられている。江戸時代には、民衆に流行し『四国遍《しこくへん》路道指南《ろみちしなん》』というガイドブックも刊行されたが、明治期には神仏分離令による札所の減少などから衰退する。現在は巡拝とともに、癒しや自分探しを目的に多くの人々が訪れる。巡拝者は死装束《しにしょうぞく》と同様、白衣、白い手甲《てっこう》、脚絆《きゃはん》をつけ、わらじをはき、菅笠をかぶり、輪袈裟《わげさ》を下げ、右手に金剛杖《こんごうづえ》、左手に鈴と数珠《じゅず》を持ち、真言や詠歌《えいか》等を唱えながら巡拝する。

四種曼荼羅【ししゅまんだら】　四種の表現形式を持った曼荼羅のこと。「四曼」とも略される。①諸尊の像を描いたもの（大《だい》曼荼羅）、②諸尊を持物や印で描いたもの（三昧耶《さんまや》曼荼羅）、③諸尊を種子《しゅじ》で書いたもの（法《ほう》曼荼羅）、④諸尊を彫刻で表したもの（羯磨《かつま》曼荼羅）である。空海は『即身成仏義《そくしんじょうぶつぎ》』で「四種曼荼各《おのおの》離れず」と説く。仏の本質は四種の形式で表されるが、本来は離れていないことを示す。

事相【じそう】　真言宗では修行や儀礼などの実践を「事相」と呼び、教義を学ぶことを「教相《きょうそう》」と呼ぶ。この二つは「事教二相」「事相教相」といわれ、車の両輪のように同時に働くことが理想とされる。

地蔵菩薩【じぞうぼさつ】　仏教で信仰される菩薩の一つ。梵名はクシティ・ガルバ（Ksitigarbha）。大地のように堅固な菩提心を持ち、衆生を支えて願いをかなえる菩薩。また、釈迦の入滅の後、弥勒《みろく》菩薩が五十六億七千万年後にこの世に現れるまでの無仏の間、衆生を守り救済する菩薩とされる。真言密教の曼荼羅《まんだら》における地蔵菩薩は、胎蔵《たいぞう》曼荼羅の地蔵院の主尊であり、金剛界《こんごうかい》曼荼羅では南方の宝生《ほうしょう》如来を囲む四菩薩（四親近）のうちの一尊で、密教の名称を「金剛幢《こんごうとう》菩薩」という。曼荼羅に描かれる地蔵菩薩は、有髪の姿（菩薩形《ぼさつぎょう》）で、日本で親しまれる僧の姿（声聞形《しょうもん》）とは異なる。日本の民間信仰では、地獄観念の浸透とともに、賽《さい》の河原《かわら》で亡き子どもを救う菩薩として敬われ、六道を救済する六地蔵が各地で建てられた。追善供養の十三仏信仰のなかでは、閻魔《えんま》大王の化身とされて五七日忌の本尊に位置づけられている。

悉曇学【しったんがく】　悉曇とはサンスクリット語シッダム（siddhaṃ）の音写で成就の意。古代インドのブラーフミー系の文字体系に属する文字で、中国では南北朝のころから学習され、日本にも奈良朝以前にもたらされたとされる。一般的に梵字《ぼんじ》として知られるこの文字に対する学問を悉曇学という。中国では唐代に本格的な密教が伝えられると悉曇学も盛んになり、唐の智広《ちこう》が著した『悉曇字記《しったんじき》』は代表的な悉曇学文献として知られている。しかしながら中国ではこの時代以降衰退し、失われていくこととなる。日本における悉曇学の隆盛は入唐八家《にっとうはっけ》によって密教がもたらされたことに起因し、特に空海はこれを重視し、数多くの悉曇文献を請来《しょうらい》するとともに、自身でも『梵字悉曇字母《ぼんじしったんじぼ》并《ならびに》釈義《しゃくぎ》』などを著して日本悉曇学の基礎を築いた。台密では五大院安然《あんねん》が入唐八《にっとうはっ》家《け》請来《しょうらい》の悉曇文献を研究、『悉曇蔵《しったんぞう》』を著し、これによって日本悉曇学が確立した。安然以降は淳祐《しゅんにゅう》や明覚《めいかく》などの学匠が活躍。南北朝時代の杲宝《ごうほう》・賢宝《げんぽう》、江戸時代の澄禅《ちょうぜん》・浄厳《じょうごん》・慈雲《じうん》などが悉曇学に功績を残した学匠として著名である。また、悉曇学は仮名五十音図の成立など、国語学史上にも影響を与えた。

実慧【じちえ／じつえ】　延暦五年（七八六）〜承和十四年（八四七）。平安初期の真言宗の僧。空海の十大弟子の一人。諡号《しごう》は道興大師《どうこうだいし》。讃岐国《さぬきのくに》（香川県）生まれ。儒学を学んだ後、大安寺《だいあんじ》の泰基《たいき》から法相《ほっそう》を学ぶ。空海が帰国した後ただちに弟子となり、弘仁元年（八一〇）、両部《りょうぶ》の灌頂《かんじょう》を受け、日本第二の阿《あ》闍梨《じゃり》と称される。空海からの信頼は厚く、高野山の開創にも尽力した。承和三年（八三六）、東寺《とうじ》の第二世長者となり、空海の遺志を継いでここに灌《かん》頂壇《じょうだん》を建て鎮護国家の根本道場とした。同十二年（八四五）には、綜藝種智院《しゅげいしゅちいん》を売却し、その収益で東寺《とうじ》の伝法会《でんぼうえ》を開始するなど、時代に即した改革も行った。著作に『阿字観用心口訣《あじかんようじんくけつ》』などがある。

私度僧【しどそう】 官の許可を得ずに得度《とくど》した僧尼《そうに》のこと。律令時代には官の許可を得て得度したものを官《かん》度僧《とそう》（官僧《かんそう》）といい、私的に得度したものを私度僧といった。養老律令の一つである僧尼令には、私度に関わったものを厳罰に処すことが示されている。空海は延暦十二年（七九三）、二十歳のときに勤操《ごんそう》を師として出家するが、正式に得度受戒《じゅかい》したのは延暦二十三年（八〇四）、入唐《にっとう》直前の三十一歳のときであり、その間は私度僧であったといわれる。

釈迦【しゃか】 仏教を開いた人。紀元前五世紀ころに、インドのシャーキャ族の王子として生まれたゴータマ・シッダールタのこと。「釈迦」とは「釈迦牟尼」（シャーキャ族の聖者）の略。一般に、お釈迦さま、世尊、釈尊、仏陀、ブッダとも呼ばれる。釈迦は、現在のインドとネパールの国境付近でシュッドーダナ王（浄飯王）とマーヤー妃（摩耶夫人）の子として誕生。王子としての生活を送るが、人間の苦悩の根本を見いだそうと、二十九歳のときに王位と妻子を捨てて出家をする。断食などの苦行に励むも悟りを得られず、三十五歳のときに菩提樹の下で瞑想《めいそう》をして悟りを開く。以後四十年以上、インド各地で教えを説き、八十歳で入滅した。日本では古来、四月八日に降誕会《ごうたんえ》、十二月八日に成道会《じょうどうえ》、二月十五日に涅槃会《ねはんえ》を行い、開祖を偲ぶ。なお釈迦の像は最初、菩提樹や仏足石《ぶっそくせき》などの象徴をもって表現されたが、一世紀ころには北西インドのガンダーラや、中インドのマトゥラーなどで仏像として造形された。それを皮切りに多くの仏・菩薩の像が造られた。また釈迦は、仏教の展開とともに様々に解釈され、大乗仏教では人間を超えた仏の信仰へと発展する。

釈迦如来【しゃかにょらい】 人間の釈迦が神格化された尊格。釈迦はインドで生まれた聖者であるが、仏教の展開や流布とともに人間を超えた釈迦信仰が生まれた。密教において、釈迦は仏法そのものである大日如来が私たちに教えを説くために、人間の姿として現れた存在である。空海も『弁顕密二教論《べんけんみつにきょうろん》』において、釈迦が大日如来の変化身《へんげしん》であることを示している。このように神格化された釈迦は、曼荼羅《まんだら》のなかにも配され、胎蔵《たいぞう》曼荼羅では釈迦院の主尊とされる。日本の追善《ついぜん》供養の十三仏信仰のなかでは、二七日忌の本尊に位置づけられる。

錫杖【しゃくじょう】　サンスクリット語でカッカラ(khakkhara)。比丘が携帯する道具（比丘十八物）の一つ。修験道十二道具の一つ。銅や鉄などで造られた杖で、頭部に遊環《ゆかん》が六個または十二個ついている。『四分律《しぶんりつ》』などの戒律には、音が出るため山野の遊行時に野獣などから身を守り、托鉢《たくはつ》の際には相手に来訪を知らせる意味があると記されている。空海は「高野建立の初めの結界の啓白の文」（『性霊集』）に、金剛智三蔵《こんごうちさんぞう》や不空三蔵《ふくうさんぞう》も錫杖を振って中国で法を伝えたと述べる。このことから、錫杖には煩悩《ぼんのう》を除去し教えを広める利益があるといわれている。通常、錫杖は杖の長さであるが、法要などで使用される柄の短いものもあり、手錫杖《てしゃくじょう》とも呼ばれる。

釈摩訶衍論【しゃくまかえんろん】　『大乗起信論《だいじょうきしんろん》』の注釈書。龍樹《りゅうじゅ》著とされるが、七～八世紀ころに中国仏教圏で著された。日本には大安寺《だいあんじ》の戒明《かいみょう》によって請来《しょうらい》された。『釈摩訶衍論』は、あらゆる衆生は本より仏の性質（本覚）を持つとし、仏の悟りの境地は因も果もなく一切の差別や機根を離れている（不《ふ》二摩訶衍《にまかえん》）と説く。空海は、著作のなかで『釈摩訶衍論』を極めて重視する。『十住心論《じゅうじゅうしんろん》』では、顕教のうちで最上の「第九住心」に配し、密教がこれを超える理由として、顕教で秘密の境界とされた「不二摩訶衍」を密教は大日如来の説法により表すと示している。

洒水【しゃすい】　洒水とは、香水《こうずい》を散らして道場や身を清める行為。法要などの最初に、導師は右手に散《さん》杖《じょう》を持ち、その先で洒水器の香水を回しながら加持《かじ》し、それを自身・壇上供具・壇外道場・尊像等に散じて、煩悩《ぼんのう》や垢穢《くえ》を除く。洒水器は洒水を入れる法具のこと。通常は大壇《だいだん》に向かって左側の脇机に塗香《ずこう》器《き》や柄香炉とともに置かれる。

十住心論【じゅうじゅうしんろん】　空海の代表的な著作の

一つ。『秘密曼荼羅十住心論《ひみつまんだらじゅうじゅうしんろん》』の略。淳和《じゅんな》天皇の命に応えて真言密教の体系を表したもの。衆生の心を十段階（十住心）に分け、行者の心が順に発展することを示す。同時に各段階に当時の代表的な思想を配し、真言密教を最上なる教えとして構成する。『十住心論』の内容を簡略化したものが『秘蔵宝鑰《ひぞうほうやく》』である。『秘蔵宝鑰』は、「九顕一密」の立場で、第九住心までを顕教とし最後の第十住心を密教とするが、『十住心論』は「九顕十密」の立場で、第九住心までのあらゆる段階をも第十住心である密教が含むことを表す。①異生羝羊心《いしょうていようしん》（動物のように愚かな段階：凡夫《ぼんぶ》）、②愚童持斎心《ぐどうじさいしん》（子どもが日常の道徳に目覚める段階：儒教）、③嬰童無畏心《ようどうむいしん》（子どもが非世俗的なものに目覚め、理想の世界に生まれたいと願う段階：老荘・インド宗教）、④唯蘊無我心《ゆいうんむがしん》（自分は五蘊によって成立し固定的な自我はないと悟る段階：声聞《しょうもん》）、⑤抜業因種心《ばつごういんしゅしん》（自分は因縁によって成立すると悟り、自分の苦しみを除く段階：縁覚）、⑥他縁大乗心《たえんだいじょうしん》（自分だけでなく他者を救う段階：法相）、⑦覚心不生心《かくしんふしょうしん》（一切のものごとには実体がなく空であると悟る段階：三論）、⑧一道無為心《いちどうむいしん》（あらゆるものは本来清浄であると悟る段階：天台）、⑨極無自性心《ごくむじしょうしん》（現実の世界は仏の世界と同等であると悟る段階：華厳）、⑩秘密荘厳心《ひみつしょうごんしん》（あらゆるものの真実の姿に到達する段階：真言密教）。

十善戒【じゅうぜんかい】　十善業道と呼ばれる十種の善なる行いを、戒律の条項と見なしたもの。不殺生《ふせっしょう》・不偸盗《ふちゅうとう》・不邪淫《ふじゃいん》・不妄語《ふもうご》・不綺語《ふきご》・不悪口《ふあっく》・不両舌《ふりょうぜつ》・不慳貪《ふけんどん》・不瞋恚《ふしんに》・不邪見《ふじゃけん》。空海はこれを重んじ、『遺誡《ゆいかい》』のなかで諸戒の根本は十善戒であると記している。

十大弟子【じゅうだいでし】　空海の優れた弟子十人を十大弟子という。元慶二年（八七八）、真雅《しんが》が陽成《ようぜい》天皇に奏上した『本朝真言宗伝法阿闍梨師資付法次第《ほんちょうしんごんしゅうでんぽうあじゃりししふほうしだい》』に付法の弟子十人が列記されている。順に、①真済《しんぜい》、②真雅《しんが》、③実慧《じちえ》、④道雄《どうゆう》、⑤円明《えんみょう》、⑥真如《しんにょ》、⑦杲隣《ごうりん》、⑧泰範《たいはん》、⑨智泉《ちせん》、⑩忠延《ちゅうえん》。このうち真済、真雅、実慧、智泉の四人は初めから空海に師事し、他の六人は他宗等を経て、空海の門下になった者である。

綜藝種智院【しゅげいしゅちいん】　空海が天長五年（八二八）に庶民教育を目的に設立した学校。当時の教育は一部の特権階級の子弟に限られていた。空海は「綜藝種智院式并序《しゅげいしゅちいんしきならびにじょ》」（『性霊集《しょうりょうしゅう》』）を著し、一般の子弟が儒教・仏教・道教の思想を総合的に学べるよう施設を設立すると述べている。空海入定後の承和十二年（八四五）、維持困難のために実慧《じちえ》によって売却され、その利益の一部は東寺《とうじ》の伝法会《でんぼうえ》運営費にあてられた。

守護国界主陀羅尼経【しゅごこっかいしゅだらにきょう】　十巻。般若三蔵訳。中国仏教圏で成立したと推定され、空海が日本に請来《しょうらい》した。空海は著作において本経を重視する。『三昧耶戒序《さんまやかいじょ》』に説かれる「信心・大悲心・勝義心・大菩提心」は、本経の「彼の一切、皆信心を以て根本と為し、般若心を以て先導と為し、大菩提心及び大悲心を以て荘厳と為す」によるといわれる。

種子【しゅじ】　密教では仏菩薩の各尊やその働きを、梵字の一文字で象徴的に表す。たとえば、胎蔵法《たいぞうほう》の大日如来は「a」、金剛界《こんごうかい》の大日如来は「vaṃ」。種子の梵字のみを使って諸尊を表した曼荼羅《まんだら》を種子曼《しゅじまん》荼羅《だら》という。

十巻章【じゅっかんじょう】　真言宗で学ぶべき十巻の基本典籍のこと。空海の著作である『即身成仏義《そくしんじょうぶつぎ》』一巻、『声字実相義《しょうじじっそうぎ》』一巻、『吽字義《うんじぎ》』一巻、『弁顕《べんけん》密二教論《みつにきょうろん》』二巻、『秘蔵宝鑰《ひぞうほうやく》』三巻、『般若心経秘《はんにゃしんぎょうひ》鍵《けん》』一巻と、龍猛《りゅうみょう》の著作とされる『菩提心論《ぼだいしんろん》』一巻とを、総じて「十巻章」という。

淳和天皇【じゅんなてんのう】　延暦五年（七八六）～承和七年（八四〇）。第五十三代天皇。空海は淳和天皇が皇太子のときより親しく、即位の際には「天長皇帝の即位を賀し奉る表」を奉じ（『性霊集《しょうりょうしゅう》』）、天皇が故伊予《いよ》親王の追善《ついぜん》のために大和国橘寺《やまとのくにたちばなでら》に資具を施した際には願文《がんもん》を草した（『性霊集』）。

請雨経法【しょううぎょうほう】　降雨を祈請する修法のこと。『大雲輪請雨経《だいうんりんしょううきょう》』『大孔雀呪王経《だいくじゃくじゅおうきょう》』を典拠とする。空海は天長元年（八二四）、神泉苑《しんせんえん》にて請雨経法を修し霊験を現したという。この修法は弟子たちにも継承された。奈良国立博物館には、延応二年（一二四〇）に神泉苑で醍醐寺座主《だいごじざす》の実賢《じっけん》が行った請雨経法の絵図「神泉苑請雨経法道場図《しんせんえんしょううぎょうほうどうじょうず》」が蔵され、空海が行った請雨経法の様子をうかがい知る貴重な資料とされている。

定額僧【じょうがくそう】　寺院などに定められた一定数の僧侶のこと。国分寺《こくぶんじ》に二十人、国分尼寺《こくぶんにじ》に十人の尼僧を定めたことから始まった。空海は弘仁十四年（八二三）に嵯峨《さが》天皇より東寺《とうじ》を与えられ、五十人の定額僧を置いたという。現在、真言宗で「定額僧」と称する場合、後七日御修法《ごしちにちみしゅほう》を修する真言宗各派の山主・管長や、各派より選ばれた高僧を意味する。

声字実相義【しょうじじっそうぎ】　空海の著作。「十巻章《じゅっかんじょう》」の一つ。『吽字義《うんじぎ》』『即身成仏義《そくしんじょうぶつぎ》』とともに三部書と称される。概して仏教では、言語は世俗的で仮のものであり、真如は言語を離れたものと考えられていたが、空海は『声字実相義《しょうじじっそうぎ》』において真如は声字にこそ表れると明記する。また、声字は仏の身口意《しんくい》から生じたものであり、かつ衆生にも等しくそなわっている。大日如来は声字によって衆生を目覚めさせ、悟りに導くと述べている。

青龍寺【しょうりゅうじ／せいりゅうじ】　中国の長安にあった寺。隋《ずい》の時代に建立されて霊感寺《れいかんじ》と称し、七一一年には青龍寺と改称した。唐の時代には恵果《けいか》が住し、空海もここにとどまり恵果より密教を授かった。空海以降、円仁《えんにん》や円珍《えんちん》など入唐《にっとう》した留学僧《るがくそう》たちもここで密教を学んだ。後に廃寺となるが、現在は復興され、青龍寺のあった場所には空海記念碑や恵果・空海記念堂が建つ。

性霊集【しょうりょうしゅう】　十巻。空海の詩文等を弟子の真済《しんぜい》が編集したもの。詳しくは『遍照発揮性《へんじょうほっきしょう》霊集《りょうしゅう》』という。末の三巻が早くから散逸したため、承暦三年（一〇七九）、仁和寺《にんなじ》の済暹《さいせん》が遺文を収集して『続性霊集補闕抄《ぞくしょうりょうしゅうほけつしょう》』三巻を編み補った。現在の『性霊集』は両者を合わせたものである。空海の書いた詩・碑銘・書簡・天皇への上表文・法会における願文《がんもん》・表白など百種以上からなり、空海の事跡や詩形を知る資料であるばかりでなく、平安初期の政治や文化を知る貴重な文献である。

真雅【しんが】　延暦二十年（八〇一）～元慶三年（八七九）。平安初期の真言宗の僧。空海の十大弟子の一人。讃岐国《さぬきのくに》（香川県）生まれで、空海の実弟。諡《し》号《ごう》は法光大師《ほうこうだいし》。十六歳のときに空海の弟子となり、十九歳で具足戒《ぐそくかい》を受け、天長二年（八二五）に空海より灌頂《かんじょう》を受ける。承和十四年（八四七）には東大寺の別当、貞観二年（八六〇）には東寺《とうじ》の長者となる。また摂政藤原良房《ふじわらのよしふさ》の命により、惟仁《これひと》親王（後の清和天皇）の加護のため、伏見に貞観寺《じょうがんじ》を開創。現在は廃寺となるも、当時は真言宗の拠点として大いに栄え、貞観寺僧正とも称される。貞観寺の弟子には真《しん》然《ぜん》や、後に醍醐《だいご》寺を開いた聖宝《しょうぼう》がいる。

新義真言宗【しんぎしんごんしゅう】　空海を宗祖とし、興《こう》教大師覚鑁《きょうだいしかくばん》を派祖とする宗派。金剛峯寺座主《こんごうぶじざす》であった覚鑁が、高野山を追われて根来山《ねごろさん》に移り根来寺《ねごろじ》を建立。ここで築いた根来寺を中心とする真言宗を「新義」といい、対して高野山を中心とする真言宗を「古義」と称する。覚鑁の入寂後、根来寺は大いに栄えた。学僧であった頼瑜《らいゆ》を中心に新義独自の教義も構築された。その特徴の一つは、大日如来が直接説法をする（本地身説法《ほんじしんせっぽう》）と示す古義に対し、衆生利益の為に姿や形をもって説法する（加持《かじ》身《しん》説法）と示すものである。根来寺は、後にその隆盛を危険視した豊臣秀吉により激しく攻撃された。しかし徳川家康の保護のもとで復興を果たし、京都東山の智積院《ちしゃくいん》と大和《やまと》の長谷寺《はせでら》も再興され、智山《ちさん》・豊山《ぶざん》と称して栄えた。明治期、真言宗諸派は統一と分派を重ねるが、明治十八年（一八八五）に初めて「新義真言宗」の派号が公認され、同三十三年（一九〇〇）に智積院を総本山とする智山派と、長谷寺を総本山とする豊山派が宗派として独立した。第二次大戦後、宗教法人法の改正により根来寺を総本山とする新義真言宗が創設され、現在に至っている。

神護寺【じんごじ】　京都市右京区にある寺。高野山真言宗の別格本山で、高雄山《たかおさん》と号する。天長元年

（八二四）、和気真綱《わけのまつな》が、和気氏の氏寺の高雄山寺と、父和気清麻呂《わけのきよまろ》が創建した河内《かわち》の神願寺《じんがんじ》とを合併し、神護寺と改めた。最澄は延暦二十一年（八〇二）に高雄山寺で、日本で初めての結縁灌頂《けちえんかんじょう》を行った。その後、大同二年（八〇七）年に空海が高雄山寺に入り、弘仁三年（八一二）に両部《りょうぶ》の灌頂を修した。このとき最澄と和気真綱にも灌頂を授けている。その後、荒廃と再興を重ねたが、明治期の廃仏毀釈《はいぶつきしゃく》によって寺領を分割され解体された。昭和に入り金堂と多宝塔《たほうとう》が再興され、昭和二十七年（一九五二）、寺領の一部を境内地として政府より返還され今日に至っている。

真言【しんごん】　サンスクリット語でマントラ（mantra）。「密呪」「呪」などとも訳す。神々への祈りの言葉として、古来インドの儀礼で用いられた。仏教ではバラモン教の呪文として否定的にとらえる場合もあるが、密教では仏の真実の言葉として極めて重視する。一行《いちぎょう》が記した『大日経疏《だいにちきょうしょ》』には、マントラを大日如来の真実の語、如実の語と見なして「真言」と称する。空海は『般若心経秘鍵《はんにゃしんぎょうひけん》』に「真言は不思議なり。観誦すれば無明を除く。一字に千理を含み、即身に法如を証す」と説き、一字一句の真言に無量の意味が含まれ、これを唱えることにより即身成仏を成就するという。真言宗の名称は真言を宗旨とすることに由来する。

真言宗【しんごんしゅう】　弘法大師空海を宗祖とする日本の宗派。空海は弘仁七年（八一六）に高野山金剛峯寺《こうやさんこんごうぶじ》を開創し、弘仁十四年（八二三）に嵯峨《さが》天皇より勅賜《ちょくし》された東寺《とうじ》（教王護国寺《きょうおうごこくじ》）を根本道場として宗団を確立した。おおむねこれをもって立宗とする。天長七年（八三〇）、淳和《じゅんな》天皇の命により、真言宗の教義と他宗との判別（教判）をまとめた『十住心論《じゅうじゅうしんろん》』を上納した。このことで、真言宗は教義的にも公認される。空海の入定《にゅうじょう》後、金剛峯寺は真然《しんぜん》、東寺は実慧《じちえ》、神護寺《じんごじ》は真済《しんぜい》、醍醐寺《だいごじ》は聖宝《しょうぼう》などが継承した。また後に覚鑁《かくばん》が新義真言宗を開いた。それぞれが独自に運営され、異なる修行作法を伝承するに伴い、各派は独立していった。明治期には諸派の統一と分派を重ねたが、現在は十六派十八本山が存在

し、総じて「真言宗」と称している。十八本山：金剛峯寺（高野山真言宗）、東寺（東寺真言宗）、善通寺《ぜんつうじ》（善通寺派）、随心院《ずいしんいん》（善通寺派大本山）、醍醐寺（醍醐派）、仁和寺《にんなじ》（御室派《おむろは》）、大覚寺《だいかくじ》（大覚寺派）、泉涌寺《せんにゅうじ》（泉涌寺派）、勧修寺《かじゅうじ》（山階派《やましなは》）、朝護孫子寺《ちょうごそんしじ》（信貴山《しぎさん》真言宗）、中山寺《なかやまでら》（中山寺派）、清澄寺《せいちょうじ》（真言三宝宗）、須磨寺《すまでら》（須磨寺派）、智積院《ちしゃくいん》（智山派）、長谷寺《はせでら》（豊山派）、根来寺《ねごろじ》（新義真言宗）、西大寺《さいだいじ》（真言律宗）、宝山寺《ほうざんじ》（真言律宗大本山）。

真言付法伝【しんごんふほうでん】↓『略付法伝』

真済【しんぜい】　延暦十九年（八〇〇）～貞観二年（八六〇）。平安初期の真言宗の僧。空海の十大弟子の一人。十五歳のときに出家して空海の弟子となり、空海の身のまわりの世話をした弟子として知られている。空海より両部大法《りょうぶだいほう》を受け、天長元年（八二四）、二十五歳の若さで伝法阿闍梨《でんぼうあじゃり》となった。承和三年（八三六）、真然《しんぜん》とともに遣唐使船に乗り唐を目指すが、暴風のために漂流し帰国する。その後は、実慧《じちえ》の跡を継いで東寺《とうじ》の長者となり、文徳《もんとく》天皇の帰依を受けて真言宗で初の僧正に任ぜられた。詩文にも優れ、空海の詩文を集めて『性霊集《しょうりょうしゅう》』を編纂した。

真然【しんぜん／しんねん】　延暦二十三年（八〇四）～寛平三年（八九一）。平安初期の真言宗の僧。讃岐《さぬき》国（香川県）生まれで、空海の甥にあたる。九歳で出家して空海に随身《ずいしん》し、真雅《しんが》より両部《りょうぶ》の灌頂《かんじょう》を受ける。承和元年（八三四）、空海が遺誡《ゆいかい》を諸弟に告げたとき金剛峯寺《こんごうぶじ》を付嘱《ふしょく》され、以後高野山の経営に従事する。高野山の伽藍《がらん》の建立に尽力し、大塔、西塔を完成し、教学の興隆をはかり、寺領を確立するとともに高野山に座主《ざす》職を置いた。貞観十八年（八七六）、東寺《とうじ》の長者であった真雅より『三十帖冊子《さんじゅうじょうさくし》』を借覧し高野山に持ち帰った。このことがきっかけとなり高野山と東寺の関係が悪化した。

真如【しんにょ】真如法親王。生没年不詳。平城《へいぜい》天皇の第三皇子、高岳《たかおか》親王。大同四年（八〇九）、嵯峨《さが》天皇が即位した際に皇太子となるが、政変のため退き出家。空海に師事し、両部の灌頂《かんじょう》を受けて阿闍梨《あじゃり》となる。斉衡二年（八五五）の地震の際には、東大寺大仏司検校に任じられ大仏の修理に尽力した。貞観四年（八六二年）に入唐《にっとう》を果たし、長安の西明寺《さいみょうじ》に迎えられ、青龍寺《しょうりゅうじ》の法全《はっせん》より伝法《でんぽう》灌頂を受けた。しかし長安で優れた師を得られず、広州よりインドへと出航。その途中の羅越国（マレーシアといわれる）で入寂《にゅうじゃく》した。

塗香【ずこう】　身を浄めるために塗る香のこと。真言宗の僧侶は読経や法要の前に、塗香を身体につけて浄める。通常、香木を粉末にした抹香を用いる。塗香器とは塗香を入れる法具のこと。

赤岸鎮【せきがんちん】　空海を乗せた遣唐使船が流れ着いた場所。現在の福建省霞浦県福寧湾《ふくねいわん》。空海の乗る第一船は嵐に遭い、一か月近く漂流して赤岸鎮に到着した。ここで空海は、上陸を許可しない観察使《かんさつし》の閻済美《えんさいび》に「大使、福州の観察使に与うるが為の書」を書き、その文才から使節として認められた。

善通寺【ぜんつうじ】　香川県善通寺市にある寺。真言宗善通寺派総本山で、五岳山誕生院《ごがくさんたんじょういん》善通寺という。誕生院という院号は空海が誕生した場所を示し、善通寺という寺号は空海の父佐伯直田公《さえきのあたいたぎみ》の法名善通にちなんだもの。空海が唐より帰国した後の大同二年（八〇七）、誕生の地に諸堂を創建し、弘仁四年（八一三）に落成した。師である恵果《けいか》が住した長安の青龍寺《しょうりゅうじ》を模して建てられたといわれる。現在は、空海が生まれた屋敷跡に御影堂《みえどう》が建てられ、空海の産湯《うぶゆ》に用いたとされる井戸のある産湯堂も置かれ、多くの信仰を集めている。

善無畏【ぜんむい】　六三七年〜七三五年。シュバカラシンハ（Śubhakarasimha）。真言宗の「伝持《でんじ》の八祖《はっそ》」の第五祖。インドのマガダ国の国王であったが、内乱のため出家し、ナーランダ寺院に入りダルマグプタに師事して密教を学んだ。師の勧めにより中央アジアをめぐった後、七一六年に唐の長安に入り玄宗に信任される。七二四年に洛陽《らくよう》に入り、大福先寺《だいふくせんじ》にて密教の根本経典である『大日経《だいにちきょう》』を弟子の一行《いちぎょう》とともに漢訳した。このほかにも『蘇悉地経《そしつじきょう》』『虚《こ》空蔵求聞持法《くうぞうぐもんじほう》』をはじめ多くの漢訳を残す。不空《ふくう》が

『金剛頂経《こんごうちょうぎょう》』系統の密教を伝えたのに対し、善無畏は『大日経』系統の密教を伝えたといわれる。

即身成仏【そくしんじょうぶつ】　空海の代表的な思想。長い期間をかけて修行し成仏するという顕教の思想と異なり、今の身体のままで成仏することを表す。空海の『即身成仏義《そくしんじょうぶつぎ》』では、典拠として諸経典を引用するが、「即身成仏」の語は『金剛頂経《こんごうちょうぎょう》』『大日《だいにち》経《きょう》』にはなく、『菩提心論《ぼだいしんろん》』にのみ記されている。空海はこれを思想として構築し、かつ実践のための三密行《さんみつぎょう》を体系化した。

即身成仏義【そくしんじょうぶつぎ】　空海の著作。「十巻《じゅっかん》章《じょう》」の一つ。『吽字義《うんじぎ》』『声字実相義《しょうじじっそうぎ》』とともに三部書と称される。『即身成仏義』では「即身成仏」という密教の成仏観を、『金剛頂経《こんごうちょうぎょう》』『大日経《だいにちきょう》』『菩提《ぼだい》心論《しんろん》』を引用しながら立証する。冒頭の偈頌《げじゅ》にはその主意を示し、衆生は仏と本来的に結びついているが、三密行《さんみつぎょう》を修することにより、現に速やかに仏の境地が現れると説いている。

蘇悉地経【そしつじきょう】　詳しくは『蘇悉地羯羅経《そしつじからきょう》』。善無畏《ぜんむい》訳。三巻。サンスクリット語で、妙成就（susiddhi）の作法（kara）という意味。息災《そくさい》・増益《そうやく》・調伏《ちょうぶく》の三種の修法、および灌頂法《かんじょうほう》、供養法を示し、行住坐臥《ぎょうじゅうざが》の所作の重要性を説く。空海の『三学録《さんがくろく》』では『蘇婆呼童子経《そばこどうじきょう》』とともに律部のなかに収めている。一方、天台宗においては、『金剛頂経《こんごうちょうぎょう》』『大《だい》日経《にちきょう》』とともに三部の大法として重視され、灌頂においても両部に加えて蘇悉地灌頂を行う。この体系は円仁《えんにん》・円珍《えんちん》により確立された。

た行

大安寺【だいあんじ】　奈良市大安寺町にある寺院で高野山真言宗の別格本山。南都七大寺の一つ。奈良時代から平安時代前期は東大寺に次ぐ大寺で、南大寺《なんだいじ》とも呼ばれた。推古天皇二十五年（六一七）、聖徳太子の発願《ほつがん》によって建てられた熊凝精舎《くまごりしょうじゃ》に始まるとされているが、移転を繰り返し、寺号も百済大寺《くだらのおおてら》、高市大寺《たけちのおおてら》、大官大寺《だいかんだいじ》と改称された。平城京への遷都とともに新都に移転、大安寺となったとされている。日本仏教史上重要な僧が多数入寺し学究するなど隆盛、また天長六年（八二九）には空海が別当《べっとう》に補任《ぶにん》、『御遺告《ごゆいごう》』にも「大安寺を以て本寺とすべし」とある。平安時代以降数回見まわれた火災などによって堂宇《どうう》を失い衰微した。明治期以降に復興され、奈良時代末期のものとされる仏像数体を蔵している。

大覚寺【だいかくじ】　真言宗大覚寺派大本山で京都市右京区嵯峨大沢町にある寺院。嵯峨《さが》天皇の離宮で嵯峨《さが》院《いん》と称した。空海に勅《ちょく》して五大明王像を彫刻し、安置する堂を建てた。嵯峨天皇崩御の三十数年後、貞観十八年（八七六）に皇女である正子《まさこ》内親王（淳和《じゅんな》天皇皇后）が寺に改め大覚寺とし、淳和天皇の第二皇子恒寂《ごうじゃく》法親王に賜って開山とした。その後、門跡寺院として栄えた。延慶元年（一三〇八）に後宇《ごう》多《だ》法皇が入住すると、ここで院政を執り嵯峨御所と呼ばれた。また後宇多法皇は諸堂を造営するなど伽《が》藍《らん》の整備に尽力したため、中興の祖と称される。建武三年（一三三六）兵火によって全焼するも再建。元中九年（明徳三年・一三九二）、南北朝講和が大覚寺で行われ、後亀山《ごかめやま》天皇から後小松《ごこまつ》天皇に神器を譲る歴史的舞台となったことでも知られる。『後宇多天皇宸翰《しんかん》』の『御手印遺告《ごていんゆいごう》』『弘法大師伝』（ともに国宝）などを蔵す。

醍醐寺【だいごじ】　真言宗醍醐派総本山。京都市伏見区醍醐にある。貞観十六年（八七四）、聖宝《しょうぼう》が笠取山《かさとりやま》の山上に准胝《じゅんでい》・如意輪《にょいりん》の二観音像を安置したことに始まる。その後、醍醐天皇が自らの祈願寺として庇護し、諸堂を建てて定額寺《じょうがくじ》とした。延長四年（九二六）、笠取山西麓に釈迦堂が建立され、天暦五年（九五一）に五重塔が完成すると山上下の伽藍《がらん》が整った。山上を上醍醐、山下を下醍醐という。永久三年（一一一五）、第十四世勝覚《しょうかく》が三宝院《さんぼういん》を建立すると、理性院《りしょういん》、金剛王院《こんごうおういん》、無量寿院《むりょうじゅいん》、報恩院《ほうおんいん》が建って醍醐五門跡《だいごごもんぜき》と呼ばれた。醍醐寺は事相《じそう》に優れた名僧を数多く輩出しており、定海《じょうかい》の三宝院流、賢覚《げんかく》の理性院流、聖賢《しょうけん》の金剛王院は醍醐三流と称し、開山聖宝を始祖とする東密事相の二大流派の一、小野流の最大流派となった。三宝院は修験道当山派の本拠地としても知られている。

大師号【だいしごう】 高僧が朝廷から賜る称号で、多くは没後に贈られる諡号《しごう》。日本では貞観八年（八六六）、最澄に伝教《でんぎょう》大師、円仁《えんにん》に慈覚《じかく》大師の諡号が贈られたのをはじめに、延喜二十一年（九二一）に空海（弘法《こうぼう》大師）、延長五年（九二七）に円珍《えんちん》（智《ち》証《しょう》大師）と続き、本朝四大師と称される。朝廷とは無関係に宗派や個人が贈る私諡《しし》を除き、大師号を賜った高僧は各宗通じて二十名を超えるが、現在一般的に大師といえば空海を指すことが多い。空海以降、真言宗で大師号を賜った高僧は、実慧《じちえ》（道興《どうこう》大師）・真雅《しんが》（法光《ほうこう》大師）・益信《やくしん》（本覚《ほんがく》大師）・聖宝《しょうぼう》（理《り》源《げん》大師）・覚鑁《かくばん》（興教《こうぎょう》大師）・俊芿《しゅんじょう》（月輪《がちりん》大師）。

大悉曇章【だいしったんじょう】 梵字悉曇《ぼんじしったん》の字母・合字と母音符号による母音の変化を法則にしたがって示したものを悉曇章といい、本書は空海撰述によるもの。約一万六千五百字もの文字を収録している。現在広く用いられている悉曇章は、安然《あんねん》が元慶四年（八八〇）に著した『悉曇蔵《しったんぞう》』に、唐の智広《ちこう》著『悉《しっ》曇字記《たんじき》』などを引用して示した十八章のものであるが、『大悉曇章』とは配列や収録数が異なる。

帝釈天【たいしゃくてん】 梵名をインドラ（Indra・因陀羅）、詳しくは釈迦提婆因陀羅《しゃかだいばいんだら》（śakra devānām indra）といい、釈提桓因《しゃくだいかんいん》・天帝釈など異名が多い。古代インドの神が仏教に取り入れられ、梵天とともに護法善神となった。阿修羅《あしゅら》との戦いの説話がよく知られている。十二天の一つ。東方の守護神で胎蔵曼荼羅《たいぞうまんだら》では最外院《さいげいん》の東方と北方に、金剛界《こんごうかい》曼荼羅では外院二十天の東に配される。

大乗仏教【だいじょうぶっきょう】 大乗はサンスクリット語のマハーヤーナ（Mahāyāna）の訳で大きな乗り物の意。釈迦入滅後、戒律などの解釈をめぐって教団が分裂し、部派仏教の時代を迎える。そのなかで、特に研究考察を重視し哲学化した仏教に対する批判から、自身が悟りを目指す自利《じり》だけではなく、衆《しゅ》生《じょう》を救済する利他《りた》を強調する仏教が発達し、自らを大乗と呼んだ。大乗仏教は、このような運動、あるいは区分。他者の救済を優先し、利他行を続けることによって、だれでも遠い未来には成仏できるとするのが特徴。

胎蔵界【たいぞうかい】『金剛頂経《こんごうちょうぎょう》』に示される金剛界《こんごうかい》に対するもので、原語はガルバ（garbha）で胎内の意。本来「界」に相当する語はないが、金剛界と対をなすため胎蔵界という。胎児が母親の胎内で養育されるように、仏の大悲の働きによって、衆生の菩提心が育み成長する世界を表している。

大僧都空海伝【だいそうずくうかいでん】正史である『続《しょく》日本後記《にほんこうき》』に記載される空海の伝記。正史であるため、まず空海の没年月日、次いで仁明《にんみょう》天皇が喪を弔い、さらに淳和《じゅんな》上皇の弔詞の内容が記されるという歴史的事実を記録し、その後に空海の生涯が記されるという内容となっており、通常の伝記とは趣を異とする。客観的で信憑性の高い伝記といえよう。

大智度論【だいちどろん】『摩訶般若波羅蜜経《まかはんにゃはらみつきょう》』（『大品般《だいぼんはん》若経《にゃきょう》』）の注釈書。百巻。龍樹《りゅうじゅ》の著作で鳩摩羅什《くまらじゅう》が漢訳したとされるがサンスクリット原本はなく、龍樹の作とすることには異論が多い。一巻から三十四巻で九十品ある『大品般若経』の序品を注釈し、残る八十九品を六十六巻にまとめて註釈する。仏教に関する幅広い分野を網羅する、仏教百科事典的な内容となっており、日本仏教に与えた影響は大きい。

大唐西域記【だいとうさいいきき】唐の訳経僧《やっきょうそう》、玄奘《げんじょう》（六〇二〜六六四）の旅行記。玄奘は六二九年、経典を求め長安を出発、西域を経てインドに至り、那爛《なあらん》陀寺《だじ》にて学んだ後、六四五年に長安に戻った。その間に見聞した西域諸国やインドの気候や風土・風俗・産物・言語・伝承・政治・民族・宗教事情などを記録したもので、当時の諸地方を知るための大変重要な資料となっている。弟子の弁機《べんき》が編集し、六四六年に成立。十二巻。

大唐西域求法高僧伝【だいとうさいいきぐほうこうそうでん】唐代の僧、義浄《ぎじょう》がインド・南海方面を訪れた帰路、スマトラ島滞在中に『南海寄帰内法伝《なんかいききないほうでん》』とともに著したもの。一巻。当時求法《ぐほう》のためにインドに赴いた約六十人の僧の伝記。中国以外の国の僧侶も含まれている。当時のインド・東南アジアの仏教事情が記された資料として、『南海寄帰内法伝』とともに貴重な文献。

大日経【だいにちきょう】　詳しくは『大毘盧舎那仏成仏神変加持経《だいびるしゃなぶつじょうぶつじんぺんかじきょう》』といい、善無畏《ぜんむい》が漢訳（七二四年）。七巻三十六品からなる。サンスクリット原典が失われているため、成立の場所・年代が明らかではなく、諸説がある。善無畏が漢訳した原本は、北インドで客死した唐の無行《むぎょう》が、七世紀後半に那爛陀寺《なあらんだじ》で入手したものとされている。真言宗の根本経典で、『金剛頂経《こんごうちょうぎょう》』とともに「両部《りょうぶ》の大経《だいきょう》」と称される。空海は若き日に久米寺《くめでら》東塔でこの経典に出合って感銘を受け、また理解できない部分を解明するために入唐《にっとう》を決意したと伝えられている。

大日経開題【だいにちきょうかいだい】　空海の著。『大日経《だいにちきょう》』の題目を釈し、経の大綱を解説したもの。法要や講演に際してたびたび作られたため七本あり、それぞれの巻頭の語句によって、①法界浄心本《ほっかいじょうしんほん》、②衆生狂迷本《しゅじょうきょうめいほん》、③今釈此経本《こんじゃくしきょうほん》、④大毘盧遮那本《だいびるしゃなほん》、⑤隆崇頂不見本《りゅうそうちょうふけんほん》、⑥三密法輪本《さんみつほうりんほん》、⑦関以受自楽本《かいじゅじらくほん》と呼ばれている。

大日経疏【だいにちきょうしょ】　『大毘盧舎那成仏経疏《だいびるしゃなじょうぶつきょうしょ》』の略。二十巻。善無畏《ぜんむい》が『大日経《だいにちきょう》』を翻訳した際、併せてその内容を講義したものを一行《いちぎょう》が筆録したもの。『大日経』七巻三十六品のうち、前六巻三十一品について解釈している。初めの二巻半は「口の疏」といい、教理の中心となる『大日経』「住心品《じゅうしんぼん》」を解釈したもの。後の十七巻半は、密教の実践的な内容を具体的に説いた「具縁品《ぐえんぼん》」以下を取り扱ったもので、「奥の疏」といわれる。中国密教の形成に大きな影響を与え、また真言密教の成立・展開に重要な役割を果たした。台密では本書の改訂版、『大日経義釈《だいにちきょうぎしゃく》』を用いる。

大日経疏要文記【だいにちきょうしょようもんき】　空海筆。『大日経疏』の文中から要文を書き留めた覚え書き。もともと無題で『大日経疏要文記』の名は後人がつけたもの。醍醐寺《だいごじ》には『大日経開題《だいにちきょうかいだい》』の名で真筆本が蔵されており、国宝に指定されている。

大日如来【だいにちにょらい】　梵名マハーヴァイローチャナ（Mahāvairocana）といい、摩訶毘盧舎那《まかびるしゃな》と音写する。密教の主尊で、真言宗が所依の経典とする両《りょう》部《ぶ》の大経《だいきょう》、『金剛頂経《こんごうちょうぎょう》』『大日経《だいにちきょう》』の教主。宇宙の真理そのものであるとされる。その智慧の光は「除《じょ》暗遍明《あんぺんみょう》」で、昼夜を問わずあまねく一切を照らして闇を除き、また慈悲の活動が永遠不滅であることから「大日」という。『大日経』は大日如来の徳の現れ方を「理」の面から説き、これを図式化した胎蔵《たいぞう》曼荼羅《まんだら》では法界定印《ほうかいじょういん》を結んだ姿で描かれる。一方、『金剛頂経』は「智」の面からこれを説き、金剛界《こんごうかい》曼荼羅に描かれる大日如来は智拳印《ちけんいん》を結んでいる。

泰範【たいはん】　宝亀九年（七七八）～没年不詳。平安前期の僧。初め奈良元興寺《がんごうじ》で出家、後に比叡山《ひえいざん》で最澄に師事し、比叡山総別当に任じられるほど最澄の信頼を得た。弘仁三年（八一二）十二月十四日、最澄らとともに胎蔵法灌頂《たいぞうほうかんじょう》を、翌年三月六日に円澄らとともに金剛界灌頂《こんごうかい》を高雄山寺《たかおさんじ》で空海より受けた。その後、ほかの最澄の弟子たちは比叡山に帰ったが、泰範は高雄山にとどまり空海にしたがった。最澄は再三比叡山への帰山を促すが、泰範が比叡山に戻ることはなかった。弘仁七年（八一六）、空海の高野山開創時には実慧《じちえ》とともに登山し草庵《そうあん》を建てた。承和四年（八三七）、実慧が東寺《とうじ》の定額僧《じょうがくそう》（僧侶の定員）を上申した際、当時六十歳として泰範の名が見られるが、それ以降の消息は明らかではない。

大般若会【だいはんにゃえ】　玄奘《げんじょう》訳『大般若経』六百巻を読誦《どくじゅ》する法会。この経が訳出された際に当時の中国で行われたのに始まり、日本でも国家安穏・除災招福のために古くから行われた。現在は真言宗や天台宗、禅宗などの寺院で、経題や経の一部のみを略読する転読《てんどく》という方法で行われる。

大般若経【だいはんにゃきょう】　玄奘《げんじょう》訳。六百巻。詳しくは『大般若波羅蜜多経《だいはんにゃはらみったきょう》』という。一～二世紀ころから個別に成立したとされる般若経典群を、玄奘がインドから持ち帰って漢訳し、集大成した最大の漢訳仏典。十六の般若経典を十六会に分け、悟りの最高の智慧によって空を観察することを強調し、利他行の実践を説く。第十会の「般若理趣分《はんにゃりしゅぶん》」は『理趣《りしゅ》経《きょう》』の類本として知られている。

大悲【だいひ】　大慈悲ともいう。慈悲の慈は他者に対して楽を与えようとする心、悲は憐《あわ》れみを意味し、他者に対して苦しみを除こうとする心のこと。仏・菩薩の一切衆生を救う大いなる慈悲を大悲という。

台密【たいみつ】　日本天台宗の密教を台密といい、これに対して真言宗の密教を東密《とうみつ》という。入唐《にっとう》した最澄は、法華経を所依とする天台教学だけではなく密教も学び、帰国後は密教も取り入れた独自の日本天台教学の確立を目指して自ら空海のもとで灌頂《かんじょう》を受け、弟子たちにも密教を学ばせた。最澄の入寂後、円《えん》仁《にん》・円珍《えんちん》がより本格的な密教を唐からもたらし、天台密教を完成させた。顕密一致を主張する台密と、唯密を主張する東密とは相違点も多い。

大滝嶽【たいりゅうのたけ／おおたきだけ】　徳島県阿南市加茂町にある山岳。空海が十九歳のときに虚空蔵求《こくうぞうぐ》聞持法《もんじほう》を修した場所。『三教指帰《さんごうしいき》』の序には「阿国大滝嶽に躋《のぼ》り攀《よ》ぢ、土州室戸崎に勤念す。谷響を惜しまず、明星来影す」と記されている。現在、四国八十八札所の太龍寺《たいりゅうじ》がある。

高階遠成【たかしなのとおなり】　天平勝宝八年（七五六）～弘仁九年（八一八）。平安時代の官人。空海は本来、次の遣唐使が来るまでの二十～三十年の間は唐に滞在しなければならなかったが、八〇六年に長安に来ていた高階遠成に「本国の使に与えて共に帰らんことを請う啓」を提出し帰国を申請する。高階遠成はこれを認め、空海は同年に帰国を果たすこととなる。空海は帰国後数年間、太宰府での滞在を余儀なくされるが、唐から持ち帰ったものの目録、『御請来目《ごしょうらいもく》録《ろく》』を高階遠成に託して朝廷へ奉進した。

橘逸勢【たちばなのはやなり】　生年不詳～承和九年（八四二）。平安前期の官人。能書家で嵯峨《さが》天皇・空海とともに三筆と称される。延暦二十三年（八〇四）、空海・最澄等一行とともに留学生として入唐《にっとう》。中唐の文学者で唐宋八大家の一人に数えられる柳宗元《りゅうそうげん》に書を学ぶ。その才能から唐の人々は逸勢を橘秀才と称したといわれる。逸勢は空海と同じく二十年の留学生として入唐したが、大同元年（八〇六）、空海が当時長安に来ていた判官高階遠成《たかしなのとおなり》に「本国の使に与えて共に帰らんことを請う啓」ならびに「橘学生の為に本国の使に与うる啓」を提出、同年に逸勢は高階・空海とともに帰国する。承和七年（八四〇）に但馬《たじま》権守《ごんのかみ》に任ぜられるが、承和九年（八四二）に嵯峨上皇が崩御すると、謀反を企てているとの疑いで本姓を剝奪され伊豆国《いずのくに》へ流罪となり（承和の変）、その護送途中に遠江《とおとうみ》で病死した。

玉依姫【たまよりひめ】　空海の母。讃岐国《さぬきのくに》（香川県）の氏族、阿刀宿禰真足《あとのすくねまたり》の娘で佐伯直田公善通《さえきのあたいたぎみよしみち》の妻。玉寄姫・玉依御前・阿古屋御前《あこやごぜん》とも呼ぶ。生没年不詳。

陀羅尼【だらに】　サンスクリット語のダーラニー（dhāraṇī）の音写。仏教で用いられる呪文の一種。一般に短いものを「真言」、長いものを「陀羅尼」と称す。ダーラニーは「持つ」を意味することから「総持《そうじ》」「憶持《おくじ》」とも訳され、元来は経文やその意味を記憶するための文を指した。大乗仏教になると、陀羅尼自体に呪術性があると見なされ、それを唱えるものは治病・護法・煩悩《ぼんのう》や敵の降伏を得ると信じられた。空海は唐より多くの陀羅尼経典を請来《しょうらい》し、真言とともに陀羅尼の功徳《くどく》を説いている。また、密教では陀羅尼自体が尊格化され、「仏頂尊勝《ぶっちょうそんしょう》」のように信仰の対象にもなった。覚鑁《かくばん》は特に尊勝陀羅尼を重んじ、根来寺《ねごろじ》にそれを尊格化した尊勝仏頂尊を造立し、自身の臨終に際して七日間にわたり尊勝陀羅尼を唱えたという。現在、真言宗で日常的に読誦される陀羅尼に、仏頂尊勝陀羅尼・宝篋印《ほうきょういん》陀羅尼・阿弥陀如来根本陀羅尼がある。

タントラ【たんとら】　タントラ（Tantra）は緯糸《よこいと》などの意味で、経糸《たていと》を意味するスートラ（経）に対する語。インドで七〜八世紀ころからヒンドゥー教・仏教の双方において、多く作られた聖典の総称。仏教では後期密教聖典に相当し、これらが作られるようになると、以前の密教経典もタントラと呼ぶようになる。また、タントラをよりどころとする密教をタントラ仏教という。仏教におけるタントラは、①雑密《ぞうみつ》経典に相当する「所作《しょさ》タントラ」、②『大日経《だいにちきょう》』系の「行《ぎょう》タントラ」、③『初会金剛頂経《しょえこんごうちょうぎょう》』などの「瑜《ゆ》伽《が》タントラ」、④『金剛頂経《こんごうちょうぎょう》』系の経典が発展した後期密教聖典「無上瑜伽《むじょうゆが》タントラ」の四つに分類される。

智拳印【ちけんいん】 胸の前で両手を拳《こぶし》にし、左手の人差し指を伸ばし、右手で左手人差し指を握る印。金《こん》剛界《ごうかい》大日如来がこの印を結んでいる。

智積院【ちしゃくいん】 京都市東山区にある寺院で真言宗智山《ちさん》派総本山。もとは紀州根来山《ねごろさん》の大伝法院《だいでんぼういん》中にあった学頭寺院であった。豊臣秀吉による根来焼き討ちの後、当時智積院住職だった玄宥《げんゆう》は弟子たちとともに高野山に逃れ、智積院の再興を志した。関ヶ原の合戦後、勝利した徳川家康は玄宥に東山の豊国《とよくに》神社の一画を与え、智積院の復興となった。さらに豊臣氏滅亡後の元和元年（一六一五）、秀吉が三歳で亡くなった長男、棄丸《すてまる》の菩提を弔うために建てた祥雲寺《しょううんじ》を拝領し、学寮を建てるなど伽藍を拡充して盛大となり、各地から学徒が集まる学山となった。五百仏山根来寺《いおぶさんねごろじ》智積院という。

智泉【ちせん】 延暦八年（七八九）～天長二年（八二五）。平安前期の僧で空海の十大弟子の一人。高野山東南《とうなん》院《いん》・山城《やましろ》報恩院《ほうおんいん》開基。讃岐《さぬき》の菅原氏で母は空海の姉（後の智縁尼《ちえんに》）。九歳のとき、空海に連れられ大安《だいあん》寺《じ》の勤操《ごんそう》に侍す。十四歳で空海の従者となり、延暦二十三年（八〇四）年に十六歳で受戒《じゅかい》、空海入《にっ》唐《とう》帰朝後に両部灌頂《りょうぶかんじょう》を受ける。河内高貴寺《かわちこうきじ》に住み、その後空海に侍して高雄山寺《たかおさんじ》に登った。弘仁三年（八一二）、高雄山寺に三綱《さんごう》を置くとこれに任じられた。天長元年（八二四）、神護寺定額《じょうがく》二十一口に入るが、翌年病によって寂す。このときの空海の悲嘆は噠嚫文《たっしんもん》として『性霊集《しょうりょうしゅう》』巻八に見られる。

忠延【ちゅうえん】 生没年不詳。平安前期の真言宗の僧で空海の十大弟子の一人。東大寺で受戒《じゅかい》し、空海より両部《りょうぶ》の灌頂《かんじょう》を受けたとされる。神護寺《じんごじ》の定額僧《じょうがくそう》であったとされるが確実な資料に乏しく、真偽は不明である。『性霊集《しょうりょうしゅう》』巻八に「忠延師の先妣《せんぴ》の為に理《り》趣経《しゅきょう》を講ずる表白文」がある。

中台八葉院【ちゅうだいはちょういん】 胎蔵曼荼羅《たいぞうまんだら》の中心

部分。八葉の蓮弁が描かれ、中央に胎蔵大日如来、東西南北に四仏、四仏の間に四菩薩が安置される。彩色の曼荼羅では蓮弁に鮮やかな赤色を配色するのが相伝で、心臓にたとえているともいわれている。

長安【ちょうあん】　中国の古都で唐代の首都。現在の西安。城郭に囲まれた大都市で、街路は整然と区画され、平城京・平安京はこの都市を模して造られたとされる。最盛期には人口百万人ともいわれ、世界各地の国々との交易、文化交流の中心地として賑った。城内に点在する仏教寺院では訳経僧たちが活躍し、日本からも多くの留学僧が訪れて仏教を学んだ。空海は延暦二十三年（八〇四）十二月から一年あまり長安に滞在した。

伝持の八祖【でんじのはっそ】　真言密教を直接世間に流伝し、護持した八人の祖師。住持《じゅうじ》の八祖《はっそ》ともいう。龍《りゅう》猛《みょう》・龍智《りゅうち》・金剛智《こんごうち》・不空《ふくう》・善無畏《ぜんむい》・一行《いちぎょう》・恵果《けいか》・空海の八祖で、真言宗の道場に肖像が祀られる。『真《しん》言付法伝《ごんふほうでん》』（『略付法伝《りゃくふほうでん》』）に略伝が記されている。

天台宗【てんだいしゅう】　天台法華宗《てんだいほっけしゅう》・円宗《えんしゅう》・台宗《たいしゅう》などともいう。中国隋代の天台智者大師智顗《ちぎ》を高祖とし、伝教大師最澄《でんぎょうだいしさいちょう》を宗祖とする仏教で、比叡山延暦寺《ひえいざんえんりゃくじ》を総本山とする。智顗が天台山で確立し伝えた仏教を、入唐《にっとう》した最澄が天台山に登って学び、日本にもたらした。最澄が日本で開創した天台宗は、『法華経』に説かれる、声聞《しょうもん》・縁覚《えんがく》・菩薩の三乗を融合する一乗思想を根幹とする円教《えんきょう》のほか、密教・禅・戒律、さらに念仏を総合的に実践するもので、中国天台とは異なる独自性を持つため、これを日本天台宗という。真言宗とともに、平安時代の仏教を代表する。

伝法灌頂【でんぼうかんじょう】　密教の灌頂の一つで、最も重要な儀式の一つ。修行が完了した者に、指導者である阿闍梨《あじゃり》の位を継承することを許可する印可《いんか》を授ける灌頂。伝法阿闍梨位灌頂・付法《ふほう》灌頂・伝教灌頂ともいう。受者の器をはかり、古くは厳しくその資格を制限していた。現在は四度加行成満《しどけぎょうじょうまん》が条件とされ、この灌頂を受けた者でないと寺院住職になれない。

篆隷万象名義【てんれいばんしょうめいぎ】　空海撰。現存最古といわれる漢字字典。六帖三十巻からなる。中国梁《りょう》代の顧野王《こやおう》によって編纂された『玉《ぎょく》篇』を抄録したもので、天長七年（八三〇）以降の成立。唯一の伝本とされる高山寺本は永久二年（一一一四）の書写。約一万六千字を五百四十二部に分類、篆《てん》書《しょ》・隷書《れいしょ》・字音・字義を示している。

道教【どうきょう】　中国古来の雑多な通俗的民間信仰が老荘思想や神仙思想によって体系化され、儒教・仏教の影響を受けて発展した中国固有の宗教。道教は民間呪術信仰的存在だったが、北魏の寇謙之《こうけんし》が教義・組織を充実させ新天師道を創始すると、支配者階級にも影響を及ぼすようになり、国家宗教となった。現世利益的な性格が強く、日本へも少なからず影響を及ぼしている。唐代の皇帝のほとんどは道教を奨励し、特に武宗《ぶそう》は道教に傾倒して仏教などを弾圧した（会昌《かいしょう》の廃仏）。空海の著作、『三教指帰《さんごうしいき》』の三教は仏教・儒教・道教を指し、儒教・道教に対する仏教の優位性を説いたものである。

投華得仏【とうけとくぶつ】　灌頂《かんじょう》の際、目隠しをされた受者が教授師に導かれて大壇上の敷曼荼羅《しきまんだら》に樒《しきみ》の葉を投じ、落ちたところの尊を有縁の尊とする儀式。空海はこれを三度行い、三度とも大日如来のうえに落ちたとされる。

東寺【とうじ】　京都市南区九条町にある寺院で、正しくは金光明四天王教王護国寺秘密伝法院《こんこうみょうしてんのうきょうおうごこくじひみつでんぽういん》、略して教王護国寺という。また、弥勒八幡山総持普賢院《みろくはちまんさんそうじふげんいん》の名もある。東寺真言宗総本山。延暦十三年（七九四）の平安遷都《せんと》の後、羅城門《らじょうもん》の東西に王城鎮護のため官寺二か寺の造営が計画される。このうち東側にあたるため東寺と呼ばれ、延暦十五年（七九六）に建立が始められたとされる。弘仁十四年（八二三）、空海は嵯峨《さが》天皇より東寺を賜り、真言密教の根本道場とした。当寺の官寺は諸宗兼学であったが、空海の要請により初めて他宗僧の混在が禁じられ、五十人の定額《じょうがく》制とした。承和元年（八三四）、空海によって後七日御修法《ごしちにちみしゅほう》が始行されると、翌年から恒例となり、代々東寺の長者が宮中真言院にてこれを務め、真言宗と皇室とのつながりが深くなった。後七日御修法は現在は東寺灌頂院《かんじょういん》にて行われている。平安末期に一時衰退するが再興され、また文明十八年（一四八六）には火災で伽藍《がらん》の大半を失うが、豊臣氏・徳川氏らの保護を受けて再建された。金堂・五重塔・大師堂・蓮華門は国宝、講堂・灌頂院等は重要文化財。講堂内に配置された二十一体の仏像や空海が唐から請来《しょうらい》した相伝品、空海真筆の書をはじめ、平安期以来の彫刻・絵画・工芸品・文書など貴重な宝物を数多く蔵する。

唐招提寺【とうしょうだいじ】　奈良市五条町にある寺院で南都六宗《なんとろくしゅう》の一つである律宗《りっしゅう》の総本山。天平勝宝五年（七五三）に来朝し、律を伝えた唐僧鑑真《がんじん》が、聖《しょう》武《む》天皇より新田部《にいたべ》親王の旧地を賜り、天平宝字三年（七五九）創建した。創建時には戒壇《かいだん》も設けられたとされ、戒律研究の中心道場であると同時に、公認の僧の受戒《じゅかい》も行われた。歴代朝廷に外護《げご》され栄えた。

東大寺【とうだいじ】　奈良市にある寺院で華厳宗《けごんしゅう》大本山。奈良時代に聖武《しょうむ》天皇の発願によって創建されたと伝えられ、当時全国に建てられた国分寺《こくぶんじ》の中心と位置づけられ、総国分寺《そうこくぶんじ》と称された。「奈良の大仏」として知られている本尊の盧舎那仏《るしゃなぶつ》は国家の大事業として造像され、事実上の責任者に命ぜられた行基《ぎょうき》は勧進《かんじん》のために奔走した。天平勝宝四年（七五二）の大仏開眼《かいげん》供養はインド僧、菩提僊那《ぼだいせんな》を開眼導師として盛大に行われた。天平勝宝七年（七五五）には受戒《じゅかい》のための戒壇《かいだん》が造られ、空海もここで具足戒《ぐそくかい》を受けた。創建以来南都六宗兼学の道場であったが、平安期になると真言・天台を加えて八宗兼学の場となった。空海は弘仁元年（八一〇）に東大寺別《べっ》当《とう》となり、弘仁十三年（八二二）には南院（真言院）を建てて灌頂《かんじょう》道場を開設した。また、聖宝《しょうぼう》が貞観十七年（八七五）に東南院を建てるなど、真言宗との関係は深い。

東密【とうみつ】　空海は唐からの帰朝後、嵯峨《さが》天皇から東寺《とうじ》を賜り、ここを真言密教の根本道場とした。このことから真言宗に伝わる密教を、東寺の密教、東《とう》密《みつ》と称す。これに対し、天台宗に伝わる密教を台密《たいみつ》という。

道雄【どうゆう】 生年不詳～仁寿元年（八五一）。平安時代前期の僧。俗姓は佐伯《さえき》氏で空海の同族。一説には円珍《えんちん》の伯父ともいわれる。初め法相《ほっそう》の慈勝《じしょう》に唯識《ゆいしき》を、東大寺の長歳《ちょうさい》に華厳・因明を学ぶ。次いで空海に密教を学んで灌頂《かんじょう》を受けた。空海の十大弟子の一人で海印寺開基。

都会曼荼羅【とえまんだら】 →曼荼羅

徳一【とくいつ】 法相《ほっそう》宗の僧。生没年不詳。奈良で法相を学び東大寺に住んだ後東国へ移り、筑波山《つくばさん》に中禅《ちゅうぜん》寺《じ》を、会津に慧日寺《えにちじ》を開いて東国を教化した。『仏《ぶっ》性抄《しょうしょう》』一巻を著して法相教学の立場から最澄の天台教学、法華一乗思想を批判したのを発端に、弘仁八年（八一七）ころから約五年間にわたり、三一権《さんいちごん》実《じつ》論争といわれる最澄との論争を繰り返した。また徳一は空海に対しても、『真言宗未決文《しんごんしゅうみけつもん》』を著して真言宗の教理への疑問を述べている。

得度【とくど】「度」はサンスクリット語の波羅蜜多《はらみった》（Pāramitā）の訳で、迷いの世界から悟りの世界へ渡ること。これが在俗者が出家して仏門に入ることの意に用いられるようになった。律令時代の日本では国家が管理し、年間に得度できる人数を制限していたが、鎌倉時代以降は許可なく出家する私度僧も増えた。現在は各宗別に登録されている。

兜率天【とそつてん】 仏教の世界観において、須弥山《しゅみせん》上にあるとされる三界のうち欲界の六天中第四に位置する天。兜率はサンスクリット語トゥシタ（Tuṣita）の音写で、兜率陀・覩史多などとも書く。漢訳は上足天・妙足天・知足天・喜足天など。兜率天には内院と外院とがあり、内院は将来仏となる菩薩（一生補処《いっしょうふしょ》菩薩）の住するところで、かつての釈迦もここで修行したとされる。現在は弥勒菩薩が五十六億七千万年後にこの世に現れて成仏するのにそなえ、修行しているといわれる。空海は『御遺《ごゆい》告《ごう》』に、自らの死後は必ず兜率天に往生し、弥勒とともに下生するとの言葉を残している。

度牒【どちょう】 出家得度《とくど》に際し、その証として国家が交付した公文書で、古くは度縁《どえん》ともいった。中国唐代の度牒制度が律令制度とともにもたらされ、日本でも奈良時代から採用された。僧・教団統制の役割を担ったが、鎌倉時代以降次第に制度が緩み、廃止の方向へ向かった。現在は各宗派がそれぞれの規定に基づいて発行している。

伴国道【とものくにみち】 神護景雲二年（七六八）～天長五年（八二八）。大伴《おおとも》氏であったが、弘仁十四年（八二三）に淳和《じゅんな》天皇が即位すると、天皇の諱《いみな》（大伴親王）を避諱《ひき》して伴氏へと改姓している。空海と親交があり、国道が工事に関わった大和益田池《やまとますだのいけ》が完成した天長二年（八二五）に、空海はその碑文を書いている（『性霊集《しょうりょうしゅう》』巻二）。また天長五年（八二八）、国道が陸奥按察使《むつあぜち》として現地に赴任する際、三軸の秘録、一篇の詩、祈禱した霊薬を贈っている（『性霊集』巻三）。

な行

那爛陀寺【なあらんだじ】 インドで五世紀から十二世紀まで栄えた仏教寺院で大学。グプタ王朝のシャクラーディティア王（クマーラグプタ一世）による創建とされ、グプタ朝滅亡後もヴァルダナ王朝・パーラ王朝の庇護を受けた。七世紀にここで学んだ玄奘《げんじょう》は、著書『大唐西域記《だいとうさいいきき》』に当時の様子を伝えている。玄奘の後、義浄《ぎじょう》・道琳《どうりん》らも留学した。また、善無畏《ぜんむい》は当寺で顕密二教を学び、金剛智や空海の師である般《はん》若三蔵《にゃさんぞう》がいたことでも知られている。数千人の学僧が学ぶ大規模な大学でインド仏教の重要拠点であったが、十一世紀にイスラム教徒の攻撃を受け、インド仏教の滅亡を決定づけることとなった。インドのビハール州バルガオンに遺跡がある。

南海寄帰内法伝【なんかいききないほうでん】 唐代の僧、義浄《ぎじょう》による見聞録。六七一年から約二十五年の間、インドや南海諸国を歴訪した際に見聞した仏教徒の生活などを記録したもの。帰途、当時スマトラ島で栄えたシュリービジャヤ国（室利仏誓）に四年間滞在、本書を著した。四十章からなり、当時のインド・東南アジアの生活風習を知るための貴重な文献。

南都六宗【なんとろくしゅう】 奈良六宗ともいう。奈良時代における代表的な仏教宗派で倶舎《くしゃ》・成実《じょうじつ》・律・法相《ほっそう》・三論・華厳の六宗。これらは宗派というより学派であり、宗教上の実践行為を行うというよりも、主に仏教の教理研究を行う学僧の集団であったと考えられている。

入唐求法巡礼行記【にっとうぐほうじゅんれいこうき】　円仁《えんにん》撰。四巻。平安時代の僧、円仁が承和五年（八三八）遣唐使藤原常嗣《ふじわらのつねつぐ》らとともに入唐《にっとう》し、承和十四年（八四七）に帰朝するまでの旅行記。当時の中国の国情が極めて詳細、忠実に記録され、玄奘《げんじょう》の『大唐《だいとう》西域記《さいいきき》』、マルコ・ポーロの『東方見聞録《とうほうけんぶんろく》』と並んで、東アジアの三大旅行記と称される。唐代の仏教事情を知るためにも貴重な資料で、特に円仁が遭遇した武宗《ぶそう》による会昌《かいしょう》の廃仏の惨状を記録したものとして注目される。

入唐僧【にっとうそう】　唐代の中国に仏教を求めて渡った僧。このうち、特に密教の経典等を持ち帰った最澄・空海・常暁《じょうぎょう》・円行《えんぎょう》・円仁《えんにん》・恵雲《えうん》・円珍《えんちん》・宗叡《しゅうえい》の八人を入唐八家《にっとうはっけ》という。また空海を除いた真言僧四人、常暁・円行・恵雲・宗叡に真如《しんにょ》親王を加えて真言宗の入唐五家という。当時入唐して学ぶ者には、すでに日本で学業を修めた者がさらに学を深めるために短期間留学する請益生《しょうやくしょう》（還学生《げんがくしょう》）と、次の遣唐使が派遣されるまでの数十年間滞在しなければならない留学生《るがくしょう》とがあり、最澄は前者、空海は後者であった（空海は約二年で帰国している）。しかし九世紀に入ると徐々に入唐僧をめぐる環境が悪化し、留学生でも滞在期間を制限される例があった。事実上遣唐使が最後に派遣されたのは承和五年（八三八）であり、恵雲・円珍などは唐や新羅《しらぎ》の商船で入唐している。

入定【にゅうじょう】　宗教的な瞑想《めいそう》（禅定《ぜんじょう》）に入ること。出定《しゅつじょう》の対。入滅《にゅうめつ》は肉体の消滅、つまり死によって完成される涅槃《ねはん》の状態であるが、入定は生身であるから出定を伴う。真言宗では、空海は承和二年（八三五）三月二十一日に入滅したのではなく、入定して永遠の禅定に入り、高野山奥の院で衆生《しゅじょう》を救済し続けているという信仰があり、入定信仰といわれている。延喜二十一年（九二一）、醍醐《だいご》天皇の夢枕に空海が立ち、「たかの山　むすぶ庵《いおり》に　袖朽《そでく》ちて　苔《こけ》の下にぞ　有明の月」と詠《よ》んだため、天皇は驚いて弘法大師号の宣下となったという。東寺《とうじ》の観賢《かんげん》が勅書《ちょくしょ》を持って高野山に登り、奥の院の石室を開いたところ、生きているかのような空海の入定の姿を見、伸びていた髭と髪を剃って法衣を替え、ふたたび石室を閉じたという伝説がある。

鐃【にょう】　法会で用いられる楽器。現在、日本で鐃と呼ばれるものには次の種類がある。①鈴に柄をつけた法具で、振り鳴らす楽器。雑密《ぞうみつ》の法具だったとされ、密教で金剛鈴《こんごうれい》が用いられる以前の形式であると考えられている。②銅などの金属で作られた盆型の銅鑼《どら》。紐で下げて手で持ち、桴《ばち》で打って音を出す。③銅鐃といって小型の鈸《はち》を指す場合がある。また鐃鈸と続けて鈸を意味することもあるが、本来鐃と鈸は別物。

如実知自心【にょじつちじしん】『大日経《だいにちきょう》』「住心品《じゅうしんぼん》」に説かれる教説。ありのままに自心を知ることによって仏果（悟り）を得ることができるとする。ここでいう自心とは、すべての衆生が本来そなえる菩提心のこと。大日経の精髄を表す句として重要視される。

仁海【にんがい】　天暦五年（九五一）～永承元年（一〇四六）。平安中期の真言宗の僧で、小野僧正《おののそうじょう》・雨僧正《あめそうじょう》とも呼ばれる。高野山の雅真《がしん》のもとで得度受戒《とくどじゅかい》。その後、醍醐寺《だいごじ》の元杲《げんごう》に伝法灌頂《でんぼうかんじょう》を受けた。正暦二年（九九一）、山科小野に曼荼羅寺《まんだらじ》（後の随心院《ずいしんいん》）を建てて東密事相《とうみつじそう》二流の一、小野流を開いた。雨乞いの修法で知られ、雨僧正の称はその法験によるもの。東大寺別当、東寺《とうじ》第二十四世長者。

仁王経開題【にんのうきょうかいだい】　空海著。一巻。空海による『仁王護国般若波羅蜜多経《にんのうごこくはんにゃはらみったきょう》』（『仁王経』）の開題。『仁王経』を①叙経起意、②釈経題目、③解経本文、の三つに分けて解説する。題目について解釈する部分では、仁王の「仁」を上下相親しむ人、「王」は人々が尊重するものとし、空海の国家観、国王観が表れている。

仁王般若経【にんのうはんにゃきょう】　鳩摩羅什《くまらじゅう》訳『仁王《にんのう》般若波羅蜜経《はんにゃはらみつきょう》』二巻と、唐の不空《ふくう》訳『仁王護国般若《にんのうごこくはんにゃ》波羅蜜多経《はらみったきょう》』二巻があるが、いずれも中国で作成された偽経とされている。般若波羅蜜を受持することによって、国も王も護られると説く。日本でも護国三部経の一として尊重され、東密《とうみつ》では不空訳を、台《たい》密《みつ》では羅什訳を用いる。

根来寺【ねごろじ】 和歌山県岩出市にある寺院で新義真《しんぎしん》言宗《ごんしゅう》総本山。大治五年（一一三〇）、平安後期の高野山の僧、覚鑁《かくばん》が山内に学問探究の場として伝法院《でんぽういん》を建立したことに始まる。その後、鳥羽上皇の庇護を受け堂宇《どうう》を拡張、大伝法院と称して隆盛した。しかし覚鑁が金剛峯寺座主《こんごうぶじざす》に就任し、当時荒れていた高野山の立て直しに着手すると、金剛峯寺方との間で対立が生じた。結局覚鑁は保延六年（一一四〇）、弟子一派とともに根来山に移って豊福寺《ぶふくじ》を建立することとなった。覚鑁は康治二年（一一四三）に根来で没したが、正応元年（一二八八）に頼瑜《らいゆ》が高野山から伝法院方の堂宇を移し、新義教学を大成する。以後、新義教学の中心として繁栄し、戦国時代には寺領七十二万石、自衛のために僧兵を蓄える一大勢力となったが、天正十三年（一五八五）に豊臣秀吉に焼き討ちされ、亡びた。難を逃れた学僧は京都の智積院《ちしゃくいん》と大和《やまと》（奈良）長谷寺《はせでら》に移り、現在の真言宗智山《ちさん》派・豊山《ぶざん》派の基礎を作った。根来寺は江戸時代に徳川氏の援助で再興し、明治期以降は智山・豊山の能化《のうけ》が交代で大伝法院座主を務めたが、第二次世界大戦後に新義真言宗として独立、現在に至る。秀吉の焼き討ちの際、焼失を免れた大塔（多宝塔《たほうとう》）は国宝。

涅槃【ねはん】 ニルヴァーナ（Nirvāṇa）の音写で、泥《ない》曰《わつ》・泥洹《ないおん》・涅槃那《ねはんな》などとも書き、滅・滅度・寂滅・寂などと漢訳する。もとは吹き消すこと、あるいは吹き消した状態を意味し、煩悩《ぼんのう》の火を吹き消した悟りの境地のこと。仏教が目指す究極の境地。部派仏教では、煩悩は断ったが肉体が残している状態を有《う》余依《よえ》涅槃といい、煩悩・肉体ともに滅した状態を無《む》余依《よえ》涅槃という。大乗仏教では常・楽・我・浄の四つの徳をそなえていることを無為涅槃として最上のものと位置づけ、部派仏教の涅槃を有為涅槃と呼んで区別する。

年分度者【ねんぶんどしゃ】 諸宗・諸大寺に割りあてられた、毎年一定数得度《とくど》を許可された者。律令国家が規定したもので、定数は朝廷によって決定された。

は行

廃仏【はいぶつ】 仏教を弾圧し排斥《はいせき》すること。インドでは十三世紀にイスラム教政権がインド北部から軍事侵攻を伴って侵入し、仏教寺院の破壊と僧尼の虐殺を行い、その結果インドの仏教は壊滅した。中国では三武一宗《さんぶいっそう》の法難と呼ばれる四度の廃仏が有名で、北魏の太武帝《たいぶてい》（在位四二三～四五二）の太平真君《たいへいしんくん》年間、北周の武帝《ぶてい》（在位五六〇～五七八）の建徳年間、唐の武宗《ぶそう》（在位八四〇～八四六）の会昌《かいしょう》年間、後周の世宗《せそう》（在位九五四～九五九）の顕徳年間に行われた。なかでも会昌の廃仏は最大規模といわれ、当時長安に滞在していた円仁《えんにん》は著書『入唐求法巡礼行記《にっとうぐほうじゅんれいこうき》』にその様子を記録している。また、朝鮮半島では李氏朝鮮時代の初期に仏教弾圧があり、仏教が一時衰退した。日本においても明治期に新政府による神仏分離政策によって廃仏毀釈《きしゃく》運動が引き起こされ、多くの寺院・仏像・仏具等が破壊された。現代ではチベットにおいて、中華人民共和国の侵攻によって寺院の破壊や僧侶の処刑が行われた。

長谷寺【はせでら】 奈良県桜井市初瀬にある寺院で、真言宗豊山《ぶざん》派総本山。豊山神楽院《ぶざんかぐらいん》と号する。天武天皇のとき、道明《どうみょう》が西岡に銅板法華説相図《どうばんほっけせっそうず》を安置したことに始まり（本長谷寺）、次いで聖武天皇のときに徳道《とくどう》が東岡に十一面観音像を祀って開山した（後長谷寺・新長谷寺）と伝えられるが、不明な点も多く諸説ある。以後、観音霊場として、現在でも信仰を集めている。もと東大寺の末寺だったが、平安時代中期に興福寺末となった。天正十六年（一五八八）ころ、豊臣秀吉による根来山《ねごろさん》焼き討ちの難を逃れた根来の学頭、小池坊専誉《せんよ》が豊臣秀長の招請により入山、荒廃していた堂舎を復興し、新義真言宗の根本道場となった。徳川氏の外護《げご》のもと繁栄し、智積《ちしゃく》院《いん》と並んで新義真言宗の学山として名を馳《は》せた。

鈸【はち】　鐃鈸《にょうはち》とも呼ばれる楽器で、法会で使用される。シンバル型の金属製で二枚一組。それぞれの中央に通した紐を左右の手で持ち、二枚を摺り合わせ、また打ち合わせて音を出す。各宗派によって鳴らし方が異なる。

八家秘録【はっけひろく】　詳しくは『諸阿闍梨真言密《しょあじゃりしんごんみっ》教部類総録《きょうぶるいそうろく》』という。安然《あんねん》著。入唐八家《にっとうはっけ》が唐から請来《しょうらい》した典籍や図像などを分類し目録としたもの。二十部に整理分類されており、平安期に日本にもたらされた密教関連典籍を検索するための重要な資料。

バラモン教【ばらもんきょう】　古代インドの民族宗教で四つのヴェーダとそれに付随するブラーフマナ・アーラニヤカ・ウパニシャッドを聖典とする。祭司者であるバラモン階級を頂点とした階級制度を規定し、宗教儀礼を尊重した。自然神を崇拝する多神教であるが、ブラフマンを万物の根源とし、個人の本体である「我」と同一であるとする不二一元論《ふにいちげんろん》、梵《ぼん》我一如《がいちにょ》の思想を生み、また業《ごう》・輪廻《りんね》の思想が確立し、現在のヒンドゥー教へと受け継がれることとなる。

般若【はんにゃ】　般若三蔵。原名プラジュニャー（Prajñā）。般刺若とも音写し、智慧《ちえ》と訳す。七三四年～没年不詳（八一〇年以降）。唐代の訳経僧で北インド罽賓国《けいひんこく》（現在のカシミール地方）出身。二十三歳ころから那爛陀寺《なあらんだじ》で学び、中インドで十八年を過ごした後、南インドで達磨耶舎《だるまやしゃ》に師事、七八一年に広州に着き、翌年長安に至ったとされる。長安では醴泉《れいせん》寺《じ》・慈恩寺《じおんじ》等で訳経に従事、『御請来目録《ごしょうらいもくろく》』には般若が訳出した経典として『新訳華厳経《しんやくけごんきょう》』『大乗理趣《だいじょうりしゅ》六波羅蜜多経《ろっぱらみったきょう》』等、四部六十一巻の記載がある。また、空海在唐中の梵語の師として知られている。

般若心経【はんにゃしんぎょう】　日本ではほとんどの宗派で読誦《どくじゅ》され、また民間にも最も普及している経典。漢訳に七種類あり、一般に広く知られているものは玄奘《げんじょう》訳とされる『般若波羅蜜多心経《はんにゃはらみったしんぎょう》』一巻。梵本は大本・小本の二系統があり、玄奘訳は小本による。膨大な般若経典群の中心思想を簡潔にまとめたものであるが、各宗派でそれぞれの教義を反映した独特なとらえ方をする。空海は『般若心経《はんにゃしんぎょう》秘鍵《ひけん》』でこれを大般若菩薩の大心真言とし、観誦《かんじゅ》の対象とする極めて密教的な解釈をしている。

般若心経秘鍵【はんにゃしんぎょうひけん】　空海著。十巻章の一つ。著作年代については、末尾の上表文の記述を根拠とする弘仁九年（八一八）説と、『十住心論《じゅうじゅうしんろん》』との関係から承和元年（八三四）とする説がある。古来顕教教典と見なされている『般若心経』を密教の立場から解釈し、これを密教経典であるとする。帰敬・発起・大綱・大意の四序に続き、『般若心経』を①人法総通分、②分別諸乗分、③行人得益分、④総帰持明分、⑤秘蔵真言分の五段に分け、註釈している。

比叡山【ひえいざん】　→延暦寺《えんりゃくじ》

飛行三鈷【ひぎょうさんこ】　大同元年（八〇六）、空海が唐から帰朝する際に密教流伝の聖地を求めて投げたとされる伝説の三鈷杵《さんこしょ》。これが高野山の松にかかっていたことから、高野山を密教道場としたといわれ、またこの松は三鈷の松と称されている。飛行三鈷は重要文化財に指定され、現在高野山金剛峯寺《こんごうぶじ》に蔵されている。

秘蔵記【ひぞうき】　本書の撰者については、①恵果《けいか》の口説を空海が筆録、②不空《ふくう》の口説を恵果が筆録、③青龍寺《しょうりゅうじ》の文秘《ぶんぴ》が円行《えんぎょう》に伝えた、など諸説あり、明らかではない。略本と広本の二本があり、略本は密教の事相《じそう》・教相《きょうそう》に関する解説百条を集録したもので、広本は略本に道場観と両部曼荼羅《りょうぶまんだら》諸尊の尊位と形相を加える。空海の思想との関係性が指摘され、また事相に関する問題を多く取り扱う書物であるため、古来真言宗で重要視されている。

秘蔵宝鑰【ひぞうほうやく】　三巻。空海著。天長年間（八二四〜八三三）、淳和《じゅんな》天皇の勅《ちょく》により各宗の学匠が教義を撰述した。空海は『十住心論《じゅうじゅうしんろん》』（広論）を奉呈し、次いで略論として著したのが本書である。天長七年（八三〇）ころの成立とされている。『大日経《だいにちきょう》』『菩提心論《ぼだいしんろん》』『釈摩訶衍論《しゃくまかえんろん》』などを典拠に人の心のあり方とその展開を十心に分類し、種々の教義の浅深を示すのは『十住心論』と同じである。しかし『十住心論』がすべての住心を浅深両釈で語り、真言の境地からの視点でもこれらをとらえる「九顕十密」といわれるのに対し、『秘蔵宝鑰』は「九顕一密」といわれるように第十住心にのみ深秘釈《じんぴしゃく》を与えることによって密教の世界をより際立たせている。そのような点からも『十住心論』より教判書としての性格が強く、本書を広論の単なる要約本ではなく、目的・意図を異にした著作であるとする見解も多い。註釈書が多数ある。

秘密三昧耶仏戒儀【ひみつさんまやぶつかいぎ】　密教戒である三昧耶《さんまや》戒《かい》の授戒の作法を説いたもの。空海著。三昧耶戒は真言行者が灌頂《かんじょう》に先立って授けられる重要な戒。三昧耶戒の思想について詳細に述べられた『三昧耶戒序《さんまやかいじょ》』と本書の両書によって、思想と方法が示される。次第は善無畏《ぜんむい》の『無畏三蔵禅要《むいさんぞうぜんよう》』と不《ふ》空《くう》訳『受菩提心戒儀《じゅぼだいしんかいぎ》』に基づいたものと考えられる。

秘密曼荼羅教付法伝【ひみつまんだらきょうふほうでん】　空海著。二巻。『真言付法伝《しんごんふほうでん》』が略付法伝《りゃくふほうでん》と呼ばれるのに対し、広付法伝《こうふほうでん》と称される。単に付法伝といった場合、広付法伝を指す。内容は三段に分けられ、まず①叙意で顕教と密教の相違や密教の特色、それが連綿と相承されていることを示す。続いて②「列付法阿闍梨《あじゃり》名号《みょうごう》及表徳」として真言付法の七祖師、大日如来・金剛薩埵《こんごうさった》・龍猛《りゅうみょう》・龍智《りゅうち》・金剛智《こんごうち》・不空《ふくう》・恵果《けいか》の伝記を記し、③問答決疑では密教相承の疑問を問答形式で解明する。

毘盧遮那仏【びるしゃなぶつ】　毘盧遮那はヴァイローチャナ（Vairocana）の音写で、光明遍照《こうみょうへんじょう》の意味。『華厳《けごん》経《きょう》』の教主。仏の悟りの智慧が果てしなく大きく広いことを象徴した仏格。各宗でその仏身観が異なり、天台宗では法身《ほっしん》仏、華厳宗では報身《ほうじん》仏とする。真言宗では大日如来と同体とする。形像は東大寺大仏殿の仏像、「奈良の大仏」がよく知られている。

風信帖【ふうしんじょう】　空海が最澄に宛てた書状三通を集めたもので国宝に指定されている。もとは五通あったが、二通は失われている。『風信帖』の名は一通目の冒頭に「風信雲書天より翔臨す」とあることによる。三通とも日付のみで年の記載がないが、空海四十歳ころの書と推定されている。王羲之《おうぎし》の書風をよく伝えており、空海の書のなかでも最上位の名筆といわれる。また、空海と最澄の交流を知るうえでも重要な史料である。比叡山延暦寺《ひえいざんえんりゃくじ》に伝来したが、文和四年（一三五五）に寄進されて東寺《とうじ》の所有となった。

不空【ふくう】 原名はアモーガバジュラ（Amoghavajra）で阿目佉跋折羅と音訳、漢訳で不空金剛《ふくうこんごう》といい、不空はその略称。七〇五年〜七七四年。中国唐代の僧で、真言宗付法の第六祖。北インドのバラモン出身の父と西域出身の母を持つ混血とされる。七一四年、十歳のときに中国に入り、数年後、長安で金剛智《こんごうち》の門下となって金剛頂経《こんごうちょうぎょう》系の密教を学んだ。七四一年に金剛が没すると、翌年インドへ向かい、セイロンに達して龍智《りゅうち》から秘法を授かり、多くの梵本を入手して七四六年に長安に戻った。七四九年、ふたたびインドを目指すが病に倒れ、韶州《しょうしゅう》にとどまり訳《やっ》経《きょう》に従事した。七五三年に長安に戻って開元寺《かいげんじ》に住した。七五五年に安禄山《あんろくざん》の乱が起こると唐は政情不安に陥るが、不空は叛賊《はんぞく》鎮圧の法を修し、また護国経典の再訳などを行って国家安泰に尽力、玄宗《げんそう》・粛《しゅく》宗《そう》・代宗《だいそう》の三代にわたって信頼を得た。大蔵経編入の勅許《ちょっきょ》を得た密教経典七十七部百一巻をはじめ、極めて多くの経典を訳出し、鳩摩羅什《くまらじゅう》・真諦《しんたい》・玄奘《げんじょう》とともに四大翻訳家と称されている。中国密教の大成に非常に大きな役割を果たした。七七四年、大興善寺で没すると大弁正広智不空三蔵の諡号《しごう》を賜った。

普賢菩薩【ふげんぼさつ】 梵名サマンタバドラ（samantabhadra）。三曼多跋陀羅と音写し、普賢は漢訳。文殊菩薩とともに釈迦の脇侍の一つ。大乗仏教における重要な菩薩で、『華厳経《けごんきょう》』では十大願という誓願を発し衆生《しゅじょう》救済のために働き、また『法華経』にも登場する。密教では菩提心の象徴として金剛薩《こんごうさっ》埵《た》と同体とされる。胎蔵曼荼羅《たいぞうまんだら》では中台八葉院《ちゅうだいはちよういん》の東南と文殊院に、金剛界《こんごうかい》曼荼羅では賢劫《げんごう》十六尊として描かれる。

藤原葛野麻呂【ふじわらのかどのまろ】 天平勝宝七年（七五五）〜弘仁九年（八一八）。奈良時代から平安前期の貴族。延暦二十三年（八〇四）、遣唐大使として空海や橘逸勢《たちばなのはやなり》らとともに唐に渡る。翌年に帰国してからは天皇の近臣として重用されるようになった。死後、息子の藤原常嗣《ふじわらのつねつぐ》も遣唐大使に任命されている。

藤原良房【ふじわらのよしふさ】延暦二十三年（八〇四）〜貞観十四年（八七二）。平安前期の公卿《くぎょう》。嵯峨《さが》天皇の信任が厚かった藤原冬嗣《ふじわらのふゆつぐ》の次男。皇族以外の臣下として初めて摂政となる。弘仁十四年（八二三）、嵯峨天皇は良房を遣わして空海に東寺《とうじ》を下賜した。国史である『続日本後記《しょくにほんこうき》』の編纂者で、『大僧都空《だいそうずくう》海伝《かいでん》』を著した。

武宗【ぶそう】八一四年〜八四六年。中国、唐の第十五代皇帝（在位八四〇〜八四六）。穆宗《ぼくそう》の第五子で文《ぶん》宗《そう》の弟。文宗の死後、神策軍派の宦官《かんがん》に擁立され即位した。道教を崇拝し「会昌《かいしょう》の廃仏」と称される大規模な廃仏を行った。入唐《にっとう》僧の円仁《えんにん》はこの弾圧に遭遇し、著書『入唐求法巡礼行記《にっとうぐほうじゅんれいこうき》』に記録している。武宗は八四六年、道教の霊薬、仙丹の中毒によって死去した。

仏性【ぶっしょう】仏の本性、あるいは仏になる可能性のこと。如来蔵《にょらいぞう》とほぼ同義。真言宗では悉有仏性《しつうぶっしょう》を説き、すべてのものに仏性がそなわっているとする。また、成仏とはこの仏性が顕《あらわ》れることであり、真言宗の根本義である即身成仏は、現世でそれを可能とする考え方である。

仏身論【ぶっしんろん】覚者である釈迦の身体に対する考え方が発達し、その本質について様々な理論的考察がなされて仏身論となった。部派仏教時代には釈迦生身《しょうじん》と、その不滅の教法・功徳である法身《ほっしん》の二身説、大乗仏教では宇宙の真理そのものを法身とし、仏となるための修行を完成させた報果としての仏身である報身《ほうじん》、衆生救済のためにこの世に出現した応身《おうじん》の三身説が基本的な考え方で、さらに四身説などに発展した。真言宗ではすべての仏を大日如来の働きと見るため、これらの仏身をすべて法身として、自性《じしょう》身・受用《じゅゆう》身・変化《へんげ》身・等流《とうる》身の四種法身《ししゅほっしん》を説き、曼荼羅の諸尊に配す。また、本地身（本地法身）・加持身を立てる。

不動明王【ふどうみょうおう】　梵名アチャラナータ（Acalanatha・阿遮羅嚢他）。もとはインドのシヴァ神の異名で、仏教に取り入れられた。大日如来の教令輪《きょうりょうりん》身《じん》、つまり教化しがたい衆生を忿怒《ふんぬ》の形相で屈服させ導き、また仏敵の命根を断つために現れる存在である。また、行者に奉仕して食べ物の残りを受ける残食供養をし、行者の成道を助けるという。五大明王・八大明王の主尊。胎蔵曼荼羅《たいぞうまんだら》では持明院《じみょういん》に配される。

付法の八祖【ふほうのはっそ】　密教では教理と実践の肝要を師から弟子へと伝える師資相承《ししそうじょう》を重要視し、古来より今日に至るまで脈々と受け継がれている。空海の著作である『秘密曼荼羅教付法伝《ひみつまんだらきょうふほうでん》』（『広付法《こうふほう》伝《でん》』）には真言密教の成立から相承の詳細を伝記などとともに記しているが、ここで示される、大日如来・金剛薩埵《こんごうさった》・龍猛《りゅうみょう》・龍智《りゅうち》・金剛智《こんごうち》・不空《ふくう》・恵果《けいか》に空海を加えて付法の八祖という。

文鏡秘府論【ぶんきょうひふろん】　空海著。六巻。著作年代については本書の略本である『文筆眼心抄《ぶんぴつがんじんしょう》』に記された弘仁十一年（八二〇）五月以前ということ以外明らかではない。本書は中国の六朝《りくちょう》時代から唐代までの文学理論書を詩文創作の手引きとして編纂したもので、空海自身の文章は序文のみであるため著者というよりもむしろ編者である。しかし、序文に「整理して重複を削って」とあるように、資料を整理・取捨・分類して一つの理論・評論書としての内容にまとめており、また資料のなかには逸書が多いことなどからも、貴重なものとして高く評価されている。『文筆眼心抄』は本書の分量を三割から四割に減らして再編したもの。

平城天皇灌頂文【へいぜいてんのうかんじょうもん】　弘仁十三年（八二二）に、空海が平城天皇に東大寺真言院の灌頂《かんじょう》道場で灌頂を授けた際の風誦文《ふじゅもん》であると考えられている。詳しくは『大和尚奉為平安城太上天皇灌頂文』といわれるが、後人のつけた題であり、「安」の文字は誤りであるとされる。四つの文からなり、密教戒である三昧耶戒《さんまやかい》について詳しく論じている。四の文は『三昧耶戒序《さんまやかいじょ》』と同文である。また、もとは四つの文ではなく、『三昧耶戒序』と同文の四の文を除く、最初の三つの文のみの構成であるとする説もある。

別尊曼荼羅【べっそんまんだら】　都会《とえ》曼荼羅に対し、一尊の別徳を表す曼荼羅。特定の一尊を中心に、関係のある諸尊を配置する。除災を祈る息災法《そくさいほう》、福徳や利益の増進を祈る増益法《そうやくほう》、和合・親睦を祈る敬愛法《けいあいほう》、悪人・悪心を抑える調伏法《ちょうぶくほう》、といった四種法の本尊として、現世利益《げんぜりやく》の目的に用いられることが多い。

別当【べっとう】　諸大寺に置かれ、寺院運営の総責任者として一山を統括した職。僧綱《そうごう》から任ぜられた大別当・正別当のほか、僧綱でないが補任《ぶにん》された小別当《しょうべっとう》、堂塔の修理などを担当する権別当《ごんべっとう》（修理別当）、俗人の官人で宗内の庶務を処理する俗別当《ぞくべっとう》などの種類がある。

弁顕密二教論【べんけんみつにきょうろん】　空海著。二巻。十巻章の一つで顕密二教の教判書《きょうはんしょ》。『十住心論《じゅうじゅうしんろん》』と『秘蔵宝鑰《ひぞうほうやく》』が竪《しゅ》の教判といわれるのに対し、本書は横《おう》の教判といわれる。成立年代については諸説あるが、弘仁六年（八一五）ころの著作と推定されている。六経三論と呼ばれる『五秘密儀軌《ごひみつぎき》』『瑜祇経《ゆぎきょう》』『分別聖位経《ふんべつしょういぎょう》』『大日経《だいにちきょう》』『入楞伽経《にゅうりょうがきょう》』『金剛頂大教王経《こんごうちょうだいきょうおうきょう》』の六つの経と『菩提心論《ぼだいしんろん》』『大智度論《だいちどろん》』『釈摩訶衍論《しゃくまかえんろん》』の三つの論書などを引用し、顕教と密教の浅深等について論証する。その論点は次の四つである。①能説の仏身：顕教では報身・応身の仏によって説法が行われるが、密教は法身《ほっしん》が説法する。②所説の教法：果分不可説・可説の問題。③成仏の遅速：顕教では三劫成仏を説くが、密教は即身成仏を説く。④教益の勝劣：顕教では救われないような人も密教では救われるとしている。

遍照金剛【へんじょうこんごう】　大日如来の密号（別号）で、その智慧の光があまねく一切の世界を照らし、金剛のように不滅であるから遍照金剛という。また、空海の灌頂号《かんじょうごう》。空海の灌頂号が大日如来の密号と同名であるのは、空海が唐で恵果《けいか》から灌頂を受けた際、投華得仏《とうけとくぶつ》によって大日如来を得仏したことに由来する。現在真言宗徒は空海を尊崇する言葉として「南無遍照金剛」あるいは「南無大師遍照金剛」と唱える。

法会【ほうえ】　僧俗が集まって法を説き、施物を供養して仏を讃嘆する仏教儀式で、法要・法事・斎会《さいえ》などともいう。釈迦の誕生を祝う降誕会《ごうたんえ》、釈迦の成道《じょうどう》の日に行われる成道会などは古くからインド・中国でも行われ、また釈迦十大弟子の一人、目連尊者《もくれんそんじゃ》の母を供養したとされる伝説が起源の盂蘭盆会《うらぼんえ》は、今日の日本で広く行われている。日本では降誕会や盂蘭盆会の成立が比較的早いといわれ、推古天皇十四年（六〇六）に行われたと推定されている。また仁《にん》王会《のうえ》などの鎮護国家を目的とした法会が早くから行われていたと考えられている。現在においては一般的なものから暦に関連したもの、各宗各派各寺の祖師・先徳の法会など極めて種類が多い。大般若会・修正会《しゅしょうえ》・節分会・彼岸会・施餓鬼会・万灯会《まんどうえ》・御《み》影供《えく》・星供・報恩講《ほうおんこう》などがある。

法界定印【ほうかいじょういん】　胎蔵大日如来《たいぞうだいにちにょらい》が結ぶ印。左右の手の指を伸ばし、膝上で左を下に仰向けに重ね、親指を合わせる。

法蔵【ほうぞう】　六四三年～七一二年。中国唐代の僧。長安出身で智儼《ちごん》に華厳経《けごんきょう》を学んだ。六七〇年に出家、華厳教学を大成した。華厳宗の第三祖。賢首《げんじゅ》大師・香象《こうぞう》大師などと呼ばれた。『華厳経探玄記《けごんきょうたんげんき》』『華厳《けごん》五教章《ごきょうしょう》』をはじめ、多数の著作がある。

方便【ほうべん】　サンスクリット語ウパーヤ（upāya）の訳で、原義は接近・到達などの意。仏教では衆生を導くための巧みな手だてのことをいう。大乗仏教で強調され、諸宗で様々な説がある。顕教《けんぎょう》では真実の悟りの智慧《ちえ》から仮託されたものとするが、密教では『大日経《だいにちきょう》』の「三句《さんぐ》の法門《ほうもん》」で「方便《ほうべん》を究竟《くきょう》とす」と説かれるように、これを究極のものとしてとらえ仮実の区別をせず、智慧そのものの働きとする。

法華経【ほけきょう】　『妙法蓮華経《みょうほうれんげきょう》』の略。八巻二十八章。鳩摩羅什《くまらじゅう》訳（四〇六年）で、異訳に竺法護《じくほうご》訳『正法華経』（二八六年）、闍那崛多《じゃなくった》・達摩笈多《だるまぎゅうた》共訳『添品《てんぼん》妙法蓮華経』（六〇一年）があるが、羅什訳のものが最も広く流布している。紀元前後の成立とされる、初期大乗仏教を代表する経典の一つ。声聞《しょうもん》・縁覚《えんがく》・菩薩の三乗は本来一つで、仏が仮に三つに分けて説いただけであるとする一乗思想と、肉身の釈迦は仮に現れた仏であり、その背後には遠い過去にすでに成仏した不滅の仏（法身《ほっしん》）が実在するという久遠実《くおんじつ》成《じょう》の思想が特に重要。また、本経は教えを説くにあたり、随所に巧みな比喩《ひゆ》が多用されていることも特徴。天台宗・日蓮宗の根本経典。「観世音菩薩普門《かんぜおんぼさつふもん》品《ぼん》第二十五」は『観音経《かんのんきょう》』として広く普及している。

法華経開題【ほけきょうかいだい】　空海著。次の三本が知られている。①「開示茲大乗経本《かいじしだいじょうきょうほん》」、②「重円性《じゅうえんしょう》海本《かいほん》」、③「殑河女人本《ごうがにょにんほん》」。また『法華経』を開題した空海の著作として『法華経釈《ほけきょうしゃく》』と『法華経密号《ほけきょうみつごう》』がある。いずれも『法華経』を密教の立場から理解し、解説している。五本のうち成立年代が明らかなのは、天長六年（八二九）の「殑河女人本」と、承和元年（八三四）の『法華経釈』の二本のみで、『法華経密号』は真撰ではないとする説もある。

菩薩【ぼさつ】　サンスクリット語ボーディ・サットヴァ（bodhi-sattva）の音写。菩提薩埵《ぼだいさった》の略。覚有情・開士・大士などと漢訳され、悟りを求める人を意味する。釈迦がこの世で悟りを得たのは、過去に幾多の生を菩薩として積んだ善行に基づくとし、釈迦の前世の姿を描いた前生物語（ジャータカ）で、釈尊の前世を菩薩と呼ぶ。これが後に大乗仏教における修行者を指す言葉となった。また、文殊《もんじゅ》・普賢《ふげん》・観音・地蔵など、大乗仏教の経典に登場する菩薩は、すでに悟りを得たにもかかわらず、成仏をせず衆生を救済する活動を続ける存在とされる。また、朝廷から高僧に諡号《しごう》として菩薩の名を賜わることがあった。

菩提【ぼだい】　サンスクリット語ボーディ（bodhi）の音写で覚・智・知・道などと訳す。仏・縁覚《えんがく》・声聞《しょうもん》それぞれが果として得る悟りの智慧《ちえ》。このうち、仏の菩提を最高のものとして阿耨多羅三藐三菩提《あのくたらさんみゃくさんぼだい》といい、無上菩提・無上正等覚などと漢訳す。

菩提心【ぼだいしん】　原語はサンスクリット語ボーディ・チッタ（bodhi-citta）。無上菩提《むじょうぼだい》（仏の最高の菩提）

を求めようとする心のこと。この心を起こすことを発菩提心《ほつぼだいしん》（発心）といい、修行の出発点とされる。『大日経《だいにちきょう》』では菩提と心を不二《ふに》とするため、密教では菩提心を悟りそのものと考える。

菩提心論【ぼだいしんろん】 詳しくは『金剛頂瑜伽中《こんごうちょうゆがちゅう》発阿耨多羅三藐三菩提心論《ほつあのくたらさんみゃくさんぼだいしんろん》』といい、『発菩提心《ほつぼだいしん》論《ろん》』などともいう。龍猛《りゅうみょう》造・不空《ふくう》訳と伝えられるが、龍猛造を否定する説もある。阿耨多羅三藐三菩提心とは最上の悟りを求める心を意味し、本書はこれを密教の立場から行願《ぎょうがん》菩提心・勝義《しょうぎ》菩提心・三摩地《さんまじ》菩提心の三種菩提心に分けて説く。三種菩提心のうち、三摩地菩提心は顕教では説かないものとして強調し、月輪観《がちりんかん》・阿字観《あじかん》・五相成身観《ごそうじょうじんかん》などの密教観法について述べている。空海は本書を教学の重要な典拠とした。

法身【ほっしん】 一般的には仏身論における三身、法《ほっ》身《しん》・報身《ほうじん》・応身《おうじん》の一つで、仏の悟りの真理そのもの、あるいはそれを身体とするものを法身という。顕教における法身は説法することのない沈黙の理仏であるが、空海は法身説法を説き、密教の特色の一つとした。密教では法身を四つに分け、自性《じしょう》・受用《じゅゆう》・変《へん》化《げ》・等流《とうる》の四種《ししゅ》法身とする。また、法身を二つに区別し、胎蔵《たいぞう》の理法身大日如来と、金剛界《こんごうかい》の智法身大日如来を立て、理智不二《りちふに》とする。

法相宗【ほっそうしゅう】 中国唐代に玄奘《げんじょう》の弟子窺基《きき》が開いた宗派。唯識宗《ゆいしきしゅう》・慈恩宗《じおんしゅう》などともいわれる。インドで無著《むじゃく》・世親《せしん》が大成した唯識論を学んだ玄奘が唐にもたらし訳出した『成唯識論《じょうゆいしきろん》』を中心に、『解《げ》深密経《じんみっきょう》』などの経論をよりどころとする。日本には白雉四年（六五三）に入唐《にっとう》した道昭《どうしょう》が伝えたのをはじめに、四次にわたって伝えられ、南都六宗《なんとろくしゅう》の一つとなった。

梵字悉曇【ぼんじしったん】 古代インドで用いられていたブラーフミー文字の系統で、四世紀から六世紀ころ北インドで繁栄したグプタ王朝で使用されていたグプタ文字の一派生であるシッダマートリカー（siddhamātrikā）文字が、仏教とともに中国・日本に伝来し、悉曇と呼ばれた。サンスクリット語シッダム（siddhaṃ）の音訳で成就を意味する。現在、一般的に梵字と呼ばれている文字。文字体系上の表音文字に分類され、摩多《また》と呼ばれる母音字と体文《たいもん》と呼ばれる随伴母音を伴う子音字からなり、これらを字母と呼ぶ。字母の数については諸説ある。体文に母音符号をつけて随伴母音を変化させ、また随伴母音を脱落させ子音を連続させる際には文字を合成させる。これらを組織的に示したものを悉曇章《しったんじょう》といい、十八の法則にしたがって作られたものを悉曇十八章という。梵字悉曇は奈良時代には日本に伝来していたと考えられているが、学習が困難だったため研究などは進まず、平安期の密教伝来に伴い悉曇章なども請来《しょうらい》され、研究・学習が盛んになった。特に真言宗では声字実相《しょうじじっそう》の立場からこれを重視し、真言・陀羅尼の文字として読誦・書写し、観法《かんぼう》にもこれを用いる。

梵字悉曇字母并釈義【ぼんじしったんじぼならびにしゃくぎ】
空海著。著作年代は不明だが、唐からの帰朝後、弘仁五年（八一四）以前のものとされ、初の国産悉曇《しったん》学書籍として知られている。梵字の起源・字相・字義・陀羅尼《だらに》等の解説し、中心部分に『瑜伽金剛頂《ゆがこんごうちょう》経釈字母品《ぎょうしゃくじもほん》』のものと思われる字母を引用して形・音・義を示した後、その功徳等を説くという構成になっている。最初期の空海の梵字・真言・陀羅尼観が示されている重要な著作。

本地垂迹【ほんじすいじゃく】　仏教の仏・菩薩が本地で日本古来の神々を垂迹とする考え方。本地は本来の姿・本性で、垂迹は仮の姿で現れること。仏教は伝播の過程でその土地本来の土着の神々などを包摂する傾向があり、日本への仏教伝来後、徐々に神仏習合が進んだ。本地垂迹はこうした神仏習合思想の一つで、『法華経《ほけきょう》』や『大日経《だいにちきょう》』の教説に由来する。平安時代以降理論化（本地垂迹説）され定着、鎌倉時代以降には美術作品も生んだ。室町時代になると神道家が神仏の立場を逆転させる神本仏迹説を立てたが、本地垂迹説は庶民の間にも広く浸透し、明治維新後の神仏分離令まで続いた。

梵天【ぼんてん】　梵名ブラフマン（Brahman）。十二天の一つ。古代インドで万物の根源ブラフマンを神格化し最高神としたブラフマーが仏教に取り入れられ、帝釈天とともに仏法守護神となった。釈迦が悟りを開いた後、それを広めることをためらっていたところ、梵天が現れて説法を乞う梵天勧請《ぼんてんかんじょう》の説話がある。胎蔵曼荼羅《たいぞうまんだら》では最外院《さいげいん》東方、金剛界《こんごうかい》曼荼羅では外院二十天の東方に描かれる。

梵網経【ぼんもうきょう】 詳しくは『梵網経盧遮那仏説《ぼうもんきょうるしゃなぶっせつ》菩薩心戒品《ぼさつしんかいほん》第十』という。二巻。鳩摩羅什《くまらじゅう》訳として伝わるが、中国で撰述されたとする説が多い。五世紀に成立したと考えられている。広本のうちの菩薩の階位と戒律に関する一品であるという。上巻に菩薩の向上心を説き、下巻に大乗戒を説く。最澄が本経を根拠に、南都の戒壇に対し、独立した大乗戒壇を比叡山《ひえいざん》に設立することを主張し、没後に実現したことは、日本の仏教史上重要。

梵網経開題【ぼんもうきょうかいだい】 空海著。一巻。『梵網経盧遮那仏説菩薩心戒品《ぼんもうきょうるしゃなぶっせつぼさつしんかいほん》』(『梵網経』)の大意を真言密教の立場から略説したもの。経全体を大曼荼羅《だいまんだら》、三昧耶《さんまや》曼荼羅、法《ほう》曼荼羅、羯磨《かつま》曼荼羅の四種曼荼羅にあてて解説し、この経を大乗仏教経典ではなく、独自の解釈で密教経典とする姿勢が表れている。また、本書は空海の三昧耶戒思想との関連が指摘され、重要視されている。成立年代は不明。

ま行

益田池【ますだいけ】 奈良県橿原《かしはら》市にあった灌漑《かんがい》用池で、現在は堤の跡が一部残っているのみである。弘仁十三年(八二二)に藤原三守《ふじわらのただもり》と紀末成《きのすえなり》が計画し、空海の弟子真円《しんえん》とともに工事に着手したが、途中で藤原三守は辞任、紀末成は越前へ赴任することとなる。その後、伴国道《とものくにみち》と藤原藤広《ふじわらのふじひろ》が後任者として工事を監督し、天長二年(八二五)完成した。完成の際に空海は工事の事情などを碑銘に書き、碑銘そのものは失われたが、模本が『益田池碑銘并序《ますだいけひめいならびにじょ》』(重要文化財)として知られている。

曼荼羅【まんだら】 サンスクリット語で「本質を有する

もの」の意。密教で仏の悟りの境地を視覚的に表現したもの。空海は曼荼羅に次の四種を立てる。①大《だい》曼荼羅：宇宙全体の様相を諸尊の形像《ぎょうぞう》として描いたもの。②三昧耶《さんまや》曼荼羅：諸尊が衆生《しゅじょう》救済のために起こした誓願《せいがん》を、各尊を象徴的に表す持物や印相で表現したもの。③法《ほう》曼荼羅：諸尊を梵字《ぼんじ》一字で象徴した種字《しゅじ》で、仏の悟りの内容を表現したもの。④羯《かつ》磨《ま》曼荼羅：諸尊の行為や働きを、木像や鋳像、塑像などで立体的に表現したもの。また、別の視点から曼荼羅は二種に大別される。一つは真言宗の所依の経典で両部《りょうぶ》の大経《だいきょう》と呼ばれる『金剛頂経《こんごうちょうぎょう》』『大日《だいにち》経《きょう》』に基づき描かれた金剛界《こんごうかい》曼荼羅と胎蔵《たいぞう》曼荼羅で、これらを都会《とえ》曼荼羅、また両部《りょうぶ》曼荼羅などという。都会曼荼羅が教理を総合的に示すものであるのに対し、個別の一尊の徳を表すものを別尊《べっそん》曼荼羅という。

満濃池【まんのういけ】　香川県仲多度郡まんのう町にある灌漑《かんがい》用池。大宝年間（七〇一～七〇四）に築造されたがたびたび決壊したため、弘仁十二年（八二一）に空海が築池別当《べっとう》として派遣され、改修工事を監督・指揮してこれを完成させた。空海が行った社会事業の一つとして知られている。

御影供【みえく】　真言宗で宗祖弘法大師空海への供養と恩徳報謝のために行われる法会。延喜十年（九一〇）に東寺《とうじ》灌頂院《かんじょういん》で長者の観賢《かんげん》が行ったのが始まりとされる。空海入定《にゅうじょう》の三月二十一日の正《しょう》御影供と、毎月二十一日に行われる月並《つきなみ》御影供とがある。

密教【みっきょう】　秘密仏教の略称で顕教《けんぎょう》に対する語。顕教が言葉や文字によって教義を説くのに対し、密教は言語では表現することができない仏の悟りの内容そのものを伝えるものであり、そのため神秘性・象徴性・呪術的性格を持ち、師資相承や儀礼を重んじる。除災招福などを祈る呪文や呪法などの密教的な諸要素は古くからインドにあり、原始仏教の時代には教団がこれらを世俗的なものとして禁止したとされる。しかし後にこれらを認める傾向が現れ、呪術的要素を含む経典が作られるようになる。一方、七世紀から八世紀ころには理論的根拠や実践的方法を確立した『大日経《だいにちきょう》』『金剛頂経《こんごうちょうぎょう》』が成立する。日本では、体系化されていない散在的な密教を雑密《ぞうみつ》、『大日経』『金剛頂経』によって系統づけられた密教を純密《じゅんみつ》という。インドでは『大日経』と『金剛頂経』を別個のものとするが、これらが中国にもたらされると、両経ともに伝える恵果《けいか》によって不二《ふに》のものとされ、空海が日本に伝えて真言宗の根本経典とし、真言密教として大成した。また、密教はインドからチベット・モンゴルへも伝わり、土着の信仰と結びついて独自の展開をした。

弥勒菩薩【みろくぼさつ】　梵名をマイトレーヤ（Maitreya）といい、慈氏と漢訳する。釈迦の弟子だったが、釈迦入滅後五十六億七千万年後に人間の娑婆《しゃば》世界に下生して龍華樹の下で成道し、衆生を救済することを約束された未来仏。現在は菩薩として兜率天《とそつてん》で修行をしながら説法しているという。胎蔵曼荼羅《たいぞうまんだら》では中台八葉院《ちゅうだいはちよういん》の東北に、金剛界《こんごうかい》曼荼羅では賢劫《げんごう》十六尊の東方の北端に描かれる。

牟尼室利【むにしり】　生年不詳～八〇六年。中国唐代の僧で、北インド出身。寂黙と漢訳する。那爛陀寺《なあらんだじ》で出家受戒《じゅかい》、仏教を学んだ後、七九三年に那爛陀寺を出発、八〇〇年に長安の興善寺《こうぜんじ》に至った。八〇三年に醴泉寺《れいせんじ》の僧となり、慈恩寺《じおんじ》で経典の翻訳に従事し、八〇六年に慈恩寺で没したと伝えられている。般若《はんにゃ》と同じく那爛陀寺で学んだ訳経僧《やっきょうそう》で、空海は般若とこの牟尼室利から梵語やインドの哲学を学んだという。

室戸崎【むろとざき】　高知県南東部に位置する、太平洋に突き出た岬《みさき》。室戸岬《むろとみさき》。岩礁《がんしょう》や奇岩が多く見られ、また台風がしばしば通過、上陸する。空海修行の地として知られる。空海は十九歳のころから山岳修行に身を投じたとされるが、『三教指帰《さんごうしいき》』や『御遺告《ごゆいごう》』等の記述から、「一沙門《いちしゃもん》」から授けられた虚空蔵求《こくうぞうぐ》聞持法《もんじほう》をこの地で修したとされている。岬の東側にある海蝕洞、御厨人窟《みくろど》はその修行の場といわれ、空海はその最中に明星が口に入るという霊験を得たという。

文殊菩薩【もんじゅぼさつ】　梵名をマンジュシュリー（Mañ

juśrī）といい、文殊は音訳の文殊師利の略。大乗仏教の代表的な菩薩であるが、釈迦入滅《にゅうめつ》後にインドで生まれ、経典結集にも関わった実在の人物とする説がある。悟りに至るための智慧《ちえ》を本誓とし、大乗経典では出家菩薩の中心的存在として登場する。釈迦の脇侍で普賢《ふげん》菩薩とともに釈迦三尊の一つ。胎蔵《たいぞう》曼荼羅《まんだら》では中台八葉院《ちゅうだいはちよういん》の南西、また文殊院の中尊として描かれている。また、金剛界《こんごうかい》曼荼羅では金剛利菩薩として三十七尊の一つとして西輪の南に配され、賢劫《げんごう》十六尊の無尽意菩薩も同体とされる。

や行

益信【やくしん】　天長四年（八二七）～延喜六年（九〇六）。平安時代前期の真言宗の僧で、備後《びんご》の人。大安寺《だいあんじ》で出家し、元興寺《がんごうじ》の明詮《みょうせん》に法相《ほっそう》を学んだ。その後、東《とう》寺《じ》の宗叡《しゅうえい》に密教を学び、仁和三年（八八七）源仁《げんにん》に灌頂《かんじょう》を受ける。寛平三年（八九一）、東寺第七世長者、寛平六年（八九四）東大寺別当《べっとう》。宇多《うだ》天皇出家の際の戒師《かいし》で、延喜元年（九〇一）年には伝法灌頂《でんぽうかんじょう》を授ける。真言宗事相《じそう》二流の一、広沢流の祖。諡号《しごう》は本《ほん》覚《がく》大師。

訳経僧【やっきょうそう】　主にサンスクリット語で書かれた仏典を漢語に翻訳することを訳経といい、訳経に従事する僧を訳経僧という。訳経僧は三蔵（経・律・論）に精通しているとして、訳経三蔵・三蔵法師・三蔵などと尊称された。鳩摩羅什《くまらじゅう》・真諦《しんたい》・玄《げん》奘《じょう》・不空《ふくう》の四人を四大訳経僧といい、玄奘より前の訳経を旧訳、玄奘以後の訳経を新訳と区分する。また、鳩摩羅什より前の訳経を古訳として区別することがある。霊仙《りょうせん》は日本人で唯一、三蔵と称された訳経僧。

唯識【ゆいしき】　あらゆる存在および現象は、心の認識作用によって仮に表れたものであり、認識を離れた実在はあり得ない（唯識無境）とする教説。四世紀ころ、インドで弥勒《みろく》を開祖と伝える瑜伽行《ゆがぎょう》唯識学派によって唱えられた思想で、瑜伽の実践を重視した。無著《むじゃく》・世親《せしん》らによって理論体系が大成され、那《なあ》爛陀寺《らんだじ》などでも盛んに研究された。七世紀に那爛陀寺で学んだ玄奘《げんじょう》は唐に帰って弟子に伝え、法相宗《ほっそうしゅう》の根本経義となった。日本には奈良時代に伝えられた。

瑜伽【ゆが】 サンスクリット語のヨーガ（yoga）の音写で相応と漢訳される。古代インド発祥の、座禅や瞑想《めいそう》による宗教的実践のことで、心とその働きを制御し、心身統一の境地に入ることを目的とする。古来インドの哲学・宗教はヨーガを説くが、仏教においても瑜伽行唯識《ゆがぎょうゆいしき》学派など瑜伽が教理の中心となる学派が生まれ、より深く研究されることとなった。真言密教もこのような思想の影響を強く受けており、三密瑜伽を実践の中核としている。

ら行

理趣経【りしゅきょう】 不空《ふくう》訳。詳しくは『大楽金剛不《たいらきんこうふ》空真実三摩耶経般若波羅蜜多理趣品《こうしんじつさんまやけいはんにゃはらみたりしゅぼん》』といい、『般《はん》若理趣経《にゃりしゅきょう》』とも略す。類本が多く、サンスクリット本・チベット訳・漢訳合わせて十種類が伝えられているが、単に『理趣経』といった場合、この『般若理趣経』を指す。また、『金剛頂経』十八会のうち、第六会の一部に相当するともいわれる。密教の根本を説いた経典として重視され、真言宗各派で常用経典として読誦される。十七の段からなり、一切諸法は本来自性清浄であることを説く。真実の智慧の眼で観察すれば、人間の欲望でさえ清浄であるとする、初段の「十七清浄句」がよく知られている。一般的に経典は呉音で読誦するものが多いが、真言宗では『理趣経』を漢音で読誦する。

理趣経開題【りしゅきょうかいだい】『理趣経』を解説したもので、空海著。①「弟子帰命本《でしきみょうほん》」、②「生死之《しょうじの》河本《かわほん》」、③「将釈此経本《しょうしゃくしきょうほん》」の三種がある。このうち「弟子帰命本」は前文に「忠延《ちゅうえん》師の先妣《せんぴ》の為に理趣経を講ずる文」とあり、同文（「弟子帰命」から「仰願」まで）が『性霊集《しょうりょうしゅう》』巻八に収められていることから、空海が弟子の忠延の亡母供養のために『理趣経』を写し、講演したものとして知られる。また、「生死之河本」の前文には「施主のために『理趣般若経』

を講ずる文」とあり、文中に「皈真《きしん》先妣のおんために『理趣般若経』『尊勝陀羅尼』等を書写して」とあることから、やはり施主の亡母のための供養に際して講演したものである。「将釈此経本」は三つのなかで最も短く、大意・釈題目・入文判釈の三つに分けて解釈している。

理趣釈経【りしゅしゃっきょう】不空《ふくう》訳。詳しくは『大楽《たいら》金剛《きんこう》不空《ふこう》真実《しんじつ》三昧耶《さんまや》経《けい》般若波羅蜜多《はんにゃはらみた》理趣釈《りしゅしゃく》』といい、『般若理趣釈』『釈経』などとも略す。『理趣経』の注釈書のうち唯一の漢訳本で、特に東密では本書を重視する。空海・円仁《えんにん》・円珍《えんちん》・恵運《えうん》が請来《しょうらい》。台《たい》密《みっ》では不空作とする。曼荼羅《まんだら》上の方位なども示され、理趣経《りしゅきょう》曼荼羅の成立にも関わっているとされる。最澄が空海に本書の借用を求めたが断られたことがよく知られており、空海が本書を重要視していたこともうかがえる。

律令制【りつりょうせい】古代日本において、律令を基本法として形成された中央集権的な政治制度。律令は中国の随・唐にならって制定された基本法で、律は刑罰、令は律以外の法規で主に一般行政に相当する。七世紀後半の近江令《おうみりょう》（存在を疑う説もある）、飛鳥浄御原令《あすかきよみはらりょう》の編纂によって骨格が形成され、大宝元年（七〇一）律・令を完備した大宝律令の制定・施行によって律令制が確立した。寺院や僧もこの制度下に置かれ、得度《とくど》や受戒《じゅかい》なども制限された。

狸毛筆奉献表【りもうひつほうけんひょう】空海は筆生の坂名井清川《さかないきよかわ》に唐で見聞した技法を教えて筆を作らせた。この筆を空海が嵯峨《さが》天皇に献上した際に書いたと伝えられる上表文。楷・行・草・写経用の狸毛筆四本で、弘仁三年（八一二）六月七日とある。空海と嵯峨天皇は橘逸勢《たちばなのはやなり》とともに三筆と称される能筆家。醍醐《だいご》寺蔵。国宝。

略付法伝【りゃくふほうでん】空海著。詳しくは『真言《しんごん》付法伝《ふほうでん》』という。『秘密曼荼羅教付法伝《ひみつまんだらきょうふほうでん》』が広付法《こうふほう》伝《でん》と呼ばれるのに対し、略付法伝という。一巻で、大日如来・金剛薩埵《こんごうさった》・龍猛《りゅうみょう》・龍智《りゅうち》・金剛智《こんごうち》・不空《ふくう》・恵果《けいか》の七祖に加え、善無畏《ぜんむい》・一行《いちぎょう》の略伝を記している。広本が付法の祖師について記述しているのに対し、略本は伝持《でんじ》の祖師である善無畏・一行を含む。奥書に弘仁十二年（八二一）九月六日の日付があることから、広付法伝はそれ以前の著作と考えられている。

龍樹【りゅうじゅ】 原名はナーガールジュナ（Nāgārjuna）で龍猛《りゅうみょう》とも呼ばれる。二世紀中葉〜三世紀中葉。南インド出身。幼少のころから優秀で当時のインド諸思想に通じ、出家して部派仏教を学んだ。その後、北インド雪山で老比丘から大乗経典を授かってこれを学び、あらゆる思想・哲学・仏典に精通した。『中論《ちゅうろん》』を著して「空」の理論を大成し、大乗仏教の哲学的な基礎を築いた。その教学が後世の仏教に与えた影響は大きく、インド・中国・日本・チベットなど仏教圏の広い範囲で崇拝されている。『中論』などを基本典籍とする中観《ちゅうがん》派の祖。また日本では南《なん》都六宗《とろくしゅう》・真言宗・天台宗を合わせた八宗の祖として仰がれている。

龍智【りゅうち】 原名ナーガボーディ（Nāgabodhi）。南インド出身といわれ、密教付法の第四祖。付法の第三祖である龍猛《りゅうみょう》の弟子で第五祖金剛智《こんごうち》の師とされるが、龍猛が龍樹と同一人物であるとするならば、龍猛と金剛智の間には少なくとも約五百年以上の時代の開きがあり、また記録が乏しいこともあって、年齢が七百歳に達するなどの長寿伝説がある。

龍猛【りゅうみょう】 原名はナーガールジュナ（Nāgārjuna）。真言宗付法《ふほう》の第三祖。龍樹《りゅうじゅ》と原名が同じことなどから同一人物とされるが、歴史上の記録に名が見られる第五祖の金剛智《こんごうち》などとの時代的な開きがあることから疑問視されている。密教では龍猛が南天の鉄塔で金剛薩埵《こんごうさった》から両部大経《りょうぶだいきょう》（または金剛頂《こんごうちょう》経《ぎょう》のみ）を授けられたと伝え、真言宗では付法の八祖（第三祖）、伝持《でんじ》の八祖（初祖）の一人に数えられる。

両部の大経【りょうぶのだいきょう】 真言宗が所依とする『金剛頂経《こんごうちょうぎょう》』『大日経《だいにちきょう》』の両経。真言密教の根本経典。宇宙の当体である大日如来の理念的な側面、働きや徳を説いた『大日経』と、悟りの境地に到達するための智慧《ちえ》の働きと実践を説いた『金剛頂経』は、本来別系統の経典であった。これらが中国に渡り、恵《けい》果《か》のもとで一つとなり、不二のものとして空海に継承された。

輪宝【りんぼう】　転輪聖王《てんりんじょうおう》の七宝の一で古代インドの投擲《とうてき》武器。この武器の破壊力に煩悩《ぼんのう》を打ち砕く仏法をたとえて法輪《ほうりん》といい、また説法を転法輪《てんぼうりん》という。仏法の象徴であり、密教ではこれをかたどった法具を大壇の荘厳や灌頂《かんじょう》の儀式に用いる。

留学生【るがくしょう】　空海が入唐する際に定められていた留学生の種類。短期で留学する者を「還学生《げんがくしょう》」といい、一定の学業成果がある者に認められ、滞在費用の全額を国が負担した。一方、長期にわたって留学する者を「留学生《るがくしょう》」といった。最澄は「還学生」として入唐《にっとう》したが、空海は「留学生」として入唐したため、長期滞在するための費用の大部分を自分で工面する必要があった。ただし、早々に恵果《けいか》から両《りょう》部《ぶ》の法を伝授されたため、予定を繰り上げ、およそ二年で帰国することとなった。

聾瞽指帰【ろうこしいき】　空海真筆。紙本墨書で二巻。延暦十六年（七九七）窮月始日（十二月一日）と記してあることから、空海二十四歳の著作である。内容は序文と巻末にある十韻の詩を除いて、空海の著作『三教指帰《さんごうしいき》』とほとんど同一であり、また同年同月日の成立であることなどから、本書を『三教指帰』の草稿本とする説がある。同時代の確実な書跡として貴重な遺品であり、国宝に指定されている。金剛峯寺《こんごうぶじ》蔵。

六趣【ろくしゅ】　六道《ろくどう》ともいう。衆生《しゅじょう》がそれぞれの行い（業《ごう》）によって趣き住むところを六つに分けた仏教の世界観。地獄趣《じごくしゅ》・餓鬼趣《がきしゅ》・畜生趣《ちくしょうしゅ》・修羅趣《しゅらしゅ》・人《にん》間趣《げんしゅ》・天趣《てんしゅ》。このうち下位三趣を三悪趣《さんあくしゅ》、あるいは人間趣より下位である四趣を四悪趣《しあくしゅ》などと呼ぶ場合がある。初期仏教では修羅を除く五趣としていた。

六大【ろくだい】　万物を構成する六つの根本要素で、地《ち》・水《すい》・火《か》・風《ふう》・空《くう》の五大に識《しき》を加えて六大とする。真言密教では体《たい》・相《そう》・用《ゆう》の三大説の視点からこれを体《たい》大《だい》とし、六大を万物の本体、具体的実在としてとらえ、六大体大という。この宇宙の本体を仏格化したのが大日如来である。空海は著作『即身成仏義《そくしんじょうぶつぎ》』に「六大無礙《むげ》にして常に瑜伽《ゆが》なり」といい、六大の相互関係を説く。つまり六大は互いに障《さわ》りなく、自在に調和、一体となる関係であり（異類無礙）、また仏の地大と衆生の地大、仏の水大と衆生の水大といった、仏と衆生における同類のものも、互いにそのような関係である（同類無礙）とする。この異類・同類の関係における本来的存在としての六大（法爾《ほうに》の六大）と、そこから現象として生じる六大（随縁《ずいえん》の六大）は不可分であり、これらの関係もまた無礙であるとする。このように衆生も仏も、一切の万物が六大によって結ばれているために、成仏が可能とするのが真言密教の特色であるといえる。

六器【ろっき】　修法壇に配置する金属製の仏具で鋺《わん》と受台が一組となっている。火舎《かしゃ》（金属製の香炉）の両側に三個ずつ計六個を対称に並べる。内側から閼《あ》伽《か》器・塗香《ずこう》器・花鬘《けまん》器と呼び、浄水や樒《しきみ》の葉を入れて修法の本尊の供養に用いる。

（阿部貴子・小峰智行）

附録

参考資料

空海と密教を学ぶ——学習の進め方

空海あるいは真言宗の学習を始めるにあたっては、まずは空海の全体像と密教についての基本的知識を踏まえることが必要である。

次に空海や密教の思想教理を学ぶ段階に移るのであるが、できるだけ正確に理解するためには、空海の著作や密教聖典に直接触れることである。

空海の著作を理解するためには、仏教一般の知識が必要であるとともに、漢籍など仏教以外の知識が求められることも覚悟しておきたい。空海の思想の根源となっている密教聖典を学ぶことも、空海理解のためには不可欠である。

なお、空海を理解するためには、文字に記された文献だけでは不十分である。特に金剛界曼荼羅《こんごうかいまんだら》や胎《たい》蔵《ぞう》曼荼羅に代表される曼荼羅図の理解は、極めて重要である。

空海や真言宗の世界は多岐にわたるので、大学、寺院、あるいは講座や講演会など様々な学びの機会を活用し、できるだけ多くの人に接し、指導を受けることが肝要である。

空海の著作と密教聖典

真言宗には、空海を学ぶための基本書として「十《じゅっ》巻章《かんじょう》」がある。「十巻章」とは、『即身成仏義《そくしんじょうぶつぎ》』一巻、『声字実相義《しょうじじっそうぎ》』一巻、『吽字義《うんじぎ》』一巻、『弁顕密二教《べんけんみつにきょう》論《ろん》』二巻、『秘蔵宝鑰《ひぞうほうやく》』三巻、『般若心経秘鍵《はんにゃしんぎょうひけん》』一巻、『菩提心論《ぼだいしんろん》』一巻の全十巻である。このうち『菩提心論』のみは龍猛《りゅうみょう》の著作とされているが、九巻は空海の著作である。

これらの著作は、空海の思想教理を学ぶためには欠かせないものである。しかし筆者がまず目を通してほしいと考えるのは、『三教指帰《さんごうしいき》』である。

『三教指帰』は、空海の出家宣言書とされる著作で、儒教・道教・仏教の比較を盛り込んだ戯曲《ぎきょく》形式の書である。日本最初の比較思想書ともいわれている。『三教指帰』からは、仏教を選ぶ、という青年空海の意志を読み取ることができる。対句《ついく》を多用し、また故事の引用が多いので、注釈の整ったテキストを選びたい。

その次に取り組んでほしいのが、『弁顕密二教論』である。密教と顕教《けんぎょう》という二つの教えを弁《わきま》えるという名のとおり、密教と顕教との対比という形式で書かれている。密教の優位性のみではない。空海が仏教全体をどのように理解し、整理しようとしていたのかが理解できる。密教と顕教との違いについて、『弁顕密二教論』を「総論」として、その他の著作を「各論」と位置づけて、著作の読解に進むのがよいのではないだろうか。

一方、学ぶべき密教聖典には、『大日経《だいにちきょう》』『金剛《こんごう》頂経《ちょうぎょう》』『理趣経《りしゅきょう》』などがある。これらの経典は曼荼《まんだ》羅《ら》を学ぶときに欠かせないが、いずれも難解であるので、まずは入門書から始め、やがて指導者について、正しく学ぶ必要がある。

なお、『理趣経』は、真言宗の読誦《どくじゅ》経典として朝夕のお勤め、法事や葬式など広く用いられている経典である。

学びの場

大学で学ぶ

密教や真言宗の教義について大学で学ぶという場合、自分自身がどんな立場で講義に参加するのか、将来何になろうとするのかなどによって、選択が変わってくる。本格的な学習を望み、資格等の取得を目指すなら、試験を受けて大学に入学し、カリキュラムに沿って総合的に学ぶべきだろう。一方で、聴きたい講義のみに絞り込んで、聴講生として講義に参加する方法もある。

市民向けに講座を公開している大学も多く、近年は、学外から受講生を迎えるためにますます力を注いでいる大学も多い。

真言宗と関わりのある大学には、

高野山大学　和歌山県伊都郡高野町高野山三八五
種智院大学　京都府京都市伏見区向島西定請七〇
人正大学　東京都豊島区西巣鴨三－二〇－一

などがある。

他の仏教系の大学でも、密教や真言宗に関わる講座を開設している場合がある。自身が何を学びたいのかを整理してから、積極的に問い合わせてみてほしい。

寺院で学ぶ

書物による学習には限界がある。実地に体験してみることが重要だ。

真言宗寺院で行われている修行に、「阿字観《あじかん》」がある。阿字を中心とする一種の瞑想法《めいそうほう》で、修行の体験にはもってこいである。広く告知している寺院もあるので、参加を打診してみたい。

そのほかにも、寺院の年中行事には様々なものがある。正月の元朝護摩《がんちょうごま》、二月の節分追儺式《せつぶんついなしき》、三月の春彼岸会《はるひがんえ》、四月の花祭《はなまつ》りなどのほか、一年を通じて行事が行われている。真言宗寺院にほぼ共通のもののほか、本尊縁日、星供《ほしく》、万灯会《まんどうえ》、法話会など、それぞれの寺院で独自に行われるものがある。一般公開されている場合が多いので、実地の学びの場として、積極的に参加してみたい。参加する際には、行事の意味を理解し、信仰に基づいたものであることを忘れずにいたい。

習い事を学ぶ

いわゆる学問だけではなく、身体を用いた学習も忘れてはいけない。

大学・寺院のほか様々な機関で、仏画・写仏・写経・詠歌《えいか》・悉曇《しったん》など、仏教関連の習い事の教室を開いている。

技術とともに、その背景となる教えについても学習することができ、密教の全体像を理解する助けになる。

寺院の行事と連動して発表会や展覧会が行われる場合もあり、そのときには寺院の活動を近い位置から感じることができるだろう。

宗派の教育機関

真言宗は多くの派に分かれており、各派がそれぞれ空海の教えを広めるために研究・呼びかけを行っている。一例として真言宗智山派では、研究・教育機関として、先に示した大正大学のほかに次のようなものがあり、それぞれ研究会や講習会など様々な活動を行っている。これらの機関の動向にも注意して、活動には積極的に参加したい。

智山専修学院　京都府京都市東山区東大路通七条下ル東瓦町九六四　智積院内

成田山勧学院　千葉県成田市成田一　成田山新勝寺内

智山伝法院　東京都港区愛宕一－三－八　智積院別院真福寺内

智山教化センター　同右

文献紹介

ここでは、空海と密教に関する文献を掲げた。空海の著作については、手軽な個別の著作のテキストも掲げたが、最終的には『定本弘法大師全集』が必要となる。これは図書館などで閲覧されたい。密教聖典については手軽なテキストのみを掲げたが、現在は入手しづらいものもある。

【入門書・概論書】

勝又俊教『密教の日本的展開』春秋社、一九七〇年
松長有慶『密教』岩波新書、一九九一年
高神覚昇『密教概論』大法輪閣、二〇〇四年
小峰彌彦監修『真言密教を探る』大正大学出版会、二〇〇九年
小峰彌彦監修『わが家の仏教・仏事としきたり真言

宗』日東書院本社、二〇〇九年
小峰彌彦『カラー版図解・曼荼羅の見方』大法輪閣、二〇〇九年
小峰彌彦監修『図解早わかり！　空海と真言宗』三笠書房、二〇一三年

【辞典】

佐和隆研著『密教辞典』法藏館、一九七九年
密教辞典編纂会『密教大辞典縮刷版』法藏館、一九八三年
金岡秀友編『空海辞典新装版』東京堂出版、一九九九年
福田亮成編『空海要語辞典』全三巻、山喜房仏書林、一九九八〜二〇〇八年
染川英輔・小峰彌彦・小山典勇・高橋尚夫・廣澤隆之『曼荼羅図典縮刷版』大法輪閣、二〇一三年

【空海の著作・入門書】

福永光司訳『空海「三教指帰」ほか』中公クラシックス、二〇〇三年
宮坂宥勝監修・頼富本宏訳注『空海コレクション一　秘蔵宝鑰、弁顕密二教論』ちくま学芸文庫、二〇〇四年
宮坂宥勝監修・頼富本宏ほか訳注『空海コレクション二　即身成仏義、声字実相義ほか』ちくま学芸文庫、二〇〇四年
加藤純隆・加藤精一訳『空海「三教指帰」』角川ソフィア文庫、二〇〇七年
加藤純隆・加藤精一訳『空海「秘蔵宝鑰」』角川ソフィア文庫、二〇一〇年
加藤精一編『空海「般若心経秘鍵」』角川ソフィア文庫、二〇一一年
加藤精一編『空海「即身成仏義」「声字実相義」「吽字義」』角川ソフィア文庫、二〇一三年
福田亮成校訂・訳注『空海コレクション三　秘密曼荼羅十住心論　上』ちくま学芸文庫、二〇一三年
福田亮成校訂・訳注『空海コレクション四　秘密曼荼羅十住心論　下』ちくま学芸文庫、二〇一三年

【空海の著作・全集】

勝又俊教編『弘法大師著作全集』全三巻、山喜房仏書林、一九六八〜七三年
『弘法大師空海全集』全八巻、筑摩書房、一九八三〜八六年
『定本弘法大師全集』全十一巻、高野山大学密教文化研究所、一九九一〜九七年

【密教聖典・入門書】

宮坂宥勝『和訳大日経』東京美術、一九九二年
津田真一『和訳金剛頂経』東京美術、一九九五年
松長有慶『理趣経』中公文庫ＢＩＢＬＩＯ、二〇〇二年
中村元『現代語訳大乗仏典六――密教経典・他』東京書籍、二〇〇四年
宮坂宥勝訳『密教経典――大日経・理趣経・大日経疏・理趣釈』講談社学術文庫、二〇一一年

（佐藤裕彦）

空海略年譜

和暦	西暦	空海の年齢	空海の生涯
宝亀　五	七七四	一歳	父・佐伯直田公、母・阿刀氏の娘の三男として、讃岐国多度郡に誕生（近年は畿内誕生説もある）。幼名真魚。
延暦　七	七八八	十五歳	このころ、阿刀大足について漢籍を学ぶ。
延暦　十	七九一	十八歳	大学明経科に入学。 このころ、一沙門（勤操とも）より「虚空蔵求聞持法」を授けられる。阿波・伊予等の山野にて修行生活を送る。
延暦十六	七九七	二十四歳	十二月、『聾瞽指帰』（後に『三教指帰』と改める）を著す。
延暦二十三	八〇四	三十一歳	四月、東大寺戒壇院にて受戒。 五月、遣唐使団に加わって難波津を出発し、七月、肥前国松浦郡田浦を出港。 八月、福州赤岸鎮に漂着。 十月、上陸許可を求め、大使に代わって福州観察使に宛てて上陸嘆願書を記す。 十二月、長安に到着。
延暦二十四	八〇五	三十二歳	二月、帰国する遣唐大使一行と別れ、西明寺へ。般若三蔵・牟尼室利三蔵等から梵語悉曇を学ぶ。 五月ころ、青龍寺にて恵果に出会う。その後、六月に胎蔵、七月に金剛界、八月伝法阿闍梨位の灌頂を受け、さらに遍照金剛の灌頂名を受ける。曼荼羅・法具・袈裟などを授けられる。 十二月、恵果入滅する。
大同　元	八〇六	三十三歳	一月、恵果追悼の碑文を書す。 このころ、帰国を許される。 三月ころ、長安を出発。 四月、越州にて内外の経書を蒐集する。

			八月、遣唐判官高階遠成等と明州より唐を出国。 十月、筑紫国太宰府に到着。高階遠成に託して、『御請来目録』を朝廷に進献する。 その後、入京許可が下りず、太宰府にとどまる。
大同　四	八〇九	三十六歳	七月、空海に入京の命が下り、まもなく高雄山寺（現在の神護寺）に入る。 八月、最澄から密教経典借覧の要請がある。 十月、嵯峨天皇より屏風に『世説新語』を書するよう命ぜられる。
弘仁　二	八一一	三十八歳	十一月、乙訓寺別当に補せられる。
弘仁　三	八一二	三十九歳	十月、乙訓寺にて最澄の訪問を受ける。 十一月、高雄山寺において金剛界結縁灌頂。最澄・和気真綱・和気仲世・美濃種人が入壇。 十二月、胎蔵結縁灌頂。最澄等入壇。
弘仁　四	八一三	四十歳	十月、藤原葛野麻呂のため、金剛般若経の書写供養をする。 十一月、最澄の『理趣釈経』借覧の要請に対し、断る旨の書を送る。
弘仁　五	八一四	四十一歳	閏七月、『梵字悉曇字母并釈義』ほか十巻を進献する。
弘仁　六	八一五	四十二歳	一月、渤海大使よりの書状に答書を呈す。 四月、『勧縁疏』を記す。 このころ『弁顕密二教論』を著す。
弘仁　七	八一六	四十三歳	五月、弟子の泰範の帰山を求める最澄に、泰範に代わって書状を送る。 六月、高野山下賜を願い、上表する。 七月、勅許により高野山が下賜される。 十月、嵯峨天皇病気平癒の加持祈禱をする。
弘仁　八	八一七	四十四歳	この年、高野山開創に着手する。 このころ、『吽字義』成立ともいう。

弘仁　九	八一八	四十五歳	十一月、勅許後、初めて高野山へ登る。 このころ、『般若心経秘鍵』を著す。
弘仁　十	八一九	四十六歳	一月、東大寺に「金光明四天王護国之寺」の額を揮毫。 このころ、『秘密曼荼羅教付法伝』『真言付法伝』を著す。
弘仁十二	八二一	四十八歳	五月、讃岐国満濃池修築の別当に補せられる。 九月、入唐請来の両部曼荼羅、七祖影像等を修復。
弘仁十三	八二二	四十九歳	二月、東大寺に真言院を建立。 この年、平城上皇に三昧耶戒を授ける。
弘仁十四	八二三	五十歳	一月、朝廷から東寺を賜り、「八幡山教王護国寺」と称し、鎮護国家の道場とする。 十月、『真言宗所学経律論目録』（『三学録』）を上進。東寺に真言僧五十人を置く。この年、嵯峨天皇に灌頂を授ける。
天長　元	八二四	五十一歳	二月、勅命により神泉苑にて請雨法を修す。 三月、少僧都に任ぜられる。 六月、造東寺別当に補せられる。 この年、大和の室生山を再興、真言修法の道場とする。真済に両部大法を授ける。 このころまでに『即身成仏義』『声字実相義』『吽字義』を著す。
天長　二	八二五	五十二歳	四月、東寺講堂建立が勅許される。 五月、智泉が入寂。
天長　三	八二六	五十三歳	十一月、東寺五重塔造営に着手する。
天長　四	八二七	五十四歳	五月、淳和天皇の願いにより大極殿にて僧百名請雨の修法。空海その願文を起草。 内裏にて祈雨法を修す。大僧都に任ぜられる。
天長　五	八二八	五十五歳	三月、摂津国大輪田船瀬所別当に補せられる。 十二月、綜藝種智院を創立。

天長　六	八二九	五十六歳	この年、和気真綱・和気仲世等、神護寺を空海に授ける。
天長　七	八三〇	五十七歳	この年、勅命により『十住心論』『秘蔵宝鑰』を撰述する。
天長　八	八三一	五十八歳	六月、真雅に伝法灌頂職位を授ける。 この年、延暦寺の円澄等より真言教法を受法したい旨の書状。
天長　九	八三二	五十九歳	一月、紫宸殿にて護命等と論議。 八月、高野山にて万灯万華会を修す。
天長　十	八三三	六十歳	この年、高野山を真然に付嘱、実慧に助成させる。
承和　元	八三四	六十一歳	五月、諸弟子に遺誡を与える。 八月、高野山に仏塔二基・両界曼荼羅建立を期して勧進する。 十二月、『後七日御修法』を上奏し、勅許される。
承和　二	八三五	六十二歳	一月、真言宗年分度者三名を申請し、勅許される。 三月十五日、弟子たちに二十五箇条の教誡を与える。二十一日に高野山にて入定。 二十五日淳和上皇より弔書。 十月、嵯峨上皇より御衣が下賜される。
天安　元	八五七		十月、「大僧正」位が追贈される。
貞観　六	八六四		三月、「法印大和上」位が追贈される。
延喜二十一	九二一		十月、東寺長者観賢の奏表により醍醐天皇より「弘法大師」の諡号を賜る。

索　引

第１部から第３部までの語句を適宜抽出した。

あ

阿字観　あじかん　183
阿闍梨　あじゃり　32, 81, 95-97, 99, 101, 103, 140, 157, 187, 202
阿閦如来　あしゅくにょらい　162, 163
阿刀氏　あとし　18
阿刀大足　あとのおおたり　20, 197, 198
アビダルマ仏教　あびだるまぶっきょう　55, 56

い

一行　いちぎょう　97, 219
一切義成就菩薩　いっさいぎじょうじゅぼさつ　62, 63, 79
印契　いんげい　32, 60, 67, 70, 81, 209, 273

う

烏樞沙摩明王　うすさまみょうおう　172
『吽字義』　うんじぎ　44, 214

え

円珍　えんちん　28, 136, 170, 179, 237

お

王羲之　おうぎし　178, 265
奥の院　おくのいん　191, 252, 254, 274, 275
乙訓寺　おとくにでら　40-42, 115, 116, 243-247

か

戒壇院　かいだんいん　25, 175
覚鑁　かくばん　255
学法灌頂　がくほうかんじょう　32, 41, 183
加持　かじ　156, 210
春日曼荼羅　かすがまんだら　148
月輪　がちりん　63, 82
羯磨曼荼羅　かつままんだら　67, 73, 92, 137, 138
伽藍　がらん　184-186, 191, 192
『勧縁疏』　かんえんしょ　43, 240
観賢　かんげん　50, 254, 275, 276
灌頂　かんじょう　31-33, 41, 42, 46, 60, 95-102, 104, 135, 139, 183, 185, 187, 188, 230, 235, 240, 241, 246
灌頂院　かんじょういん　187
灌頂壇　かんじょうだん　31, 37, 40
灌頂堂　かんじょうどう　186
『灌頂歴名』　かんじょうれきめい　41, 180, 240
顔真卿　がんしんけい　178
観世音寺　かんぜおんじ　37, 38
『観音経』　かんのんきょう　166, 236
観音菩薩　かんのんぼさつ　166
桓武天皇　かんむてんのう　25, 37, 192, 241, 243, 244, 247, 257

き

鬼子母神　きしもじん　177
形像曼荼羅　ぎょうぞうまんだら　65, 67
金輪曼荼羅　きんりんまんだら　140

く

九会曼荼羅　くえまんだら　79
熊野曼荼羅　くまのまんだら　148
久米寺　くめでら　24
軍荼利明王　ぐんだりみょうおう　171

け

敬愛法　けいあいほう　84, 85
恵果　けいか　30-36, 75, 95-97, 99, 188, 202, 204, 228, 229, 234-238
『華厳経』　けごんぎょう　164
結縁灌頂　けちえんかんじょう　41, 100, 102, 187, 246
顕教　けんぎょう　43, 75, 87-89, 125, 126, 128, 143, 202-207, 223, 225
玄奘　げんじょう　54, 64, 119, 182, 217
現図曼荼羅　げんずまんだら　75, 79, 121
遣唐使　けんとうし　25, 26
降三世明王　ごうざんぜみょうおう　170

こ

興福寺　こうふくじ　40, 58, 185
弘法大師　こうぼうだいし　50, 254, 276
高野山　こうやさん　44, 45, 47-49, 114, 167, 170, 188, 190, 191, 230, 240, 252-256, 271, 274, 277
高野聖　こうやひじり　277, 278
杲隣　ごうりん　41
虚空蔵求聞持法　こくうぞうぐもんじほう　21, 22, 58, 105, 119, 165, 198, 201, 257, 264
虚空蔵菩薩　こくうぞうぼさつ　165
五鈷杵　ごこしょ　154
五鈷鈴　ごこれい　154
『古今篆隷文体』　ここんてんれいぶんたい　179
後七日御修法　ごしちにちみしゅほう　49, 136, 154, 173, 192, 254
子島曼荼羅　こじままんだら　136
五重塔　ごじゅうのとう　189, 190
五種三昧耶　ごしゅさんまや　102
『御請来目録』　ごしょうらいもくろく　31, 33, 37, 134, 183, 201
五相成身観　ごそうじょうじんがん　63, 67, 79, 93
五大明王　ごだいみょうおう　138, 170
五筆和尚　ごひつおしょう　28, 179, 265, 266
五仏　ごぶつ　83, 138, 160, 162
五菩薩　ごぼさつ　138
護摩　ごま　40, 84-86, 101, 156, 169
金剛界　こんごうかい　32, 74, 93, 138, 155, 163, 183, 190, 235, 246
金剛界灌頂　こんごうかいかんじょう　41, 42, 99, 240
金剛界大日　こんごうかいだいにち　112, 159
金剛界曼荼羅　こんごうかいまんだら　75, 79, 82, 83, 113, 134, 160, 162, 165, 250
金剛薩埵　こんごうさった　32, 82, 96, 154, 155, 165, 167

金剛手菩薩　こんごうしゅぼさつ　89, 121, 154, 167
金剛杵　こんごうしょ　63, 70, 71, 154, 167, 169
金剛智　こんごうち　32, 96, 97
『金剛頂経』　こんごうちょうぎょう　32, 43, 54, 58, 60, 62, 63, 74, 79, 90, 97, 139, 158, 208, 235
『金剛頂真実大教王経』　こんごうちょうしんじつだいきょうおうきょう　40
金剛峯寺　こんごうぶじ　49, 191, 253-255, 275
『金光明最勝王経』　こんこうみょうさいしょうおうきょう　118, 273
金剛夜叉明王　こんごうやしゃみょうおう　172
金剛鈴　こんごうれい　154
勤操　ごんそう　22

さ

最勝会　さいしょうえ　49
最澄　さいちょう　27, 36, 37, 39-42, 100, 114, 202, 230-232, 239-241, 246
西明寺　さいみょうじ　30, 234, 235
佐伯直田公　さえきのあたいたぎみ　18, 256
嵯峨天皇　さがてんのう　38, 39, 116, 117, 138, 177, 191, 192, 219, 229, 230, 239, 245, 246, 249, 253, 259, 266, 273, 274
山岳密教　さんがくみっきょう　104-106, 108-110, 115, 119
三句の法門　さんぐのほうもん　61
参詣曼荼羅　さんけいまんだら　147
三綱　さんごう　41
三業　さんごう　61, 156, 209
『三教指帰』　さんごうしいき　20, 22, 180, 196, 198, 200, 231
三十七尊　さんじゅうしちそん　83, 155
『三十帖策子』　さんじゅうじょうさっし　180, 183
三身説　さんしんせつ　88
三昧耶戒　さんまやかい　31
三昧耶形　さんまやぎょう　67, 71, 81, 136
三昧耶曼荼羅　さんまやまんだら　67, 68, 70, 92
三密　さんみつ　61, 66, 81, 91, 93, 207-211, 214, 273
三密行　さんみつぎょう　93, 94
三輪身　さんりんじん　139, 160

し

四家大乗　しかだいじょう　89, 127
四種法身　ししゅほっしん　159
四種曼荼羅　ししゅまんだら　67, 92, 209
地蔵菩薩　じぞうぼさつ　166
実慧　じちえ　41, 46, 48, 49, 191, 253, 254, 274
四天王　してんのう　175
四天王寺　してんのうじ　185
錫杖　しゃくじょう　156
釈尊（釈迦）　しゃくそん（しゃか）　53-57, 62, 64, 70, 71, 78, 79, 87-89, 96, 120, 121, 125, 131, 152, 160, 166, 263, 264, 269
『釈摩訶衍論』　しゃくまかえんろん　205
捨身ヶ嶽　しゃしんがたけ　19, 263
洒水器　しゃすいき　155
十七清浄句　じゅうしちしょうじょうく　64, 141
『十住心論』　じゅうじゅうしんろん

45, 86, 124-128, 132, 204, 222, 223, 225
十大弟子　じゅうだいでし　40, 49
綜藝種智院　しゅげいしゅちいん　47, 231
種字（種子）　しゅじ　67, 72, 73, 141
種字曼荼羅　しゅじまんだら　72, 183
須弥壇　しゅみだん　138, 151, 153
受明灌頂　じゅみょうかんじょう　41, 102
順暁　じゅんぎょう　240
淳和天皇　じゅんなてんのう　45, 49, 223, 230, 272
淳祐　しゅんゆう　50, 275
荘厳　しょうごん　74, 151, 153
『声字実相義』　しょうじじっそうぎ　44, 211, 212
聖天　しょうてん　176
浄土曼荼羅　じょうどまんだら　76, 143
聖武天皇　しょうむてんのう　106, 118
声聞　しょうもん　55, 57, 78, 89, 127, 212, 218, 225, 269
青龍寺　しょうりゅうじ　30, 31, 33, 34, 99, 188, 234-238
『性霊集』　しょうりょうしゅう　179, 226, 227, 231, 245
神護寺　じんごじ　100, 115, 116, 188, 238-243, 274
真言　しんごん　32, 36, 63, 67, 72, 73, 102, 103, 130, 181-183, 209, 213, 216-219, 222, 225, 272, 273
真言院　しんごんいん　46, 49, 136, 186
『真言七祖像讃』　しんごんしちそぞうさん　181, 184
『真言宗所学経律論目録』　しんごんしゅうしょがくきょうりつろんもくろく　47
『真言付法伝』　しんごんふほうでん　44, 240
神身離脱　しんじんりだつ　107, 109, 113
真済　しんぜい　24, 48, 226, 228, 254, 274
真然　しんぜん　48, 49, 253, 255, 271, 274, 275
神道曼荼羅　しんとうまんだら　146
真如　しんにょ　40
深秘釈　じんぴしゃく　128, 223
神仏習合　しんぶつしゅうごう　104, 113, 117, 120, 146
神仏分離令　しんぶつぶんりれい　104

す

垂迹曼荼羅　すいじゃくまんだら　76, 147
塗香器　ずこうき　155

せ

清海曼荼羅　せいかいまんだら　143, 146
赤岸鎮　せきがんちん　27, 178, 234
善通寺　ぜんつうじ　18, 257, 259
善無畏　ぜんむい　97, 235, 240
浅略釈　せんりゃくしゃく　128, 223

そ

雑密　ぞうみつ　58
増益法　そうやくほう　84, 85
息災法　そくさいほう　84, 85
即身成仏　そくしんじょうぶつ　56, 58, 84, 87, 90-95, 101, 153, 183, 202, 207, 208, 273, 274

『即身成仏義』　そくしんじょうぶつぎ　44, 67, 70, 90, 91, 207, 216
尊勝曼荼羅　そんしょうまんだら　141

た

大威徳明王　だいいとくみょうおう　171
大黒天　だいこくてん　176
醍醐天皇　だいごてんのう　50, 254, 275
大自在天　だいじざいてん　174
大師信仰　だいししんこう　50, 51, 254, 255, 277, 278
帝釈天　たいしゃくてん　174
大乗仏教　だいじょうぶっきょう　52-56
胎蔵大日　たいぞうだいにち　93, 112
胎蔵法　たいぞうほう　32, 93, 138, 155, 235
胎蔵法灌頂　たいぞうほうかんじょう　31, 41, 99-101, 240, 246
胎蔵曼荼羅　たいぞうまんだら　61, 75, 76, 78, 79, 113, 122, 134, 151, 160, 162, 169, 171, 191, 252
大壇　だいだん　153
大塔　だいとう　189, 190
『大日経』　だいにちきょう　24, 31, 43, 54, 58, 60, 90, 95, 97, 102, 120, 122, 123, 158, 208, 212, 220, 225, 231, 235
『大日経疏』　だいにちきょうしょ　97, 102, 120-122, 158, 171
大日如来　だいにちにょらい　32, 33, 44, 45, 60-62, 64, 66, 68-71, 74-76, 78, 79, 81-84, 87, 88, 90, 92-94, 96, 98, 101, 103, 112, 113, 123, 124, 127, 130, 131, 134, 137, 139, 141, 153-155, 157-159, 162-164, 168, 169, 189, 190, 224, 225, 250, 252, 273
泰範　たいはん　41, 42, 46, 48, 230
当麻曼荼羅　たいままんだら　143, 144
大曼荼羅　だいまんだら　67, 68, 92
体文　たいもん　220
大滝嶽　たいりゅうのたけ　22, 257, 264
高雄山寺　たかおさんじ　37, 39-42, 100, 228, 239-242, 245, 246, 254
高雄曼荼羅　たかおまんだら　135
高階遠成　たかしなのとおなり　35-37
太宰府　だざいふ　36, 37
陀羅尼　だらに　58, 73, 120, 181-184
檀上伽藍　だんじょうがらん　191

ち

智光曼荼羅　ちこうまんだら　143, 146
血曼荼羅　ちまんだら　136
中台八葉院　ちゅうだいはちようういん　78, 252
長安　ちょうあん　28, 234-237
調伏法　ちょうぶくほう　84, 86

て

天台　てんだい　42, 43, 45, 110, 111, 130, 140, 170, 182, 204, 240
天長勅撰六本宗書　てんちょうちょくせんろっぽんしゅうしょ　45
伝法会　でんぽうえ　48
伝法灌頂　でんぽうかんじょう　100, 102, 187
『篆隷万象名義』　てんれいばんしょうみょうぎ　45

と

投華得仏　とうけとくぶつ　32, 187
東寺　とうじ　47, 49, 74, 115, 117, 118, 120, 138, 188, 190, 192, 247-251, 254, 274
東寺西院曼荼羅　とうじさいいんまんだら　135
東寺敷曼荼羅　とうじしきまんだら　136
東大寺　とうだいじ　25, 46, 47, 58, 106, 114, 115, 185, 188
徳一　とくいち　43

な

那智参詣曼荼羅　なちさんけいまんだら　150
難波津　なにわつ　25, 26
南都六宗　なんとろくしゅう　58, 105

に

入唐　にっとう　20, 24-27, 99, 178, 203, 234
入定　にゅうじょう　49, 50, 249, 254, 274-276
『仁王経』　にんのうきょう　74, 143
仁王経曼荼羅　にんのうきょうまんだら　143
『仁王念誦儀軌』　にんのうねんじゅぎき　139
仁明天皇　にんみょうてんのう　49

は

八十一尊曼荼羅　はちじゅういっそんまんだら　137
八幡神　はちまんしん　114-117, 119, 120, 122
八祖　はっそ　96, 97, 187, 188, 202, 250
般若経　はんにゃきょう　54, 55, 64, 216, 217
般若三蔵　はんにゃさんぞう　30, 183
『般若心経』　はんにゃしんぎょう　38, 44, 216-219
『般若心経秘鍵』　はんにゃしんぎょうひけん　44, 130, 216
『般若理趣分』　はんにゃりしゅぶん　64

ひ

日吉山王曼荼羅　ひえさんのうまんだら　150
飛行三鈷杵　ひぎょうさんこしょ　44, 155
毘沙門天　びしゃもんてん　175
『秘蔵記』　ひぞうき　139, 159
『秘蔵宝鑰』　ひぞうほうやく　45, 204, 222-225
飛白書　ひはくしょ　179
秘密曼荼羅　ひみつまんだら　45
『秘密曼荼羅教付法伝』　ひみつまんだらきょうふほうでん　44
屏風ヶ浦　びょうぶがうら　18

ふ

『風信帖』　ふうしんじょう　39, 180, 251
不空　ふくう　32, 35, 64, 96, 97, 187, 202, 235, 236
不空成就如来　ふくうじょうじゅにょらい　162-164
福州　ふくしゅう　27, 28
普賢菩薩　ふげんぼさつ　164
藤原葛野麻呂　ふじわらのかどのまろ　26, 229
仏眼曼荼羅　ぶつげんまんだら　140

仏舎利　ぶっしゃり　33
不動明王　ふどうみょうおう　168-170
『文鏡秘府論』　ぶんきょうひふろん　44, 240
『文筆眼心抄』　ぶんぴつがんしんしょう　44

へ

平城天皇（上皇）　へいぜいてんのう（じょうこう）　37-40, 117, 244
別尊曼荼羅　べっそんまんだら　84, 139
『弁顕密二教論』　べんけんみつにきょうろん　43, 87, 126, 128, 203, 223, 240
遍照金剛　へんじょうこんごう　33, 276
弁天　べんてん　176
遍路　へんろ　256, 258, 261

ほ

法器　ほうき　95
法具　ほうぐ　33, 37, 151, 154, 156, 202, 235
宝生如来　ほうしょうにょらい　162, 163
法曼荼羅　ほうまんだら　67, 68, 71, 72, 92
法隆寺　ほうりゅうじ　185, 189
北斗曼荼羅　ほくとまんだら　143
『法華経』　ほけきょう　38, 54, 141, 240
法華経曼荼羅　ほけきょうまんだら　141
菩薩　ぼさつ　55, 57, 62, 64-68, 70, 71, 74, 78, 82, 89, 93, 95, 98, 99, 109, 122, 123, 127-131, 138, 139, 143, 152, 159, 160, 164-166, 173, 200, 212, 217, 269
『菩提心論』　ぼだいしんろん　43, 90, 208, 225
法身　ほっしん　60, 87, 88, 94, 128, 139, 204, 212
法身説法　ほっしんせっぽう　88, 205, 206
法螺　ほら　156
梵字悉曇　ぼんじしったん　177, 181
『梵字悉曇字母幷釈義』　ぼんじしったんじもならびにしゃくぎ　183, 219
『梵字悉曇章』　ぼんじしったんしょう　183
本地垂迹説　ほんじすいじゃくせつ　111, 147
本尊　ほんぞん　151
梵天　ぼんてん　174

ま

真魚　まお　18-20, 263
槙尾山寺　まきおのさんじ　26, 38
摩多　また　220
曼荼羅　まんだら　32-34, 37, 41, 44, 45, 47, 60, 61, 65-68, 70-73, 75, 76, 78, 79, 81-86, 92, 93, 95, 99, 100, 102, 113, 121, 122, 127, 128, 130, 134-141, 143, 144, 146-148, 150, 151, 157, 160, 162-165, 169-171, 173, 183, 185, 186, 190-192, 202, 209, 224, 230, 235, 246, 250, 252, 271
曼荼羅行　まんだらぎょう　61, 93, 103
満濃池　まんのういけ　46, 256, 257, 259, 260

み

宮曼荼羅　みやまんだら　147
弥勒菩薩　みろくぼさつ　167

む

牟尼室利三蔵　むにしりさんぞう　30
無量寿如来　むりょうじゅにょらい　162, 163
室戸崎（室戸岬）　むろとざき（むろとみさき）　22, 258, 264

も

文殊菩薩　もんじゅぼさつ　165

ゆ

『瑜祇経』　ゆげきょう　140

り

『理趣経』　りしゅきょう　60, 64, 65, 82, 141, 168
理趣経曼荼羅　りしゅきょうまんだら　141
『理趣釈』　りしゅしゃく　141, 230
『理趣釈経』　りしゅしゃっきょう　232
利他　りた　55, 57, 74, 84, 101
立体曼荼羅　りったいまんだら　47, 137, 138, 250
『略付法伝』　りゃくふほうでん　101
龍智　りゅうち　32, 96, 97
龍猛　りゅうみょう　90, 96, 97, 158, 189
両部　りょうぶ　32, 33, 42, 49, 127, 235
両部曼荼羅　りょうぶまんだら　34, 75, 134, 135, 153, 154, 157, 186, 271

ろ

『聾瞽指帰』　ろうこしいき　22, 180, 196
六大　ろくだい　68-70, 91, 92, 208

わ

和気氏　わけし　39, 115, 116, 240, 241

小峰智行（こみね　ともゆき）
1971 年生まれ。2008 年大正大学大学院仏教学研究科仏教学専攻博士後期課程満期退学。現在、大正大学非常勤講師。
〈研究分野〉真言学。

佐々木大樹（ささき　だいじゅ）
1977 年生まれ。2005 年大正大学大学院仏教学研究科仏教学専攻博士後期課程満期退学。2008 年博士（仏教学）取得。現在、大正大学非常勤講師、智山伝法院常勤講師、智山専修学院講師。
〈研究分野〉初期密教（仏頂尊・陀羅尼）。

佐藤裕彦（さとう　ひろひこ）
1972 年生まれ。2008 年大正大学大学院仏教学研究科真言学専攻修士課程修了。現在、大正大学大学院仏教学研究科真言学専攻博士課程在学中、大正大学臨時職員。
〈研究分野〉真言学。

鈴木晋怜（すずき　しんれい）
1960 年生まれ。1989 年大正大学大学院文学研究科宗教学専攻修士課程修了。1992 年同仏教学専攻修士課程修了。現在、智山伝法院副院長、智山専修学院講師、大正大学非常勤講師、仏教情報センター理事、真言宗智山派寶蓮寺住職。
〈研究分野〉宗教心理学・教化研究。

山本匠一郎（やまもと　しょういちろう）
1970 年生まれ。2002 年大正大学大学院文学研究科仏教学専攻博士後期課程満期退学。現在、智山伝法院常勤講師、大正大学非常勤講師。
〈研究分野〉仏教学・密教学。

執筆者紹介

編著者

小峰彌彦（こみね　みちひこ）
1945年生まれ。1976年大正大学大学院博士課程修了。大正大学学長を経て、現在、大正大学教授、真言宗智山派観蔵院住職。博士（仏教学）。
〈研究分野〉初期大乗仏教（般若経）・真言教学（曼荼羅）
〈著書〉『曼荼羅図典』（共著、大法輪閣、1993)、『大乗経典解説事典』（共編、北辰堂、1997)、『真言密教を探る』（監修、大正大学出版会、2009)、『弁慶はなぜ勧進帳をよむのか』（日本放送出版協会、2008)、『カラー版図解・曼荼羅の見方』（大法輪閣、2009)、『図解 早わかり！空海と真言宗』（監修、三笠書房、2013）ほか多数。

執筆者（五十音順）

阿部貴子（あべ　たかこ）
1970年生まれ。2002年大正大学大学院文学研究科仏教学専攻博士後期課程満期退学。現在、智山伝法院常勤講師、大正大学非常勤講師、早稲田大学非常勤講師。
〈研究分野〉インド仏教学。

小林靖典（こばやし　じょうてん）
1963年生まれ。1991年大正大学大学院文学研究科仏教学専攻博士後期課程満期退学。現在、大正大学非常勤講師、智山伝法院教授。
〈研究分野〉真言学。

小林崇仁（こばやし　そうじん）
1973年生まれ。2002年大正大学大学院文学研究科仏教学専攻博士後期課程満期退学。現在、大正大学非常勤講師、蓮花寺佛教研究所研究員、真言宗智山派平福寺住職。
〈研究分野〉日本仏教学。

空《くう》海《かい》読《よ》み解《と》き事《じ》典《てん》

2014年3月10日　第1刷発行

編著者　小峰彌彦

発行者　富澤凡子
発行所　柏書房株式会社
東京都文京区本郷2-15-13（〒113-0033）
電話（03）3830-1891［営業］
（03）3830-1894［編集］

装　丁　桂川　潤
組　版　本郷書房
印　刷　壮光舎印刷株式会社
製　本　株式会社ブックアート

ISBN978-4-7601-4341-2